# Sintaxis y morfología
# de la lengua española

## KATHLEEN WHEATLEY
University of Wisconsin, Milwaukee

PEARSON
Prentice
Hall

woRLd
Languages

Upper Saddle River, NJ 07458

Library of Congress Cataloging-in-Publication Data

Wheatley, Kathleen
    Sintaxis y morfología de la lengua española / Kathleen Wheatley.—1st ed.
      p. cm.
    Includes bibliographical references and index.
    ISBN 0-13-189919-8
    1. Spanish language—Syntax.   2. Spanish language—Morphology.   I. Title.
    PC4361.W54 2005
    465—dc22

                                            2005023148

**Executive Editor:** Bob Hemmer
**Editorial Assistant:** Debbie King
**Sr. Director of Market Development:**
  Kristine Suárez
**Director of Editorial Development:** Julia Caballero
**Production Supervision:** Susan Wales
**Project Manager:** Claudia Dukeshire
**Asst. Director of Production:** Mary Rottino
**Supplements Editor:** Meriel Martínez Moctezuma
**Media Editor:** Samantha Alducin
**Media Production Manager:** Roberto Fernández
**Prepress and Manufacturing Buyer:** Brian Mackey

**Prepress and Manufacturing Manager:** Nick Sklitsis
**Interior Design:** TechBooks
**Cover Art Director:** Jayne Conte
**Cover Design:** Kiwi Design
**Director, Image Resource Center:** Melinda Reo
**Manager, Rights and Permissions IRC:** Zina Arabia
**Manager, Visual Research:** Beth Boyd Brenzel
**Manager, Cover Visual Research & Permissions:**
  Karen Sanatar
**Sr. Marketing Manager:** Jacquelyn Zautner
**Marketing Assistant:** William J. Bliss
**Publisher:** Phil Miller

**Copyright © 2006 by Pearson Education, Inc., Upper Saddle River, New Jersey 07458.** Pearson
Prentice Hall. All rights reserved. Printed in the United States of America. This publication is pro-
tected by Copyright and permission should be obtained from the publisher prior to any prohibited re-
production, storage in a retrieval system, or transmission in any form or by any means, electronic,
mechanical, photocopying, recording, or likewise. For information regarding permission(s), write to:
Rights and Permissions Department.


**Pearson Prentice Hall™** is a trademark of Pearson Education, Inc.
**Pearson®** is a registered trademark of Pearson plc
**Prentice Hall®** is a registered trademark of Pearson Education, Inc.

Pearson Education Ltd., London
Pearson Education Singapore, Pte. Ltd.
Pearson Education Canada, Ltd., Toronto
Pearson Education-Japan, Tokyo
Pearson Education Upper Saddle River, New Jersey

Pearson Education Australia PTY, Limited, Sydney
Pearson Education North Asia Ltd., Hong Kong
Pearson Educación de México, S.A. de C.V.
Pearson Education Malaysia, Pte. Ltd.

11 2021

ISBN   0-13-189919-8

Dedico este libro a mis queridos, Keith, Elan, Jacob y Leora, por su apoyo, comprensión y paciencia.

# Índice de contenidos

# Prefacio

*Sintaxis y morfología de la lengua española* pretende presentar una descripción clara y completa de la estructura sintáctica y morfológica del español sin enfatizar demasiado en la teoría lingüística. Está dirigido al estudiante avanzado que ha estudiado español por lo menos cinco o seis semestres. Al hablante cuyo primer idioma es el inglés le dará la oportunidad de estudiar la lengua española en su conjunto y analizar a un nivel más profundo las reglas de gramática ya aprendidas. Aunque requiere cierta capacidad de producir y entender el español, este libro no exige ningún conocimiento lingüístico previo por parte del estudiante. A pesar de que las reglas gramaticales son un componente importante del texto, éste no es un libro de gramática avanzada en el que los estudiantes solamente practican las formas y estructuras de la lengua. *Sintaxis y morfología de la lengua española* requiere que el estudiante tenga un conocimiento avanzado de la lengua porque intenta describir y explicar las formas y sus usos. El enfoque no busca simplemente dar la respuesta correcta, sino explicar el por qué del uso de las formas estudiadas. Por ello, aunque esta materia es sumamente aconsejable para los que piensan enseñar español como segunda lengua, también ayudará a los que simplemente deseen mejorar su dominio del español. El texto está escrito en español, con un lenguaje claro y simple, para que el estudiante angloparlante pueda comprender los conceptos presentados. Al hablante nativo de español que nunca ha estudiado formalmente su lengua nativa, le aportará los conocimientos necesarios para poder explicar o enseñar la lengua a otras personas.

Mientras que muchos textos de gramática tienden a ser prescriptivos, señalando cómo se debe hablar y no necesariamente cómo se habla, este texto procura ser más descriptivo. Incluye, por lo tanto, ejemplos de la variación morfológica y sintáctica que existe en los dialectos del español moderno. Además, al final de cada capítulo se presenta una perspectiva histórica de muchos de los temas sintácticos y morfológicos. Dicha perspectiva histórica de la evolución del español permite entender mejor la variación que existe en la lengua moderna, no sólo de una región a otra sino también de un hablante a otro. De esta manera, tanto el anglohablante como el hispanohablante comprenderán los orígenes de las diversas formas que escuchan o usan, aun cuando no formen parte de la lengua estándar. Se presenta la información histórica aparte para que el profesor pueda decidir si el material es apropiado al nivel de su clase, curso o estudiante. Aunque el texto no pretende ser un estudio completo de la evolución del español, proporcionará al estudiante una introducción a algunos de los temas interesantes de la historia de la lengua. El orden en que aparecen los temas del texto intenta facilitar la comprensión de la lengua como sistema completo e interconectado. La información se presenta de una manera secuencial en la que cada paso es necesario para entender el siguiente. Ya que la relación entre los sustantivos y el verbo determina el significado básico de la oración, la primera parte del texto está organizada alrededor del sustantivo y la segunda aldededor del verbo.

El primer capítulo presenta los elementos de la oración y le da al estudiante los conceptos necesarios para identificar las funciones básicas de cada palabra y cada frase dentro del contexto de la oración. En los capítulos posteriores se aborda con más detalle el uso de cada uno de estos elementos, pero el primer capítulo le da al estudiante las herramientas básicas para describir la estructura y el uso de la lengua. En esta introducción, se enfatiza la diferencia entre los elementos que corresponden a las clases abiertas y las que corresponden a las cerradas. Esta división ayuda a entender cómo funcionan los elementos en una oración. También se hace uso de diagramas arbóreos para mostrar la función de cada elemento en la oración.

Los siguientes dos capítulos analizan el sustantivo, que es el elemento más versátil de la oración. En el Capítulo 2, se presentan las diferentes funciones sintácticas del sustantivo y la relación íntima que existe entre éste y el verbo de la oración. Antes de seguir adelante con los demás temas del texto, se hace imprescindible explicar las funciones del sujeto, del objeto directo, del objeto indirecto, del objeto preposicional y del atributo.

El tema del Capítulo 3 es la morfología. El capítulo comienza con la morfología léxica que pretende mostrar cómo se relacionan los cuatro componentes de las clases abiertas: sustantivos, adjetivos, verbos y adverbios. Esta perspectiva ayuda al estudiante a comprender la utilidad de los prefijos y sufijos para cambiar el significado y la función sintáctica de una palabra. Luego, se examina la morfología gramatical de los sustantivos, tocando los temas de número y género y los morfemas que se usan para expresar estos conceptos en español.

El tema del Capítulo 4 es la modificación y el propósito de este capítulo es comparar la modificación del sustantivo con los otros tipos de modificación. El capítulo se divide en tres secciones en las que se examina el adjetivo (modificador del sustantivo), el adverbio (modificador del verbo) y el intensificador (modificador del adjetivo y del adverbio). Al final del capítulo, se presenta el sistema de comparativas de igualdad y desigualdad porque es allí donde se pueden ver claramente las similitudes y las diferencias entre la modificación del sustantivo, del verbo y del adjetivo o adverbio.

El Capítulo 5, el último capítulo que se relaciona con el sustantivo, presenta el sistema de pronombres, definidos como los elementos que reemplazan al sustantivo en las diferentes funciones que se examinan en el Capítulo 2. En este capítulo se enfatiza la diferencia entre los pronombres tónicos y los átonos que determina el uso y la colocación de los pronombres dentro de la oración.

El Capítulo 6 sirve como enlace entre la primera parte del libro y la segunda. En este capítulo, se examina la estructura de las oraciones simples y de las oraciones complejas y, dentro de las complejas, la diferencia entre coordinación y subordinación. Se analizan las funciones sintácticas de las cláusulas subordinadas para mostrar que éstas mantienen las mismas funciones que los elementos simples de las clases abiertas (menos del verbo) que se examinan en el Capítulo 2. También aquí se usan los diagramas arbóreos para explicar mejor estas funciones sintácticas. Los conceptos de cláusula y subordinación sirven para introducir el elemento más complejo de la lengua, el verbo.

Los tres capítulos restantes se concentran en el sistema verbal del español. En el Capítulo 7, se presentan todas las formas verbales, para que el estudiante vea la relación no sólo entre tiempo, modo y aspecto sino también entre tiempos simples, perfectos, progresivos y perfectos progresivos. Es imprescindible que el estudiante sepa identificar fácilmente cada tiempo verbal antes de proseguir con los capítulos que siguen, en los cuales se analiza el uso de estas formas verbales. También se examina en este capítulo la morfología regular e irregular de las formas verbales. En vez de examinar por separado las irregularidades de cada tiempo verbal, se examina el sistema morfológico de los verbos en su totalidad, presentando diferentes tipos de irregularidades como la diptongación de la vocal de la raíz o la adición de una consonante a la raíz. Esto ayuda al estudiante a entender las explicaciones fonéticas de estos cambios.

Los dos últimos capítulos se concentran en el uso de los tiempos verbales. En el Capítulo 8, se examinan los tiempos simples y la relación entre los conceptos de tiempo, modo y aspecto. Por varias razones, estos tres conceptos deben ser analizados de modo conjunto. Una es porque la diferencia entre los tres tiempos (pasado, presente y futuro) sólo existe en el modo indicativo, mientras que el modo subjuntivo sólo distingue entre dos formas (pasado y presente). Otra es porque la distinción entre el aspecto perfecto y el aspecto imperfecto sólo existe en el tiempo pasado y en el modo indicativo. Por lo tanto, en ningún momento el hablante se ve en la necesidad de tener que decidir entre tiempo, modo y aspecto. Por eso, se presentan las tres características juntas en este capítulo.

El texto finaliza con el Capítulo 9, el cual aborda las perífrasis verbales, y compara el uso de dichas formas con el de las formas verbales simples. Estos tiempos verbales se presentan aparte porque reflejan más que otros la manera en que la lengua sigue cambiando y creando nuevas estructuras que compiten con las que ya existen y que, con el tiempo, a veces llegan a reemplazar. Dada la perspectiva histórica que se presenta en este texto, es apropiado terminar con este tema.

Hay varios componentes del texto que ayudarán al estudiante a aprender esta materia y al profesor a enseñar la clase. A lo largo del texto, se presenta la terminología nueva en letra mayúscula, que aparece también al final del texto en el glosario. El texto presenta también numerosos ejemplos de formas incorrectas en la lengua que aparecen marcados con un asterisco (*) para indicar que no existen en la lengua. Los ejemplos de formas menos aceptables, pero que existen en algunos dialectos o en ciertos registros, se encuentran marcados con dos asteriscos (**) para indicar que no forman parte de la lengua estándar.

Al final de cada capítulo hay ejercicios que sirven para repasar y aplicar los conceptos presentados y dentro del capítulo, después de las secciones principales, se indican las preguntas correspondientes a esa sección. Aunque la mayoría de las preguntas admite más de una respuesta, se proveen respuestas posibles en la Clave de respuestas.

En la página de Internet de Prentice Hall, el profesor puede encontrar un esbozo de cada capítulo del libro, que puede usar como guía para la discusión en clase. El libro cuenta con una bibliografía temática para quienes deseen investigar más a fondo algún tema en particular. Para facilitar la búsqueda, la bibliografía está organizada según los temas principales de la lingüística y de la sintaxis. También proporciona títulos de algunas revistas de lingüística general, lingüística española y lingüística románica.

## Reconocimientos

No puedo terminar esta introducción sin mencionar a tantas personas que han contribuido en la realización de este libro. Antes que nada, quiero expresar mi agradecimiento a mis estudiantes, cuyas dudas y preguntas me animaron a escribir este texto. En particular, quiero reconocer la contribución de dos estudiantes graduados de la Universidad de Wisconsin-Milwaukee, Ronald Gest y Gabriela Ramis, quienes expresaron su opinión sobre una versión temprana del manuscrito y ayudaron en la redacción de la Clave de respuestas. También agradezco mucho los comentarios y sugerencias de los evaluadores externos de Prentice Hall: Rebeca Acevedo, Loyola Marymount University; Kimberly Armstrong, Franklin and Marshall College; Robert L. Davis, University of Oregon; Diana Frantzen, University of Wisconsin, Madison; Robert K. Fritz, Ball

State University; Jean M. Hindson, University of Wisconsin, La Crosse; Phil Klein, University of Iowa; Gillian Lord, University of Florida; Pablo Pintado-Casas, Kean University; Joel Rini, University of Virginia; Scott A. Schwenter, Ohio State University; Emily Scida, University of Virginia; Julia A. Villaseñor, Malone College; Gabriela C. Zapata, Tulane University.

Finalmente, quisiera agradecer el asesoramiento de la plantilla de Prentice Hall—Bob Hemmer, Debbie King, Claudia Dukeshire, Mary Rottino, y Phil Miller—y Claudia Bastien, Erin Hoover y Penny Walker de TechBooks.

# Los componentes de una oración: Las categorías léxicas

## 1.0 Introducción

El propósito de este primer capítulo es introducirle al lector todos los elementos de la oración para que los pueda identificar. Estos elementos se dividirán en dos grupos principales: las CLASES CERRADAS y las CLASES ABIERTAS. Esta distinción es imprescindible para entender la función de cada elemento en la oración.

Las clases cerradas son los elementos de la lengua que tienen una función gramatical y por eso se llaman en inglés *function words*. Por otra parte las clases abiertas tienen más peso léxico pues son los elementos que contribuyen con la mayor parte de la información léxica del mensaje. Por eso, se llaman en inglés *content words*. Además, mientras los elementos de las clases cerradas normalmente son palabras aisladas, los elementos de las clases abiertas pueden ser palabras o frases con más de un elemento.

Ya que este capítulo sirve como introducción a los elementos de la oración, se dejará para los capítulos posteriores la discusión más profunda sobre las funciones de estos elementos.

## 1.1 Las clases cerradas

Mientras que sería imposible, aun para un hablante nativo, aprender todo el léxico o vocabulario de una lengua, es preciso conocer y saber usar todos los elementos de las clases cerradas porque son las palabras que tienen una función gramatical. Aunque tienen poco peso léxico, sus funciones gramaticales contribuyen mucho al significado del mensaje.

Estos elementos conectan los elementos léxicos de una oración y, sin e-
llos sería muy difícil entender la relación entre los otros elementos de la
oración. Se usa el término *cerrado* para describir a estas clases porque la
lengua tiene un número finito de elementos que corresponden a cada categoría, y el hablante conoce y usa todos estos elementos con frecuencia.
En general, no se puede cambiar ni añadir nuevas formas a estas clases
porque esto afectaría la estructura gramatical de la lengua. Sin embargo,
pueden ocurrir cambios drásticos en las clases cerradas, y estos cambios
tienden a indicar la muerte de una lengua y el nacimiento de uno o varios
idiomas nuevos (véase 1.4).

En las siguientes secciones, se presentarán los elementos que corresponden
a las clases cerradas del español.

### 1.1.1 Los determinantes

Los DETERMINANTES modifican al sustantivo y siempre hay concordancia
entre el sustantivo y los determinantes que lo modifican. Aunque tienen la
misma función que los adjetivos de modificar al sustantivo, se distinguen
de ellos porque su función es más gramatical y no tienen tanto peso léxico.
La distinción entre estos dos tipos de MODIFICADORES no es arbitraria y se
refleja en las reglas sintácticas que determinan la posición de cada uno
con relación al sustantivo que modifica. La distinción más evidente entre
determinante y adjetivo es que el primero se encuentra casi siempre antes
del sustantivo mientras que el segundo tiende a colocarse después del
sustantivo. Como se puede ver en el cuadro de la Figura 1.1, hay cuatro
tipos de determinantes. Éstos se excluyen mutuamente. En otras palabras,
se puede modificar a un sustantivo con un artículo definido, un artículo

| Artículo definido | | Artículo indefinido | | |
|---|---|---|---|---|
| *el* | | *un* | | |
| *la* | | *una* | | |
| *los* | | *unos* | | |
| *las* | | *unas* | | |
| **Posesivo** | | **Demostrativo** | | |
| *mi(s)* | *nuestro(s)* | *este* | *ese* | *aquel* |
| *tu(s)* | *nuestra(s)* | *esta* | *esa* | *aquella* |
| *su(s)* | *vuestro(s)* | *estos* | *esos* | *aquellos* |
| | *vuestra(s)* | *estas* | *esas* | *aquellas* |
| | *su(s)* | | | |

Figura 1.1   Determinantes del español.

indefinido, un posesivo o un demostrativo, pero nunca se puede poner más de un determinante antes del sustantivo.

Aunque generalmente estos determinantes se encuentran antes del sustantivo, la colocación de los mismos después del sustantivo es posible a veces, pero este cambio de posición afectará también el significado del determinante (véase 4.1.1).

Los ARTÍCULOS DEFINIDOS y los ARTÍCULOS INDEFINIDOS son los determinantes con menos peso léxico porque añaden muy poco al significado del sustantivo que modifican. Su función principal es la de distinguir entre el referente conocido, con el artículo definido, y el referente nuevo o no conocido, con el artículo indefinido. Por ejemplo, el uso del artículo indefinido en *un niño* indica la introducción en el discurso de un nuevo referente, mientras que en *el niño,* el uso del artículo definido refleja que el referente ya es conocido.

(1) *Vi a **un** niño jugando en el parque. **El** niño empezó a llorar ...*

Además de esta distinción básica entre los dos artículos, hay que señalar que los contextos en los que se usan no son los mismos en inglés que en español (véase 4.1.1.1).

Para los posesivos, existen formas átonas que no enfatizan la posesión y formas tónicas que acentúan la posesión. Mientras que los POSESIVOS ÁTONOS *mi, tu, su, nuestro, vuestro* aparecen antes del sustantivo, igual que los otros determinantes, los POSESIVOS TÓNICOS *mío, tuyo, suyo, nuestro, vuestro* aparecen después del sustantivo y no funcionan como los otros determinantes.

En los siguientes ejemplos, la forma átona indica la posesión sin enfatizarla, mientras que la forma tónica tiene un valor más enfático.

(2) a. *Vi **tu** casa ayer.*
    b. *Me encanta la casa **tuya**.*

Además, mientras que el posesivo átono no aparece junto con otro determinante, el posesivo tónico puede estar en combinación con otro determinante que aparece antes del sustantivo (véase 4.1.1.2). Por ejemplo:

(3) a. *la casa **mía***
    b. *un tío **nuestro***
    c. *estos libros **tuyos***

Aunque los adjetivos posesivos tónicos no son tan comunes como los átonos, sirven para formar los pronombres posesivos (véase 4.1.2.3). Por ejemplo:

(4) *Tu casa es más grande que la **mía**.*

El último grupo de determinantes son los DEMOSTRATIVOS *este, ese, aquel*, los cuales se usan para indicar la distancia entre el sustantivo modificado y las personas, una distancia que puede ser física, temporal o psicológica. Se usa *este* para establecer la cercanía entre el hablante y el REFERENTE al que se refiere, mientras que *ese* y *aquel* establecen más distancia entre los dos. Estos tres niveles de distancia también existen en otros elementos de la lengua, como los posesivos y los pronombres personales (véase 4.1.1.3). Igual que los posesivos, los demostrativos pueden convertirse en pronombres demostrativos (véase 4.1.2.3):

(5)  *No quiero este libro sino **ése**.*

En resumen, los determinantes modifican al sustantivo pero esta modificación no sirve para describir al sustantivo sino para identificarlo. Esta distinción es importante para entender las diferencias entre los modificadores pre-puestos y los pos-puestos en español (véase 4.1.2.2), distinción que también se ve en los cuantificadores.

## 1.1.2 Los cuantificadores

Este grupo de modificadores del sustantivo no se considera siempre como una clase cerrada sino como una subcategoría de la clase abierta de adjetivos que se describen como ADJETIVOS LIMITATIVOS. Sin embargo, dado que este grupo consiste en una lista limitada de modificadores que comparten la misma característica de limitar la cantidad del sustantivo y están casi siempre antes del sustantivo que modifican, igual que los determinantes, tiene más sentido reconocerlos como otra clase cerrada. Acá se incluyen modificadores como *cada, algún, ningún, más, menos, tanto, bastante, suficiente, demasiado, varios, poco, mucho, todo, otro*, los números ordinales *primero, segundo, tercero*, etcétera, y los cardinales *uno, dos, tres*, etcétera. Con algunas excepciones, no se puede combinar un cuantificador con otro para modificar al mismo sustantivo (véase 4.1.1.4). Por ejemplo, los siguientes cuantificadores se excluyen mutuamente porque el significado de uno contradice el significado de los demás:

(6)  *Tengo (**muchos, varios, tres, algunos, demasiados**) hermanos.*

También es importante notar que algunos cuantificadores funcionan como adjetivos descriptivos cuando se ponen después del sustantivo que modifican (véase 4.1.2.2). Comparemos, por ejemplo, cómo cambia el significado del modificador del sustantivo en las siguientes oraciones:

(7)  a. Cuantificador:          *Es el **único** problema que tengo.*
      b. Adjetivo descriptivo:   *Tiene un problema **único**.*

Entonces, una característica clave del cuantificador es que se sitúa antes del sustantivo que modifica, igual que los determinantes, la otra clase cerrada que modifica al sustantivo.

### 1.1.3 Los pronombres

La función básica de los PRONOMBRES es sustituir a un sustantivo. Frecuentemente, se usan los pronombres para evitar la redundancia. Si los hablantes en una conversación ya saben cuál es el referente o el sustantivo al que se refieren, no hace falta seguir repitiendo ese sustantivo y se usa un pronombre para reemplazarlo. En el siguiente discurso se puede ver la redundancia que existiría si no se usaran pronombres para reemplazar a los sustantivos indicados en letra negrilla:

(8)  a.  –*¿Dijo **la profesora** lo que tenemos que hacer de tarea?*

  b.  –*Sí, **la profesora** dijo que tenemos que escribir **una composición.***

  c.  –*¿Y cuándo tenemos que entregar **la composición** a **la profesora**?*

En el sujeto de la oración 8a se usa *la profesora* porque es la primera vez que se menciona en el discurso, pero en la oración 8b no es necesario repetirlo y se puede usar el pronombre *ella* para reemplazar al referente o no usar sujeto, porque el contexto indica que el sujeto de la respuesta es *la profesora*:

(9)  b.  –*Sí, **(ella)** dijo que tenemos que escribir una composición.*

Lo mismo sucede con el sustantivo *composición* en la oración b cuando se introduce este objeto directo por primera vez, pero sería redundante repetirlo en la oración c cuando ya se ha establecido el referente del objeto directo. En esta misma oración se usa el pronombre del objeto indirecto para reemplazar al referente ya mencionado, *la profesora*. A diferencia del pronombre del sujeto que puede estar ausente, los pronombres de objeto directo y objeto indirecto en la oración 10c son obligatorios para poder entender la pregunta:

(10)  c.  –*¿Y cuándo tenemos que entregársela?*

Como se puede notar en estos ejemplos, se usan los pronombres de tercera persona en particular para eliminar la repetición de sustantivos ya conocidos en el discurso. Por eso, aunque es posible usar la duplicación para enfatizar o para aclarar al referente, los pronombres tienen una función esencial en la eficiencia y economía de la lengua.

Los PRONOMBRES PERSONALES se llaman así porque su forma indica el referente. Este referente puede ser la persona que habla (PRIMERA PERSONA), la persona a quien se habla (SEGUNDA PERSONA) o la persona o cosa de la cual se habla (TERCERA PERSONA). Igual que los sustantivos, estos pronombres tienen varias funciones sintácticas dentro de la oración. Los PRONOMBRES DE SUJETO, *yo, tú, usted, él, ella, ello, nosotros, nosotras, vosotros, vosotras, ellos, ellas, ustedes,* son típicamente los agentes de la acción y siempre hay concordancia entre el sujeto y el verbo de la oración, como se ve en las terminaciones verbales en letra negrilla:

(11)  a.  *Tú viviste aquí.*

      b.  *Ellos estudiarán español.*

      c.  *Nosotros fuimos al cine.*

Los PRONOMBRES DE OBJETO PREPOSICIONAL siempre van después de una preposición y, con excepción de la primera y la segunda persona del singular, *mí* y *ti,* se usan las mismas formas que las de los pronombres de sujeto:

(12)  a.  *Este regalo es para vosotras.*

      b.  *¿Hablaste con ella?*

Es muy común el uso redundante de estos pronombres preposicionales después de la preposición *a* para duplicar el referente del pronombre de objeto indirecto:

(13)  a.  *A mí me gusta patinar.*

      b.  *Les di a ellas los apuntes de la clase.*

Los PRONOMBRES DE OBJETO DIRECTO y los PRONOMBRES DE OBJETO INDIRECTO mantienen una relación íntima con el verbo de la oración porque la acción les afecta directa o indirectamente. Se usan las mismas formas, *me, te, nos, os,* para la primera y la segunda persona, pero se distingue en la tercera persona entre los pronombres de objeto directo *lo, la, los, las* y los de objeto indirecto *le, les.* Los PRONOMBRES REFLEXIVOS son CORREFERENTES con el pronombre de sujeto, porque los dos se refieren a la misma persona:

(14)  a.  *Yo iba a levantarme temprano para poder ducharme.*

      b.  *Nosotros siempre nos lavamos las manos antes de comer.*

Los siguientes son casos en los que el VERBO PRONOMINAL no indica una acción verdaderamente reflexiva pero todavía hay correferencia entre el pronombre de sujeto y el pronombre reflexivo:

(15)  a.  *¿Cómo te enteraste tú?*

      b.  *Vosotros os quejáis mucho.*

Como se puede ver en los ejemplos anteriores de verbos pronominales, en primera y segunda persona se usan las mismas formas para el pronombre reflexivo que para los pronombres de objeto directo e indirecto.

Sin embargo, en la tercera persona del singular y del plural se usa el pronombre reflexivo *se*:

(16)  a.  *¿A qué hora **se** fueron **ustedes**?*

      b.  ***Ella se** siente incómoda en clase.*

Además de los pronombres personales, las palabras interrogativas también se consideran pronombres porque ocupan el espacio en que se espera una respuesta. Los PRONOMBRES INTERROGATIVOS "piden" un sustantivo, un adjetivo o un adverbio en la respuesta y, por consiguiente, funcionan como pronombres, reemplazando a estos elementos en la pregunta. Para poder identificar la función de un pronombre en una pregunta, es útil compararla con la respuesta. Por ejemplo, si la información que se pide es un sustantivo en la respuesta, entonces el pronombre interrogativo funciona como sustantivo en la pregunta:

(17)  a.  *¿**Quién** vio la película?*         *–**Mi hermano** la vio.*

      b.  *¿**Qué** comiste?*                *–Comí **una ensalada**.*

      c.  *¿**Cuál** es la capital de Nicaragua?*  *–Es **Managua**.*

En otras preguntas, se usa un ADJETIVO PRONOMINAL porque "pide" información que se contesta con un adjetivo, como se ve en los siguientes ejemplos:

(18)  a.  *¿**Qué** vestido prefieres?*        *–Prefiero el (vestido) **azul**.*

      b.  *¿**Cuántas** veces vino aquí?*    *–Vino aquí **tres** veces.*

      c.  *¿**Cómo** es tu abuela?*         *–Es muy **cariñosa**.*

Finalmente, se usa un ADVERBIO PRONOMINAL para "pedir" información que modifica al verbo y funciona como adverbio, como se puede ver al comparar el pronombre interrogativo con la respuesta:

(19)  a.  *¿**Cómo** llegas al trabajo?*      *–Llego **en autobús**.*

      b.  *¿**Dónde** está Victoria?*        *–Está **aquí**.*

      c.  *¿**Cuándo** sale el tren?*        *–Sale **a las siete**.*

Estas mismas palabras pueden ser también pronombres en las frases exclamativas, y en estos casos son PRONOMBRES EXCLAMATIVOS que funcionan como sustantivo, adjetivo, cuantificador, adverbio o intensificador. Comparen, por ejemplo, el uso del pronombre exclamativo con el del intensificador:

(20)  *¡**Qué** malo eres!*             *¡Eres **muy** malo!*

En estos dos casos, la palabra *qué* y la palabra *muy* modifican al adjetivo *malo* por lo cual la palabra *qué* es un intensificador pronominal.

De la misma manera, el pronombre exclamativo puede funcionar como adverbio, modificando directamente al verbo, como en el siguiente ejemplo:

(21)   *¡**Cómo** te quiero!*                              *¡Te quiero **mucho**!*

En estos dos casos, la palabra *cómo* y la palabra *mucho* funcionan como adverbios, modificando al verbo *quiero*, así que *cómo* es un adverbio pronominal.

El pronombre exclamativo también puede funcionar como cuantificador, modificando a un sustantivo con el matiz de cantidad:

(22)   *¡**Cuánto** tiempo ha pasado!*                    *¡Ha pasado **mucho** tiempo!*

En estos dos casos, la palabra *cuánto* y la palabra *mucho* funcionan como cuantificadores, modificando al sustantivo *tiempo* e indicando la cantidad, así que *cuánto* es un cuantificador pronominal.

Entonces, no se puede limitar el uso de los pronombres a la sustitución de sustantivos porque también reemplazan a adjetivos, adverbios, cuantificadores e intensificadores. En este contexto más amplio, el significado del pronombre es una palabra que sustituye a otra palabra y que se entiende por el contexto en el que se encuentra.

Los PRONOMBRES RELATIVOS *que, quien(es), el que, la que, los que, las que, el cual, la cual, los cuales, las cuales, cuyo(s)*, etcétera, también se consideran pronombres porque cumplen la función de duplicar al sustantivo ANTECEDENTE en una oración y conectar este sustantivo con la CLÁUSULA RELATIVA que lo modifica. El uso de estos pronombres permite la combinación de dos oraciones simples, que hacen referencia al mismo sustantivo, en una sola oración compuesta:

(23)   *Diego está leyendo **el periódico**.* + *Yo compré **el periódico**.*

En vez de separar esta información en dos oraciones y repetir dos veces el mismo sustantivo, se las puede combinar para ver cómo se relaciona la información dada.

(24)   a. *Diego está leyendo el periódico **que** yo compré.*    o

       b. *Yo compré el periódico **que** Diego está leyendo.*

En este caso, *periódico* es el antecedente y *que* es el pronombre relativo que reemplaza a *periódico*.

Igual que el pronombre personal, el pronombre relativo que se encuentra dentro de una cláusula relativa tiene una de las varias funciones sintácticas del sustantivo, ya sea como sujeto, objeto preposicional, objeto directo u objeto indirecto, y estas funciones afectarán las formas de los pronombres que se pueden usar (véase 5.3.2). El único pronombre relativo que no funciona como sustantivo es el posesivo *cuyo*, porque modifica al sustantivo dentro de la cláusula relativa:

(25)   *Me llamó un señor **cuyos** hijos van a viajar solos al extranjero.*

El último grupo de palabras que forman parte de la clase cerrada de pronombres son los PRONOMBRES INDEFINIDOS *algo, nada, alguien, nadie, alguno, ninguno*. Se llaman indefinidos porque no se refieren a nada ni a nadie en particular y para cada pronombre afirmativo existe una forma negativa paralela.

Aunque los pronombres forman una clase cerrada de palabras, su uso es muy extenso y cumplen varias funciones. Como vimos antes, además de su función principal de reemplazar al sustantivo, algunos sustituyen a los adjetivos o a los adverbios. En unos casos, el uso del pronombre es necesario y obligatorio y en otros opcional. Para algunos pronombres, hay reglas sintácticas muy rígidas que determinan su posición en la oración, mientras que la colocación de otros pronombres es muy flexible. En el Capítulo 5, examinaremos estas reglas sintácticas y las diferencias entre los varios tipos de pronombres.

### 1.1.4 Los intensificadores

La función de los ADVERBIOS es la de modificar a un verbo, a un adjetivo o a otro adverbio. Sin embargo, se pueden separar estos tres usos y establecer dos sub-categorías, una de modificadores de verbos y otra de modificadores de adjetivos y adverbios.

Se seguirá usando el término "adverbio" con un significado más limitado, para designar el primer grupo, mientras que se usará el término INTENSIFICADOR para referirse a los elementos del segundo grupo. La razón por la que hacemos esta distinción es que los intensificadores forman una clase cerrada, con un número finito de miembros, mientras que el adverbio verdadero, el que modifica a los verbos, forma una clase abierta con un número infinito de posibilidades.

Generalmente, los modificadores que pertenecen a la clase cerrada de intensificadores sirven para limitar o comparar la amplitud de un adjetivo o un adverbio y por eso se llaman intensificadores. Esta clase cerrada incluye palabras como *muy, más, menos, tan, poco, algo, bastante, sumamente, extremadamente,* etcétera. También se usan algunas de estas palabras para modificar a los verbos y, en estos casos, funcionan como adverbios. Igual que éstos, no hay ningún tipo de concordancia entre los intensificadores y la palabra que modifican. Es útil distinguir entre los intensificadores y los adverbios porque la posición de los intensificadores es mucho más rígida. Mientras que la posición del adverbio en la oración es bastante flexible, los intensificadores sólo se presentan antes del adjetivo o del adverbio que modifican. Esta distinción entre el intensificador y el adverbio es muy parecida a la diferencia entre el cuantificador y el adjetivo descriptivo. En tanto que los cuantificadores y los intensificadores cumplen la función de limitar la cantidad de un sustantivo o la intensidad de un adjetivo o adverbio, los adjetivos y los adverbios describen las características de un sustantivo o de un verbo (véase 4.1.1.4).

### 1.1.5 Las preposiciones

Las PREPOSICIONES también forman una clase cerrada en la lengua. Hay PREPOSICIONES SIMPLES como *a, en, de, por, para, con*, etcétera, y PREPOSICIONES COMPUESTAS como *antes de, después de, a través de, en vez de*, etcétera. Aunque las preposiciones compuestas están formadas por un miembro de las clases abiertas como un sustantivo, un adjetivo o un adverbio y una o más preposiciones simples, todavía forman una clase cerrada con un número finito de miembros y una función gramatical en la oración.

El nombre preposición implica que estas palabras van antes de algo y ese 'algo' es siempre un sustantivo. Entonces, la función de la preposición es relacionar este sustantivo con otro elemento en la oración. La combinación de una preposición y el sustantivo siguiente forma una frase o SINTAGMA PREPOSICIONAL que sirve generalmente para modificar a otros elementos de la oración como los sustantivos (véase 4.1.3), los verbos (véase 4.2.3) y los adjetivos. Hay también casos donde una preposición forma parte del significado del verbo y siempre va seguido por un sustantivo (véase 2.4.2).

En general, los usos de las preposiciones en cada lengua son arbitrarios y no se puede contar con que se use la misma preposición en inglés y en español. Sin embargo, la función básica de relacionar el sustantivo con el resto de la oración se mantiene en las dos lenguas.

### 1.1.6 Las conjunciones

Las CONJUNCIONES sirven para conectar dos elementos en una oración, pero la relación que se establece entre estos dos elementos varía mucho. Una conjunción puede unir dos sustantivos, dos adjetivos, dos adverbios o dos verbos:

(26)  a. *No es Manuel **sino** Mauricio el que va a terminar primero.*

b. *Su novia no es bonita **ni** inteligente.*

c. *Su hijo puede correr rápida **o** lentamente.*

d. *Los jóvenes corren **y** juegan en el parque.*

Otro uso muy común de las conjunciones es unir dos o más cláusulas en una sola ORACIÓN COMPLEJA. Existen CONJUNCIONES DE COORDINACIÓN como *y, pero, sino (que), como, (ni)...ni, (o)...o, tanto...como, aunque*, etcétera, que sirven para conectar dos CLÁUSULAS INDEPENDIENTES y CONJUNCIONES DE SUBORDINACIÓN, como *que, cuando, mientras que, antes de que, para que, hasta que, a pesar de que*, etcétera, que conectan una CLÁUSULA SUBORDINADA con una cláusula independiente (véase 6.2).

Las conjunciones de coordinación pueden ser SIMPLES, consistiendo en una sola palabra como *y, pero, sino*, o CORRELATIVAS, consistiendo en dos palabras separadas como *tanto...como, o...o, ni...ni*.

Algunas conjunciones de subordinación también son simples, pero la mayoría consiste en una preposición (simple o compuesta) más la conjunción *que*.

(27)  a.  conjunción de subordinación simple:     *cuando*

   b.  preposición simple más conjunción:        *para que*

   c.  preposición compuesta más conjunción:   *antes de que*

Aunque estas conjunciones consisten en más de una palabra, tienen una sola función así que no es necesario pensar en ellas como elementos separados.

### 1.1.7 Los verbos auxiliares

El último grupo que corresponde a las clases cerradas son los VERBOS AUXILIARES. Un verbo auxiliar se combina con otro verbo en su forma no personal para crear una nueva estructura verbal. Las formas no personales son INFINITIVO (*hablar*), PARTICIPIO (*hablado*) y GERUNDIO (*hablando*). Ya que estas formas no personales no pueden expresar por sí solas la PERSONA, el TIEMPO, el MODO, el ASPECTO y la VOZ de la acción verbal, se usan los verbos auxiliares para añadir estos matices a la estructura verbal.

El verbo auxiliar *haber* se combina con el participio del verbo principal para formar los TIEMPOS PERFECTOS COMPUESTOS:

(28)  a.  ***He vivido*** *aquí por más de veinte años.*

   b.  *Dudo mucho que él te* ***haya dicho*** *esto.*

   c.  *Cuando llegó a este país, ¿ya* ***había conocido*** *a su esposo?*

   d.  ***Habrían venido*** *a la fiesta si tú los* ***hubieras invitado***.

En estos ejemplos, el uso de estos tiempos verbales compuestos añade un matiz temporal al significado del verbo (véase 9.2).

El verbo auxiliar *ser* también se combina con el participio para formar la VOZ PASIVA (véase 2.2.1):

(29)  *Este edificio* ***fue construido*** *en 1900.*

El verbo *estar* funciona como auxiliar de los TIEMPOS PROGRESIVOS en la perífrasis verbal *estar* + gerundio:

(30)  a.  *Los jóvenes* ***están bailando***.

   b.  ***Estaba visitando*** *a su abuelo cuando lo llamaron.*

   c.  *Me sorprende mucho que* ***estés llorando*** *por él.*

   d.  *No está en casa ahora.* ***Estará trabajando***.

En estos casos, el verbo auxiliar *estar* añade un matiz aspectual al significado del verbo (véase 9.1).

Con excepción de los tiempos perfectos compuestos, la voz pasiva y las perífrasis verbales con *estar,* la mayoría de los verbos auxiliares se combinan con el infinitivo. Por ejemplo, se usa el verbo auxiliar *ir* + un infinitivo para formar el FUTURO ANALÍTICO:

(31)   a. ***Vamos a estudiar*** *en la biblioteca.*

b. ***Iban a comprar*** *una nueva casa.*

En estos ejemplos, el verbo auxiliar *ir* añade un matiz temporal al significado del verbo (véase 8.1).

Hay otros verbos auxiliares que se combinan con el infinitivo para indicar tiempo (*acabar de*), aspecto (*soler*) o modo (*poder, deber, tener que*), pero estas perífrasis verbales no se han extendido tanto como los casos mencionados aquí (véase 9.6).

Para concluir esta sección, es importante hacer notar que todas las clases cerradas que hemos examinado tienen funciones gramaticales en la lengua y no añaden mucho significado al mensaje, por eso se llaman *function words* en inglés. En la Sección 1.2, veremos cómo se distinguen las clases abiertas (*content words* en inglés) de las clases cerradas.

Preguntas 1 a 7

## 1.2  Las clases abiertas

Las clases abiertas del léxico de una lengua incluyen todos los elementos que tienen un peso léxico o semántico en la oración. Éstos son los sustantivos, los adjetivos, los adverbios y los verbos.

Cuando un niño comienza a hablar su primera lengua o un principiante aprende a hablar otra lengua, usan generalmente las clases abiertas para comunicar el mensaje porque no saben usar todavía los elementos gramaticales de las clases cerradas para que la oración sea gramatical. Estas clases son abiertas porque es imposible limitar o contar el número de ejemplos en cada clase. Además, los hablantes siempre están creando nuevas palabras que se añaden a estas clases abiertas. A diferencia de las clases cerradas, no se excluyen mutuamente, así que no hay límite en el número de ejemplos de cada clase abierta que pueda aparecer en la misma oración. Por ejemplo, aunque puede haber límites lógicos en la realidad, se puede dar una lista infinita de sustantivos, adjetivos, adverbios y verbos en las siguientes oraciones:

(32)   a. *Estudio* ***español, matemáticas, biología, arte, historia...***

b. *Es una mujer* ***inteligente, simpática, interesante, trabajadora...***

   c. *Trabajan **bien, cuidadosamente, rápidamente...***

   d. *Ella **hace** ejercicio, **come** bien, **duerme** lo suficiente, no **fuma...***

Una característica muy importante de las clases abiertas es que pueden consistir en palabras aisladas o en sintagmas, que son las unidades sintácticas elementales de una oración. Así, el SINTAGMA NOMINAL *la profesora más inteligente* tiene la misma función que el sustantivo simple *profesora* y, dentro de este sintagma nominal, el SINTAGMA ADJETIVAL *más inteligente* funciona como el adjetivo simple *inteligente*. De la misma manera, el SINTAGMA VERBAL *llegó a casa muy tarde* tiene la misma función que el verbo simple *llegó* y dentro de este sintagma verbal, el SINTAGMA ADVERBIAL *muy tarde* funciona como el adverbio simple *tarde*. Ya que no existe diferencia entre la función del elemento solo y la del sintagma correspondiente, en este texto utilizaremos el término *sintagma* para referirnos no sólo a la frase con más de un elemento, sino también a las palabras aisladas que mantienen las mismas funciones sintácticas.

Aunque anteriormente vimos que las preposiciones forman una clase cerrada en la lengua, existen también SINTAGMAS PREPOSICIONALES, que consisten en una preposición más un sintagma nominal. Ya que las preposiciones no corresponden a ninguna clase abierta, los sintagmas preposicionales no funcionan como preposiciones sino como modificadores de las otras clases abiertas (véase 4.1.3). En este capítulo, sólo indicaremos la función sintáctica del sintagma preposicional y dejaremos para el Capítulo 4 la examinación de sus diferentes funciones como modificador.

En el resto de este capítulo, nos dedicaremos a examinar los elementos opcionales y obligatorios de los cuatro tipos de sintagmas que corresponden a las clases abiertas. El estudio de estos sintagmas demostrará cómo las palabras aisladas de las clases cerradas y abiertas se combinan en unidades sintácticas para crear una oración.

## 1.2.1 El sustantivo y el sintagma nominal

El SUSTANTIVO es un nombre que sirve para designar un ser, una cosa, un lugar o un concepto abstracto. Es uno de los elementos más complejos de la oración porque tiene muchas funciones sintácticas: SUJETO, ATRIBUTO, OBJETO DIRECTO, OBJETO INDIRECTO y OBJETO PREPOSICIONAL. Su función se relaciona íntimamente con la del verbo, y hay varias técnicas para identificar la función del sustantivo y para relacionarlo con otros elementos de la oración (véase el Capítulo 2).

Los sintagmas nominales tienen las mismas funciones que los sustantivos y, como ya mencionamos, estas funciones se basan en la relación entre el verbo y el sustantivo. El único elemento obligatorio del sintagma nominal es el sustantivo. El uso solitario aparece con frecuencia con los SUSTANTIVOS o NOMBRES PROPIOS, que identifican personas, cosas o lugares específicos. Ya que el oyente puede identifican al referente, la persona o cosa de la que se habla, estos sustantivos no necesitan ningún modificador para poder reconocerlos. Por ejemplo, en la siguiente oración, los sustantivos propios están solos y no hace falta modificarlos:

(33)   **Esteban** *visitó* **México** *el año pasado.*

Los SUSTANTIVOS o NOMBRES COMUNES, por otro lado, son generales y normalmente requieren algún tipo de modificador para especificar al referente, aun cuando sólo sea un determinante:

(34)   **Mi hijo** *visitó* **los países de Europa** *el año pasado.*

Otro uso solitario del sustantivo se da con los SUSTANTIVOS NO CONTABLES en función de objeto directo del verbo. Estos sustantivos no se pueden contar y por eso pueden aparecer en una oración sin modificadores:

(35)   a.   *Quiero ( arroz, pan, café ).*

      b.   *Necesito ( dinero, ayuda, comida ).*

      c.   *Tengo ( tiempo, sueño, tarea ).*

Por otro lado, es casi imposible usar SUSTANTIVOS CONTABLES en su forma singular sin algún tipo de modificación y es necesario modificarlos de alguna manera:

(36)   a.   *Venden* **su** *coche.*

      b.   *Vi* **una** *casa.*

      c.   *Compré* **este** *libro.*

A pesar de que es posible encontrar un sintagma nominal formado por un solo nombre o sustantivo, en la mayoría de los casos el sustantivo funciona como núcleo del sintagma nominal y los otros elementos modifican al sustantivo. Estos modificadores opcionales del sustantivo son los determinantes y los cuantificadores de las clases cerradas y los sintagmas adjetivales de las clases abiertas.

En resumen, los elementos obligatorios y opcionales (entre paréntesis) de un sintagma nominal típico son:

(37)   *(determinante) + (cuantificador) + sustantivo + (sintagmas adjetivales)*

En el DIAGRAMA ARBÓREO de la Figura 1.2 se presentan estos elementos.

Aunque el núcleo del sintagma nominal es un sustantivo, hay dos casos en los que no lo es. A pesar de que los pronombres tienen las mismas funciones sintácticas que los sustantivos, porque su función es reemplazar al

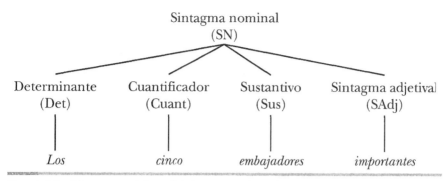

Figura 1.2   Diagrama arbóreo del sintagma nominal: *Los cinco embajadores importantes.*

sintagma nominal, las reglas sintácticas que rigen su posición y uso son muy distintas y requieren su propio estudio (véase Capítulo 5). La CLÁUSULA SUBORDINADA NOMINAL también tiene la misma función sintáctica que el sustantivo dentro de una oración compleja, pero no tiene un sustantivo como su núcleo porque es una cláusula completa (véase 6.2.2).

## 1.2.2 El adjetivo y el sintagma adjetival

El ADJETIVO es fácil de identificar en una oración porque su única función es la de modificar al sustantivo y siempre hay CONCORDANCIA en número y género entre el sustantivo y los adjetivos que lo modifican. Aunque se podría decir que la concordancia es redundante, tiene la importante función de unir el sustantivo y sus modificadores en el sintagma nominal. El adjetivo siempre aparece junto al sustantivo, aunque su colocación antes o después del sustantivo depende de la función sintáctica y el significado del adjetivo. Aunque tienen la misma función de modificar al sustantivo, es útil distinguir entre los adjetivos de las clases abiertas y los determinantes o cuantificadores de las clases cerradas para poder explicar la posición de estos elementos con relación al sustantivo que modifican (véase 4.1.2.2).

Dado que la única función de un sintagma adjetival es la de modificar a un sustantivo, este sintagma siempre se encuentra dentro de un sintagma nominal, y el único elemento obligatorio del sintagma adjetival es el adjetivo:

(38)   a.  *la mesa **redonda***

      b.  *las ventanas **abiertas***

Un elemento opcional que se usa con frecuencia son los intensificadores *muy, poco, algo, tan, bastante,* etcétera, que aparecen antes del adjetivo y lo modifican:

(39)   a.  *las personas **muy** jóvenes*

      b.  *la tarea **bastante** difícil*

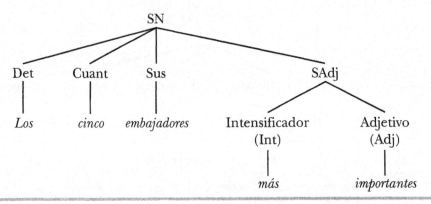

Figura 1.3   Diagrama arbóreo del sintagma adjetival *más importantes* dentro del sintagma nominal *Los cinco embajadores más importantes*.

De esta manera, el sintagma adjetival consiste en:

(40)  *(intensificador)* + *adjetivo*

Al añadir al diagrama arbóreo de la Figura 1.2 los elementos del sintagma adjetival, en la oración se establecen dos niveles diferentes. En el primer nivel, se encuentran los elementos del sintagma nominal. Uno de estos elementos, el sintagma adjetival, también tiene elementos que se describen en el segundo nivel. En el diagrama arbóreo de la Figura 1.3 se hace una distinción entre estos dos niveles porque refleja que el sintagma adjetival, cuyos elementos están dentro del segundo nivel, no existe independientemente y sólo puede estar dentro de un sintagma nominal.

Aunque el sintagma adjetival tiene como núcleo un adjetivo, hay dos casos de modificación nominal donde no se usa ni adjetivo, ni determinante, ni cuantificador. Un caso es el sintagma preposicional que modifica al sustantivo (véase 4.1.3), y el otro es la CLÁUSULA SUBORDINADA ADJETIVAL que modifica a un sustantivo dentro de una oración compleja, pero no tiene un adjetivo como núcleo porque es una cláusula completa (véase 6.2.3).

### 1.2.3 El verbo y el sintagma verbal

Para identificar el verbo de una oración, es necesario saber que a veces una forma verbal no funciona como verbo. En particular, las formas verbales no personales no pueden funcionar como núcleo de la oración porque no expresan en su morfología los conceptos de tiempo, modo, aspecto, persona y número. En la Sección 1.1.7 vimos que se usan estas formas no personales con los verbos auxiliares para crear perífrasis verbales que indican tiempo, modo, aspecto y voz, pero también tienen funciones no verbales.

Dentro de las perífrasis verbales y en otros contextos, la función gramatical del infinitivo *amar, comer, vivir* es nominativa, lo que quiere decir que funciona como sustantivo. Comparemos, por ejemplo, el uso del infinitivo y el uso de un sustantivo en las siguientes oraciones:

(41) a. *Quiero **vivir** en Taxco.*                    *Quiero **una casa** en Taxco.*

     b. ***Fumar** es peligroso.*                    ***El tigre** es peligroso.*

Es importante notar que en el inglés, no se usa el infinitivo sino el gerundio para esta función nominal. Comparemos, las siguientes frases que usan un infinitivo sustantivado en el español y un gerundio sustantivado en el inglés:

(42) a. *Prohibido **fumar***                    *No **smoking***

     b. *El **ser** humano*                    *Human **being***

     c. *Una máquina de **coser***                    *A **sewing** machine*

En el español el gerundio *amando, comiendo, viviendo* funciona como adverbio que modifica al verbo auxiliar en los tiempos progresivos y también funciona como adverbio en otros contextos. En los siguientes ejemplos, el gerundio tiene la misma función adverbial que otros adverbios:

(43) a. *Está **estudiando**.*                    *Está **bien**.*

     b. *Anda **buscando** a su hijo.*                    *Anda **rápidamente**.*

     c. *Leyó la carta **llorando**.*                    *Leyó la carta **lentamente**.*

     d. *Aprenderás **haciéndolo**.*                    *Aprenderás **poco a poco**.*

Aunque el gerundio no indica ningún sujeto, modifica al verbo y, por eso, se refiere al mismo sujeto que el verbo principal de la oración.

Acabamos de ver que el gerundio puede funcionar como sustantivo en el inglés, pero también puede funcionar como adverbio, igual que en el español:

(44) a. *She is **studying**.*

     b. *She is **looking** for her son.*

     c. *She read the letter **crying**.*

     d. *You will learn by **doing** it.*

Finalmente, el participio *amado, comido, vivido* puede funcionar como un adjetivo que modifica al sustantivo. La diferencia aquí es que el participio verbal no demuestra la concordancia de género y número mientras que el participio adjetival mantiene esta concordancia con el sustantivo que modifica (véase 9.5):

(45) a. *He **hecho** la tarea.*                    *Tengo la tarea **hecha**.* adj

     b. *Han **cerrado** la puerta.*                    *La puerta está **cerrada**.* adj

Otra vez, es importante notar que en inglés se usa a veces el gerundio mientras que en español se usa el participio para esta función adjetival. Comparemos, por ejemplo, las siguientes frases que usan un participio adjetival en el español y un gerundio adjetival en el inglés:

(46) a. *Las mujeres están **sentadas**.*         *The women are **sitting down**.*

   b. *Los niños están **dormidos**.*         *The children are **sleeping**.*

Para evitar la interferencia del inglés en el español, es importante reconocer el uso más extenso en el inglés del gerundio como sustantivo, adjetivo y adverbio. Sin embargo, en español es más fácil distinguir estas tres funciones porque se usa el infinitivo para la función sustantival, el gerundio para la función adverbial y el participio para la función adjetival. Obviamente, hay otras maneras de crear sustantivos, adjetivos y adverbios en español, pero el uso de las tres formas verbales no personales es consistente en su función sintáctica.

Cuando la forma verbal funciona como VERBO, es el elemento más importante de la oración porque es el único elemento esencial de una oración. Por eso, la cantidad de verbos conjugados en una oración indica el número de cláusulas que contiene, ya sean independientes o subordinadas. El verbo es el elemento más complejo de la oración por varias razones. Primero, el significado y la voz del verbo determinan la función de los sustantivos de la oración, como sujeto u objetos (véase 2.1 y 2.2). Segundo, la morfología del verbo contiene MORFEMAS que indican el tiempo, el modo, el aspecto, la persona y el número (véase el Capítulo 7). Finalmente, el uso de los tiempos verbales y la interrelación de los conceptos de tiempo, modo y aspecto resultan en un sistema verbal muy complejo (véase los Capítulos 8 y 9).

Además de identificar el verbo de la oración, es necesario reconocer los otros elementos del sintagma verbal. El verbo es el núcleo y el único elemento obligatorio del sintagma verbal. De todos los sintagmas, éste es el más importante porque también representa el núcleo de la oración y el único elemento esencial. En las siguientes oraciones, por ejemplo, el verbo y su morfología contienen toda la información que se necesita para tener una oración completa:

(47) a. *Entiendo.*

   b. *¿Estudiaste?*

   c. *Cantarán.*

Obviamente, falta mucha información para entender completamente el contexto, y hay un SUJETO TÁCITO o implícito (véase 2.1.1) que corresponde a cada verbo, pero no es necesario incluir más elementos en la oración y son completamente gramaticales.

Hay muchos elementos opcionales que pueden aparecer dentro del sintagma verbal. Se puede decir que es el sintagma más complejo porque todos los otros sintagmas pueden aparecer dentro de éste. Primero, la clase cerrada de verbos auxiliares, los que aparecen antes de una forma verbal no personal, puede formar parte del sintagma verbal. Además de este elemento, el sintagma adverbial sólo aparece dentro del sintagma verbal porque modifica al verbo, el núcleo del sintagma (véase 1.2.4), y también se encuentran los sintagmas nominales con las funciones de objeto directo, objeto indirecto y objeto preposicional. Estos sintagmas nominales pueden contener sintagmas adjetivales que modifican al sustantivo.

Para resumir, el sintagma verbal está formado por los siguientes elementos obligatorios y opcionales:

(48)  *(verbo auxiliar) + verbo + (s. adverbial) + (s. nominales + (s. adjetival))*

Lo más notable de esta descripción es que se establecen ahora tres niveles en la oración. En las ramas del primer nivel aparecen los elementos obligatorios y opcionales del sintagma verbal. A su vez, uno de estos elementos, el sintagma nominal, puede contener varios elementos que se describen en la rama del segundo nivel. Finalmente, uno de los elementos del sintagma nominal, el sintagma adjetival, puede contener elementos que salen en la rama del tercer nivel. De esta manera, las ramas del diagrama arbóreo en la Figura 1.4 muestrann que el sintagma adjetival no modifica al verbo, sino al sustantivo, y sirven para mostrar las relaciones entre los diferentes sintagmas de una oración.

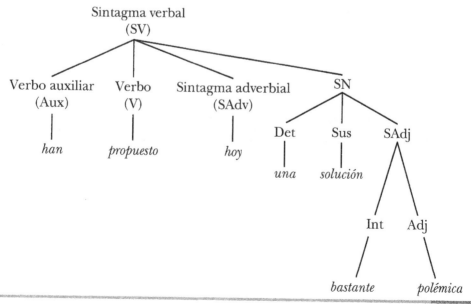

Figura 1.4    Diagrama arbóreo del sintagma verbal: *Han propuesto hoy una solución bastante polémica.*

### 1.2.4 El adverbio y el sintagma adverbial

Como lo implica su nombre, el ADVERBIO es una unidad que se añade al verbo de la oración. Sus funciones incluyen la descripción del lugar (*dónde*), del tiempo (*cuándo*) o de la manera (*cómo, por qué, cuánto*) en que se hace una acción. De la misma manera que el adjetivo modifica al sustantivo, el adverbio sirve para modificar al verbo. La diferencia principal entre estos dos casos de modificación es que la morfología del adverbio no indica ningún tipo de concordancia como la del adjetivo.

Hay un grupo pequeño de adverbios simples que no tienen ningún morfema que los identifique como adverbios. Por ejemplo, para indicar tiempo, se usan adverbios como *nunca, siempre, ya, ayer, hoy, mañana*, etcétera; para indicar lugar, algunos adverbios comunes son *aquí* y *allá;* y para identificar la manera en que se hace algo, dos adverbios típicos son *bien* y *mal.*

Un grupo mucho más extenso es el de ADVERBIOS DERIVADOS. Entre ellos están los que combinan el morfema *-mente* con la forma femenina del adjetivo correspondiente. Por ejemplo, para el adjetivo *rápido*, el adverbio es *rápidamente*. Otros adverbios derivados se forman a través de la combinación de una preposición más un adverbio, adjetivo o sustantivo. Por ejemplo, la adición de la preposición *a* al adverbio *fuera* resulta en el adverbio de lugar *afuera*, mientras que su adición al sustantivo *hora* crea el adverbio de tiempo *ahora* y su combinación con el adjetivo *bajo* da el adverbio de lugar *abajo*. Este patrón también se da mucho con una preposición antepuesta, pero todavía separada del adverbio, adjetivo o sustantivo, como en los adverbios *de repente, a propósito* o *en seguida*. Algunos, como *enseguida*, también se suelen encontrar como una sola palabra. Esta separación entre dos palabras sólo se mantiene en la forma escrita de la lengua. En cuanto al significado, estas dos palabras están tan ligadas en el habla que tiene mucho más sentido considerarlas como un solo adverbio.

Ya se mencionó que el adverbio modifica al verbo de la misma manera que el adjetivo modifica al sustantivo y, por eso, la descripción del sintagma adverbial es muy parecida a la descripción del sintagma adjetival. Mientras que el sintagma adjetival se encuentra dentro del sintagma nominal, el sintagma adverbial se encuentra dentro del sintagma verbal. El único elemento obligatorio del sintagma adverbial es el adverbio, como pueden ver en las siguientes frases:

(49)  a. *Corre **rápidamente**.*

　　　b. *Trabaja **mañana**.*

　　　c. *Vivo **allí**.*

También se puede encontrar más de un adverbio modificando al mismo verbo:

(50)  *Salieron **rápidamente anoche**.*

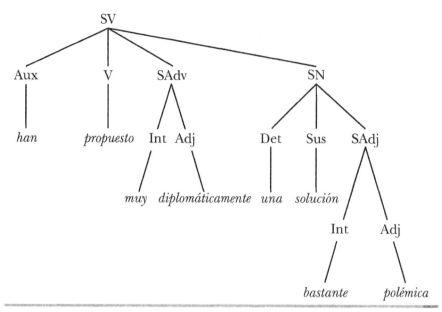

Figura 1.5    Diagrama arbóreo del sintagma verbal que contiene un sintagma adverbial y un sintagma nominal: *Han recomendado muy diplomáticamente una solución bastante polémica.*

Otra característica que los adverbios comparten con los adjetivos es que utilizan los mismos intensificadores *muy, poco, algo, tan, bastante,* etcétera. Además, el contenido del sintagma adverbial es muy parecido a la estructura del sintagma adjetival porque el único elemento opcional es el intensificador que modifica al adverbio e indica la intensidad del mismo:

(51)   *(intensificador) + adverbio*

Ya que el sintagma adverbial aparece siempre dentro del sintagma verbal, se pueden añadir estos elementos al diagrama arbóreo del sintagma verbal de la Figura 1.5.

Aunque el sintagma adverbial tiene como núcleo un adverbio, hay dos casos de modificación verbal donde no se usa un adverbio. Un caso es el sintagma preposicional que modifica a un verbo (véase 4.2.3) y el otro es la CLÁUSULA SUBORDINADA ADVERBIAL que modifica a un verbo dentro de una oración compleja, pero que no tiene un adverbio como núcleo porque es una cláusula completa (véase 6.2.4).

## 1.3 El sujeto y el predicado de la oración

Presentados los diferentes tipos de sintagmas que existen dentro de la oración, podemos examinar ahora los elementos básicos de una oración. Como mínimo, cada oración contiene un sujeto y un PREDICADO. Aunque no siempre hay un SUJETO EXPLÍCITO en la oración, el sujeto expreso es siempre un sintagma nominal. Este sintagma nominal puede ser un sustantivo, ser un pronombre sin ninguna modificación o contener varios modificadores como determinantes, cuantificadores, sintagmas adjetivales, sintagmas preposicionales y cláusulas subordinadas adjetivales.

El predicado, por su parte, puede contener todos los elementos que se encuentran en el sintagma verbal. Si bien son opcionales, además del verbo un sintagma verbal puede contener sintagmas nominales, adjetivales, adverbiales y preposicionales. Por eso, el predicado tiende a ser mucho más complejo que el sujeto, y la mayor parte de la información oracional está en esta parte de la oración. Las cláusulas subordinadas nominales, adjetivales y nominales también pueden formar parte del predicado de las oraciones compuestas (véase Capítulo 6). Para representar los elementos de la oración en el diagrama arbóreo de la Figura 1.6, dividiremos la oración

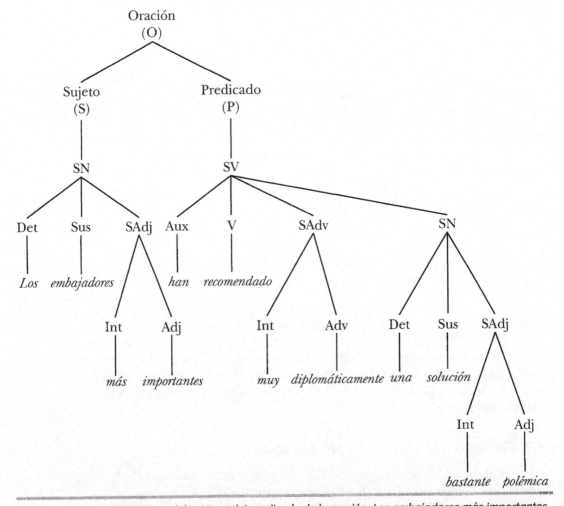

Figura 1.6   Diagrama arbóreo del sujeto y del predicado de la oración: *Los embajadores más importantes han recomendado muy diplomáticamente una solución bastante polémica.*

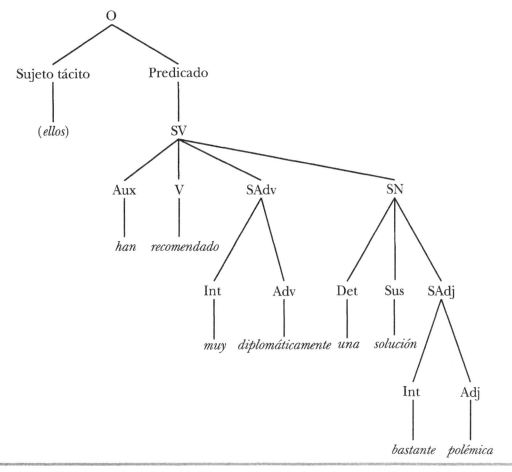

**Figura 1.7** Diagrama arbóreo del sujeto tácito y del predicado de la oración: *Han recomendado muy diplomáticamente una solución bastante polémica.*

en sujeto y predicado y bajo cada parte se encontrarán todos los elementos presentados en las secciones anteriores.

Aun cuando el sujeto de la oración sea tácito o implícito y la morfología verbal sea la única manera de identificarlo, hay que indicar el sujeto en el diagrama arbóreo, como vemos en la Figura 1.7, porque existe en la ESTRUCTURA SUBYACENTE de la oración aunque no aparezca en la SUPERFICIE.

Para concluir, aunque la identificación de cada uno de los elementos de la oración es necesaria para entender su función, es aun más importante reconocer las maneras en que se combinan estos elementos aislados en sintagmas que reflejan las unidades sintácticas de la oración.

Preguntas 8 a 19

## 1.4 Perspectiva diacrónica y sincrónica: Las categorías léxicas en el latín y en las lenguas románicas

Uno de los propósitos de este texto es ofrecer al lector una perspectiva DIACRÓNICA que indica la evolución histórica del español. El conocimiento de la evolución de la lengua es útil no sólo para entender mejor los textos antiguos, sino también para comprender las raíces de las variaciones que existen en la lengua moderna. Se puede decir que la variación SINCRÓNICA que existe en los dialectos modernos del español es el resultado de los cambios diacrónicos que han ocurrido en la lengua. Por eso, se incluirán en el texto ejemplos de la evolución diacrónica y de la variación sincrónica de algunas de las estructuras presentadas en cada capítulo.

Para entender la evolución del español, es necesario reconocer sus orígenes en el latín que se hablaba durante los primeros siglos del Imperio romano, hace más de dos milenios. A partir del siglo III, empezó la decadencia de este imperio y la influencia de otras lenguas invasoras causaron la ruptura del latín en varios dialectos. La falta de contacto entre estos dialectos resultó en la aparición de las diferentes LENGUAS ROMÁNICAS, como el portugués, el español, el catalán, el francés, el italiano y el rumano.

La distinción que se estableció en este capítulo entre las clases cerradas y abiertas también es básica para entender cómo cambia y varía la lengua. En la evolución del latín a las lenguas románicas, hubo muchos cambios en las clases abiertas y cerradas. Sin embargo, es todavía posible confirmar la relación genética entre el latín y sus descendientes a través de la comparación del LÉXICO o vocabulario de las clases abiertas de estas lenguas. Aunque los sonidos del latín se han desarrollado de una manera distinta en cada lengua románica, se pueden notar inmediatamente las similitudes del vocabulario básico. Hasta el rumano, que ha recibido mucha influencia del ruso, todavía mantiene mucho vocabulario heredado del latín, como se puede ver en el cuadro comparativo de la Figura 1.8.

| latín | portugués | español | catalán | francés | italiano | rumano |
|-------|-----------|---------|---------|---------|----------|--------|
| quinque | cinco | cinco | cinc | cinq | cinque | cinci |
| veridis | verde | verde | verd | vert | verde | verde |
| liber | livre | libre | llibre | libre | libero | liber |
| ursus | urso | oso | òs | ours | orso | urs |
| corpus | corpo | cuerpo | cos | corps | corpo | corp |
| regina | rainha | reina | reina | reine | regina | regina |
| scribere | escrever | escribir | escriurer | écrire | scrivere | a scrie |

Figura 1.8    Relación entre el léxico del latín y de las lenguas románicas.

Este MÉTODO COMPARATIVO del léxico de las lenguas románicas ha revelado que la lengua madre de los idiomas románicos no es el latín clásico que escribían los autores de aquella época sino el LATÍN VULGAR que hablaban los soldados que poblaron los territorios del Imperio romano hace dos mil años. Ya que no existen muchos textos escritos en este latín vulgar, se ha tratado de reconstruir el latín hablado en aquella época y se usa el término PROTO-ROMANCE para referirse a esta lengua reconstruida que forma la base de las lenguas románicas. Aunque es útil hacer la distinción entre el latín vulgar y el latín clásico, en este texto se presentarán formas del latín clásico porque generalmente son las únicas formas documentadas del latín.

Aunque las similitudes entre el léxico del latín y el de las lenguas románicas son evidentes, uno de los cambios más drásticos en la evolución del latín es la simplificación de la morfología gramatical de los miembros de las clases abiertas. El latín era una lengua muy SINTÉTICA, que usaba mucho la morfología en los sustantivos, adjetivos, verbos y adverbios para marcar la función de las clases abiertas y su relación con otros elementos de la oración. El resultado de esta simplificación y eliminación de la morfología sintética fue la creación de lenguas mucho más ANALÍTICAS, en las que se usan estructuras perifrásticas y el orden de palabras para indicar las funciones gramaticales de las palabras. En los siguientes capítulos, examinaremos varios ejemplos del cambio de una lengua sintética a una analítica en las clases abiertas.

Además de la simplificación fonética y morfológica de las clases abiertas del latín, otro factor que contribuyó a la fragmentación del latín y a la aparición de las diferentes lenguas románicas fueron los cambios drásticos que ocurrieron en los elementos de las clases cerradas del latín. No sólo cambiaron las formas de los pronombres, los determinantes, las preposiciones y las otras clases cerradas, sino también sus usos y funciones en la lengua. Aunque una lengua puede tolerar cierta variación dialectal en el léxico de las clases abiertas, es imposible mantener cohesión entre dialectos diferentes si no comparten los mismos elementos de las clases cerradas. Cuando ocurren cambios en las clases cerradas de una lengua, tienen que desarrollarse poco a poco porque sus consecuencias afectan mucho más la estructura de la lengua.

Este contraste entre la evolución de las clases abiertas y cerradas del latín también se aplica a la variación que existe en el español moderno. Los elementos de las clases cerradas no varían en general de un dialecto a otro porque estos elementos son necesarios para poder mantener la comunicación entre los hablantes de la misma lengua. Si dos hablantes no usaran los mismos determinantes, preposiciones, pronombres, etcétera, sería imposible comunicarse. Con muy pocas excepciones, los elementos de las clases cerradas son iguales en todos los dialectos del español.

Por otro lado, existe mucha variación en los elementos de las clases abiertas porque estas clases son productivas, y la eliminación de unos vocablos y la creación de nuevas palabras siguen ocurriendo. Cuando los hablantes de una región adoptan nuevos verbos, sustantivos, adjetivos o adverbios, estos vocablos no llegan a usarse necesariamente en otras regiones del mundo hispano. Esto ocurre en particular con los EXTRANJERISMOS O PRÉSTAMOS que son términos tomados de otras lenguas, porque el español de cada región tiene contacto con lenguas distintas. Generalmente, los hablantes se adaptan fácilmente a estas diferencias superficiales, y estas variaciones enriquecen la lengua siempre que no interfieran mucho en la comunicación entre hablantes de regiones diferentes. Sin embargo, algunos lingüistas han sugerido que las variaciones que existen en el léxico del español moderno podrían resultar en la fragmentación del español en lenguas diferentes. Moreno de Alba (1988: 83–108) resume la polémica que ha existido sobre la unidad de la lengua española y su diversificación. Muchos han comparado la variación del español moderno con la diversificación que existía en el latín hablado antes de que se fragmentara en las diferentes lenguas románicas. Obviamente, las circunstancias sociales, históricas y políticas en las que se usa el español en el mundo moderno son muy diferentes a las que existían cuando el latín hablado empezó a fragmentarse dentro de los territorios del antiguo Imperio romano. Sin embargo, la comparación es útil para enfatizar que el español es una lengua viva que seguirá cambiando y que los dialectos existentes podrían fragmentarse en lenguas distintas en el futuro.

Preguntas 20 a 21

## Preguntas

1. En el siguiente párrafo, identifique los cuatro tipos de determinantes y cuantificadores. En estos ejemplos, ¿qué similitudes y qué diferencias puede ver entre los determinantes y los cuantificadores?

   ¿Recuerdas aquella vez cuando tú y yo fuimos al supermercado para comprar comida para nuestra primera fiesta? Sólo teníamos doce años así que fuimos caminando, pero compramos tantas cosas que no pudimos llevar todas las bolsas hasta tu casa y tuvimos que tomar un taxi que nos costó mucho dinero. Aprendimos de esa experiencia y la siguiente vez que hicimos una fiesta en mi casa, les pedimos más ayuda a mis padres.

2. Identifique los pronombres personales en las siguientes oraciones e indique si su uso es obligatorio u opcional.

   a. Yo le di a ella tu número de teléfono.
   b. A mí me encanta vuestra casa.
   c. Tú vas a quedarte en mi casa con ella.
   d. Ellos hablaron con vosotros sobre su situación.
   e. Nosotros lo llamamos anoche para ver si él había llegado.

3. Escriba oraciones que incluyan los siguientes tipos de pronombres:

   a.   Pronombres interrogativos

   b.   Pronombres exclamativos

   c.   Pronombres relativos

   d.   Pronombres indefinidos

4. Escriba oraciones que incluyan intensificadores. A diferencia de los adverbios, ¿a qué elementos modifican los intensificadores?

5. Dé ejemplos de sintagmas preposicionales que empiecen con una preposición simple y otros que empiecen con una preposición compuesta. ¿Qué tipo de palabra aparece siempre después de la preposición?

6. Dé ejemplos de oraciones complejas que contengan conjunciones.

7. Dé ejemplos de verbos auxiliares con las tres formas no personales del verbo.

8. ¿Cuáles son las cuatro clases abiertas del léxico de una lengua? ¿Qué diferencias existen entre los elementos de las clases abiertas y los elementos de las clases cerradas? ¿Por qué cree que es útil hacer esta distinción?

9. Aquí le presentemos el primer verso del poema *Jabberwocky* de Lewis Carroll y una traducción al español (hay varias por diferentes traductores) por Adolfo de Alba (Gardner 1990). Para empezar, compare las palabras inventadas en las dos lenguas. ¿Corresponden a clases abiertas o a clases cerradas? ¿Por qué?

| **Jabberwocky** | **El Jabberwocky** |
|---|---|
| 'Twas brillig, and the slithy toves | Era la asarvesperia y los flexilimosos toves |
| Did gyre and gimble in the wabe; | giroscopiaban taledrando en el vade; |
| All mimsy were the borogoves, | debilmiseros estaban los borogoves; |
| And the mome raths outgrabe... | bramatchisilban los verdilechos parde... |

En la traducción del poema al español, identifique los elementos de las clases abiertas y explique cómo es posible identificar la clase abierta a la cual corresponden las palabras inventadas del traductor.

10. Explique con sus propias palabras qué es un sintagma.

11. Dé ejemplos de sustantivos comunes y sustantivos propios y explique la diferencia entre los dos tipos de sustantivos. ¿Por qué piensa que es útil hacer esta distinción?

12. Dé ejemplos de sustantivos contables y no contables y explique la diferencia entre estos dos tipos de sustantivos. ¿Por qué piensa que es útil hacer esta distinción?

13. Dé ejemplos de sintagmas nominales e identifique los elementos obligatorios y opcionales.

14. Dé ejemplos de sintagmas adjetivales e identifique los elementos obligatorios y opcionales ¿Dónde se encuentran los sintagmas adjetivales y por qué?

15. Dé ejemplos de formas no personales del verbo en funciones no verbales.

16. Dé ejemplos de sintagmas verbales e identifique los elementos obligatorios y opcionales.

17. Dé ejemplos de sintagmas adverbiales e identifique los elementos obligatorios y opcionales. ¿Dónde se encuentran los sintagmas adverbiales y por qué?

18. Dé ejemplos de oraciones e identifique en ellas el sujeto, el predicado y el núcleo de cada parte de la oración.

19. Haga el diagrama arbóreo de cada una de las siguientes oraciones identificando:

    a. sujeto y predicado

    b. sintagmas

    c. categorías léxicas de cada elemento dentro de los sintagmas

    Mañana, tu padre te va a comprar un nuevo coche para tu cumpleaños.
    Los mejores alumnos siempre entregan a tiempo su trabajo.
    La tía de Ramón ha estado muy enferma por más de un mes.
    Tenemos que terminar toda la tarea de la clase en dos días.
    A mi tía le interesan mucho las noticias de la televisión de Europa.

20. ¿Cuáles son las principales lenguas románicas y qué evidencia existe para comprobar que son lenguas hermanas que nacieron del latín vulgar?

21. En la evolución del latín a las lenguas románicas, ¿qué clases de palabras han cambiado más, las cerradas o las abiertas? ¿Por qué cree que es así? En la variación dialectal del español moderno, ¿qué clases varían más, las cerradas o las abiertas? ¿Por qué cree que es así?

# 2

# Las funciones del sustantivo

## 2.0 Introducción

Ya vimos en el primer capítulo que se usa el término sustantivo para
referirse a los nombres que representan cosas concretas como los objetos,
lugares, seres o cosas abstractas como conceptos e ideas. En este capítulo,
examinaremos en más detalle las diferentes funciones del sustantivo en la
oración. Ya que estas funciones sintácticas se basan en su relación con el
verbo, el núcleo de la oración, vamos a examinar los diferentes tipos de
ARGUMENTOS que puede tener un verbo. Estos argumentos son sustantivos
que actúan como sujeto, atributo, objeto directo u objeto indirecto y se
relacionan con el verbo de la oración. Estudiaremos las estrategias sintácticas que se usan para distinguir entre sujeto y objeto y contrastare-
mos estas estrategias con las que existen en inglés. Ya que una de las
funciones del sustantivo es la de objeto preposicional, examinaremos
también algunos usos de las preposiciones en español. Finalmente, se
presentarán las posibles variaciones del orden de sujeto / verbo / objeto
en español y se comparará el orden de estos constituyentes con el que
existía en latín.

## 2.1 El sujeto y el atributo

De todas las funciones del sustantivo, la más usada y la más fácil de identificar es la de sujeto. Cada oración tiene un verbo y cada verbo tiene un
sujeto. Semánticamente, el sujeto tiende a ser el AGENTE de la acción del
verbo, o sea, el que realiza la acción, y suele ser animado y humano. Lo

que distingue el español de una lengua como el inglés es que en español no siempre es necesario un sujeto expreso mientras que las reglas sintácticas del inglés requieren casi siempre un sujeto explícito. En la Sección 2.1.1, examinaremos cuándo se usa el sujeto expreso en español y cuándo no es necesario expresarlo. También vamos a examinar las reglas que rigen la concordancia entre sujeto y verbo en español. En la Sección 1.3, vimos que una oración tiene un sujeto y un predicado y que el verbo es parte del predicado. En las ORACIONES ATRIBUTIVAS se usa un VERBO COPULATIVO como *ser, estar* o *parecer* en el predicado, y el atributo puede ser sustantivo, dentro de un PREDICADO NOMINAL, o adjetivo, dentro de un PREDICADO ADJETIVAL:

(1)  a.  *Mi cuñada es **maestra**.*

  b.  *Mi cuñada es **joven**.*

En los dos casos, el verbo copulativo es un verbo de estado que no indica ninguna acción por parte del sujeto, sino que sirve para equiparar el sujeto con el atributo. Si el atributo es un sustantivo y el verbo copulativo indica que el sujeto y el atributo son iguales, será necesario decidir si el verbo concuerda con el sujeto o con el atributo. En la Sección 2.1.2, compararemos las reglas que rigen la concordancia del verbo copulativo en inglés con las normas en español.

### 2.1.1 La expresión del sujeto

En español, se usa el SUJETO EXPRESO o explícito, ya sea un sustantivo o un pronombre, para aclarar o enfatizar la identificación del sujeto. Si no es necesario aclarar ni poner énfasis en el sujeto, la oración puede tener un sujeto tácito o implícito. La razón por la cual no es necesario expresar el sujeto es que se usan las terminaciones del verbo, o MORFEMAS VERBALES, para indicar la persona. Por ejemplo, se puede identificar el sujeto de la primera persona del plural de todos los tiempos, modos y conjugaciones del verbo por el morfema *–mos*:

(2)  a.  *hablamos*      presente de indicativo o pasado de indicativo

  b.  *estudiemos*    presente de subjuntivo

  c.  *viviremos*     futuro

Además, se usa el morfema verbal *–s* en casi todos los tiempos verbales para indicar la segunda persona informal del singular:

(3)  a.  *comes*      presente de indicativo

  b.  *digas*      presente de subjuntivo

  c.  *hablarás*     futuro

De la misma manera, el morfema −*n* indica la tercera persona del plural en muchos tiempos verbales:

(4) a. *dijeran*     imperfecto de subjuntivo

b. *sirven*     presente de indicativo

c. *comían*     imperfecto de indicativo

Entonces, además de la información que nos da sobre el tiempo, el modo y el aspecto de la acción, la morfología verbal también indica generalmente el agente de la acción verbal. (sujeto)

En contraste, los verbos en inglés casi no tienen morfemas para indicar la persona y es casi siempre obligatorio expresar el sujeto con un sustantivo o un pronombre. Por ejemplo, un verbo regular como *to eat* se expresa en el pasado con la forma *ate* para todas las personas (*I ate, you ate, he ate,* etcétera) y en el futuro con la forma *will eat* en todas las personas (*we will eat, you will eat, they will eat,* etcétera). En el presente, sólo se distingue entre la tercera persona singular (*he eats, she eat,* etcétera) y todas las otras personas que no requieren la *–s* al final (*I eat, you eat, we eat,* etcétera). Ya que la MORFOLOGÍA VERBAL en inglés casi nunca indica la persona, la necesidad de tener un sujeto expreso es evidente.

Aunque la morfología verbal que indica la persona en español es muy importante, no es siempre suficiente para identificar al sujeto de la oración, así que el contexto de la oración también es importante. Si el oyente puede identificar al sujeto de la oración por la situación o por lo antedicho, sería redundante repetirlo en cada oración. Entonces, el sujeto tácito no se expresa ya sea porque la morfología verbal ya lo indica o porque está sobreentendido.

Esta diferencia entre el uso obligatorio del sujeto en inglés y el uso opcional en español le causa problemas al angloparlante en dos niveles. A nivel de producción, ocurre el sobreuso del sujeto cuando no es necesario. Aunque ese uso no sea incorrecto, tampoco suena muy natural. A nivel de comprensión, al angloparlante le cuesta mucho prestar atención a la morfología verbal para identificar al sujeto y para lograrlo suele buscar otra información.

Hay algunos verbos en español que no tienen un sujeto expreso porque no existe en realidad ningún agente de la acción. Estos VERBOS UNIPERSONALES suelen expresar eventos en la naturaleza relacionados con el tiempo o con el estado de la atmósfera. En español, el verbo aparece en tercera persona singular no porque el sujeto sea *él, ella,* ni *ello,* sino porque es la forma NO MARCADA que se usa cuando no hay ningún sujeto. Es decir, mientras que otras formas del verbo especifican la persona y el número a través de los morfemas verbales, como *-s* para la segunda singular y *-mos* para la primera plural, la tercera persona singular del verbo no tiene un morfema que indique la persona, así que es la ausencia de un morfema la que lo indica. Por eso, es la forma que se usa cuando no existe ningún sujeto en la realidad:

(5)  a.  *Llueve.*            *It is raining.*

     b.  *Graniza como nunca.*    *It is hailing like never before.*

     c.  *Nevó toda la noche.*    *It snowed all night.*

     d.  *Hace sol.*           *It is sunny out.*

     e.  *Hacía mucho frío.*    *It was very cold out.*

     f.  *Estaba nublado.*     *It was cloudy.*

     g.  *Es tarde.*          *It is late.*

     h.  *Amaneció a las cinco.*   *It got light at 5:00.*

Como se puede notar en los ejemplos anteriores, en inglés también se usa la tercera persona singular del verbo, pero éste requiere el uso del pronombre de sujeto *it* en la posición sintáctica del sujeto. Un error común del angloparlante es tratar de expresar este sujeto inexistente en español y traducir *it* con el pronombre neutro del objeto directo *lo* (*\*Lo está lloviendo; \*Lo es tarde*) pero el pronombre *lo* nunca funciona como sujeto.

Una comparación del uso figurado de las siguientes expresiones en las dos lenguas también revela una diferencia en la interpretación del sujeto. En inglés, se mantiene siempre el sujeto *it* en expresiones metafóricas como:

(6)  *It was raining cats and dogs.*

En este caso, lo que llovía se expresa como objeto directo y se mantiene *it* como el sujeto de la oración. En español, donde normalmente no existen ni un sujeto ni un objeto directo para este verbo unipersonal, se puede decir que lo que cae del cielo es el sujeto de la oración, lo cual es evidente en la expresión metafórica por la concordancia del verbo con el sujeto plural:

(7)  *Llovían chuzos.* (Alarcos Llorach 1994: 275)

Otro verbo unipersonal en español es el VERBO DE EXISTENCIA *haber*. En su uso tradicional, tiene básicamente el mismo significado que el verbo *tener*, excepto que sólo puede indicar el lugar donde existe algo y no un poseedor.

(8)  *Hay muchos estudiantes en la clase.*

En la oración anterior el verbo *haber* tiene un objeto directo, *muchos estudiantes,* pero no tiene sujeto, y el sustantivo *la clase* forma parte de un sintagma preposicional de lugar.

En comparación con el verbo unipersonal *haber,* el VERBO TRANSITIVO *tener* usa el mismo objeto directo, *muchos estudiantes,* pero aquí *la clase* funciona como sujeto de la oración:

(9)  *La clase tiene muchos estudiantes.*

En los dos casos, el sintagma nominal *muchos estudiantes* es el objeto directo del verbo, y no hay concordancia entre el verbo y su objeto. Sin embargo, hay una tendencia en el español moderno a interpretar de otra manera la estructura unipersonal con *haber* y convertir el objeto del verbo en sujeto. Esta reinterpretación resulta en el uso de la forma plural en el imperfecto:

(10)  \*\**Habían muchas personas.*

Aunque es bastante común, este uso de la forma plural del verbo *haber* todavía se considera incorrecto y es mejor mantener siempre la forma singular del verbo:

(11)  *Había muchas personas.*

El uso discutible de las formas *llovían* y *habían* indica la tendencia a interpretar al argumento como el sujeto de la oración. En otras palabras, hay muchos verbos que tienen un sujeto como su único argumento, pero hay muy pocos verbos que tienen el objeto directo como su único argumento, así que la reinterpretación del objeto directo como sujeto del verbo sigue las tendencias normativas de la lengua.

Para resumir, la presencia del sujeto en español es opcional porque la morfología del verbo tiene generalmente toda la información necesaria para identificar al sujeto. Siempre es posible expresar el sujeto para eliminar ambigüedades o para poner énfasis en el sujeto, pero no es obligatorio como en inglés y nunca se expresa con los verbos unipersonales porque no hay ningún agente.

### 2.1.2 La concordancia del verbo

En la sección anterior vimos que la conjugación del verbo suele indicar el sujeto de la oración en español, aun cuando no se expresa. Además, se hizo notar que los angloparlantes prestan más atención al orden de palabras y al sujeto expreso que a la morfología del verbo porque las terminaciones del verbo en inglés casi nunca indican el sujeto de la oración. Por lo tanto, es imprescindible que los angloparlantes cambien la forma de enfocar en el español, prestando más atención a la morfología del verbo para identificar al sujeto de la oración. Esta dificultad se ve claramente reflejada en los errores comunes de los estudiantes de español, como cuando interpretan un objeto pronominal como sujeto de la oración sólo porque aparece antes que el verbo. Por ejemplo, en la siguiente pregunta, muchos estudiantes interpretarían el objeto indirecto *te* como el sujeto de la oración, sin fijarse en la terminación verbal, la cual indica que el sujeto está en tercera persona del plural:

(12)   *¿Te compraron un regalo de cumpleaños?*

Entonces, traducirían esta oración como *Did you buy a birthday present?* en vez de *Did they buy you a birthday present?* La tendencia a interpretar el primer pronombre o nombre como sujeto de la oración parece ser una tendencia universal en el aprendizaje de una lengua que Van Patten llama "The First Noun Principle" (2003: 139). Este método de identificar al sujeto de la oración es problemático en español, ya que el sujeto puede aparecer antes o después del verbo:

(13)   a.  **Luisa** *vino a la fiesta.*

b.  *Vino* **Luisa** *a la fiesta.*

En español, dentro del sistema de concordancia entre el verbo y su sujeto, existe una jerarquía entre la primera, la segunda y la tercera persona. Esta relación jerárquica es evidente cuando se combinan dos sujetos en la misma oración. La persona dominante es siempre la primera porque se mantiene aun cuando se combina con otro sujeto de segunda o tercera persona. Como se puede ver en los siguientes ejemplos, cuando un sujeto de primera persona (singular o plural) se combina con un sujeto de segunda o tercera persona (singular o plural), el verbo siempre concuerda con el sujeto en la primera persona plural.

(14)   a.  2ª singular + 1ª singular = 1ª plural:

*Ni tú ni yo* **tenemos** *mucha tarea.*

b.  2ª singular + 1ª plural = 1ª plural:

*Tú y nosotros* **vamos** *a salir.*

c.  3ª singular + 1ª singular = 1ª plural:

*Tanto Isabel como yo* **queremos** *ir.*

d.  3ª plural + 1ª plural = 1ª plural:

*Los abuelos y nosotros* **vivimos** *aquí.*

De la misma manera, la segunda persona predomina sobre la tercera cuando se combinan en la misma oración. Dado que la forma plural de *ustedes* no refleja la segunda persona en su morfología verbal, se usará aquí la segunda persona informal del plural, *vosotros*:

(15)   a.  2ª singular + 3ª singular = 2ª plural:

*Tanto tú como Miguel* **sois** *ricos.*

b.  2ª singular + 3ª plural = 2ª plural:

*Ni tú ni tus padres* **vivís** *aquí.*

c.  2ª plural + 3ª singular = 2ª plural:

*Vosotras y mi hija* **estudiáis** *mucho.*

d. 2ª plural + 3ª plural = 2ª plural:

*Vosotros y mis padres os* **conocéis**.

Entonces, se puede indicar la JERARQUÍA PERSONAL en español como 1ª > 2ª > 3ª persona, porque la primera predomina siempre y la segunda sólo predomina cuando está con un sujeto de tercera persona (King y Suñer 2004: 29).

Según la jerarquía personal, el verbo sólo va a concordar en la tercera persona cuando los dos sujetos son de la tercera. Igual que los ejemplos anteriores, el resultado de la combinación de dos sujetos es una forma plural del verbo. Entonces, cuando se usan las conjunciones correlativas *tanto...como, ni...ni* o la conjunción simple *y* para combinar dos sustantivos de la tercera persona singular, el verbo concuerda en la forma plural con los dos sustantivos:

*simple: usan tercera persona. cuando combina dos cosas separadas*

(16)  a. **Tanto** *la compañía* **como** *el sindicato* **aceptaron** *el contrato.*

   b. **Ni** *Mónica* **ni** *su novio* **van** *a la clase hoy.*

   c. *La pobreza* **y** *el hambre* **causan** *muchos problemas.*

Cuando el verbo precede al sujeto compuesto (VS), existe la tendencia a hacer concordar al verbo con el primer sustantivo singular y no con el sujeto plural:

(17)  a. \*\**Me* **impresiona** *su sinceridad e inteligencia.*

   b. \*\**No* **va** *a la clase hoy* **ni** *Mónica* **ni** *su novio.*

Con la conjunción correlativa (*o*)...*o* entre dos sujetos singulares, se usa generalmente la forma singular del verbo porque indica selección. A veces también se encuentra la forma plural:

(18)  **Vendrá** *a recogerme* **o** *mi madre* **o** *mi padre.*

Entonces, cuando el sujeto tiene dos o más núcleos de la tercera persona singular, el verbo generalmente está en plural, aunque se encuentran en el habla algunas excepciones a estas reglas.

La proximidad del sujeto con el verbo también puede influir en la concordancia del verbo en su forma singular o plural. Cuando el sujeto representa un grupo o es un sustantivo colectivo como *todo el mundo, muchedumbre,* —horde/crowd *multitud,* etcétera, se usa la forma singular del verbo. Por ejemplo:

(19)  a. *La muchedumbre* **gritaba** *durante la manifestación.*

   b. *Todo el mundo* **quiere** *saber lo que le pasó a la princesa.*

   c. *La gente* **paseaba** *bajo el sol.*

Sin embargo, a veces se encuentra la forma plural cuando el verbo queda alejado del sujeto y esta distancia hace que el hablante se enfoque más en la pluralidad y menos en lo colectivo. Por ejemplo:

(20)  a.  \*\**La gente **salió** de la plaza y **empezaron** a tirar objetos.*

     b.  \*\**La pareja **vino** a la fiesta pero no **se hablaron**.*

En expresiones como *la mitad de, la mayoría de,* etcétera, utilizadas para cuantificar o representar una parte de un sustantivo o pronombre, el verbo se encuentra en singular como lo muestran los siguientes ejemplos:

(21)  a. *La mayoría de los niños **quiere** jugar afuera.*

     b. *Un par de horas **pasó** antes de que llegara el tren.*

Sin embargo, por el contacto con el sustantivo plural que sigue a estas expresiones, a veces hay duda entre la concordancia verbal con el sustantivo colectivo o con el sustantivo plural. Por ejemplo:

(22)  \*\**La mayoria de los diputados **votaron** en contra.*

Por lo tanto, aunque existen reglas prescriptivas sobre la concordancia del verbo con el sujeto, un estudio descriptivo de este fenómeno revelará más flexibilidad en la lengua hablada.

La jerarquía personal que vimos anteriormente también nos permite incluir o excluir al hablante o al oyente de un grupo en el discurso. En las siguientes oraciones, el cambio de sujeto no se refleja en el sustantivo en sí sino en la conjugación del verbo. Por ejemplo, si el hablante habla de un grupo de personas del cual ni él ni los oyentes forman parte, el verbo se conjuga en tercera persona plural porque se refiere sólo a *ellos*:

(23)  *Los estudiantes de esta universidad también **trabajan**.*

Por otra parte, si el hablante no es miembro del grupo, pero quiere indicar que uno de los oyentes o todos los oyentes forman parte del grupo, puede dirigir su mensaje a esta(s) persona(s) utilizando la segunda persona plural del verbo, porque, según la jerarquía personal, se mantiene la segunda cuando se combinan la segunda y la tercera persona (*tú* y *ellos*):

(24)  *Los estudiantes de esta universidad también **trabajáis**.*

Finalmente, si el hablante quiere indicar que él mismo forma parte del grupo, usa la primera persona plural del verbo para incluirse porque, según la jerarquía personal, se mantiene la primera cuando se combina con cualquier otra persona (*ellos* y *yo*):

(25)  *Los estudiantes de esta universidad también **trabajamos**.*

El cambio de sujeto en estos tres ejemplos refleja la importancia de la conjugación del verbo en español para indicar el sujeto aun cuando el sujeto expreso no haya cambiado.

Otra indicación de la jerarquía personal en español se presenta en las oraciones atributivas, las cuales usan VERBOS COPULATIVOS como *ser, estar, parecer* para conectar el sujeto con el atributo. El conflicto en la concordancia surge cuando el sustantivo del sujeto y el sustantivo del atributo no corresponden a la misma persona o al mismo número:

(26) a. *La única persona que entiende este programa **soy** yo.*

b. *Yo **soy** la única persona que entiende este programa.*

En estas dos oraciones se puede notar inmediatamente que el orden de los dos sustantivos no afecta la conjugación del verbo en español. Siguiendo la jerarquía personal, el verbo siempre concuerda en primera persona con el pronombre *yo*, no con la tercera persona del sintagma nominal *la única persona*.

En inglés, por otra parte, el verbo concuerda con el sujeto, el que aparece antes del verbo copulativo, porque el orden de los elementos es más importante que la morfología verbal:

(27) a. *The only person that understands this program **is** me.*

b. *I **am** the only person that understands this program.*

La concordancia del verbo también se basa en la jerarquía personal de las formas plurales del español. Así, la primera persona plural *nosotros* predomina sobre la tercera plural *los estudiantes* y no importa si aparece antes o después del verbo copulativo:

(28) a. *Los estudiantes **somos** nosotros.*

b. *Nosotros **somos** los estudiantes.*

De la misma manera, la segunda persona predomina sobre la tercera y por eso en los siguientes ejemplos el verbo concuerda con la segunda sin importar el orden del sujeto y del atributo:

(29) a. *Vos **sos** el mejor candidato.*

b. *El mejor candidato **sos** vos.*

(30) a. *Los empleados que han perdido más **sois** vosotros.*

b. *Vosotros **sois** los empleados que han perdido más.*

En estos ejemplos, donde hay que escoger entre la forma verbal de segunda y tercera persona, la segunda predomina sobre la tercera por la jerarquía personal. En inglés, en cambio, el orden de los elementos es lo que determina la concordancia del verbo, como se puede ver en la comparación de las siguientes oraciones en español e inglés:

(31) a. *El que mejor ha cumplido con sus deberes **eres** tú.*

b. *Tú **eres** el que mejor ha cumplido con sus deberes.*

    c. *The one who has best fulfilled his/her responsibilities **is** you.*

    d. *You **are** the one who has best fulfilled his/her responsibilities.*

La forma verbal en inglés cambia cuando el orden de los sustantivos o pronombres cambia, y el verbo siempre concuerda con el sustantivo o pronombre que aparece antes del verbo, en la posición típica del sujeto. En el español, en cambio, el orden de las palabras no afecta la conjugación del verbo.

Como vimos en estos casos en el español, lo que determina la concordancia del verbo copulativo en español no es el papel de sujeto o de atributo, ni la posición de los sustantivos con respecto al verbo, sino la jerarquía personal. La primera persona siempre predomina sobre la segunda y la tercera, y la segunda persona predomina sobre la tercera.

Además de la jerarquía personal, también existe una jerarquía de número cuando hay que escoger entre la forma singular y la forma plural de la tercera persona en las oraciones atributivas. En los siguientes ejemplos, veremos si el verbo concuerda en tercera persona singular con el sintagma nominal *lo que más me importa* o en tercera plural con el sintagma nominal *mis hijos*:

(32)  a.  *Lo que más me importa en la vida **son** mis hijos.*

      b.  *Mis hijos **son** lo que más me importa en la vida.*

En general, predomina la forma plural pero la regla de número no es tan rígida como la jerarquía personal (Alarcos Llorach 1994: 269).

En los ejemplos en español anteriores, se puede intercambiar la posición del sujeto y del atributo sin afectar la concordancia verbal ni el significado básico de la oración. Por eso, no es tan necesario distinguir entre la función sintáctica del sujeto y del atributo.

En inglés, sin embargo, no existe jerarquía personal ni flexibilidad en la posición del sujeto, y por eso hay que distinguir entre las funciones del sujeto y del atributo. El orden de palabras determina la conjugación del verbo; el verbo copulativo concuerda con el sujeto, que aparece antes del verbo, y nunca con el atributo, que está después del verbo.

La jerarquía personal también explica por qué puede ser difícil para el angloparlante hacer concordar el verbo *ser* con los pronombres de primera y segunda persona y no con el sujeto inexistente *it*. En las siguientes frases, la forma verbal cambia en inglés según el orden de los constituyentes, mientras que en español se mantiene siempre la misma forma verbal:

(33)  a.  ***Soy** yo.*    *It **is** I.*

      b.  *Yo **soy**.*    *I **am** it.*

(34)  a.  ***Eres** tú.*    *It **is** you.*

      b.  *Tú **eres**.*    *You **are** it.*

La tendencia del angloparlante es tratar de concordar el verbo *ser* con el sujeto inexistente *it*, aun en español, y usar la forma *es* con los pronombres *yo* y *tú*. Esta confusión también puede suceder para decir la hora, porque en español hay concordancia con la hora y en inglés se usa siempre el sujeto *it*:

(35)  a. **Es** *la una.*         *It **is** one o'clock.*

      b. **Son** *las cinco.*      *It **is** five o'clock.*

Como vemos en estos casos, el principiante de español podría confundirse porque tiene la tendencia a usar la forma singular del verbo *es*, como en inglés, en vez de la forma verbal que concuerda con el atributo.

Para concluir esta sección, digamos que es importante reconocer los posibles problemas de concordancia que se le pudieran presentar al angloparlante para hablar en español, ya sea porque las reglas de concordancia son diferentes o porque no existe morfología verbal en inglés para indicar la concordancia del verbo con el sujeto de la oración.

Preguntas 1 a 2

## 2.2 El objeto directo

Aunque el concepto del objeto directo, el que recibe la acción directa del verbo, no es difícil en sí, para el angloparlante puede ser difícil identificarlo. La razón principal de esta confusión es que el orden de los elementos sujeto-verbo-objeto en inglés es muy rígido mientras que hay mucha más flexibilidad en español. Además, mientras que el sujeto existe en todas las oraciones, con excepción de las que tienen verbos unipersonales, no todos los verbos requieren o permiten un objeto directo. Entonces, en esta sección vamos a examinar las técnicas que se usan para identificar al objeto directo de la oración.

La forma más útil de identificar al sustantivo que actúa como objeto directo es eliminar la posibilidad de que sea el sujeto. Si no existe concordancia entre el sustantivo y el verbo de la oración, este sustantivo no puede ser el sujeto de la oración y es posible que sea el objeto directo. Entonces, la identificación del objeto directo está muy ligada a la identificación del sujeto.

Hasta cierto punto, el orden de los elementos sujeto-verbo-objeto también puede ayudar a identificar al objeto directo, pero no tanto como en inglés. En inglés, el sujeto va antes del verbo y el objeto directo sigue al verbo:

(36)  *The woman bought the car.*         (SVO: sujeto-verbo-objeto)

En español, el objeto directo casi nunca aparece antes del verbo, pero el sujeto puede estar en cualquier posición:

(37)  a.  *La mujer compró el coche.*        (SVO: **sujeto**-verbo-objeto)

     b.  *\*\*Compró la mujer el coche?*     (VSO: verbo-**sujeto**-objeto)

     c.  *\*\*Compró el coche la mujer?*     (VOS: verbo-objeto-**sujeto**)

Esta flexibilidad en la posición del sujeto, que se usa especialmente para distinguir entre oraciones afirmativas e interrogativas, le causa problemas al angloparlante porque es más difícil distinguir entre el sujeto y el objeto cuando los dos están después del verbo, como en los dos últimos ejemplos de arriba.

## 2.2.1 La voz activa y la voz pasiva

Además de la concordancia verbal con el sujeto, hay otras características que también pueden ayudar en la identificación del sujeto y del objeto directo en la oración. El sujeto de un verbo en VOZ ACTIVA es un sujeto AGENTE, o sea, el que lleva a cabo la acción del verbo. En muchos casos el que realiza la acción es "humano" (+humano), o sea, una persona. El objeto directo, por otra parte, es generalmente el PACIENTE, o recipiente de la acción, y tiende a ser algo inanimado o no humano (−humano) que no puede cumplir ninguna acción. Entonces, se puede decir que la característica no marcada del sujeto es +humano, mientras que la característica no marcada del objeto directo es −humano.

Para demostrar esta relación entre el sujeto/agente +humano y el objeto/paciente −humano, es útil comparar la voz activa con la voz pasiva. Para transformar una oración activa en una pasiva se elimina el sujeto/agente o se convierte en objeto preposicional y se convierte el objeto directo en sujeto/paciente de la oracion. Por ejemplo, en la siguiente oración activa, el sujeto/agente son *los soldados* y el objeto directo es *la ciudad*:

(38)  *Los soldados destruyeron la ciudad.*

En la oración pasiva, el objeto *la ciudad* se transforma en el sujeto de la oración y la única manera de expresar la agencia de los que hicieron la acción es a través de una frase preposicional opcional:

(39)  *La ciudad fue destruida (por los soldados).*

Algo parecido ocurre en la PASIVA REFLEJA con *se* porque el objeto directo también llega a ser el sujeto de la oración, pero se elimina la posibilidad de expresar el agente de la acción a través de una frase preposicional:

(40)  *Se destruyó la ciudad.*

Aunque se usa la pasiva refleja más que la voz pasiva, las dos estructuras comparten la misma estrategia de convertir al objeto directo en sujeto de la oración y proporcionan una buena manera de enfatizar los efectos de la acción en el paciente en vez de la acción misma del agente.

### 2.2.2 La *a* personal

Además de la voz pasiva, hay otros casos en los que el sujeto es –humano o el objeto directo es +humano, y el español ha desarrollado una estructura analítica para aclarar la ambigüedad bajo estas circunstancias. Como mencionamos anteriormente, la forma típica o no marcada del sujeto es +humano, mientras que la forma no marcada del objeto directo es –humano, y los oyentes usan esta información para distinguir entre el sujeto y el objeto directo en español. Sin embargo, si el objeto directo es +humano en vez de –humano y rompe con las tendencias normativas, hace falta otro método para identificar al objeto directo. En estos casos, se usa la A PERSONAL para marcar al objeto directo como +humano e indicar que va en contra de las características típicas del objeto directo. Compare, por ejemplo, la diferencia entre los objetos directos en las siguientes oraciones. Si el objeto directo es –humano, como debe ser, no hace falta marcarlo:

(41)  a. *Cecilia vio la película.*

b. *Conozco bien la ciudad de San Antonio.*

Pero cuando el objeto directo es +humano y no sigue esta norma, hay que marcarlo con la *a* personal.

(42)  a. *Cecilia vio **a** Luis.*

b. *Conozco bien **a** los padres de Ana.*

La *a* personal también se usa a veces para distinguir entre el sujeto y el objeto directo de la oración, aun cuando el objeto directo sea –humano. Por ejemplo, cuando el sujeto es –humano en vez de +humano también puede ser difícil distinguir entre el sujeto y el objeto directo porque ninguno de los dos es humano. En este caso, la *a* personal puede marcar al objeto directo –humano, no porque vaya en contra de las características típicas del objeto directo, sino porque el sujeto rompe con la característica típica de ser +humano y comparte la característica de ser –humano con el objeto directo:

(43)  a. *¿Modifica el adjetivo **al** sustantivo?*

b. *La situación política afectó mucho **a** la economía.*

Aunque la *a* personal es un elemento obligatorio en español, hay cierta variación que ocurre tanto en la extensión como en la restricción de su uso. Esta variación se basa en el nivel de PERSONIFICACIÓN porque el hablante puede atribuirle a un objeto directo –humano características humanas con el uso de la *a* personal y también puede quitarle a un objeto directo +humano sus características humanas con la eliminación de la *a* personal. Por ejemplo, cuando se piensa en un objeto directo –humano como si fuera una persona, expresando emociones que típicamente están dirigidas a seres humanos, la personificación del objeto directo resulta en la extensión del uso de la *a* personal:

(44)  *Extraño mucho **a** mi país.*

En este caso, se ve que un elemento, que en un principio tuvo la función gramatical específica de marcar al objeto directo +humano y distinguirlo del sujeto de la oración, puede extenderse para indicar también la actitud del hablante hacia el objeto directo.

Por otro lado, cuando el objeto directo +humano no es una persona específica y no tiene ninguna característica humana conocida, se puede pensar en esta persona como una cosa y no como un individuo. Esta DESPERSONIFICACIÓN resulta en la eliminación de la *a* personal. Comparemos, por ejemplo, estas dos oraciones:

(45)  a.  *Quiero **a** la otra secretaria.*

      b.  *Quiero otra secretaria.*

En la primera oración, el hablante conoce a esta persona y, por eso, usa la *a* personal, mientras que la eliminación de la *a* personal en la segunda oración indica que el hablante no tiene en mente una persona específica, así que habla de una secretaria como si fuera un objeto que necesita.

Hay un uso de la *a* personal que parece contradecir lo que se acaba de mencionar porque aparece siempre antes de los pronombres indefinidos *alguien* y *nadie* cuando funcionan como objetos directos y no refieren a una persona específica:

(46)  a.  *Silvia no conoce **a** nadie en esta ciudad.*

      b.  *Cristina tiene que llamar **a** alguien para arreglar su coche.*

Estos pronombres indefinidos siguen estrictamente las reglas sintácticas de usar la *a* personal antes de los objetos directos +humanos, sean o no específicos. Se puede decir lo mismo de los pronombres interrogativos y relativos que también requieren la *a* personal cuando funcionan como objeto directo +humano:

(47)  a.  *¿**A** quién viste en el restaurante?*

      b.  *Los estudiantes **a** quienes conocí ayer eran de Argentina.*

Anteriormente mencionamos que el verbo *haber* es un verbo de existencia que sólo tiene objeto directo y no tiene sujeto. Sin embargo, cuando el objeto directo es +humano, no se usa la *a* personal para marcarlo:

(48)   a.   *Hay tres personas en la sala de espera.*

   b.   *Hay unos niños jugando en la calle.*

*Haber no tiene sujeto.*

Una explicación por la falta de la *a* personal es que el verbo *haber* sólo introduce objetos directos no específicos, y vimos anteriormente que la falta de especificidad resulta en la eliminación de la *a* personal. Sin embargo, es aun más importante hacer notar que no se necesita la *a* personal para distinguir entre el sujeto y el objeto directo porque el verbo *haber* no tiene sujeto.

La importancia de la especificidad del objeto directo para el uso de la *a* personal también se ve en el verbo *tener.* Igual que el verbo *haber, tener* introduce con frecuencia un objeto directo +humano pero −específico, y la falta de especificidad se nota en el uso de un número o del artículo indefinido:

(49)   a.   *Tengo tres hermanos y una hermana.*

   b.   *Tenemos una secretaria venezolana.*

En estos casos, no se usa la *a* personal porque el objeto directo no se especifica como un individuo. Sin embargo, cuando hay un artículo definido o un determinante posesivo, le da al objeto directo más especificidad y es mucho más común el uso de la *a* personal:

(50)   a.   *Tengo **a** mi abuela aquí en la casa.*

   b.   *Tienen **al** marido de Gabriela trabajando en la fábrica.*

Algunos lingüistas dicen que el uso de la *a* personal con el verbo *tener* cambia el significado del verbo a *sostener.* Aunque eso puede ser cierto en algunos casos, no parece ser la causa del uso de la *a* personal sino la consecuencia de su uso con objetos directos específicos.

Preguntas 3 a 5

## 2.3 El objeto indirecto

La característica más interesante del objeto indirecto en español es el uso redundante y opcional del sustantivo frente al pronombre átono que es obligatorio en muchos dialectos:

(51)   a.   **Le** *di el dinero **a Erica**.*

   b.   **Les** *compramos un coche **a nuestros padres**.*

Se puede ver que la preposición *a* siempre aparece antes del sustantivo que funciona como objeto indirecto y que este sustantivo duplica el significado del pronombre átono del objeto indirecto que aparece frecuentemente en la misma oración. Ya que este pronombre del objeto indirecto es redundante y no añade ninguna información nueva a la oración, nos concentraremos primero en el uso del objeto indirecto en la oración.

La función del objeto indirecto en el español es mucho más amplia que su función en el inglés, donde indica generalmente el recipiente indirecto de una acción y del objeto directo:

(52)  a.  *I wrote a letter to **Michael**.*

      b.  ***Le** escribí una carta a **Miguel**.*

Para otros casos de objeto indirecto en español, el inglés usa una preposición u otra estructura. Por ejemplo, con los verbos que indican la pérdida de algo personal, como ropa o partes del cuerpo, el inglés utiliza lo que en ese idioma se llama *possesive form of the noun*, mientras que el español utiliza el objeto indirecto:

(53)  a.  *The mother took off the **child's** shoes.*

      b.  *La madre **le** quitó los zapatos **al niño**.*

(54)  a.  *The dentist took out **Marco's** molar.*

      b.  *El dentista **le** sacó la muela **a Marco**.*

Como se puede ver en las siguientes oraciones, hay más de una manera de expresar un mismo concepto en español. En la oración 55a se utiliza un modificador del objeto directo indicando posesión, mientras que en la oración 55b se utiliza el objeto indirecto.

(55)  a.  *Robaron el reloj **de mi padre**.*

      b.  ***Le** robaron el reloj **a mi padre**.*

Aunque las dos oraciones significan básicamente lo mismo, es más común el uso del objeto indirecto para indicar la persona afectada por la acción.

En español también se usa el objeto indirecto después de la preposición *a* para indicar la persona que se beneficia indirectamente de una acción, aunque también es posible usar las preposiciones *por* o *para* más el objeto preposicional para los mismos conceptos:

(56)  a.  *Saqué una foto de la puesta del sol **para Silvia**.*

      b.  ***Le** saqué **a Silvia** una foto de la puesta del sol.*

(57)  a.  *Los niños limpiaron la casa **para su madre**.*

      b.  *Los niños **le** limpiaron la casa **a su madre**.*

(58)  a.  *Rolando hizo la tarea **por su amigo**.*

   b.  *Rolando **le** hizo la tarea a su amigo.*

Con frecuencia, el objeto indirecto se usa simplemente para indicar que la persona ha sido afectada por un evento o está involucrada en la acción:

(59)  a.  ***Le** comiste **a tu hermano** todo el pan y no le quedó nada.*

   b.  *Se **le** murió el esposo **a Marta** después de cincuenta años de matrimonio.*

El objeto indirecto tiende a ser una persona y no un objeto inanimado. Entonces, si una oración tiene un sujeto +humano, un objeto directo –humano y un objeto indirecto +humano, es bastante fácil identificar las tres funciones de los sustantivos:

(60)  *El **representante**        le dio        a **Mario**        mucha **información**.*

   sujeto                     objeto indirecto   objeto directo

Sin embargo, cuando la oración contiene objeto directo y objeto indirecto, y el objeto directo es también una persona, puede haber confusión entre la *a* personal más objeto directo y la preposición *a* más objeto indirecto. La solución en este caso es la eliminación de la *a* personal. Por ejemplo, en la siguiente oración, se usa la *a* personal antes del objeto directo y el objeto indirecto sólo aparece como pronombre:

(61)  a.  *Te   voy a presentar   **a mi novio**.*

      OI                          OD

   b.  *I am going to introduce **my boyfriend** to you.*

Por otro lado, es imposible usar la *a* personal antes del objeto directo cuando el objeto indirecto aparece como sustantivo después de la preposición *a*:

(62)  a.  *Les voy a presentar   **mi novio**   a mis padres.*

                    OD              OI

   b.  *I am going to introduce **my boyfriend** to my parents.*

En estos ejemplos se ve que la preposición *a* es necesaria antes de un sustantivo que funciona como objeto indirecto en una oración, mientras que la *a* personal sólo se usa para aclarar la función del sustantivo humano que funciona como objeto directo en una oración. Si el uso de la *a* personal resulta en más confusión, no se usará.

Hasta ahora, todos los ejemplos del objeto indirecto que hemos visto incluyen un objeto directo y un objeto indirecto, pero es posible que la oración tenga objeto indirecto sin tener objeto directo. Por ejemplo, los

VERBOS INTRANSITIVOS, que no tienen objeto directo, pueden tener un objeto indirecto para indicar cuán involucrada está una persona en el evento:

(63) a. *Llegaron a mi oficina con un montón de quejas.*

b. ***Me** llegaron con un montón de quejas.*

(64) a. *Los padres de Elena se murieron cuando tenía 15 años.*

b. ***A Elena** se **le** murieron los padres cuando tenía 15 años.*

Aunque no cambia el significado de la acción, el objeto indirecto indica otra vez que la persona ha sido afectada por el evento. En 63b, el uso del objeto indirecto implica que esta persona se encarga de resolver estos problemas, y en 64b, Elena todavía siente los efectos de lo que le ha pasado. Lo interesante de estos ejemplos es que se puede indicar este involucramiento aun cuando el verbo es intransitivo y no tiene objeto directo ni indirecto.

Hay verbos en español que siempre tienen objeto indirecto pero no tienen objeto directo. Son los verbos como *gustar, encantar, interesar, molestar*, etcétera, que expresan a la persona afectada como objeto indirecto, mientras que la cosa o la persona que causa esta reacción es el sujeto:

(65) a. *¿Por qué no **te** cae bien Paco?*

b. ***Nos** interesa mucho lo que dices.*

c. *¡No **me** molestes más!*

d. ***A Benito** le encantan las novelas de Borges.*

En estos casos como en los anteriores, el objeto indirecto tiene la función de indicar el interés o envolvimiento de la persona en el evento.

**Pregunta 6**

## 2.4 El objeto preposicional

Hasta este punto, hemos examinado las funciones del sustantivo como sujeto, atributo, objeto directo y objeto indirecto en la oración. La única función nominal que queda por examinar es la del objeto preposicional, pero es imposible hablar del objeto preposicional sin examinar la preposición en sí.

Como vimos en el primer capítulo, las preposiciones forman una clase cerrada en la lengua y su función es la de establecer una relación entre el sintagma nominal que le sigue y otro elemento de la oración. Esta relación es generalmente algún tipo de modificación y el elemento modificado puede ser un sintagma verbal, un sintagma adjetival u otro sintagma nominal. Por ejemplo, la preposición *de* en la siguiente oración relaciona el sintagma nominal *el coche* con el verbo *bajaron*:

(66)  *Bajaron **del** coche.*

También se puede ampliar esta relación y modificar a toda la oración con un sintagma preposicional:

(67)  *Bajaron del coche **enfrente de** la casa.*

Aquí, la preposición compuesta *enfrente de* conecta el sintagma nominal *la casa* no sólo con el verbo *bajaron* sino también con la oración completa *bajaron del coche*. Además de esto, se puede modificar un sustantivo con un sintagma preposicional:

(68)  *Bajaron del coche enfrente de la casa **de** mis abuelos.*

En esta oración, la última preposición *de* relaciona el sintagma nominal *mis abuelos* con otro sintagma nominal *la casa*, indicando posesión. Finalmente, una preposición puede relacionar un sintagma nominal con un adjetivo:

(69)  *Estoy harta **de** tus quejas.*

Aquí, la preposición *de* conecta el sintagma nominal *tus quejas* con el adjetivo *harta*.

En todos estos casos, el objeto preposicional es un sintagma nominal y la preposición sirve para relacionarlo con otra parte de la oración. Además de ser un sintagma nominal, el objeto preposicional puede ser un infinitivo que funciona como sustantivo o un pronombre:

(70)  a.  *No tengo ganas de **estudiar**.*

      b.  *¿Has visto la casa de **ellos**?*

Para poder identificar al objeto preposicional y entender mejor su función en la oración, será útil examinar en más detalle el papel de la preposición dentro de los sintagmas preposicionales.

## 2.4.1 Las preposiciones simples y compuestas

Las preposiciones simples son *a, ante, bajo, con, contra, de, desde, durante, en, entre, hacia, hasta, mediante, para, por, según, sin, sobre, tras*. Es más difícil identificar las preposiciones compuestas porque consisten en más de una palabra, pero hay dos fórmulas principales que se usan. La primera estructura es la combinación de una preposición simple (*a* y *en* son las más comunes) más un sintagma nominal, seguido por otra preposición simple. En la mayoría de los casos, el sintagma nominal consiste en un sustantivo solo: *a causa de, a diferencia de, a fin de, a modo de, a través de, con relación a, de acuerdo con, en caso de, en medio de, en vez de, en vista de*, etcétera. En otros casos, el sintagma nominal incluye un artículo definido: *al cabo de, al estilo de, a la hora de, al lado de, al nivel de,* etcétera. Es aún posible crear un sintagma nominal con el pronombre neutro *lo* más un adjetivo nominalizado (véase 4.1.2.3): *a lo largo de.*

La otra fórmula que se usa para formar las preposiciones compuestas es muy común para las preposiciones de lugar y de tiempo y es el resultado de la combinación de un adverbio con la preposición *de: además de, antes de, cerca de, de acuerdo con, dentro de, después de, detrás de, fuera de, enfrente de, lejos de,* etcétera. Algunas de estas preposiciones, como *enfrente de* y *de acuerdo con,* tienen su origen en la primera fórmula mencionada de preposición + sintagma nominal + preposición (*en + frente + de, de + acuerdo + con*) y la combinación de la primera preposición más el sustantivo ha resultado en la creación de un adverbio: *enfrente, de acuerdo.* Aunque algunas preposiciones se han formado en base a elementos léxicos, todavía forman una clase cerrada con un número finito de elementos y una función gramatical en la oración.

Estas dos fórmulas también funcionan en inglés para crear preposiciones compuestas. Se sigue la fórmula de preposición + sintagma nominal + preposición en preposiciones compuestas como *on top of, in front of,* etcétera. De la misma manera, la fórmula de adverbio + preposición es muy común, y con frecuencia el adverbio tiene su origen en la combinación de una preposición más un sustantivo: *instead of, inside of, outside of, ahead of,* etcétera.

A pesar de las similitudes en la creación de las preposiciones compuestas, hay entre el inglés y el español algunas diferencias que pueden causarle confusión al hablante de español como segunda lengua. Por ejemplo, hay casos en inglés en los que se puede usar un adverbio como preposición sin añadir la preposición que siempre se necesita en español: *antes/antes de, después/después de, detrás/detrás de, (a)dentro/(a)dentro de, (a)fuera/(a)fuera de,* etcétera. Veamos estos ejemplos:

(71)　　　　**Adverbio**　　　　　**Preposición compuesta**

　　a. *He estado aquí **antes**.*　　　*Tomé un café **antes de** la clase.*

　　b. *I've been here **before**.*　　　*I had a cup of coffee **before** class.*

Ya que no se hace ninguna distinción entre las dos funciones en inglés, un error común del angloparlante es usar el adverbio en vez de usar la preposición:

(72)　*\*Voy a tomar un café **antes** la clase.*

Dado que esta relación entre el adverbio (*antes*) y la preposición compuesta (*antes de*) es muy común en español, es útil contrastar estas dos funciones para evitar el uso incorrecto del adverbio.

Otro error común que los angloparlantes cometen en español resulta de la confusión entre las dos fórmulas de preposiciones compuestas descritas.

Mencionamos anteriormente que algunos adverbios se forman con una preposición más un sustantivo, y que estos adverbios a veces se han reducido a una sola palabra: *enfrente, además, al lado, detrás, de acuerdo, encima.* Igual que el ejemplo que vimos con el adverbio *antes*, estos adverbios se usan antes de una preposición para formar una preposición compuesta:

| (73) | **Adverbio** | **Preposición compuesta** |
|---|---|---|
| a. | *Ellos viven **enfrente**.* | *Su casa está **enfrente de** la mía.* |
| b. | *Está aquí **al lado**.* | *Ella está sentada **al lado de** su hijo.* |

La otra fórmula que se estudió de preposición + sintagma nominal + preposición parece idéntica a estos ejemplos, pero no lo es porque no se puede usar cualquier preposición más sustantivo para formar un adverbio. Por ejemplo, aunque existen preposiciones compuestas como *a causa de, a diferencia de, con relación a, en caso de,* etcétera, no existen sintagmas adverbiales como *\*a causa, \*a diferencia, \*con relación, \*en caso,* etcétera, y esto provoca errores de este tipo:

(74)  *Quería ir al cine. **\*En vez**, tuve que trabajar.*

En esta oración, se está usando la frase *en vez* como si fuera un adverbio pero sólo existe esta combinación de preposición más sustantivo como parte de la preposición compuesta *en vez de*, antes de un sustantivo:

(75)  *Voy a comprar este suéter **en vez de la chaqueta**.*

Estos ejemplos de posibles errores reflejan la importancia de saber identificar las preposiciones compuestas y distinguir su función de la función de los adverbios.

Ya que el propósito de este capítulo es analizar las funciones de los sustantivos, no vamos a examinar los usos problemáticos de las preposiciones en español. Sin embargo, para entender la función del sustantivo en una oración es importante poder distinguir las diversas funciones de la preposición *a*.

Cuando la preposición *a* encabeza un sintagma preposicional, éste funciona como COMPLEMENTO CIRCUNSTANCIAL que tiene un sentido adverbial:

(76)  a. *Vamos **a** la carnicería para comprar bistec.*
      b. *Huele **a** ajo.*

La preposición *a* también puede encabezar un sintagma preposicional que tiene sentido adjetival:

(77)  *Este libro tiene ilustraciones **a** todo color.*

Como ya vimos, la preposición *a* marca al objeto indirecto:

(78)  *Di el regalo **a** Elena ayer.*

En esta oración, la preposición *a* sirve para marcar al objeto indirecto, Elena, quien recibe indirectamente la acción del verbo *dar*.

También hablamos del uso de la *a* personal para marcar al objeto directo humano y específico:

(79)   *Vi **a** Lucía en el cine anoche.*

Aquí se usa la *a* personal porque el objeto directo, *Lucía*, es una persona. A diferencia de otros usos de la preposicion *a*, no hay manera de traducir la *a* personal al inglés.

Entonces, aunque se use la misma preposición en todos estos casos, hay que entender la función de la preposición *a*, dentro de la oración para poder identificar la función del sustantivo que le sigue.

### 2.4.2 Los verbos de régimen

El otro uso de las preposiciones que hay que notar aquí es su uso con los VERBOS DE RÉGIMEN, los cuales requieren una preposición si van seguidos de un objeto. Este objeto preposicional funciona básicamente como objeto directo de los verbos transitivos. Verbos como *depender, optar, pensar, soñar*, etcétera usan un objeto preposicional de la misma manera que verbos como *tener, poner, ver*, etcétera, usan un objeto directo. De hecho, hay algunos verbos de régimen en español que van acompañados de un objeto preposicional mientras que su equivalente en inglés tiene un objeto directo:

(80)   a.   *Angélica **se casó con** Arturo el año pasado.*
       b.   *Angelica **married** Arturo last year.*

(81)   a.   *Quiero **asistir a** la clase de portugués.*
       b.   *I want to **attend** the Portuguese class.*

(82)   a.   ***Cambió de** opinión después de hablar con los representantes.*
       b.   *He **changed** his mind after speaking to the representatives.*

(83)   a.   ***Ingresé en** una asociación de profesores de español.*
       b.   *I **joined** an association of Spanish professors.*

(84)   a.   *Guillermo está **jugando a** las cartas con sus amigos.*
       b.   *William is **playing** cards with his friends.*

Por otro lado, hay verbos transitivos en español que admiten un objeto directo, mientras que sus equivalentes en inglés funcionan como verbos de régimen con una preposición:

(85)   a.   *Está **buscando** su libro de español.*
       b.   *She is **looking for** her Spanish book.*

(86)  a.  *Voy a **esperar** el autobús.*

     b.  *I am going to **wait for** the bus.*

(87)  a.  *¡No **mires** el sol!*

     b.  *Don't **look at** the sun.*

(88)  a.  *¿Quién te **está pagando** los estudios?*

     b.  *Who is **paying for** your education?*

(89)  a.  *Prefiero **escuchar** música clásica en el coche.*

     b.  *I prefer to **listen to** classical music in the car.*

Además, hay verbos que funcionan como verbos de régimen tanto en inglés como en español, pero no usan necesariamente la misma preposición. La preposición, como todas las palabras del léxico, es arbitraria y hay que memorizarla como parte del verbo con que se usa. Por eso, estos verbos de régimen no se pueden traducir directamente de una lengua a la otra:

(90)  a.  ***Soñé con** mi padre anoche.*

     b.  *I **dreamed about** my father last night.*

(91)  a.  *Los hijos **dependen de** sus padres.*

     b.  *Children **depend on** their parents.*

(92)  a.  *Se van a **reír de** su hermano.*

     b.  *They are going to **laugh at** their brother.*

En todos estos casos, la preposición funciona más como una parte léxica del verbo que como una preposición. Comparemos, por ejemplo, estos casos de verbos de régimen con una preposición, que van seguidos de un sintagma nominal que funciona como objeto del verbo, con el uso de la misma preposición al principio de un sintagma preposicional:

(93)  a.  *(Carece **de**)*         *energía.*

        verbo de régimen      sintagma nominal

     b.  *Salió*                *(**de** la casa).*

        verbo              sintagma preposicional

(94)  a.  *(Quedaron **en**)*     *no decirle nada.*

        verbo de régimen      sintagma nominal

     b.  *Vivieron*           *(**en** una casa pequeña).*

        verbo               sintagma preposicional

(95)  a.  *(Acabé **con**)*          *toda la tarea.*

       verbo de régimen          sintagma nominal

    b.  *No puedo escribir*      *(**con** este lápiz).*

       verbo                    sintagma preposicional

El mismo verbo puede funcionar como un verbo solo o como un verbo de régimen:

(96)  a.  *La niña (cuenta **con**)*        *su madre.*

       verbo de régimen          sintagma nominal

    b.  *La niña*    *cuenta*      *(**con** su madre).*

              verbo        sintagma preposicional

Esta oración es ambigua porque *contar* puede ser un verbo transitivo (contar números, contar las estrellas, etcétera), y así la niña realiza la acción acompañada de su madre. Por otro lado, puede actuar como el verbo de régimen *contar con*, y en este caso, *la madre* es el objeto de este verbo porque *la niña* depende de ella.

En la Sección 1.2.3 mencionamos que el infinitivo puede funcionar como sustantivo en español mientras que en inglés se usa generalmente el gerundio para la misma función. Entonces, aunque es cierto, tanto en inglés como en español, que un sustantivo sigue a la preposición, no hay siempre acuerdo en lo que constituye un sustantivo. Hay muchos casos donde en inglés se usa el gerundio como sustantivo, pero esto nunca ocurre en español:

(97)  a.  *Me he cansado mucho de **vivir** en esta ciudad.*

    b.  *I have gotten tired of **living** in this city.*

(98)  a.  *Se dedica a **escribir** en sus ratos libres.*

    b.  *She devotes herself to **writing** in her free time.*

(99)  a.  *Sueña con **volver** a su país.*

    b.  *He dreams about **returning** to his country.*

Resumiendo, aunque este capítulo se trata del sustantivo y no de la preposición, es imposible examinar todas las funciones del sustantivo sin estudiar el uso de las preposiciones porque las preposiciones sólo aparecen antes del sustantivo. La función de la preposición es establecer la relación del sustantivo con el resto de la oración y, en particular, con el verbo.

En la próxima sección, resumiremos lo que hemos estado estudiando sobre las funciones del sustantivo en relación al verbo, el núcleo de la oración.

Preguntas 7 a 9

## 2.5 Los argumentos del verbo

Para concluir nuestra discusión de los sustantivos, vamos a examinar ahora el concepto de los argumentos del verbo, que son las partes de la oración, generalmente frases nominales, que tienen relación directa con el verbo principal de la oración. Aunque algunos verbos no tienen ningún argumento, la mayoría tiene uno, dos o tres argumentos. Aquí vamos a examinar algunos ejemplos de cada tipo.

Hay dos tipos de verbos que no tienen ningún argumento. El primer tipo lo conforman los verbos unipersonales que estudiamos anteriormente:

(100)  a.  *Llovió mucho anoche.*

b.  *Va a amanecer en una hora.*

c.  *Nevó como nunca.*

Aunque se conjuga el verbo en tercera persona singular, no hay ningún sujeto que se pueda añadir a la oración y tampoco tiene objeto directo.

El otro tipo de verbo que no tiene argumento es el que usa el SE IMPERSONAL (véase 5.2.4). Este uso del verbo sólo existe en la tercera persona singular, y el verbo no tiene ni sujeto ni objeto. Aunque a veces es difícil distinguirlo de los verbos en la pasiva refleja con *se*, su uso queda claro cuando aparece con verbos intransitivos, los cuales no tienen ningún objeto:

(101)  *No se corre en los pasillos.*

Aunque se suele enseñar que el sujeto de este tipo de oración es "uno", en su estructura sintáctica es una oración sin ningún argumento.

El grupo principal de verbos con un solo argumento son los verbos intransitivos, porque tienen sujeto pero no tienen objeto directo. Estos verbos se refieren con frecuencia a acciones o cambios que afectan directamente al sujeto como *caer, ir, llegar, morir, nacer, salir,* etcétera, y por eso no necesitan ningún objeto adicional. Como vimos anteriormente, el sujeto no tiene que expresarse necesariamente si el contexto y la morfología verbal indican que tiene un argumento:

(102)  a.  *Fui al cine anoche.*

b.  *Murió en un accidente.*

También tienen un argumento los verbos que aparecen en la VOZ PASIVA CON SER o en la pasiva refleja con *se*. El único argumento es el sujeto/paciente de la oración. Aun cuando se expresa el agente como objeto preposicional, no cuenta como argumento del verbo sino como complemento circunstancial, así que sólo hay un argumento:

(103)  a. *Las ventanas fueron rotas anoche.*

     b. *Se rompieron las ventanas anoche.*

También tiene un solo argumento el verbo de existencia *haber,* porque sólo aparece en tercera persona singular y siempre tiene un objeto directo:

(104)  *Había mucha gente en la calle.*

Aun en las variantes donde se ha interpretado el objeto directo como sujeto, solo hay un argumento para este verbo.

Hay cinco tipos de verbos que tienen dos argumentos: los verbos transitivos, los verbos reflexivos, los verbos copulativos, los verbos de régimen y los verbos del tipo *gustarle.* Los verbos transitivos son los que requieren un sujeto y un objeto directo, como en los siguientes ejemplos:

(105)  a. **Marisol** *compró* **un nuevo disco compacto.**

     b. **Los estudiantes** *leyeron* **la lectura.**

Con algunos verbos, el objeto directo puede ser tácito porque resulta obvio ante el significado del verbo:

(106)  *¿Ya comiste?*

En esta oración, el sujeto es tácito porque la morfología verbal indica que el sujeto es de segunda persona informal del singular y el objeto directo es tácito porque se entiende que la persona comió comida. Entonces, aunque no se expresan en la oración, este verbo tiene dos argumentos.

Igual que los verbos transitivos, los VERBOS REFLEXIVOS también tienen un sujeto y un objeto, pero el objeto reflexivo y el sujeto son correferentes porque se refieren a la misma persona:

(107)  **Me duché** *antes de irme.*

Normalmente, los verbos reflexivos también pueden funcionar como verbos transitivos, porque la acción puede caer en el mismo sujeto o en otro objeto:

(108)  a. **Se bañó** *rápidamente.*

     b. **Bañó** *a su hijo.*

Vimos anteriormente que los verbos copulativos como *ser, estar, parecer* establecen una equivalencia entre dos sustantivos, el sujeto y el atributo, así que cada uno funciona como argumento del verbo:

(109) *Mi hermano es **abogado***.

Ya que el adjetivo también funciona como atributo, será necesario contarlo también como un argumento de la oración:

(110) *Mi hermano es **inteligente***.

Los verbos de régimen también tienen dos argumentos porque ya vimos que la única diferencia entre éstos y los verbos transitivos es que estos últimos tienen objeto preposicional:

(111) *En muy poco tiempo hemos pensado en **muchas opciones***.

En esta oración, hay dos sintagmas preposicionales que empiezan con la preposición *en* y terminan con un objeto preposicional, pero hay diferencia entre la función de los dos. El primero es un sintagma preposicional que funciona como complemento circunstancial y modifica al verbo *pensar*, contestando la pregunta *¿cuándo?*, mientras que el segundo es un objeto preposicional del verbo de régimen *pensar en*. Entonces, es importante distinguir entre los verbos de régimen con dos argumentos y los verbos que van acompañados de sintagmas preposicionales que funcionan como complementos circunstanciales.

Los verbos del tipo *gustarle* también requieren dos argumentos, pero estos elementos son el sujeto y el objeto indirecto. Esta estructura puede ser difícil para los angloparlantes porque tanto el orden de los elementos como el significado de los sustantivos les pueden hacer pensar que el objeto indirecto es el sujeto y que el sujeto es el objeto directo. Vimos anteriormente que la posición más común del sujeto es antes del verbo, pero en esta estructura el pronombre del objeto indirecto aparece antes del verbo mientras que el sujeto está después. También vimos que el sujeto típico es +humano, sin embargo, el sujeto de esta estructura tiende a ser –humano:

(112) a. *A **Rodrigo** le fascinan **las novelas de García Márquez***.
            objeto indirecto             sujeto

    b. *A **los jóvenes** les molesta **la cantidad de tarea** que reciben*.
            objeto indirecto             sujeto

La pasiva refleja con *se* también admite el uso de un objeto indirecto para indicar la persona afectada por una acción y esta estructura también tiene dos argumentos, el sujeto y el objeto indirecto:

(113) A      **Mónica**     se le perdieron     **las llaves**.
       objeto indirecto                 sujeto

Finalmente, los verbos de tres argumentos tienen sujeto, objeto directo y objeto indirecto. Pueden ser VERBOS BITRANSITIVOS que siempre requieren dos objetos por el significado del verbo. Por ejemplo, verbos como *dar, decir, escribir*, etcétera, implican que el sujeto hace algo a alguien:

(114)  **Manuel**    *dio a*    **Diego**              **el dinero**    *que le pidió.*
     sujeto              objeto indirecto    objeto directo

Como vimos también en los verbos transitivos, el objeto directo puede ser tácito, pero todavía forma parte del significado del verbo:

(115)  *¿Le has escrito a **tu abuela**?*

Esta oración tiene tres argumentos: el sujeto tácito *tú*, el objeto indirecto expreso *tu abuela* y el objeto directo tácito que implica algo escrito como una carta, un mensaje, etcétera.

Los verbos de tres argumentos también pueden ser verbos transitivos que añaden el objeto indirecto involucrado. Generalmente, el verbo transitivo tiene dos argumentos, el sujeto y el objeto directo, pero es posible añadir un tercer argumento, el objeto indirecto, para indicar la persona afectada por la acción. En los siguientes ejemplos, comparemos los verbos con dos argumentos con los mismos verbos con tres argumentos:

(116)  a.  **Mi padre**    compró    **una pulsera**    muy bonita.
        sujeto                objeto directo

      b.  *Mi padre*    *compró*    *a mi madre*        *una pulsera*    *muy bonita.*
        sujeto                objeto indirecto    objeto directo

(117)  a.  *La madre*    *dejó a*    *su hijo*    *en casa.*
        sujeto                objeto directo

      b.  *La madre*    *va a dejar*    *a su hijo*        *todo el dinero.*
        sujeto                objeto indirecto    objeto directo

Aunque se usa el mismo verbo en las oraciones anteriores, en las oraciones como 116a y 117a hay dos argumentos, sujeto y objeto directo, mientras que en las oraciones como 116b y 117b, hay tres argumentos, sujeto, objeto directo y objeto indirecto.

También es posible usar el mismo verbo como intransitivo o como transitivo. En las siguientes oraciones, el verbo *terminar* tiene un solo argumento en la primera oración, el sujeto *la clase*, mientras que tiene dos argumentos en la segunda oración, el sujeto *los estudiantes* y el objeto directo *su tarea*:

(118)  a.  *La clase* terminó *a las ocho.*

      b.  *Los estudiantes* terminaron **su tarea** *a las ocho.*

En todos los casos, es necesario entender que no se puede determinar el número de argumentos de un verbo aislado. Es necesario tener en cuenta el contexto de la oración para poder identificar el número de argumentos que tiene y su uso como verbo intransitivo, transitivo o bitransitivo.

Aunque ya vimos que los verbos reflexivos tienen dos argumentos, a veces se añade un objeto directo que especifica la parte del cuerpo de la persona afectada:

(119)                          *Me lavé*    ***las manos.***
                sujeto tácito    OI            OD

El resultado de esta adición es que el verbo tiene tres argumentos, sujeto y objeto reflexivo correferentes, y el objeto directo.

Antes de terminar con los argumentos del verbo, es importante hacer notar que es el verbo principal, y no el verbo auxiliar, el que determina el número de argumentos en una oración. Por eso, el número de argumentos de un verbo en un tiempo simple no cambia cuando el verbo va acompañado de un verbo auxiliar. Por ejemplo, un verbo transitivo mantiene sus dos argumentos en cualquier tiempo verbal y con cualquier verbo auxiliar: *Los estudiantes terminaron / han terminado / están terminando / van a terminar / quieren terminar / pueden terminar... su tarea.* Por lo tanto, aunque el verbo auxiliar es necesario para indicar el tiempo, el modo, el aspecto y la persona del verbo, el verbo principal aporta el sentido léxico a la estructura y determina el número de argumentos.

Pregunta 10

## 2.6 Perspectiva diacrónica y sincrónica: El orden de los constituyentes sujeto, verbo, objeto en latín y en español

En este capítulo, hemos estudiado las funciones de los sustantivos dentro de la oración y se ha enfatizado que estas funciones establecen la relación entre los sustantivos y el verbo, el núcleo de la oración. Un aspecto importante de esta relación es el orden en que aparecen el sujeto y el objeto directo con respecto al verbo de la oración. Por eso, en esta última sección vamos a examinar las diferentes combinaciones de sujeto (S), verbo (V) y objeto directo (O) que existían en latín y las que se han adoptado en el español.

Antes de empezar este análisis, hay que aclarar algunas normas que se siguen para discutir el orden de los elementos principales de una oración. Primero, cuando se compara la posición del sujeto y del objeto directo con relación al verbo, se refiere sólo al sustantivo y no a los pronombres, que siguen reglas muy distintas. Segundo, estos comentarios se basan en estudios tipológicos que se han hecho de las diferentes lenguas para tratar de establecer ciertas reglas universales que permitan describir las normas sintácticas que existen.

Sin embargo, siempre hay excepciones a las generalizaciones que se han establecido para el orden de constituyentes en las lenguas y sólo se puede decir que hay ciertas tendencias o preferencias en cada lengua.

El orden de los elementos de la oración en latín era mucho más flexible porque la morfología de los sustantivos indicaba la función del sustantivo en la oración (véase 3.3) y no era necesario depender del orden de estos elementos para aclarar su función. Sin embargo, la tendencia en el latín era poner el verbo al final de la oración, así que el orden más común era SOV o, sin contar al sujeto, OV. En la evolución del latín al español y a las otras lenguas románicas, se ve cómo esta tendencia va cambiando y cómo el orden típico llega a ser SVO o VO. La importancia de este cambio es dramática porque también resulta en el cambio de orden de otros constituyentes. Por ejemplo, una de las tendencias universales de las lenguas del tipo OV es que marcan la función del sustantivo con sufijos mientras que las lenguas del tipo VO tienden a marcar la función del sustantivo con preposiciones. El latín marcaba la función de cada sustantivo con sufijos en un sistema complejo de casos, pero este sistema desapareció y fue reemplazado en las lenguas románicas por un sistema de preposiciones que aparecen antes del sustantivo y marcan su función.

Otra característica de las lenguas del tipo OV es poner los verbos auxiliares después del verbo principal, mientras que en las lenguas del tipo VO se encuentran los verbos auxiliares antes del verbo principal. En las Secciones 8.4 y 9.5 veremos que esta diferencia explica la formación de nuevos tiempos verbales en el español y en las otras lenguas románicas.

Anteriormente mencionamos que la posición del objeto directo en español es muy rígida y que aparece casi siempre después del verbo (VO). Esto fue un cambio radical respecto a lo que ocurría en el latín. También vimos que, aunque la posición más común del sujeto es antes del verbo, puede aparecer en cualquier posición (**SVO, VSO, VOS**). Esta flexibilidad en la posición del sujeto es una característica que el español ha heredado del latín porque ha mantenido la morfología verbal necesaria para indicar el sujeto de la oración. En el francés, otra lengua románica que viene directamente del latín, se ha perdido esta flexibilidad de la posición del sujeto porque ha desaparecido, por lo menos en la pronunciación, la morfología verbal que indica claramente el sujeto de la oración. Entonces, el único orden posible de estos elementos en francés es SVO, igual que en inglés. En otros capítulos se volverá al concepto del orden de los elementos sujeto-verbo-objeto para demostrar la importancia de este esquema de la oración en la historia y en la evolución continua del español.

Pregunta 11

## Preguntas

1. En la siguiente conversación, determine el sujeto de cada frase marcada e indique si el sujeto es expreso, tácito o inexistente. Si el sujeto u otro elemento de la frase es tácito, explique cómo sabe cuáles son estos elementos tácitos (morfología verbal, contexto, etcétera).

—Hola Luis. (a) ¿Cómo estás?

—(b) No sé. (c) Está nevando, y (d) no me gusta el frío.

—(e) A mí tampoco (f) ¿Quieres ir al cine? (g) Dan una buena película (h) que empieza en una hora.

—(i) Es una idea excelente, pero (j) no me queda mucho dinero.

—(k) No importa. (l) Me toca a mí pagar hoy. (m) Tú puedes pagar la próxima vez.

—(n) De acuerdo. (o) Hay que salir ya. (p) Es tarde y (q) va a haber mucho tráfico.

—(r) Tienes razón. Después de la película, (s) ¿quieres visitar a Rosa?

—No, (t) está visitando a sus padres este fin de semana.

—¿Ah sí? (u) ¿Dónde viven?

—(v) En Chicago.

2. En las siguientes oraciones, escriba la conjugación correcta del verbo y explique su respuesta usando la jerarquía personal. Si hay más de una posibilidad, explique por qué.

   a. Vosotros y vuestros amigos no (tener) que esperarnos.
   b. La primera persona que llegó a clase (ser) yo.
   c. Vosotros y nosotros (salir) a la misma hora.
   d. La mayor parte de los jóvenes de este país (haber) experimentado con drogas.
   e. Tú y yo (tener) el mismo coche.
   f. Los americanos (ser) muy introvertidos.
   g. Rolando y yo (ir) al baile anoche.
   h. El culpable (ser) tú.
   i. Mucha gente vino a la manifestación, pero no (causar) ningún problema.
   j. Los que más han aprendido en esta clase (ser) nosotros.
   k. Tanto la administración como el profesorado (tener) que buscar una solución.
   l. Lo que más me confunde en esta clase (ser) los pronombres.
   m. La llegada y la salida de tantos vuelos (resultar) en mucha congestión.
   n. (Por teléfono) Hola Carina. (Ser) yo, Mónica.

    o. Ni tú ni yo (poder) resolver todos los problemas que tiene.

    p. Tú y Carlos (comer) todo el postre.

    q. Ni Felipe ni Jorge (tener) la tarea.

    r. Mis padres y yo (hablar) por teléfono todos los días.

3. En las siguientes oraciones, marque el objeto directo (si existe) y explique cómo lo identificó (orden de palabras, significado del verbo, morfología verbal, característica humana del objeto, la *a* personal, personificación, despersonificación, etcétera).

    a. Le di a Rogelio una foto de mi familia.

    b. Me cae muy bien el hermano de Lupe.

    c. Visité a mis primos en Guadalajara.

    d. ¿Vendieron el coche sus padres?

    e. ¿Has conocido al nuevo profesor de historia?

    f. Pasó la ambulancia a los carros.

    g. Hay mucha gente en la calle.

    h. ¿Has visto a alguien de la clase hoy?

    i. Quiero una enfermera que tenga más experiencia.

    j. Le escribió a su abuela la semana pasada.

    k. Vino Luis a la fiesta.

    l. ¿Cuántos hijos tienes?

    m. Quiero mucho a mi perro.

    n. Llegamos a casa a las diez de la noche.

    o. Me visitó mi novio durante las vacaciones.

    p. Lávate las manos, por favor.

4. Convierta las siguientes oraciones activas en oraciones pasivas con el verbo *ser*. Después, compare las funciones de los sustantivos de cada oración activa con las de la oración pasiva correspondiente.

    a. El joven rompió las ventanas.

    b. Mi padre construyó nuestra casa en 1972.

    c. Destruyeron los edificios en menos de una hora.

    d. Inscribieron al niño en un colegio privado.

5. Decida en las siguientes oraciones si se necesita o no la *a* personal antes del objeto directo y explique por qué.

    a. Yo no veo _____ nadie en este cuarto.

    b. Hay _____ tres personas en la sala de espera.

    c. No conozco _____ esta parte de la ciudad.

    d. Pasó la motocicleta _____ carro.

    e. Le quiero presentar _____ mi hermano a mi mejor amiga.

    f. Marcos sustituyó _____ Pablo como líder del comité.

    g. Necesito _____ una enfermera que sepa hablar español.

    h. Los miembros del comité sustituyeron _____ Pablo por Marcos.

      i.  Echo de menos _____ mi viejo coche.

      j.  Tienen _____ mi hija en el hospital porque quieren observarla por un día.

6.  En las siguientes oraciones, identifique el objeto indirecto de la oración (sustantivo y/o pronombre), si lo hay, y describa la relación que tiene con el verbo. Compare esta función con el uso en inglés.

      a.  Le di a Marisa el anillo de su abuela.

      b.  ¿Te sacó el diente el dentista?

      c.  Le cae bien Manuel a Virginia.

      d.  Ángeles no está en clase hoy porque se le murió su tío.

      e.  Mi novio me va a presentar a sus padres este fin de semana.

      f.  Al hijo de Luisa le robaron el coche.

      g.  No pude enseñar anoche, así que mi colega me dictó la clase.

      h.  Le quiero presentar mis hermanos a mi compañera de cuarto.

      i.  ¿Me has tomado toda la sopa?

      j.  Los dueños quitaron a los empleados la mitad de su trabajo.

      k.  He sacado a mis hijos de este colegio.

      l.  Mis hijos me vinieron con una lista de demandas.

7.  Dé ejemplos de oraciones que incluyan preposiciones simples, preposiciones complejas del tipo 'preposición + sustantivo + preposición' y preposiciones complejas del tipo 'adverbio + preposición'.

8.  Decida cuál de las funciones de la preposición "a" corresponde a cada una de las oraciones.

- preposición *a* + sintagma nominal > sintagma preposicional
- *a* + objeto indirecto duplicativo
- *a* personal
- verbo de régimen + *a*

      a.  Llegamos <u>a</u> las cinco de la tarde.

      b.  Voy <u>a</u> ver <u>a</u> mi primo.

      c.  <u>A</u> Susana le molesta viajar <u>al</u> extranjero.

      d.  Les compramos <u>a</u> Uds. unos dulces.

      e.  Sólo conozco <u>a</u> las personas que asisten <u>a</u> clase.

9.  En las siguientes oraciones, indique si la preposición subrayada encabeza un sintagma preposicional o si forma parte de un verbo de régimen, seguido por un objeto preposicional.

      a.  La ventana de la cocina da <u>al</u> jardín.

      b.  Me puse <u>a</u> trabajar a las diez de la noche.

      c.  Mi hermano se negó <u>a</u> ayudarme.

      d.  Subimos <u>al</u> séptimo piso del edificio.

      e.  Acaban <u>de</u> llegar de Venezuela.

f. Se pusieron <u>de</u> rodillas en la iglesia.

g. Me arrepiento mucho <u>de</u> no haberle ayudado.

h. Corrieron <u>del</u> edificio cuando sonó la alarma.

i. Todos mis amigos se van a burlar <u>de</u> mí.

j. Se quejan mucho <u>de</u> la comida en la cafetería.

k. Te vas a morir <u>de</u> risa cuando te diga lo que pasó.

l. Hice la tarea <u>con</u> prisa porque quería ir al cine.

m. Me enojé mucho <u>con</u> mi hijo porque me mintió.

n. Estás acabando <u>con</u> mi paciencia.

o. El plato se sirve <u>con</u> arroz y frijoles.

p. Quiero ir <u>con</u>tigo a la biblioteca.

q. Soñé <u>con</u> mi abuelo anoche.

r. Fíjate bien <u>en</u> las señales.

s. He vivido <u>en</u> California toda mi vida.

t. Tardé mucho tiempo <u>en</u> llegar al trabajo.

10. En las siguientes oraciones, indique el número de argumentos del verbo e identifique.

    a. La función de cada argumento:
- sujeto
- objeto directo
- objeto indirecto
- atributo
- objeto de un verbo de régimen
- objeto reflexivo

    b. El tipo de verbo que es:
- intransitivo
- transitivo
- bitransitivo
- verbo transitivo + objeto indirecto
- verbo reflexivo
- verbo reflexivo + OD
- verbo copulativo
- verbo de régimen
- verbo del tipo *gustarle*
- verbo unipersonal
- *se* impersonal
- pasiva refleja con *se*
- pasiva refleja con *se* + OI
- voz pasiva con *ser*
- verbo de existencia

a. Baño a mi hija todos los días a la misma hora.

b. Me falta tiempo para terminar todo mi trabajo.

c. Tengo que afeitarme.

d. La ciudad se fundó en 1500.

e. Se lavó las manos después de tocar al gato.

f. Se nos acabó la leche.

g. Nuestra casa fue construida en 1927.

h. Les di el dinero a mis padres.

i. Se divorció de su esposo después de un solo año de matrimonio.

j. No se sabe lo que pasó con los demás pueblos.

k. Mis hijos me limpiaron la casa para mi cumpleaños.

l. Hay muchos estudiantes en la clase.

m. Va a nevar mañana.

n. Fuimos al parque ayer.

o. Mi madre es profesora de biología.

11. Describa los posibles órdenes de los elementos sujeto-verbo-objeto en español y qué diferencia tienen con los órdenes que eran posibles en latín. ¿Qué relación tiene el orden de verbo-objeto con el uso de preposiciones?

# 3

# La morfología léxica de las clases abiertas y la morfología gramatical del sustantivo

## 3.0 Introducción

Hasta ahora, hemos examinado los elementos que se combinan para formar una oración. En este capítulo, nos vamos a concentrar en la palabra y las unidades significativas mínimas que se combinan para formarla. Estas unidades se llaman morfemas, y pueden tener funciones gramaticales o funciones léxicas. Esta distinción será la base de este análisis. El estudio de los MORFEMAS LÉXICOS es útil para expandir el vocabulario, ya que un mismo morfema tendrá igual significado en una variedad de palabras. También veremos cómo los morfemas léxicos pueden hacer que una palabra cambie de una clase abierta a otra. Después de examinar el uso de los morfemas léxicos en el vocabulario de la lengua, nos concentraremos en el uso de los MORFEMAS GRAMATICALES del sustantivo, dejando para más adelante el estudio de la morfología gramatical de otros elementos de la oración. A diferencia de los morfemas léxicos, los morfemas gramaticales afectan la estructura de la lengua de la misma manera que lo hacen los elementos de las clases cerradas. Por eso, puede ser difícil separar las funciones de la morfología y de la sintaxis de una lengua.

## 3.1 Los morfemas léxicos

Para poder separar las palabras en morfemas léxicos o gramaticales, hay que empezar siempre por la RAÍZ de la palabra, que es el morfema léxico que contiene el significado principal de la palabra. Esta raíz es generalmente la misma para todas las clases abiertas, aunque puede haber pequeñas variaciones resultantes de la evolución fonética de la lengua. Por ejemplo, la raíz *soport* se mantiene en el verbo **soportar**, el sustantivo **soporte** y los adjetivos **soportable** e **insoportable**, mientras que una de las raíces *libr* o *liber* aparece en palabras como los verbos **librar** y **liberar**, los sustantivos **libertad** y **libertador**, los adjetivos **libre** y **liberal** y el adverbio **libremente**. Muchos verbos cuando se conjugan sufren un cambio en la raíz como en *querer* (**queremos, quieres, quiso**), dormir (**dormís, duermen, durmieron**), *pedir* (**pedí, piden**), *tener* (**tenía, tengamos, tiene, tuvimos**), etcétera (véase el Capítulo 7). Estos ejemplos indican que hay ALOMORFOS, o sea, morfemas que mantienen el mismo significado aunque varíen su forma.

La raíz es la base de la palabra que pertenece a una clase abierta. El uso de la misma raíz en verbos, sustantivos, adjetivos y adverbios es la manera más eficaz de expandir el léxico de una lengua sin obligar al hablante a aprender formas completamente diferentes para palabras relacionadas en su significado. Sin embargo, para poder crear una variedad de palabras con la misma raíz es necesario usar otros morfemas, los cuales se añaden al significado de la raíz, afectando así la clase abierta a la cual corresponde la palabra.

Los morfemas que se añaden a la raíz de una palabra se llaman AFIJOS. Éstos se pueden añadir antes de la raíz, como PREFIJOS, o después de la raíz, como SUFIJOS. El estudio del origen de las palabras, la ETIMOLOGÍA, revela que hay una cantidad de afijos en español que son préstamos de otras lenguas. Muchos de esos afijos y raíces existen también en el léxico del inglés y por eso hay tantos COGNADOS entre el inglés y el español. El griego es una de las lenguas que ha contribuido mucho en el léxico culto de las lenguas románicas, como el español, y de las LENGUAS GERMÁNICAS, como el inglés. Algunos de los tantos prefijos de origen griego incluyen:

(1) a. *arque-/arqui-* (superioridad):    **arque**tipo

    b. *biblio-* (libro):    **biblio**teca

    c. *deca-* (diez):    **decá**metro

    d. *dia-* (a través de):    **dia**crónico

    e. *etno-* (raza):    **etno**céntrico

    f. *eco-* (casa):    **eco**logía

    g. *pan-* (todo):    **pan**americano

    h. *seudo-* (falso):    **seudó**nimo

    i. *tox-* (veneno):    in**tox**icar

    j. *zoo-* (animal):    **zoo**logía

También hay sufijos léxicos de origen griego. Algunos ejemplos son:

(2) a. *-aritm(o)* (número):    log**aritmo**

    b. *-bol(e)* (lanzar):    hipér**bole**

c. *-cen(o)* (común):           *epiceno*

d. *-cracia* (fuerza, poder):    *burocracia*

e. *-domo* (casa):              *astrodomo*

f. *-doxo* (opinión):           *ortodoxo*

g. *-emia* (sangre):            *anemia*

h. *-metro* (medida):           *taxímetro*

i. *-osis* (enfermedad crónica): *neurosis*

j. *-polis* (ciudad):           *metrópolis*

Muchos de estos afijos son PRODUCTIVOS. Esto quiere decir que se los puede usar para seguir creando nuevas palabras en la lengua. Por ejemplo, se pueden añadir los prefijos griegos *anti-* (oposición, defensa) o *auto-* (por sí mismo) a muchos adjetivos y sustantivos para formar palabras como:

(3)  a. *anticapitalista*, *anticuerpo...*

  b. *autodidáctico*, *autoservicio...*

También hay sufijos que se siguen usando para crear nuevas palabras, como el sufijo *-grama* (letra, escritura):

(4)  a. *telegrama*, *radiograma...*

El uso productivo de estos morfemas indica que los hablantes están conscientes de su significado, aunque no sean palabras completas.

En cuanto a los afijos de origen latino, hay que reconocer la gran influencia que el latín ha tenido en la etimología del léxico del español. Para empezar, el léxico del latín hablado es la base del vocabulario de todas las lenguas románicas. Además, se ha usado el latín clásico como fuente continua del vocabulario culto de la lengua. Algunos ejemplos de prefijos latinos incluyen:

(5)  a. *ambi-* (dos):          *ambidiestro*

  b. *bi-, bis-, biz* (repetición): *bisabuelo*

  c. *centi-* (cien):          *centímetro*

  d. *equi-* (igual):          *equivalente*

  e. *ex-* (fuera):            *excéntrico*

  f. *loco-* (lugar):          *locomoción*

  g. *noct-* (noche):          *nocturno*

  h. *oct(o)-, octa-* (ocho):  *octogenario*

  i. *omni-* (todo):           *omnipotente*

  j. *yuxta-* (cerca de):      *yuxtaposición*

Hay también muchos sufijos en español que provienen del latín. Algunos ejemplos son:

(6)  a.  *-cidio* (matar):  *homi**cidio***

   b.  *-cola* (cultivar; habitar):  *viní**cola***

   c.  *-cultura* (cultivo):  *agri**cultura***

   d.  *-ducto* (conducir):  *acue**ducto***

   e.  *-forme* (forma):  *uni**forme***

   f.  *-fugo* (huir):  *calorí**fugo***

   g.  *-grado* (andar):  *plantí**grado***

   h.  *-locuo, -loquio* (hablar):  *soli**loquio***

   i.  *-manía* (locura, pasión):  *melo**manía***

   j.  *-vor(o)* (comer):  *carní**voro***

También hay casos de DOBLETES en español, donde una raíz o un afijo ha pasado por cambios fonológicos en su evolución y coexiste en el léxico común o corriente junto con otra palabra culta que ha entrado en la lengua más tarde y no ha experimentado los mismos cambios fonológicos. En el cuadro de la Figura 3.1, pueden comparar algunas palabras del español que vienen de la misma raíz en latín y cuyos significados están relacionados.

Como se puede notar en estos dobletes, las palabras corrientes son las que han cambiado más fonéticamente en su evolución desde el latín, mientras que las palabras cultas mantienen la pronunciación original del latín. Además, se usan menos las palabras cultas porque tienen un significado más especializado o limitado a ciertos contextos.

Igual que los afijos de origen griego, hay también afijos de origen latino cuyo significado es transparente y que siguen siendo productivos en el español moderno. Por ejemplo, los prefijos *semi-* (medio, casi), *super-* (superioridad) y *extra-* (fuera de, mucho, muy) son ahora muy comunes en sustantivos y adjetivos como ***semi**automático*, ***super**mercado*, ***extra**terrestre*,

| Raíz en latín clásico | Léxico común en español | Léxico culto en español |
|---|---|---|
| *auricul-* | *oreja* | *auriculares* |
| *lingua-* | *lengua* | *bilingüe* |
| *patri-* | *padre* | *patrilineal* |
| *petro-* | *piedra* | *petrificar* |
| *pleni-* | *lleno* | *plenitud* |
| *somno-* | *sueño* | *somnífero* |

Figure 3.1  Léxico común y léxico culto del español.

etcétera, y el sufijo -*mente* (mente) es el único morfema que existe para crear nuevos adverbios en la lengua, como *ardientemente*.

Aunque la mayoría de los afijos del español provienen del griego y del latín, se han incorporado a la lengua algunos afijos de otras lenguas que han tenido contacto con el español durante su evolución. Por ejemplo, muchas palabras del árabe entraron en el español durante el largo reinado de los musulmanes en España. En el caso de los sustantivos, se interpretó el artículo definido del árabe como parte de la palabra, por lo que hay muchos sustantivos de origen árabe que empiezan con el prefijo *a-* o *al-* (el/la), y sus significados reflejan la cultura que trajeron los musulmanes a la Península Ibérica. Se pueden encontrar palabras del árabe relacionadas con diversión como *ajedrez*; con arquitectura como *ajimez* (tipo de ventana), *alcázar* (palacio fortificado), *alfombra* y *alcoba*; con agricultura como *ajonjolí*; y con ciencias como *alcohol*, etcétera (Larousse 1996).

Aunque no es muy común, en español también existen CALCOS, en los que se ha traducido literalmente una estructura de otra lengua. Por ejemplo, *hidalgo* es un calco que se tradujo literalmente de una expresión árabe que significaba *hijo de algo*.

El estudio etimológico de las palabras es muy útil no sólo para expandir el vocabulario sino también para entender los orígenes de la lengua y la manera en que otras lenguas y otras culturas han influido en la evolución del español.

### 3.1.1 Los sufijos léxicos

Como ya hemos visto, los afijos son los morfemas que se colocan antes o después de la raíz para modificar su sentido léxico o su función gramatical. Los sufijos, los que se ponen al final de la palabra, además de afectar el significado léxico de una palabra, son los morfemas que determinan la clase abierta de la palabra dentro de la oración, así que tienen también una función sintáctica o gramatical. Por ejemplo, el sufijo o terminación -*ción* aparece al final de los sustantivos, el sufijo -*able* se encuentra al final de los adjetivos, -*mente* es el marcador más común de los adverbios y las terminaciones -*ar*, -*er*, -*ir* marcan el infinitivo de los verbos. El uso de los sufijos nos da la posibilidad de crear fácilmente palabras relacionadas en las diferentes clases abiertas, como se puede ver en la tabla del la Figura 3.2.

Es posible añadir más de un morfema a una raíz para crear verbos, sustantivos, adjetivos y adverbios que estén relacionados en su significado, pero es siempre el último morfema el que determina la clase abierta de la palabra. Se debe notar también en la tabla que no siempre hay una palabra para las cuatro clases abiertas. Por ejemplo, la raíz *camin-* existe en un verbo, un sustantivo y un adjetivo, pero no existe ningún adverbio con esta raíz. Entonces, aunque los sufijos léxicos sirven para crear nuevas palabras en la lengua, no existe necesariamente una palabra para cada clase abierta de cada raíz.

| Raíz | Verbo | Sustantivo | Adjetivo | Adverbio |
|------|-------|-----------|----------|----------|
| art- | | artesanía | artístico | artísticamente |
| camin- | caminar | camino | caminador | |
| viv- | vivir | vivienda | vivos | vivamente |
| prob- | probar | probador | probable | probablemente |

Figura 3.2    Relación morfológica entre las cuatro clases abiertas.

A veces, el mismo sufijo tiene más de un significado o función y puede aparecer al final de más de una clase abierta. En estos casos, la morfología no es suficiente para indicar la clase abierta de la palabra por lo que se necesita de la sintaxis para aclarar la función de la palabra y eliminar cualquier ambigüedad. Por ejemplo, se usa el sufijo *-dor* al final de adjetivos o sustantivos como en *trabajador, conservador,* etcétera:

(7)  a. *Los **trabajadores** están en huelga.*          (sustantivo)

     b. *Los estudiantes son muy **trabajadores**.*      (adjetivo)

En la primera oración, el uso de un determinante antes de la palabra *trabajadores* indica que es un sustantivo. En la segunda oración, vemos que la misma palabra funciona como adjetivo porque está modificada por el intensificador *muy*. Además, es el atributo del verbo copulativo *ser* y concuerda con el sujeto de la oración.

El sufijo *-as* puede marcar la segunda persona singular del presente de un verbo y también un adjetivo femenino plural:

(8)  a. *Te recomiendo que **vivas** en el suroeste.*     (verbo)

     b. *Mi madre y mi abuela son muy **vivas**.*          (adjetivo)

Sabemos por la sintaxis de la primera oración que *vivas* es un verbo porque es el núcleo de la cláusula subordinada nominal. En la segunda oración, vemos que la palabra *vivas* es un adjetivo porque está modificada por el intensificador *muy*, es el atributo del verbo copulativo *ser* y concuerda con el sujeto.

De la misma manera, el sufijo *-o* puede indicar la primera persona singular del presente de indicativo o la forma masculina singular de algunos sustantivos:

(9)  a. *Durante el verano, **camino** a mi trabajo.*     (verbo)

     b. *Este **camino** te llevará al centro.*            (sustantivo)

En la primera oración, *camino* tiene que ser el verbo porque cada oración tiene un verbo como núcleo. En la segunda oración, la palabra *camino* es un sustantivo porque está modificada por el determinante *este*, es el sujeto de la oración y concuerda con el verbo. Entonces, aunque la morfología aporta mucha información a la oración, no siempre es suficiente y la sintaxis sirve para aclarar la clase de la palabra en su contexto y eliminar la ambigüedad.

### 3.1.2 Los prefijos léxicos

A diferencia de los sufijos, los prefijos se colocan antes de la raíz y no cambian la función gramatical de una palabra sino su sentido léxico. Es decir, si añadimos un prefijo a un verbo, sigue siendo un verbo y lo mismo ocurre con los sustantivos, adjetivos y adverbios:

(10) Verbos:

| | |
|---|---|
| *tener* | ***man**tener* |
| *volver* | ***de**volver* |
| *hacer* | ***des**hacer* |
| *crear* | ***re**crear* |

(11) Sustantivos:

| | |
|---|---|
| *desarrollo* | ***sub**desarrollo* |
| *estructura* | ***infra**estructura* |
| *historia* | ***pre**historia* |

(12) Adjetivos:

| | |
|---|---|
| *comprensible* | ***in**comprensible* |
| *contento* | ***des**contento* |

(13) Adverbios:

| | |
|---|---|
| *justamente* | ***in**justamente* |
| *ordinariamente* | ***extra**ordinariamente* |

En estos ejemplos, podemos ver que los prefijos afectan el significado de la palabra, pero nunca cambian la clase abierta a la cual pertenece la palabra, mientras que los sufijos no sólo cambian el significado de la palabra sino también la clase abierta a la que pertenecen. Por eso, algunos prefijos se usan con más de una clase abierta. Por ejemplo, el prefijo negativo *des-* se encuentra en todas las clases abiertas:

(14)

| | |
|---|---|
| Verbo: | ***des**aparecer* |
| Sustantivo: | ***des**ánimo* |
| Adjetivo: | ***des**atento* |
| Adverbio: | ***des**afortunadamente* |

### 3.1.3 Las palabras compuestas

Hasta ahora, hemos descrito los prefijos y sufijos léxicos que se pueden añadir a la raíz de una palabra. En el caso de las PALABRAS COMPUESTAS, se combinan dos o más palabras, en vez de dos o más morfemas, para formar otra palabra. Dado que se pueden combinar elementos de dos clases abiertas diferentes para formar palabras compuestas, hay reglas que deciden a qué clase abierta corresponde la palabra compuesta resultante. En la mayoría de los casos, se mantiene la clase abierta de la segunda palabra, siguiendo la regla ya establecida de que el último sufijo es el que determina la clase abierta correspondiente.

Una de las combinaciones más productivas en español es la combinación de un verbo con un sustantivo. Los verbos que se usan son verbos activos y transitivos que afectan el estado del sustantivo conectado y siempre aparecen en su forma menos marcada de la tercera persona singular del presente. Los sustantivos son objetos, y casi siempre aparecen en su forma plural. A pesar de que el sustantivo es plural y que puede ser masculino o femenino, la palabra compuesta casi siempre exhibe la misma forma en singular o en plural y es casi siempre masculina:

(15)  *abrir* + sustantivo:  *el/los abrelatas* (can opener-s)

 *contar* + sustantivo:  *el/los cuentagotas* (dropper-s)

 *cortar* + sustantivo:  *el/los cortacircuitos* (circuit breaker-s)

 *cumplir* + sustantivo:  *el/los cumpleaños* (birthday-s)

 *elevar* + sustantivo:  *el/los elevalunas eléctrico(s)* (automatic window-s)

 *guardar* + sustantivo:  *el/los guardabarros* (fender-s, mudguard-s)

 *lanzar* + sustantivo:  *el/los lanzacohetes* (rocket launcher-s)

 *lavar* + sustantivo:  *el/los lavavajillas* (dishwashing liquid-s)

 *limpiar* + sustantivo:  *el/los limpiamuebles* (furniture polish-es)

 *parar* + sustantivo:  *el/los paraguas* (umbrella-s)

 *pisar* + sustantivo:  *el/los pisapapeles* (paperweight-s)

 *portar* + sustantivo:  *el/los portamonedas* (change purse-s)

 *quitar* + sustantivo:  *el/los quitanieves* (snowplow-s)

 *romper* + sustantivo:  *el/los rompehielos* (icebreaker-s)

 *sacar* + sustantivo:  *el/los sacapuntas* (pencil sharpener-s)

 *salvar* + sustantivo:  *el/los salvamanteles* (table mat-s, coaster-s)

 *sujetar* + sustantivo:  *el/los sujetapapeles* (paper clip-s)

 *tragar* + sustantivo:  *el/los tragamonedas* (slot machine-s, juke box-es)

Generalmente, el hablante no piensa en el origen de la palabra compuesta y su significado literal, pero estas combinaciones indican claramente la función del objeto. Por ejemplo, la traducción literal de un *paraguas* sería "rain stopper" y la de un *salvamanteles* sería "tablecloth saver."

Existen algunos casos donde el sustantivo contable se expresa en su forma singular en esta estructura y dan como resultado una forma singular y otra plural, pero se mantiene el género masculino: *el cortafuego/los cortafuegos* (firewall-s), *el pasatiempo/los pasatiempos* (pastime-s), *el cortacorriente/los cortacorrientes* (circuit breaker-s).

También hay una excepción al uso del género masculino para estos sustantivos compuestos cuando se refieren a una persona que puede ser hombre o mujer, singular o plural. En estos casos, no es la forma de la palabra la que cambia, sino el artículo que indica el género de la persona. Estos términos tienden a ser coloquiales y a veces vulgares y se crean para referirse literalmente a las actividades de la persona. A veces existe otra palabra más formal con el mismo significado:

(16)   *el/la/los/las cortabolsas* (= *ladrón*)

      *el/la/los/las guardameta* (goalkeeper)

      *el/la/los/las limpiabotas* (shoeshiner)

      *el/la/los/las sacamuelas* (= *dentista*)

      *el/la/los/las salvavidas* (lifeguard; lifejacket)

Además del patrón verbo + sustantivo, que resulta siempre en un sustantivo, otro patrón de las palabras compuestas es la combinación de un sustantivo y un adjetivo. La palabra compuesta resultante es a veces un adjetivo y otras veces un sustantivo:

(17)   sustantivo + adjetivo = adjetivo:

      *boca* + *abierta* = *boquiabierto/-a* (open-mouthed, astonished)

      *pelo* + *rojo* = *pelirrojo/-a* (red-headed)

      *punto* + *agudo* = *puntiagudo/-a* (pointed, sharp)

(18)   sustantivo + adjetivo = sustantivo:

      *agua* + *ardiente* = *aguardiente* (fermented fruit juice; clear brandy)

      *banca* + *rota* = *bancarrota* (bankruptcy)

      *híerba* + *buena* = *hierbabuena* (mint)

En todos estos casos se mantiene el orden original de los dos elementos separados:

(19)   *Se quedaron* **boquiabiertos**. (= *con la boca abierta*)

      *Vi a una niña* **pelirroja**. (= *de pelo rojo*)

Hay otros casos de palabras compuestas donde el modificador aparece antes del sustantivo. Aquí vamos a usar el término "modificador" en forma amplia ya que algunos de los elementos que preceden al sustantivo no son verdaderos modificadores sino elementos de las clases cerradas, como preposiciones o conjunciones, que complementan el significado del sustantivo. Entonces, además de los casos donde se combinan un adjetivo y un sustantivo, hay otros donde se combinan un cuantificador y un sustantivo, una preposición y un sustantivo o una conjunción y un sustantivo. En todos estos casos se mantiene la clase abierta del último elemento de la estructura, el sustantivo:

(20)  adjetivo + sustantivo = sustantivo:

*alta + voz = altavoz* (loudspeaker)

*libre + cambio = librecambio* (free trade)

*libre + pensador = librepensador* (free thinker)

*mal + humor = malhumor* (bad mood)

(21)  cuantificador + sustantivo = sustantivo:

*cien + pies = ciempiés* (centipede)

*medio + día = mediodía* (midday)

*menos + precio = menosprecio* (contempt)

(22)  preposición + sustantivo = sustantivo:

*para + bien = parabien* (congratulations)

*por + menores = pormenores* (details)

*sin + fin = sinfín* (endless number or amount)

*sin + número = sinnúmero* (great amount)

*sin + razón = sinrazón* (injustice)

*sin + sabores = sinsabores* (troubles, heartaches)

(23)  conjunción + sustantivo = sustantivo:

*que + haceres = quehaceres* (chores)

También se puede combinar un sustantivo con un adverbio para crear un adverbio compuesto. Aun cuando no se han reducido a una sola palabra, funcionan como palabras compuestas porque la combinación de las dos palabras inseparables ha creado un nuevo adverbio:

(24)  sustantivo + adverbio = adverbio:

*cuesta abajo/arriba* (downhill/uphill)

*patas arriba* (upside down; in a mess)

*río abajo/arriba* (downstream/upstream)

Hay también palabras compuestas que resultan de la combinación de un intensificador más un adjetivo y las palabras resultantes mantienen su función original de adjetivo:

(25)  intensificador + adjetivo = adjetivo:

*bien + venido = bienvenido* (welcome)

*todo + poderoso = todopoderoso* (all-powerful)

El adjetivo resultante puede convertirse en sustantivo, igual que cualquier adjetivo (véase 4.1.2.3), pero su función original es adjetival:

(26)  *la planta siempre + viva = la siempreviva*
      *la llegada bien + venida = la bienvenida*

También es posible la combinación de dos miembros de la misma clase abierta para formar una palabra compuesta. Por ejemplo, la combinación de dos sustantivos puede resultar en un sustantivo compuesto:

(27)  sustantivo + sustantivo = sustantivo:

      *agua + nieve = aguanieve* (sleet)
      *madre + selva = madreselva* (honeysuckle)
      *zarza + mora = zarzamora* (blackberry)

En algunas palabre compuestas, el segundo sustantivo funciona como adjetivo, modificando al primer sustantivo (véase 4.1.2.4):

(28)  *punta + pie = puntapié* (la punta del pie)
      *tela + araña = telaraña* (la tela de araña)

También se combinan a veces dos adjetivos descriptivos, y la combinación resulta en un adjetivo compuesto que combina el significado de los dos:

(29)  adjetivo + adjetivo = adjetivo:

      *agrio + dulce = agridulce* (bittersweet)
      *sordo + mudo = sordomudo* (deaf-mute)

Hay algunos casos de palabras compuestas que funcionan como sustantivos pero contienen los elementos de una oración simple, con un solo verbo, o compleja, con más de un verbo:

(30)  oración = sustantivo:

      *corre + ve + y + di + le = el correveidile* (gossiper)
      *haz + me + reír = el hazmerreír* (laughing stock)
      *va + y + ven = el vaivén* (swinging, rocking)

En estos ejemplos, es el concepto total de la frase el que crea el nuevo sustantivo compuesto.

Para las palabras compuestas que resultan de la combinación de un pronombre interrogativo y un verbo en subjuntivo, la clase abierta resultante depende de la clase abierta del pronombre interrogativo y no del verbo:

(31)  adverbio + verbo = pronombre adverbial:

*como* + *quiera* = *comoquiera* (however)
*donde* + *quiera* = *dondequiera* (wherever)

(32)  pronombre + verbo = pronombre:

*quien* + *quiera* = *quienquiera* (whoever)
*cual* + *quiera* = *cualquiera* (whichever)

Todos los casos de palabras compuestas que se han presentado son el resultado de la combinación de dos constituyentes que frecuentemente aparecen juntos en la lengua. Es por eso que se pierde la separación entre las palabras individuales y se crea un significado nuevo, basado en los significados de las palabras originales.

No hemos intentado aquí presentar una lista exhaustiva de palabras compuestas, sino demostrar cómo se pueden combinar los elementos de la lengua para formar nuevos vocablos.

Para resumir este tema de la morfología léxica, podemos decir que la existencia de los morfemas léxicos es esencial para la creación de nuevos vocablos en una lengua. Además, son los morfemas finales, o los últimos sufijos, los que determinan generalmente la clase abierta a la cual pertenece cada constituyente. Los morfemas gramaticales, por lo general, también son sufijos en español, pero se colocan después de los sufijos léxicos.

En el resto de este capítulo, examinaremos las funciones de los morfemas gramaticales del sustantivo, mientras que veremos la morfología gramatical de los adjetivos y adverbios en el Capítulo 4 y la morfología regular e irregular del verbo en el Capítulo 7.

Preguntas 1 a 6

## 3.2 La morfología gramatical de los sustantivos

En la sección anterior vimos que el último morfema léxico de una palabra determina la clase abierta de esta palabra. Sin embargo, los morfemas gramaticales de una palabra, si los hay, aparecen después de los morfemas léxicos, al final de la palabra, y es así en todas las clases abiertas.

En español, los sustantivos marcan el género y el número, y si hay un morfema de número, aparece en la última posición, después del morfema de género. Mientras que el número es un concepto que se puede conectar con la realidad, el género de los objetos inanimados es arbitrario y por eso es útil conocer las terminaciones nominales que tienden a marcar los sustantivos, aunque sea de una manera artificial. En las próximas secciones, examinaremos los conceptos de género y número y los morfemas que se usan para marcar el género y el número del sustantivo.

### 3.2.1 El género

El género en español diferencia entre el masculino y el femenino, pero en el sistema nominal del latín también existía el género neutro, que sólo se ha conservado en algunos pronombres (véase el Capítulo 5). Para estudiar los morfemas de género, tenemos que distinguir entre el GÉNERO NATURAL, que marca los sustantivos humanos y los animales domésticos según el sexo del ser animado, y el GÉNERO ARTIFICIAL de los objetos inanimados que se aprende como una característica inherente al sustantivo sin ninguna justificación lógica.

#### 3.2.1.1 El género natural.
El género natural se usa para distinguir entre los seres animados del sexo femenino y los del sexo masculino. Esta distinción existe casi siempre para los seres humanos, como *hombre/mujer*, *niño/niña*, con excepción de los sustantivos de GÉNERO EPICENO, que usan una sola forma para los dos sexos: *la persona, el miembro, la víctima, la criatura, el ángel, la estrella de cine*, etcétera. También se usa el género natural para distinguir entre el sexo femenino y el masculino de animales domésticos o agrícolas, pero esto sólo ocurre cuando se puede distinguir el sexo del animal o cuando esta información es relevante al hablante: *perro/perra, toro/vaca*. Los animales salvajes son menos conocidos y la información sobre su sexo no es siempre útil ni necesaria, así que los tratamos como objetos con un género arbitrario y ninguna distinción del sexo: *jirafa, canguro*. Si hace falta indicar el sexo de estos animales, se usan los sustantivos *macho* y *hembra* como modificadores:

(34)  *la jirafa macho*
 *el elefante macho*
 *la ballena hembra*
 *el canguro hembra*

Podemos describir cinco patrones básicos de cómo se expresa el género natural de las personas y de algunos animales en español (Whitley 2002: 150). En algunos casos, se usan palabras completamente diferentes para hacer esta distinción, como en las siguientes parejas: *padre/madre, yerno/nuera, caballo/yegua*, etcétera. En otros casos, existe la misma raíz para los dos géneros, pero se usan terminaciones diferentes para las formas masculinas y femeninas: *actor/actriz, rey/reina, héroe/heroína, tigre/tigresa*, etcétera.

Aunque en inglés el género no se expresa mucho, hay algunos ejemplos de género natural que siguen estos primeros dos patrones. El primer patrón se presenta en parejas como *husband/wife, son/daughter, sister/brother, aunt/uncle, bull/cow*, etcétera. El segundo patrón se refleja en pares como *miss/mister, man/woman, lion/lioness*, etcétera. Sin embargo, el uso de estos patrones es arbitrario y no hay una correspondencia entre el patrón seguido en español y el que se usa en inglés. Por ejemplo, el par *rooster/hen* en inglés sigue el primer patrón de formas completamente diferentes, mientras que su equivalente en español, *gallo/gallina*, es un ejemplo del segundo patrón. Además, la mayoría de los sustantivos en inglés no marca el género natural ni de las personas ni de los animales domésticos, como se ve en estos ejemplos: *teacher, student, cousin, friend, cat*, etcétera. Además, en inglés existe la tendencia moderna a eliminar los indicadores de género en las profesiones, usando por ejemplo, *chair* o *chairperson* en vez de *chairman/chairwoman, mailcarrier* en vez de *mailman, actor* en vez de *actor/actress, server* en vez de *waiter/waitress*, etcétera.

Los primeros dos patrones existen en inglés y en español pero no representan MORFEMAS PRODUCTIVOS que se puedan usar para crear nuevas palabras en la lengua. Son palabras fosilizadas y su morfología no se puede aplicar a nuevos vocablos. En cambio, los otros tres patrones del español son mucho más comunes y productivos, sirviendo para crear nuevas formas en la lengua.

En el tercer patrón, la distinción de género se basa en la utilizacion del sufijo *-o* para el macho u hombre y del sufijo *-a* para la hembra o mujer: *hijo/hija, abuelo/abuela, gato/gata*, etcétera. La alternativa en el cuarto patrón es que la forma masculina termina en consonante mientras que se añade el sufijo *-a* para la forma femenina: *señor/señora, francés/francesa, león/leona*, etcétera.

Aunque muchas palabras siguen el tercer o cuarto patrón, algunos morfemas que se usan para referirse a personas, como *-ista, -ta, -nte, -ense* o *-cida*, no varían ni en el masculino ni en el femenino. Por eso, en el quinto patrón el determinante es el que indica el sexo de la persona o de las personas: *el/la atleta, un/una astronauta, este/esta artista, ese/esa joven, aquel/aquella homicida, nuestros/nuestras estudiantes, unos/unas patriotas, estos/estas criminales, esos/esas mártires, aquellos/aquellas siquiatras, los/las estadounidenses*, etcétera. Este último patrón es tan productivo que se ha extendido a algunos sustantivos que antes seguían el segundo patrón. Por ejemplo, muchos hablantes han sustituido el par *poeta/poetisa* que seguía el segundo patrón, por el par *el/la poeta*, que sigue el quinto patrón.

Resumiendo, los cinco patrones morfológicos del género natural son los siguientes:

(35) Raíces diferentes:                          *padre/madre*
     Misma raíz con sufijos diferentes:          *héroe/heroína*

| | |
|---|---|
| Misma raíz con sufijos en -*o*/-*a*: | *abuelo/abuela* |
| Misma raíz con sufijos en -*C*/-*a*: | *español/española* |
| Determinante cambia; sufijo no cambia: | *el/la estudiante* |

A diferencia de la tendencia en el inglés moderno a eliminar cualquier indicación de género natural relacionada a personas, se puede notar la tendencia opuesta en el español, donde el género es una característica esencial y destacada. Dado que la lengua casi siempre distingue el sexo de la persona y el género de los objetos, los hablantes tratan de crear nuevas formas para los sustantivos que originalmente sólo tenían una forma masculina o una forma femenina. Dado que los últimos tres patrones que se presentaron son productivos y mucho más comunes, se usan éstos para crear formas nuevas. Muchas veces, hay competencia entre estos patrones porque todavía no se ha establecido ninguna norma. Algunos hablantes siguen el tercero o el cuarto patrón y cambian la forma del sustantivo, mientras que otros usan el quinto patrón y sólo cambian el artículo: *la jefa* vs. *la jefe*, *la presidenta* vs. *la presidente*, *la generala* vs. *la general*, *la médica* vs. *la médico*. También existen casos donde los hablantes tratan de crear la distinción de género para los sustantivos que tienen un género epiceno. Por ejemplo, se debe usar el término *el miembro* tanto para los hombres como para las mujeres, pero se suelen encontrar ejemplos donde los hablantes usan *\*la miembra* o *\*las miembras* para referirse a las mujeres que son miembros de una organización, aunque estas formas no son correctas.

Es particularmente sorprendente el uso del tercer patrón para los sustantivos que terminan en -*e*, dado que la lengua no distingue normalmente entre el morfema -*e* para la forma masculina y el morfema -*a* para la forma femenina. Ya existen en español muchos sustantivos que mantienen el morfema -*e* y sólo cambian el artículo para indicar el sexo: *el/la estudiante*, *el/la cliente*, etcétera, así que el cambio al morfema -*a* parece enfatizar demasiado el sexo de la persona, como si fuera algo anormal. Otro ejemplo de esta exageración del género ocurre con el sustantivo *modista*, cuya forma original existía sólo para las mujeres. Ya que el morfema -*ista* se usa para las mujeres y los hombres en otras palabras, como *el/la comunista*, *el/la artista*, etcétera, hubiera sido suficiente seguir el cuarto patrón y cambiar sólo el artículo para la forma masculina, *el/la modista*. Sin embargo, como empezó como una profesión exclusiva para mujeres, se interpretó la -*a* como el morfema femenino y se cambió por el morfema masculino -*o* cuando los hombres empezaron a aparecer en esta profesión: *el modisto*.

Existen limitaciones al uso del tercer patrón porque el cambio al morfema -*a* puede formar una palabra que ya existe con otro significado. Por ejemplo, se usa *el músico* o *el químico* para referirse al hombre que se dedica a esta profesión, pero es problemático describir a una mujer como *la música* o *la química* porque estas palabras ya tienen otro significado. Sin embargo, esta creación de nuevos homónimos no debería ser un obstáculo, ya que existen ejemplos parecidos en la lengua como *el/la guía* para las personas de sexo masculino y femenino y *la guía* para el libro o mapa. En este caso, el contexto elimina cualquier confusión entre los dos significados:

(36) sustantivo inanimado:    *Leí la guía.*

       sustantivo animado:    *Hablé con la guía.*

La alternativa al cambio de sufijo sería seguir el quinto patrón, o sea, mantener la misma forma del sustantivo y sólo cambiar el artículo, pero tampoco es natural usar el artículo femenino *la* con una palabra que termina en *-o* (\**la músico*, \**la químico*, \**la médico*), por lo que muchos hablantes rechazan estas formas y buscan otras soluciones. Por ejemplo, se puede especificar más el trabajo y referirse a la mujer como *la pianista, la guitarrista, la cantante*, etcétera, en vez de \**la músico* o \**la música*. Por otro lado, se puede generalizar más y referirse a la mujer como la *científica* en vez de \**la químico* o \**la química*. Otra solución se basa en el patrón que se utiliza para diferenciar el sexo de un animal no domesticado, usando *macho* y *hembra*: *la jirafa macho, el canguro hembra*. De la misma manera, se usa *la mujer policía* para referirse a la mujer en esta profesión, ya que *la policía* se refiere al grupo y sería imposible distinguir entre los dos significados en una oración como: *La policía entró al banco.*

Podemos ver en estos casos que la cultura y los cambios sociales pueden afectar la estructura de una lengua, pero la estructura existente de la lengua también limita e influye en las posibles soluciones. El género es un concepto tan básico en el español que la igualdad creciente entre las mujeres y los hombres ha llevado a la creación de nuevas formas femeninas para incluirlas. En otras palabras, a los hispanohablantes les resulta difícil aceptar el género masculino como género epiceno que incluye tanto a los hombres como a las mujeres, y por eso siguen creando formas para referirse a las mujeres en nuevas profesiones. Lo que no se ha resuelto completamente en español es si es suficiente seguir el cuarto patrón y sólo marcar el género con el artículo masculino o femenino, como en el caso de *el/la presidente*, o si es necesario seguir el tercer patrón y marcar el género con un cambio de morfema también, como en *el presidente/la presidenta*. En inglés, en cambio, el género natural tiene muy poca importancia y, como consecuencia, se trata de eliminar cualquier indicación del sexo para expresar mejor la igualdad entre las mujeres y los hombres.

3.2.1.2 **El género artificial.** Aunque el género artificial es arbitrario y no se basa en la realidad como el género natural, todavía es un componente esencial del español. No hay lógica que pueda explicar por qué *mesa* es una palabra femenina mientras que *escritorio* es una palabra masculina. Cuando el hispanohablante aprende el léxico de su lengua, el género de los sustantivos es una de las características que forman parte de la estructura de la palabra y tiene la función de establecer o reforzar la conexión

| Sufijos masculinos | Sufijos femeninos |
| --- | --- |
| -o | |
| -ma, -pa | -a, -ía, -cia, -eza |
| -e, -é, -í, -ú | -ie, -umbre |
| -ín, -én, -an, -ón, -ún | -ción, -sión, -azón |
| -s | -itis, -isis |
| -az, -oz, -uz | -ez |
| -Otras consonantes (-l, -r, -t, -m, -x, -y, -j ) | -d, -dad, -tud |

Figura 3.3   Sufijos típicos de los sustantivos masculinos y femeninos.

entre el sustantivo y sus modificadores. La presencia de morfemas de género, no sólo en el sustantivo sino también en sus modificadores, fortalece su importancia dentro de la estructura de la lengua. Por eso, es recomendable que el estudiante de español como segunda lengua aprenda el género de los sustantivos como parte de su significado y no como un concepto gramatical aparte.

Sin embargo, hay ciertos morfemas que tienden a encontrarse al final de los sustantivos masculinos y otros que se encuentran típicamente al final de los sustantivos femeninos, por lo que es valioso conocer estas tendencias para recordar o adivinar el género de los sustantivos. Aunque la última letra de la palabra puede ser suficiente para ver estas tendencias, con frecuencia es la morfología de la palabra y, en particular, el morfema final el que nos puede ayudar a memorizar el género de los sustantivos (Teschner 1998: 187–198). Mientras que los sustantivos femeninos sólo tienen unas pocas terminaciones típicas, la cantidad de terminaciones de sustantivos masculinos es mucho más extensa, así que puede ser útil para el estudiante concentrarse sólo en las terminaciones femeninas y asumir que las restantes corresponden a los sustantivos masculinos. En el cuadro de la Figura 3.3, se puede ver que a veces es importante tener en cuenta más que la última letra, sobre todo para las excepciones a las tendencias de género.

Aun cuando se consideren los morfemas en vez de la última letra, hay excepciones a las tendencias descritas en el cuadro de la Figura 3.3. En la siguiente lista, hay ejemplos de palabras que siguen las tendencias indicadas y otras que rompen con esas tendencias:

| (37) **Sufijos** | **Ejemplos** | **Excepciones** |
| --- | --- | --- |
| -o | el caso, el libro | la mano |
| -a | la casa, la mesa | el día |
| -ma | el problema, el tema, el drama | la alarma, la cama, la forma |

| | | |
|---|---|---|
| *-ión* | *la canción, la elisión, la cuestión* | *el avión, el camión* |
| *-azón* | *la razón, la sazón* | *el corazón, el cerrazón* |
| *-oz, -az, -uz* | *el antifaz, el altavoz, el arroz, el andaluz* | *la faz, la luz, la paz, la voz, la cruz* |
| *-ez* | *la vejez, la madurez, la desnudez* | *el jerez, el doblez, el ajedrez* |
| *-tis, -sis* | *la crisis, la dosis, la glotis, la apendicitis* | *el análisis, el énfasis, el apocalipsis* |
| *-d* | *la libertad, la enfermedad, la salud, la red* | *el césped, el sud* |
| -consonante | *el reloj, el final, el metal, el baúl, el hogar* | *la cárcel, la vocal, la cal, la sal, la flor* |

En algunos casos, la morfología puede explicar estas excepciones. Por ejemplo, los sufijos *-ción, -sión* y *-tión* convierten un verbo en un sustantivo femenino:

(38) *substituir > substitución*

*opinar > opinión*

*confesar > confesión*

*sugerir > sugestión*

*crucificar > crucifixión*

En este caso, las excepciones masculinas como *el camión, el avión* y *el sarampión* no surgen de la combinación de un verbo más uno de los sufijos femeninos que terminan en *-ión*. Es decir, no es posible separar estas palabras en la raíz del verbo y en el morfema que la convierte en sustantivo.

Lo mismo ocurre con el morfema *-ez* que se combina con un adjetivo para formar un sustantivo femenino:

(39) *estúpido > estupidez*

*rígido > rigidez*

*tímido > timidez*

Las excepciones masculinas como *ajedrez* y *jerez* no surgen de la combinación de un adjetivo y el sufijo femenino.

Los morfemas masculinos *-oz, -az, -uz* se encuentran en sustantivos compuestos como *antifaz, altavoz* y en PALABRAS POLISILÁBICAS que vienen del árabe como *arroz, andaluz*, pero las PALABRAS MONOSILÁBICAS que vienen del latín como *faz, luz, paz, voz, cruz* son femeninas.

Aunque es útil reconocer estas tendencias en el género de los morfemas, lo que más refuerza el género artificial de los sustantivos es el uso de éstos combinados con modificadores que concuerdan en género y número. La frecuencia del uso y la consecuente unión del sustantivo con su género es la única explicación del mantenimiento del género en los casos donde la misma terminación aparece en sustantivos de los dos géneros, como es el caso de *-iz* en sustantivos masculinos como *el matiz, el lápiz y el maíz* y en sustantivos femeninos como *la matriz, la cicatriz, la nariz y la raíz.* Lo mismo ocurre con los sustantivos que terminan en *-e.* Aunque la mayoría de los sustantivos que terminan en la vocal *-e* son masculinos como *el aire, el ápice, el borde, el dulce, el lenguaje, el mensaje, el molde, el uniforme,* etcétera, muchas de las excepciones a esta tendencia son palabras que se usan todo el tiempo y aparecen en el léxico con más frecuencia que otros sustantivos masculinos: *la calle, la carne, la clase, la fe, la gente, la leche, la llave, la nieve, la noche, la nube, la tarde,* etcétera. Por lo tanto, el uso frecuente de estos sustantivos y sus modificadores es lo que refuerza su género femenino y no las tendencias indicadas de la terminación *-e* en los sustantivos en general. Este punto también se aplica a las excepciones que vimos anteriormente. Fuera de las normas o las tendencias establecidas, tienden a ser sustantivos comunes del léxico porque su alta frecuencia es necesaria para establecer su género como una parte integral de la palabra.

Aunque el género artificial de los sustantivos inanimados es arbitrario y no corresponde al sexo del sustantivo, hay casos de GÉNERO METONÍMICO, donde los miembros de un grupo de sustantivos inanimados adquieren el género subyacente del sustantivo implicado en el total (Butt y Benjamin 2000: 7–11, Alarcos Llorach 1998: 60–63, Whitley 2002: 150):

(40)  los ríos (*el Sena*)

los montes (*el Everest*)

los océanos (*el Atlántico*)

los mares (*el Caribe*)

los lagos (*el Titicaca*)

los coches (*el Toyota*)

los barcos y los aviones grandes (*el Titanic, el Concorde*)

los vinos (*un rioja*)

los cuadros (*un Picasso*)

los equipos deportivos (*el Bilbao*)

los colores (*el amarillo*)

los números (*el cinco*)

los días y los meses (*el martes*)

Todos estos ejemplos son del género masculino porque la palabra que categoriza todo el grupo es también masculina. También hay casos de sustantivos femeninos porque el género de su categoría subyacente es femenino:

(41)  las avionetas y barcas pequeñas (*una Cessna, la goleta*)

las compañías (*la Avis, la IBM*)

las islas (*las Canarias, las Filipinas*)

las carreteras (*la 94*)

las letras del alfabeto (*la be*)

De la misma manera se usa el artículo femenino para indicar el cardinal de un sustantivo cuya categoría subyacente es también femenina. Por ejemplo, se puede decir *la número uno* para referirse a la mejor emisora de radio porque *emisora* es una palabra femenina o también *la número uno, dos, tres,* etcétera, para indicar el número de una pregunta en un ejercicio porque la categoría subyacente *pregunta* es una palabra femenina. El género metonímico también se usa muchas veces para distinguir entre el árbol y la fruta, donde la forma masculina se refiere al árbol y la forma femenina corresponde a la fruta:

(42)  **el árbol masculino**      **la fruta femenina**

*el manzano*          *la manzana*

*el naranjo*          *la naranja*

*el peral*           *la pera*

*el limero*          *la lima*

Sin embargo, esta relación de árbol masculino/fruta femenina no es general y a veces ocurre lo contrario en otras parejas donde el árbol es femenino y la fruta masculina:

(42)  **el árbol femenino**      **la fruta masculina**

*la higuera*          *el higo*

*la datilera*          *el dátil*

En otros casos, tanto el árbol como la fruta son masculinos:

(43)  **el árbol masculino**      **la fruta masculina**

*el limonero*          *el limón*

*el duraznero*         *el durazno*

Además de los sustantivos que demuestran una relación entre los árboles y su fruta, hay otros sustantivos inanimados de género arbitrario que tienen una forma masculina y otra femenina. Generalmente, hay alguna relación léxica entre las dos palabras, pero no demuestran un género metonímico porque el género no se basa en el grupo léxico de la palabra. En algunos casos, la distinción entre el sustantivo masculino y su pareja femenina se relaciona con el tamaño, pero no hay una relación consistente entre el concepto de tamaño y el género. Los sustantivos masculinos *barco* y *avión* son más grandes que los sustantivos femeninos *barca* y *avioneta*, sin embargo los sustantivos masculinos *huerto* y *cuchillo* son más pequeños que los sustantivos femeninos *huerta* y *cuchilla*.

En otros casos, las dos palabras tienen el mismo origen, pero uno de los usos es más metafórico que el otro. Por ejemplo, los sustantivos femeninos *fruta* y *carga* representan objetos concretos, mientras que los sustantivos masculinos *fruto* y *cargo* se refieren a conceptos más abstractos. Existen algunos pares que no parecen tener ninguna relación léxica como en los casos *el cuento/la cuenta*, *el partido/la partida*, *el plazo/la plaza*, *el sílabo/la sílaba*, etcétera, y es necesario memorizar la distinción entre los dos significados.

Hay varios sustantivos inanimados que no cambian de forma sino que cambian de género según el artículo que usan. Estos PARES HOMOFÓNICOS son difíciles de aprender porque el mismo sustantivo cambia su significado según el género que tenga. En la mayoría de los casos, los dos significados son arbitrarios y no hay ninguna relación léxica entre la forma femenina y la masculina:

(44)   *el busca* (pager)                              *la busca* (search)

    *el capital* (i.e., financial capital)        *la capital* (i.e., state capitol)

    *el coma* (coma)                             *la coma* (comma)

    *el cura* (priest)                            *la cura* (cure)

    *el frente* (front)                           *la frente* (forehead)

    *el orden* (i.e., numeric order)             *la orden* (command)

    *el papa* (pope)                             *la papa* (potato)

Ya que no se puede contar ni con la relación entre género y significado ni con la relación entre género y terminación nominal, estos pares homofónicos representan el uso más extremo del género arbitrario en español.

Aunque los determinantes tienen que tener concordancia con el sustantivo que modifican, hay un caso especial en el que el artículo no refleja el género del sustantivo, y la explicación de esta anomalía tiene sus orígenes en el sistema fonético de la lengua. En español, el ENLACE conecta las palabras para que se pronuncien sin ninguna pausa ni interrupción, y esto no causa ningún problema en la comunicación. Sin embargo, cuando el artículo definido o indefinido singular se usa antes de los sustantivos que empiezan con la VOCAL /á-/ TÓNICA O ACENTUADA, no se usan las formas femeninas *la/una* sino los artículos masculinos *el/un*, para no perder la pronunciación de la /á-/ tónica del sustantivo. Este cambio no afecta los otros determinantes ni los otros modificadores del sustantivo, y el artículo vuelve a la forma femenina en el plural o cuando un adjetivo lo separa del sustantivo:

(45) *el álgebra avanzada*    vs.    *la nueva álgebra*

*un águila*    vs.    *unas águilas blancas*

*el área*    vs.    *esta área*

A veces, la primera sílaba tónica no lleva un acento escrito así que es necesario identificar la sílaba tónica por la pronunciación:

(46) *un aula magnífica*

*el agua pura*

Esta regla de usar el artículo masculino en vez del femenino se aplica aun cuando la palabra empiece con la letra *h-*:

(47) *un hambre tremenda*

*el habla cotidiana*

*un hacha nueva*

Sin embargo, cuando la primera sílaba es átona, o sea, que no lleva acento, no se aplica esta regla y se usa el artículo femenino:

(48) *la alcoba*

*una agenda*

*la acción*

*una hacienda*

Una excepción a esta regla son los nombres de las letras del alfabeto que usan el artículo femenino, a pesar de que empiezan con la [á] tónica:

(49) *la hache*

*la a*

Una explicación de esta excepción es que el género de las letras es metonímico y no arbitrario, así que hay que usar el artículo femenino. O sea, la regla idiosincrásica de cambiar el artículo *la* por *el* antes de la [á] tónica afecta sólo los sustantivos inanimados con un género artificial. Ya que es necesario usar el artículo masculino o femenino para discernir el género metonímico de los objetos y el género natural de las personas, no se aplica la regla a estos casos:

(50) *el árabe*    *la árabe*

Esta regla es confusa aun para los hispanohablantes, y eso explica por qué el género de la palabra *arte* es ambiguo. En la forma singular, tiende a ser masculina como en *el arte mexicano*, y en la forma plural tiende a ser femenina como en *las bellas artes*. Sin embargo, es femenina en la forma singular en *el arte poética* y tiende a ser masculina en la forma plural *los artes de la pesca* (Butt y Benjamin 2000: 16). Aunque existe esta falta de consistencia en el género y el artículo de la palabra *arte*, generalmente se observa la regla de usar el artículo *el* con los sustantivos femeninos que empiezan con una [á] tónica.

Preguntas 7 a 13

### 3.2.2 El número

En español, se diferencia entre singular y plural. En ciertas lenguas, además de esta distinción se marca también el doble. Por ejemplo, el hebreo usa el morfema /-á-yim/ al final de ciertos sustantivos que generalmente se encuentran en pares como /ra-glá-yim/ *piernas*, /ei-ná-yim/ *ojos*, /oz-ná-yim/ *orejas*, /ya-dá-yim/ *manos*, /ke-te-fá-yim/ *hombros*, /gar-bá-yim/ *calcetines*, /na-a-lá-yim/ *zapatos*, /mish-ka-fá-yim/ *gafas*, /shná-yim/ *dos*, /al-pá-yim/ *dos mil*, /pa-a-má-yim/ *dos veces*, etcétera. También se marcaba el singular, el doble y el plural en el INDOEUROPEO, la lengua que se hablaba en Europa y Asia entre 2000 y 1500 a. J.C., pero el doble desapareció en las lenguas derivadas como las lenguas románicas y las lenguas germánicas.

La distinción entre singular y plural existe tanto en inglés como en español, así que no es difícil para el angloparlante entender este concepto. Sin embargo, el morfema plural en español tiene más de un alomorfo, o más de una forma para indicar la pluralidad. Además, las reglas para decidir el alomorfo apropiado son diferentes en inglés y en español. Para usar el alomorfo plural correcto, el indicador principal es la última letra del sustantivo singular. Además de esto, a veces es necesario ver si la última sílaba es tónica o átona. Asimismo, pueden influir la morfología de la palabra entera y la distinción entre los sustantivos contables y no contables. Examinaremos cada uno de estos factores a continuación.

Dado que en español la mayoría de los sustantivos termina en las vocales *-a*, *-e*, *-o* átonas, el morfema plural más común es la *-s* que se añade a estas palabras:

(51)  *silla*      *sillas*
      *clase*      *clases*
      *carro*      *carros*

Este morfema también se usa para las palabras que terminan en las vocales átonas *-i*, *-u*, aunque hay muy pocas palabras con estas terminaciones:

(52)  *espíritu*      *espíritus*
      *tribu*         *tribus*
      *taxi*          *taxis*
      *yanqui*        *yanquis*

Sin embargo, cuando aparece la *-í* o la *-ú* tónica al final de la palabra, no hay estabilidad y se pueden usar los morfemas plurales *-s* o *-es*. Para las nacionalidades, se usa el morfema *-es:*

(53)  *israelí*       *israelíes*
      *hindú*         *hindúes*

Algunos sustantivos comunes que terminan en estas vocales tónicas usan el morfema *-s:*

(54)  *menú*          *menús*

En muchos otros casos, se fluctúa entre los dos alomorfos *-s* y *-es*. En general, se usa más el morfema *-es* después de la *-í* o *-ú* tónica, igual que los ejemplos de nacionalidades, pero también es posible encontrar ejemplos que usan el morfema *-s:*

(55)  *esquí*         *esquís*        o    *esquíes*
      *rubí*          *rubís*         o    *rubíes*
      *champú*        *champús*       o    *champúes*
      *tabú*          *tabús*         o    *tabúes*

Cuando las otras vocales tónicas, *-á, -é, -ó*, aparecen al final de palabra, se usa en general el morfema *-s:*

(56)  *sofá*          *sofás*
      *café*          *cafés*
      *dominó*        *dominós*

Aunque en español muchas palabras terminan en vocal, normalmente son palabras LLANAS acentuadas en la penúltima sílaba. Las palabras AGUDAS O GRAVES que terminan en vocal tónica son poco frecuentes y no muy naturales en español. Por eso, hay algunas variantes donde se duplica el morfema plural, eliminando la pronunciación aguda en la última sílaba y creando una palabra llana, con acento en la penúltima sílaba (Alarcos Llorach 1994: 64, Butt y Benjamin 2000: 18–19):

(57)  *café*          **los cafeses*
      *jabalí*        **los jabalises*

Aunque las formas correctas de estas palabras son *cafés y jabalíes*, estas variantes reflejan la preferencia del hispanohablante por la pronunciación llana y también demuestran las dificultades que puede tener el hablante nativo con una morfología que no es común en español. Ya que la mayoría de las palabras en español termina en las vocales *-e, -o, -a* átonas, las reglas morfológicas de la lengua no cubren los casos de palabras que terminan en vocales tónicas como *ú, í, é*, etcétera, y por eso los hablantes no aplican consistentemente las reglas morfológicas intuitivas.

En español, para los sustantivos que terminan en consonante se usa casi siempre el morfema *-es* para marcar la forma plural:

(58)  *amistad*        *amistades*

      *reloj*          *relojes*

      *mineral*        *minerales*

      *región*         *regiones*

      *ascensor*       *ascensores*

      *ley*            *leyes*

      *voz*            *voces*

Si la palabra ya termina en *-s* y la última sílaba es tónica o si es una palabra monosilábica, se añande el morfema *-es*, siguiendo así la regla ya establecida para las palabras que terminan en consonante:

(59)  *japonés*        *japoneses*

      *mes*            *meses*

      *país*           *países*

      *interés*        *intereses*

      *compás*         *compases*

Por otro lado, si la palabra termina en *-s* y la última sílaba es átona, se usa la misma forma de la palabra en singular y en plural y sólo cambia el artículo:

(60)  *la crisis*      **las** *crisis*

      *el análisis*    **los** *análisis*

      *el virus*       **los** *virus*

      *el lunes*       **los** *lunes*

      *el atlas*       **los** *atlas*

Por la misma razón, la mayoría de las palabras compuestas que terminan en sílaba átona y *-s* mantiene la misma forma en singular y plural:

(61)  *el cuentagotas*   *los cuentagotas*

      *el parabrisas*    *los parabrisas*

Además de los cambios ortográficos que ocurren en la forma plural de palabras como *pez/peces,* ya habrán notado en algunos de los ejemplos nombrados anteriormente que la adición del morfema plural *-es* también puede afectar el uso del acento escrito. Para explicar este cambio, hay que aplicar las reglas de acentuación del español y entender los conceptos de palabras agudas, graves y ESDRÚJULAS. Como se mencionó anteriormente, en las palabras agudas la última sílaba es la tónica, lleve o no acento escrito. No llevan acento escrito las palabras agudas que terminan en consonante, con excepción de *-n* o *-s*:

(62)  **Agudas sin acento escrito**     **Agudas con acento escrito**

| | |
|---|---|
| *portal* | *hablé* |
| *reconocer* | *canción* |
| *reloj* | *cortés* |

En las palabras graves la penúltima sílaba es la tónica. No llevan acento escrito las palabras que terminan en vocal, *-n* o *-s:*

(63)  **Graves sin acento escrito**     **Graves con acento escrito**

| | |
|---|---|
| *instrumento* | *lápiz* |
| *pantalones* | *débil* |
| *corren* | *difícil* |

En las palabras esdrújulas, la antepenúltima sílaba es la tónica y siempre llevan acento escrito:

(64)  **Esdrújulas**

*etnográfico*

*pánico*

*crímenes*

Si la forma singular de una palabra es aguda y termina en *-n* o *-s,* lleva acento escrito en la última sílaba porque si no, sería grave. En la forma plural, desaparece el acento escrito porque la adición del morfema *-es* añade una sílaba que la convierte en palabra grave, la cual no lleva acento cuando termina en *-s:*

(65)  *canción*      *canciones*

*portugués*     *portugueses*

Si la forma singular es grave y termina en *-n,* no lleva acento escrito. Sin embargo, la adición del morfema *-es* para formar el plural añade una sílaba y la palabra se convierte en esdrújula, con el acento tónico en la antepenúltima sílaba. Como todas las palabras esdrújulas llevan acento escrito, la palabra en plural resultante tambien lo lleva:

(66)  *imagen* + *-es* = *imágenes*

*examen* + *-es* = *exámenes*

En todos los ejemplos que hemos examinado, el sustantivo mantiene la misma sílaba tónica en su forma singular y plural, y se usa el acento escrito en una de las dos formas para indicar que la sílaba tónica no cambia. Aunque casi nunca ocurre en español, si al pasar del singular al plural la sílaba tónica cambia, eso también puede afectar el uso del acento escrito:

(67)  *carácter*               *caracteres*

En este caso, se pierde el acento escrito en la forma plural porque cambia la sílaba tónica y, aunque sigue siendo una palabra grave, ahora termina en *-s* y, como hemos dicho, las palabras graves terminadas en *-s* no llevan acento escrito.

Finalmente, algunos PRÉSTAMOS de otras lenguas son problemáticos en su forma plural porque su morfología no se ha adaptado a las reglas del español y terminan en consonantes que no aparecen en palabras de origen español. En algunos casos, se sigue el patrón de los sustantivos en *-s* que no cambian su forma en el plural:

(68)  *el déficit*            *los déficit*
      *el fax*                *los fax*
      *el fénix*              *los fénix*
      *el quorum*             *los quorum*

En otros casos, hay alternancia entre una forma que sigue las reglas morfológicas de la lengua de origen y otras que se han adaptado más a la morfología del español. En inglés, se añade el alomorfo *-s* a palabras que terminan en consonante. Entonces, si en las siguientes palabras se siguen las reglas del inglés, se usará el alomorfo *-s*. Por otro lado, si se siguen las reglas del español, se usará el alomorfo -es o se usará la misma forma para singular y plural. Todavía existe duda entre estas opciones porque no se ha establecido una norma:

(69)  *los clubs*        o    *los clubes*
      *los gángsters*    o    *los gángsteres*
      *los álbums*       o    *los álbumes*       o    *los álbum*

También hay variantes de la forma plural de las palabras que terminan en el morfema del latín *-um*:

(70)  *los currículums*   o    *los currículos*
      *los memorándums*   o    *los memorándos*

De nuevo, esta variación es consecuencia de los límites de la morfología del español. Como no tiene palabras que terminen en consonantes como *-m* y *-b*, no existen normas morfológicas para determinar su forma plural.

Normalmente, si un préstamo sobrevive, se modifica su morfología y su ortografía para que se adapte mejor al sistema morfologíco y ortográfico de la lengua. Por ejemplo, el préstamo del inglés "home run" se escribe en español con *j-* en vez de *h-* y se ha convertido la letra *-m* en *-n*: *jonrón*.

Siguiendo con el tema 'número', se debe tener en cuenta que los objetos no se cuentan de la misma manera en todas las lenguas y que el número puede ser arbitrario. Por ejemplo, mientras que algunos objetos como *tijeras/scissors,* son plurales tanto en inglés como en español, hay otros sustantivos que son plurales en español y singulares en inglés como *vacaciones/vacation* o, al revés, singulares en español y plurales en inglés como *lingüística/linguistics*. En español, para expresar un apellido en plural se le coloca el artículo plural, mientras que en el inglés se usa la forma plural: *los Montiel/the Montiels.*

La contabilidad de los sustantivos también puede ser arbitraria, y los sustantivos no contables varían a veces de una lengua a otra. Tanto en inglés como en español los sustantivos como *arroz/rice, jugo/juice* y *jabón/soap* no son contables, así que hay que añadir expresiones cuantificadoras para contarlos:

(71)   **un plato de** arroz          **a bowl of** rice

   **un vaso de** jugo          **a glass of** juice

   **una barra de** jabón          **a bar of** soap

Por otro lado, hay muchos sustantivos contables en español que no se pueden contar en inglés sin una expresión cuantificadora:

(72)   *el chicle/un chicle*          *gum/**a piece of** gum*

   *los muebles/un mueble*          *furniture/**a piece of** furniture*

   *los dulces/un dulce*          *candy/**a piece of** candy*

   *los consejos/un consejo*          *advice/**a piece of** advice*

En español, es común usar un mismo sustantivo como sustantivo no contable o como sustantivo contable. En inglés, por otra parte, hay que añadir una expresión de cantidad para poder contarlos (Stockwell et al 1965: 78–87). Aun en el caso de los sustantivos plurales mencionados anteriormente, la tendencia en inglés es añadir una expresión cuantificadora, algo que no se hace en español:

(73)   *unas tijeras*          **a pair of** *scissors*

   *unos pantalones*          **a pair of** *pants*

   *unas pinzas*          **a pair of** *tweezers*

El concepto de SUSTANTIVO COLECTIVO tampoco es exactamente el mismo en inglés y en español. El sustantivo colectivo es un sustantivo que, estando en singular, representa a un grupo como *gente, familia, comunidad, muchedumbre, policía, cardumen, manada, bandada,* etcétera, pero en español se usan en singular, así que el verbo y los modificadores del sustantivo concuerdan en la forma singular:

(74)  *La gente se marcha.*
      *La policía llega.*

En inglés, muchos de los sustantivos colectivos como *family, community, crowd*, etcétera, también son singulares:

(75)  *My family is from Mexico.*
      *The herd is out to pasture.*

En otros casos, el sustantivo no se considera colectivo y se usa la forma plural del verbo:

(76)  *The people are leaving.*
      *The police are coming.*

Estas diferencias entre el inglés y el español pueden causar errores si en español se interpreta un sustantivo colectivo como un sustantivo plural.

Preguntas 14 a 16

## 3.3 Perspectiva diacrónica y sincrónica: La simplificación del sistema nominal del latín y las consecuencias en el español

En este capítulo, hemos examinado la morfología gramatical que marca los sustantivos para el género y el número. Hemos visto que el género puede ser un concepto natural que se basa en la realidad o puede ser un concepto completamente arbitrario que hay que memorizar como parte del léxico. Además, en el Capítulo 2 examinamos las diferentes funciones del sustantivo y el uso de la preposición para indicar la función del sustantivo que le sigue.

En esta sección, vamos a analizar el sistema nominal del latín para entender cómo ha evolucionado no sólo la morfología nominal sino también la sintaxis de la oración que se relaciona con el sustantivo. Para poder describir los cambios que han ocurrido en la evolución del sistema nominal del latín, será útil incluir un esquema de este sistema, el cual se explicará a continuación.

El cuadro de la Figura 3.4 presenta la morfología compleja del sustantivo en el latín clásico. Primero, existían cinco DECLINACIONES para los sustantivos, y cada sustantivo correspondía a una de estas clases. Las declinaciones del sustantivo eran como las conjugaciones del verbo: grupos de palabras que seguían el mismo patrón en su morfología. Los miembros de

| Casos | Primera declinación | Segunda declinación | Tercera declinación | Cuarta declinación | Quinta declinación |
|---|---|---|---|---|---|
| Género | Femenino | Masculino o Neutro | Masculino/ Femenino o Neutro | Masculino o Neutro | Femenino |
| Nominativo singular | -a | -us / -er / -r o -um | -s o -is/ -e | -us o -ū | -ēs |
| Nominativo plural | -ae | -ī o -a | -ēs o -(i)a | -ūs o -ua | -ēs |
| Acusativo singular | -am | -um o -um | -em o -em | -um o -ū | -em |
| Acusativo plural | -ās | -ōs o -a | -ēs / -īs o -(i)a | -ūs o -ua | -ēs |
| Genetivo singular | -ae | -ī o -ī | -is o -is | -ūs o -ūs | -(i)ēī |
| Genetivo plural | -ārum | -ōrum u -ōrum | -(i)um o -(i)um | -uum o -uum | -ērum |
| Dativo singular | -ae | -ō u -ō | -ī o -ī | -uī o -ū | -eī |
| Dativo plural | -īs | -īs o -īs | -ibus o -ibus | -ibus o -ibus | -ēbus |
| Ablativo singular | -ā | -ō u -ō | -e o -e / -ī | -ū o -ū | -ē |
| Ablativo plural | -īs | -īs o -īs | -ibus o -ibus | -ibus o -ibus | -ēbus |

Figura 3.4    Morfemas del sistema nominal del latín clásico.

cada declinación compartían las mismas terminaciones, pero la pertenencia a una declinación o a otra era arbitraria y no tenía nada que ver con el significado del sustantivo ni con su función en la oración. La mayoría de los sustantivos pertenecían a las primeras tres declinaciones mientras que la tercera declinación, en particular, contenía varios sustantivos irregulares.

Dentro de cada una de estas cinco declinaciones, había tres géneros: femenino, masculino y neutro, pero no todos los géneros existían en cada declinación. Por ejemplo, la mayoría de los sustantivos de la primera y la quinta declinaciones eran de género femenino con excepción de los sustantivos que denotaban a los hombres en la primera declinación, como *nauta* (marinero), y la palabra masculina *diēs* (día) de la quinta declinación. Además, la mayoría de las palabras de la segunda, tercera y cuarta declinaciones eran del género masculino o neutro, con excepción de algunos sustantivos femeninos en la tercera declinación. Las cinco declinaciones y los tres géneros coincidían en gran parte, lo cual contribuía a la reducción de las cinco declinaciones a un sistema nominal de dos géneros arbitrarios en las lenguas románicas.

Además de las distinciones de declinación y género, se usaba en latín un sistema de CASOS para identificar la función gramatical del sustantivo y sus

| Primera declinación | Singular | Plural | Significado y función |
|---|---|---|---|
| Nominativo | *fēmina* | *fēminae* | *la mujer / las mujeres* - sujeto |
| Acusativo | *fēminam* | *fēminās* | *a la mujer / a las mujeres* - objeto directo |
| Genitivo | *fēminae* | *fēminārum* | *de la mujer / de las mujeres* - poseedor |
| Dativo | *fēminae* | *fēminīs* | *a la mujer / a las mujeres* - objeto indirecto |
| Ablativo | *fēminā* | *fēminīs* | *de, con, en, por la mujer / de, con, en, por las mujeres*-objeto preposicional |

Figura 3.5    Casos del latín y su significado o función.

modificadores dentro de la oración. En este sistema, se usaba la misma raíz del sustantivo y se le añadía terminaciones diferentes para indicar su función como sujeto (nominativo), objeto directo (acusativo), objeto indirecto (dativo), objeto preposicional (ablativo) y poseedor (genetivo) dentro de la oración. Aunque originalmente existían más de cinco casos en el latín clásico, presentaremos aquí sólo los casos más frecuentes que corresponden a las funciones del sustantivo que se examinaron en el Capítulo 2.

En todos los casos y declinaciones presentados, existía también la distinción entre singular y plural que se ha preservado en todas las lenguas románicas. El cuadro de la Figura 3.5 presenta la morfología de un sustantivo de la primera declinación, *fēmina* (mujer), en los cinco casos principales y en los dos números con la función o significado correspondiente a cada caso.

Usando esta morfología en varios sustantivos de la primera declinación, y manteniendo el orden SOV del latín, se puede cambiar el significado de una oración a través de los cambios de caso y de género de los sustantivos:

(77)  a. *Fēmina puellae rosam dat.*

　　　　*-a* = nominativo singular

　　　　*-ae* = dativo singular

　　　　*-am* = acusativo singular

　　　　*La mujer da una rosa a la niña.*

　　b. *Fēminae puellae rosās dant.*

　　　　*-ae* = nominativo plural

　　　　*-ae* = dativo singular

　　　　*-as* = acusativo plural

　　　　*Las mujeres dan rosas a la niña.*

　　c. *Puella fēminīs rosās dat.*

　　　　*-a* = nominativo singular

　　　　*-is* = dativo plural

-*ās* = acusativo plural

*La niña da rosas a las mujeres.*

d. *Poeta puellīs rosās fēminae dat.*

-*a* = nominativo singular

-*īs* = dativo plural

-*ās* = acusativo plural

-*ae* = genetivo singular

*El poeta da las rosas de la mujer a las niñas.*

Aunque hemos presentado aquí una simplificación del sistema nominal del latín, sin incluir todas las formas irregulares que no siguen estos patrones, se puede ver claramente la complejidad morfológica que existía en ese sistema.

Volviendo al cuadro de la Figura 3.4, podemos notar inmediatamente que hay muchos casos de sincretismo, donde el mismo morfema desempeñaba más de una función gramatical. Por ejemplo, la primera y la segunda declinaciones usaban el morfema -*is* para marcar la forma plural del dativo y del ablativo. De la misma manera, la tercera y la cuarta declinaciones usaban el morfema -*ibus* para marcar la forma plural del dativo y del ablativo. Si se estudia el cuadro con detalle, se pueden encontrar muchos otros ejemplos de sincretismo. Esto contribuyó a la reducción drástica del sistema nominal en el latín tardío y su eliminación completa de todas las lenguas románicas menos del rumano. Además de esto, ocurrieron muchos cambios fonéticos, como la pérdida de la /-m/ al final de palabra en las formas acusativas genetivas y el cambio de la vocal /-u/ a /-o/ al final de palabra en la cuarta declinación y en otras formas. La combinación de esta reducción fonética y del sincretismo de los morfemas de caso, número y declinación contribuyó a la eliminación casi completa de la morfología nominal en los descendientes del latín.

La eliminación de este sistema de casos creó un vacío en el sistema nominal del latín. Sin los casos, era necesario usar otros métodos para indicar las funciones de los sustantivos en la oración. Las consecuencias en el español fueron un orden más rígido del sujeto y de los objetos del verbo, la creación de la *a* personal para distinguir entre el sujeto y el objeto directo humano, y el uso más frecuente de preposiciones para indicar la relación del sustantivo con el resto de la oración. Todas estas consecuencias son métodos analíticos que usan la estructura de la frase para indicar la función del sustantivo, mientras que el latín usaba un sistema sintético, con morfemas al final de los sustantivos, para indicar estas funciones.

Además de la eliminación del sistema de casos, el sincretismo y los cambios fonéticos en las terminaciones también resultaron en la eliminación de las cinco declinaciones, desapareciendo el género neutro y dejando sólo dos declinaciones o clases, los géneros masculino y femenino. Mientras que las vocales quedaban como el marcador principal de la forma singular del sustantivo, se identificó la -s al final de la palabra como indicador del plural. Como se puede ver en el cuadro de la Figura 3.4, la -s era la terminación más común en los morfemas plurales del latín, apareciendo en algunas de las declinaciones del nominativo y del acusativo y en todas las declinaciones del dativo y del ablativo, así que era la mejor opción para marcar el plural.

Entonces, se podría describir la evolución del sistema nominal del latín al español como la evolución de una lengua sintética, con una morfología nominal muy compleja, a una lengua que sólo marca el sustantivo para dos géneros arbitrarios (masculino y femenino) y dos números (singular y plural). Para compensar la información que se incluía en el sistema nominal del latín, fue necesario adoptar una sintaxis más rígida y usar más estructuras analíticas, como preposición más sustantivo y la *a* personal. Esta información nos ayuda a determinar las funciones de los sustantivos dentro de la oración.

Preguntas 17 a 18

## Preguntas

1. ¿Qué lenguas han contribuido con morfemas léxicos para la formación de palabras en español? Describa la etimología de algunos préstamos de otras lenguas y explique por qué existen dobletes en español.

2. Complete el cuadro con las palabras relacionadas correspondientes a cada una de las otras clases abiertas (si es posible).

| verbo | sustantivo | adjetivo | adverbio |
|---|---|---|---|
| explicar | explicación | explicada | |
| mirar | mirada | mir | |
| reservar | reserva | reservado | reservadamente |
| actualizar | actualiza | actual | actualmente |
| mejorar | | mejor | |
| | | | adelante |
| | noche | | |
| | | | verdaderamente |
| | atraso | | |
| | | malo | mal |

3. ¿Qué alomorfos de las raíces subrayadas existen en el léxico?

| | | |
|---|---|---|
| <u>nuev</u>e | <u>siet</u>e | <u>rever</u>tir |
| <u>mort</u>al | <u>sent</u>ir | <u>conver</u>tir |
| <u>muebl</u>e | <u>vej</u>ez | <u>acced</u>er |
| <u>forz</u>ar | <u>dient</u>e | <u>recurs</u>o |

4. Explique la ambigüedad en el significado de las siguientes palabras fuera de un contexto sintáctico y dé una oración con el contexto necesario para aclarar su función sintáctica.

   *vivo*        *corte*        *habla*        *ama*        *cuentas*

5. Dé ejemplos de palabras que usen los siguientes prefijos e identifique la clase abierta de cada palabra. ¿Se pueden usar estos prefijos con más de una clase abierta?

   | | | |
   |---|---|---|
   | *al-* | *contra-* | *multi-* |
   | *ante-* | *des-* | *pos-* |
   | *anti-* | *en-* | *pre-* |
   | *archi-* | *in-* | *re-* |
   | *auto-* | *inter-* | *sobre-* |
   | *con-* | *mal-* | *trans-* |

6. Dé ejemplos de palabras compuestas. Indique la clase abierta de cada elemento y la clase abierta de la palabra resultante.

7. Explique la diferencia entre género natural, género artificial y género epiceno y dé ejemplos de cada tipo de sustantivo.

8. Dé algunos ejemplos de animales y personas cuyas formas diferencien el sexo y otros cuyas formas no lo indiquen.

9. Describa los cinco patrones que se siguen para expresar el género natural y dé ejemplos para cada patrón.

10. Compare las diferentes tendencias que hay en inglés y en español para expresar el género de las nuevas profesiones.

11. Para cada morfema de género en el cuadro de la Figura 3.3, dé un ejemplo de un sustantivo que siga la regla de género y otro que la rompa.

12. Explique y dé ejemplos del género metonímico.

13. Dé ejemplos de sustantivos femeninos que usan el artículo masculino singular en vez del artículo femenino y explique por qué ocurre.

14. Explique y dé ejemplos del uso de los alomorfos *-es, -s, -Ø* (ningún morfema) para indicar el plural en español.

15. ¿En qué casos existe variación en el uso de los alomorfos plurales?

16. Compare el uso de los sustantivos no contables y de los sustantivos colectivos en inglés y en español.

17. Describa la información que se encontraba en la morfología nominal en latín y dé algunos ejemplos de sincretismo dentro de este sistema.

18. ¿Cuáles fueron las consecuencias en el español de la eliminación del sistema de casos y declinaciones del latín?

# 4

# Los modificadores y su morfología

## 4.0 Introducción

En el Capítulo 4, examinaremos la sintaxis, la morfología y el uso de los elementos de la oración que sirven para modificar a los elementos de las clases abiertas. Aunque hay diferencias importantes entre las palabras que modifican a los sustantivos, las que modifican a los verbos y las que modifican a los adjetivos y adverbios, el propósito de combinar el estudio de todos estos elementos en un solo capítulo es demostrar las similitudes que existen entre estos tres tipos de modificadores. En todos los casos, la función de modificar es similar porque todos los modificadores sirven para cambiar o alterar el significado de la palabra que modifican, ya sea sustantivo, verbo, adjetivo o adverbio.

En el estudio de los modificadores del sustantivo, haremos una distinción entre los determinantes, los cuantificadores y los adjetivos para entender mejor las reglas sintácticas que determinan su uso y su posición con relación al sustantivo. Después, examinaremos los adverbios en su función de modificar al verbo y compararemos este uso con la función de los intensificadores, los cuales modifican a los adverbios y a los adjetivos. Para entender las similitudes y las diferencias entre los tres modificadores que estudiaremos en este capítulo, examinaremos las comparativas de igualdad y desigualdad y la forma superlativa en español. También compararemos algunos de los usos de los verbos copulativos *ser* y *estar* con los modificadores que se presentarán en este capítulo, ya que la distinción entre adjetivo y adverbio ayuda a aclarar algunos usos de estos verbos. En la perspectiva diacrónica, examinaremos los orígenes de los determinantes, de la morfología adjetival y del morfema adverbial *-mente* del latín.

También describiremos la sustitución de las formas comparativas sintéticas del latín por las formas analíticas en las lenguas románicas.

## 4.1  Los modificadores del sustantivo

El sustantivo tiene más tipos de modificadores que todas las otras clases abiertas. Ya vimos en el Capítulo 2 que una oración puede tener varios sustantivos con funciones diferentes: sujeto, atributo, objeto directo, objeto indirecto u objeto preposicional. Como los modificadores se colocan junto al sustantivo que modifican, también es necesaria la concordancia de género y número para conectar los sustantivos con sus modificadores en el mismo sintagma nominal.

En las secciones siguientes, examinaremos las funciones y la morfología de los diferentes modificadores del sustantivo, sus posiciones con respecto al sustantivo que modifican y las limitaciones que existen al combinar y usar más de uno de ellos dentro de un sintagma nominal.*

### 4.1.1  Los determinantes y los cuantificadores

Al estudiar los modificadores del sustantivo, es útil distinguir entre los modificadores que provienen de las clases cerradas y los que provienen de las clases abiertas porque las funciones de los dos tipos de modificadores son diferentes. Mientras que los determinantes sirven para señalar o precisar al sustantivo que modifican y los cuantificadores sirven para indicar la cantidad de un sustantivo, los adjetivos descriptivos tienen una función menos precisa y más abierta. Sintácticamente, los determinantes y cuantificadores suelen aparecer antes del sustantivo, mientras que los adjetivos descriptivos se colocan normalmente después del sustantivo. Aunque se pueden combinar varios adjetivos descriptivos para modificar al mismo sustantivo, los determinantes casi siempre se excluyen mutuamente y, en muchos casos, también los cuantificadores. Por estas razones, vamos a comenzar nuestro estudio examinando el uso de los determinantes y los cuantificadores y después compararemos estos usos con los del adjetivo descriptivo.

#### 4.1.1.1  Los artículos.   Aunque no se puede decir mucho sobre la morfología de las clases cerradas, debemos notar aquí que el artículo definido masculino singular, *el*, es una anomalía dentro de los artículos definidos porque no refleja la terminación masculina típica *-o*. Además, hay una correspondencia casi perfecta entre los artículos definidos y los pronombres de objeto directo, con excepción del artículo masculino singular. Es decir, se usan las formas *la/las/los* como artículos definidos y como pronombres del objeto directo, mientras que hay una diferencia entre el artículo definido *el* y el pronombre de objeto directo *lo* en la forma masculina singular. La convergencia de estos dos usos no es fortuita ya que vienen de la misma fuente en latín; sin embargo, el artículo *el* es la excepción a la norma.

En cuanto a los artículos indefinidos, podemos señalar el uso del APÓCOPE en la forma masculina singular, en la que se elimina la terminación *-o* cuando el artículo se coloca antes de un sustantivo (por ejemplo *un libro*). En muchas lenguas se usa el número "*uno*" como artículo indefinido y es el uso frecuente lo que causa la reducción a "*un*". Sin embargo, sólo aparece el apócope en la forma masculina singular, que es la forma menos marcada, y se mantiene siempre la concordancia entre el artículo y el sustantivo en las formas femeninas y plurales.

En el primer capítulo mencionamas que la función principal de los artículos es distinguir entre el referente definido o conocido y el referente indefinido o no conocido. Cuando se introduce en el discurso un nuevo sustantivo se usa el artículo indefinido para marcar esta introducción:

(1)  *Me llamó anoche **una** enfermera del hospital.*

Por otra parte, si el sustantivo ya es específico porque se ha introducido en el discurso anteriormente, se usa el artículo definido. Por ejemplo, si sigue el discurso que se introdujo arriba, el artículo indefinido se sustituirá por uno definido o uno demostrativo, que también es específico:

(2)  *–Me llamó anoche **una** enfermera del hospital.*

*–¿Y qué quería **la/esa** enfermera?*

Además de esta función básica de los artículos, hay otros usos específicos del artículo definido y del artículo indefinido que hay que señalar porque no se usan siempre de la misma manera en inglés y en español. Aunque hay muchos contextos en los que se usan los artículos de la misma manera en las dos lenguas, también hay diferencias sustanciales. Estas diferencias se reflejan no sólo en el uso extenso del artículo definido en español sino también en el uso limitado del artículo indefinido, como veremos enseguida.

Si un sustantivo se refiere a algo o a alguien único en el mundo, se tiende a usar el artículo definido porque el sustantivo ya es específico. Este uso del artículo definido con sustantivo único se aplica también al inglés, como podemos ver en los siguientes ejemplos:

(3)  a.  *El sol sale a las 6:00 de la mañana.*

b.  *The sun comes up at 6:00 a.m.*

(4)  a.  *El cielo está muy lindo hoy.*

b.  *The sky is beautiful today.*

(5)  a.  *Quiero viajar por todo el mundo.*

b.  *I want to travel around the world.*

También hay personas o cosas que se consideran únicas dentro de una comunidad o cultura. Aunque existan más de uno, el hablante y el oyente saben a qué o a quién se refieren porque están en la misma comunidad, así que, en este caso, se usa el artículo definido:

(6)   a. *Voy a **la** tienda.*
    b. *I'm going to **the** store.*

(7)   a. *Fui **al** hospital.*
    b. *I went to **the** hospital.*

(8)   a. *Tengo que ir a **la** biblioteca.*
    b. *I have to go to **the** library.*

(9)   a. ***El** gobernador presentó su plan.*
    b. ***The** governor presented his plan.*

(10)   a. ***El** presidente viaja mucho.*
    b. ***The** president travels a lot.*

Sin embargo, no siempre hay coincidencia entre el español y el inglés en estos casos porque influyen también otros elementos de la oración. En los siguientes ejemplos, se puede comparar el uso del artículo definido en español con dos oraciones en inglés, una sin y la otra con artículo definido:

(11)   a. *Fue a **la** escuela.*
    b. *He went to school.*
    c. *He went to **the** school.*

(12)   a. *Vamos a **la** iglesia.*
    b. *We're going to church.*
    c. *We're going to **the** church.*

(13)   a. *Tengo que ir **al** trabajo.*
    b. *I have to go to work.*
    c. *I have to go to **the** office.*

Aunque en español se usa siempre el artículo para referirse a estos lugares, no sucede lo mismo en inglés. Cuando se refiere a estos lugares como conceptos abstractos o eventos, no se usa el artículo definido, como vemos en los ejemplos 11b, 12b y 13b. O sea, el verbo no es *go* más un complemento circunstancial, sino *go to school, go to church,* y *go to work,* y cada una de estas frases verbales implica una acción que se lleva a cabo como *estudiar, rezar* y *trabajar,* respectivamente. Por otro lado, cuando se usa el artículo definido con estos lugares, el significado cambia porque se refiere al lugar en sí. Entonces, las frases 11c, 12c y 13c no indican que la persona vaya a estudiar, ni a rezar, ni a trabajar, sino que va a estos lugares con otro propósito. Se refiere al lugar y no al evento ni a la acción que se hace típicamente en ese lugar.

Otro caso de correlación entre especificidad y artículo definido se ve en el contraste entre el sustantivo no específico y el que tiene un sintagma adjetival que lo modifica y lo especifica:

(14) a. *En esa clase, estudiamos religión.*

b. *En esa clase, estudiamos* **la** *religión* **musulmana.**

Aunque se usaría normalmente un artículo definido para hablar de un concepto abstracto como *religión*, no se usa el artículo definido en la primera oración porque la tendencia es suprimirlo después de ciertos verbos y preposiciones como *estudiar* y *de*. Sin embargo, se usa el artículo definido en la segunda oración cuando la modificación de este sustantivo lo convierte en algo singular o único. Aun cuando hay algún tipo de modificación, el sustantivo tiene que ser lo suficientemente específico como para usar el artículo definido:

(15) a. *Me gusta llevar camisas de algodón.*

b. *Me gusta llevar* **la** *camisa* **que me regalaste.**

En la primera oración, el sintagma preposicional *de algodón* modifica al sustantivo *camisas*, pero el sintagma nominal *camisas de algodón* no expresa un sustantivo muy específico, así que no se usa el artículo definido. En la segunda oración, la cláusula subordinada *que me regalaste* modifica al sustantivo *camisa*, y esta modificación resulta en un sustantivo muy específico que requiere un artículo definido.

Aunque la especificidad o singularidad del sustantivo influye en el uso del artículo definido en las dos lenguas, hay varias diferencias en el uso del artículo definido en inglés y en español. Por ejemplo, aunque los nombres propios también son sustantivos únicos, hay casos en los que se mantiene el uso del artículo definido en español y se pierde en inglés:

(16) *el Cielo*      *Heaven*

*el Paraíso*    *Paradise*

*el Infierno*   *Hell*

*la Tierra*     *Earth*

En español, el único planeta que lleva artículo definido es *la Tierra*. También es posible usar el artículo definido en inglés (*the Earth*), pero no es necesario. Los nombres de los otros planetas no llevan artículo definido, quizá por ser menos conocidos: *Mercurio, Venus, Marte*, etcétera. Entonces, aunque los nombres propios son un ejemplo de sustantivos únicos, el inglés casi nunca utiliza el artículo definido en este grupo, mientras que el español lo aplica casi siempre.

Tanto en inglés como en español se usa el artículo definido con sustantivos comunes si la persona o el lugar es específico y conocido:

(17)  a.  *Hablé con **la** profesora.*

b.  *I spoke with **the** professor.*

(18)  a.  *Todos salieron a **la** calle.*

b.  *Everyone went out into **the** street.*

Sin embargo, si se añade el nombre a estos sustantivos y se convierten en sustantivos propios, se pierde el artículo definido en inglés mientras que se conserva en español:

(19)  a.  *Hablé con **la** profesora Rodríguez.*

b.  *I spoke with Professor Rodriguez.*

(20)  a.  *Todos salieron a **la** calle Wall.*

b.  *Everyone went out onto Wall Street.*

En español se pierde el artículo definido cuando se habla directamente a la persona y no de la persona:

(21)  *–Profesora Rodríguez, quisiera hablar con usted.*

Hay otros casos de nombres propios que no admiten usualmente al artículo definido. Los nombres propios de persona, sin título ni apellido, generalmente no llevan artículo definido. Sin embargo, en el lenguaje popular se puede usar *el Luis, la Julia.* Aunque este uso no es muy común, indica que la persona es bien conocida por el hablante, ya sea por razones positivas o negativas. Tambien se usa el artículo definido con apellidos de personas muy conocidas; *la Garbo, la Tátcher, la Estefan,* etcétera. Aunque tampoco se usa el artículo con títulos que van antes del nombre personal como *don Ramón, doña Clara, sor Juana, santa Teresa,* etcétera, se encuentra a veces el uso del artículo definido con los títulos familiares:

(22)  a.  *Le di un beso a **la** tía María.*

b.  ***El** abuelo está dormido.*

Finalmente, mientras que en el inglés se usa el artículo definido con los ordinales de títulos, en el español no se usa el artículo:

(23)  *Carlos V (quinto)*
*Charles **the** Fifth*

En español, también se usa mucho el artículo definido en expresiones ad-verbiales que indican tiempo. Por ejemplo, se usa antes de los días de la semana, mientras que en inglés se usa la preposición *on:*

(24)  a.  *Me voy **el** viernes.*

b.  *I am leaving **on** Friday.*

(25)  a. *Llegamos **el** viernes por **la** noche.*

b. *We arrived **on** Friday night.*

Sin embargo, cuando el día aparece después del verbo copulativo *ser* o después de ciertas preposiciones, en español se elimina el artículo definido:

(26)  a. *Hoy es sábado.*

b. *Trabajamos de lunes a viernes.*

En español, también se usa el artículo definido con expresiones de tiempo más lejanas que usan un modificador, aunque en inglés no se usa el artículo:

(27)  a. *Llegarán **la** semana que viene.*

b. *They will arrive next week.*

(28)  a. *Estuve allí **el** año pasado.*

b. *I was there last year.*

(29)  a. *La reunión será **el** próximo domingo.*

b. *The meeting will be next Sunday.*

El uso del artículo en estos sintagmas nominales es interesante porque las frases tienen la función de modificar al verbo y responder a la interrogativa *¿cuándo?*. Esto normalmente requiere un adverbio o un sintagma preposicional (véase 4.2.2).

El artículo definido se utiliza también para indicar la hora. Aunque es posible escuchar el uso de *hora/horas* para anunciar la hora en la radio (*Son las catorce horas.*), normalmente el sustantivo *hora/horas* desaparece en el habla:

(30)  a. *–¿Qué hora es?*          *–Es **la** una.*

b. *–¿A qué hora sale el tren?*   *–Sale a **las** cinco.*

Por eso, se usa el artículo definido en la forma femenina singular cuando se refiere a una hora (*la una*), mientras que se usa la forma plural cuando se refiere a más (*las horas*).

Otro uso del artículo definido en español es cuando el sustantivo es general y se refiere a todos los miembros de un grupo. Aunque parece contrariar el uso del artículo definido con los sustantivos únicos, la explicación es similar. Si hay un solo miembro en una categoría o si hay un número infinito, el sustantivo todavía representa a todo un grupo. En inglés, no se usa el artículo definido si el sustantivo se refiere a todo un grupo, pero sí se usa cuando se hace referencia a un sustantivo específico. Comparemos, por ejemplo, los siguientes sustantivos contables en la forma plural:

(31)  a. *I like roses.*

b. *Me gustan **las** rosas.*

    c. *I like **the/these** roses.*

    d. *Me gustan **estas** rosas.*

(32)  a. *Antibiotics are losing their effectiveness.*

    b. ***Los** antibióticos están perdiendo su eficacia.*

    c. ***The/these** antibiotics are losing their effectiveness.*

    d. ***Estos** antibióticos están perdiendo su eficacia.*

Cuando se refieren a todos los elementos de una categoría, no se usa el artículo en inglés (oraciones a), pero sí en español (oraciones b). Por otro lado, cuando se refiere a algunos elementos específicos del grupo, en inglés se usa el artículo definido (oraciones c), y en español hay que usar un demostrativo u otro determinante (oraciones d) para indicar que no se refiere a todos en el grupo.

Cuando se usa la forma singular de un sustantivo contable para referirse a todos los elementos de un grupo, se usa el artículo definido tanto en inglés como en español, como el uso del nombre del animal para referirse a todos los animales de la misma especie:

(33)  a. ***El** canguro es un marsupial.*

    b. ***The** kangaroo is a marsupial.*

En estos casos el contexto de la oración es importante para poder identificar al sustantivo como representante de todos los canguros y no como un canguro específico, como en las siguientes oraciones:

(34)  a. ***El** canguro escapó del parque zoológico.*

    b. ***The** kangaroo escaped from the zoo.*

En general, en español se usa el artículo definido con los sustantivos no contables porque indican al único miembro de un grupo o a un concepto entero. Estos sustantivos incluyen no sólo a los objetos tangibles sino también a los intangibles, como conceptos abstractos o lenguas. En inglés, no se usa el artículo definido con estos tipos de sustantivos:

(35)  a. *Me encanta **la** música mexicana.*

    b. *I love Mexican music.*

(36)  a. *El precio **del** café ha subido mucho recientemente.*

    b. *The price of coffee has gone up a lot recently.*

(37)  a. *El poder corrompe **al** ser humano.*

    b. *Power corrupts man.*

(38)  a. ***El** italiano es muy parecido **al** español.*

    b. *Italian is very similar to Spanish.*

Cuando se refiere sólo a parte del total de un sustantivo no contable, en español no se usa ningún artículo ni cuantificador, pero en inglés frecuentemente se usa el cuantificador *some:*

(39)  a.  *Quiero café.*

  b.  *I want (some) coffee.*

(40)  a.  *Toma agua.*

  b.  *Drink (some) water.*

(41)  a.  *Comió pan y queso.*

  b.  *He ate (some) bread and cheese.*

(42)  a.  *¿Compraste chocolate?*

  b.  *Did you buy (some) chocolate?*

(43)  a.  *Necesito ayuda.*

  b.  *I need (some) help.*

(44)  a.  *Veo televisión.*

  b.  *I am watching (some) television.*

Mencionamos anteriormente que se usa el artículo definido antes de las lenguas y de otros conceptos abstractos en español, pero se elimina cuando las lenguas se colocan directamente después de ciertos verbos (*hablar, escribir*) o ciertas preposiciones (*de, en*):

(45)  a.  ***El*** *francés es una lengua muy bonita.*

  b.  *Me escribe **en** francés todo el tiempo.*

Por otra parte, si un adverbio separa al verbo de la lengua o si se modifica la lengua para hacerla más específica, el artículo definido vuelve a usarse:

(46)  a.  ***Habla*** *francés.*

  b.  *Habla bien **el** francés.*

(47)  a.  *¿Tienes un texto **de** español?*

  b.  *¿Tienes un texto **del** español peninsular?*

Finalmente, en español se usa el artículo definido con las partes del cuerpo y con la ropa mientras que en inglés se usa el posesivo. Esto es posible, en muchos casos, porque el objeto reflexivo indica la persona afectada o el poseedor, así que no hay ambigüedad:

(48)  a.  *Voy a lavarme **las** manos.*

  b.  *Ponte **el** abrigo.*

  c.  *Se quitó **el** sombrero.*

Hasta ahora, hemos examinado muchos usos del artículo definido en el español que no existen en el inglés, pero también hay casos donde se usa el artículo definido en el inglés y no en el español. Por ejemplo, el artículo no aparece después de una preposición en ciertas frases hechas, aunque sí se usa en inglés:

(49)  a. *en nombre de* in **the** *name of*

b. *en manos de  in* **the** *hands of*

Más común es el uso del artículo indefinido en el inglés y su ausencia en el español. A continuación examinaremos ciertos casos de ausencia de artículo indefinido después de ciertos verbos y preposiciones.

Después de los verbos copulativos, como *ser,* o de los VERBOS INCOATIVOS, como *hacerse,* generalmente no se usa artículo indefinido para indicar la profesión o el estado social de alguien, porque el sustantivo es genérico y no específico:

(50)  a. *Miguel es sacerdote.*

b. *Miguel se hizo sacerdote el año pasado.*

Sin embargo, si una frase modifica al sustantivo y lo distingue de su uso genérico, se usa el artículo indefinido:

(51)  *Miguel es un sacerdote excelente.*

De la misma manera, cuando verbos como *tener* y *llevar* aparecen con sustantivos genéricos, no se usa el artículo indefinido. Aunque sean sustantivos contables, no se usa el artículo indefinido si el concepto de cantidad no existe (oraciones a). Si es necesario señalar la cantidad (oraciones b) o si se modifica al sustantivo y se convierte en un sustantivo específico (oraciones c), se usa el artículo indefinido:

(52)  a. *Tiene novia.*

b. *Tiene* **una** *sola novia.*

c. *Tiene* **una** *novia que vive en Los Ángeles.*

(53)  a. *Lleva vestido.*

b. *No tiene ni* **un** *vestido.*

c. *Lleva* **un** *vestido muy bonito.*

(54)  a. *¿Tienes hijos?*

b. *¿Tienes* **un** *hijo o dos?*

c. *¿Tienes* **un** *hijo en la universidad?*

No se usa artículo indefinido con los sustantivos no contables, porque no se pueden contar:

(55)  a. *¿Llevas dinero?*

b. *¿Tienes tiempo?*

Igual que lo que ocurre con el artículo definido, hay muchos casos donde se quita el artículo indefinido después de ciertas preposiciones cuando el sustantivo es genérico:

(56)  a. *Salió **sin chaqueta.***

b. *No me gusta escribir **con lápiz.***

c. *Busco una casa **con garaje.***

Podemos concluir que el uso de los artículos definidos e indefinidos depende mucho del elemento anterior al sustantivo, ya sea un verbo o una preposición. Además, aunque existen los dos tipos de artículos en español y en inglés, sus usos son muy distintos y es importante conocer estas diferencias para evitar la interferencia del inglés.

### 4.1.1.2 Los posesivos.

En español, existen dos tipos de adjetivos para indicar la posesión personal: los posesivos átonos (*mi, mis, tu, tus, su, sus, nuestro, nuestra, nuestros, nuestras, vuestro, vuestra, vuestros, vuestras*) y los posesivos tónicos (*mío, mía, míos, mías, tuyo, tuya, tuyos, tuyas, suyo, suya, suyos, suyas, nuestro, nuestra, nuestros, nuestras, vuestro, vuestra, vuestros, vuestras*). Los átonos se colocan antes del sustantivo, igual que los otros determinantes, y los tónicos se colocan después. Mientras que en inglés se usa la entonación para enfatizar o comparar los adjetivos posesivos, en español se usan las formas tónicas para poner más énfasis en el poseedor:

(57)  a. *La casa **nuestra** es más grande que ésa.*

b. ***Our** house is bigger than this one.*

Es importante notar la adición del artículo definido en el ejemplo anterior. Su uso con el posesivo tónico es casi siempre obligatorio cuando el propósito es enfatizar que la cosa o persona poseída no es de otra persona. La única excepción a esta regla es cuando el posesivo tónico forma parte del predicado nominal, después del verbo *ser:*

(58)  a. *Fue idea **tuya.***

b. *Es hijo **mío.***

Cuando se usa el posesivo tónico con el artículo indefinido, cambia un poco su significado porque indica que la cosa o la persona poseída es miembro de un grupo:

(59)  a. *Marta y **un** amigo **suyo** fueron al cine.*

b. ***Un** primo **mío** me llamó por primera vez.*

Esta combinación de artículo indefinido más posesivo tónico implica que hay otros miembros del grupo y significa que no se puede usar si el sustantivo es único (oración a). Por eso, se opta por el posesivo átono (oración b):

(60)  a.  *__Una__ madre __mía__ me dio un regalo.

   b.  __Mi__ madre me dio un regalo.

Además de la combinación de adjetivo posesivo con artículo definido o indefinido, también se puede combinar con adjetivos demostrativos. El uso de los dos determinantes permite tanto la expresión de la posesión como la de la proximidad:

(61)  a.  __estos__ libros __tuyos__

   b.  __aquella__ casa __suya__

Entonces, aunque los posesivos átonos y los otros determinantes se excluyen mutuamente, los posesivos tónicos casi siempre se usan con otro determinante, ya sea un artículo o un demostrativo.

Hasta ahora, hemos examinado los usos de los posesivos tónicos. Estos posesivos también se usan para formar pronombres posesivos (véase 5.3.3). Sin embargo, los diferentes usos de los posesivos tónicos no significa que sean las formas más usadas en el español, ya que el posesivo átono es mucho más común para indicar la simple posesión. Sintácticamente, el posesivo átono se comporta más como los otros determinantes, colocándose antes del sustantivo.

En la morfología de los posesivos tónicos, las formas indican la persona del poseedor y concuerdan en género y número con el objeto poseído:

(62)  a.  unos amigos míos

   b.  la respuesta tuya

   c.  este trabajo suyo

   d.  la casa vuestra

   e.  esos platos nuestros

En las formas átonas, los posesivos de primera, segunda y tercera persona singular sólo concuerdan en número con el objeto poseído y no marcan el género en su morfología:

(63)  a.  mi / tu / su amigo

   b.  mi / tu / su amiga

   c.  mis / tus / sus amigos

   d.  mis / tus / sus amigas

Es sólo en la primera y segunda personas plurales donde se han conservado las mismas formas átonas y tónicas, y estos posesivos indican el género y el número del objeto poseído en su morfología:

(64)  a.  vuestro / nuestro coche

   b.  vuestra / nuestra casa

  c. *vuestros / nuestros padres*

  d. *vuestras / nuestras hermanas*

Ni en los pronombres tónicos ni en los átonos se puede distinguir el género del poseedor de tercera persona singular o plural porque se usan los mismos pronombres *su/sus* o *suyo/suya/suyos/suyas* para ambos géneros. Para evitar esta ambigüedad, se puede usar la preposición *de* más los pronombres personales tónicos de tercera persona. Los siguientes sintagmas preposicionales son equivalentes a *su/sus* o *suyo/suya/suyos/suyas:*

(65) a. *la casa **de él***

  b. *el auto **de ella***

  c. *los padres **de usted***

  d. *las tías **de ellos***

  e. *la fiesta **de ellas***

  f. *el examen **de ustedes***

Si la concordancia entre el sustantivo y sus modificadores en español es un concepto ajeno que confunde al angloparlante, es aun más problemática en el caso de los posesivos, porque existe la tendencia a confundir el número del objeto poseído con el número del poseedor en la tercera persona. Es decir, mientras que en inglés se distingue entre los poseedores de tercera persona *his, her, their*, en español se usa una sola forma para estas tres personas distintas. Por sí sola, la falta de una distinción entre estos tres poseedores no causaría tanta dificultad al angloparlante, pero la combinación de esta diferencia, más la concordancia del adjetivo posesivo con la cosa o persona poseída, puede llevar a una confusión. El angloparlante tiene la tendencia a interpretar incorrectamente la concordancia en el español, distinguiendo entre el poseedor de tercera persona singular *his/her* y el poseedor de tercera persona plural *their*. El error resultante de los principiantes sería interpretar *su* como *his/her*, *suyo* como *his*, *suya* como *her*, y *sus*, *suyos* y *suyas* como *their*, cometiendo errores de este tipo:

(66) a. *his books* *su libros* o *libros suyo*

  b. *her keys* *su llave* o *llaves suya*

  c. *their house* *sus casa* o *casa suyos*

Para evitar estos errores de concordancia, el estudiante tiene que saber distinguir entre la persona que posee (el poseedor) y la cosa o persona que está poseída.

### 4.1.1.3 Los demostrativos.

Al igual que los artículos, la morfología de los demostrativos es irregular en las formas masculinas singulares. Mientras que tres de las cuatro formas muestran las terminaciones

| Niveles de distancia | Primer nivel: Cerca del hablante | Segundo nivel: Lejos del hablante y cerca del oyente | Tercer nivel: Lejos del hablante y lejos del oyente |
|---|---|---|---|
| **Persona** | *yo, nosotros, nosotras* | *tú o vos, vosotros, vosotras* | *él, ella, usted, ellos, ellas, ustedes* |
| **Posesión** | *mi, mis, nuestro, nuestra, nuestros, nuestras* | *tu, tus, vuestro, vuestra, vuestros, vuestras* | *su, sus* |
| **Posición** | *aquí, acá* | *ahí* | *allí, allá* |
| **Deixis** | *este, esta, estos, estas* | *ese, esa, esos, esas* | *aquel, aquella, aquellos, aquellas* |

Figura 4.1    Niveles de distancia en personas, posesivos y demostrativos.

masculinas y femeninas típicas *-a/-as/-os*, las formas masculinas singulares no tienen la terminación típica en *-o* sino que se utilizan *este, ese* y *aquel*. Dado que las formas *esto, eso* y *aquello* existen como pronombres demostrativos neutros, es muy común que los angloparlantes confundan estas formas (véase 5.3.1).

Tanto el demostrativo como el artículo definido se usan para determinar o precisar el sustantivo al cual se refiere, pero los demostrativos añaden una relación de distancia entre el hablante, el oyente y el sustantivo modificado. Se usa el término DEIXIS para referirse a esta relación de distancia que puede ser física, temporal o psicológica. En español existen tres niveles de distancia en los demostrativos. Frecuentemente se comparan estos tres niveles con los tres adverbios de lugar (*aquí/acá, ahí* y *allí/allá*) y con las tres personas de los pronombres personales y de los posesivos, como se ve en el cuadro de la Figura 4.1.

Entonces, cuando se habla en primera persona, se usan los posesivos de primera persona y se hace referencia a las cosas que están cerca del hablante con el demostrativo *este* y los adverbios *aquí/acá*. Cuando se habla a otra persona en segunda persona informal, se usan los posesivos de segunda persona y se hace referencia a cosas lejanas al hablante y cercanas al oyente con el demostrativo *ese* y el adverbio *ahí*. Finalmente, cuando se habla de otra persona en tercera persona, se usan los posesivos de tercera persona y se refiere a las cosas lejanas al hablante y lejanas al oyente con el demostrativo *aquel* y los adverbios *allí/allá*. Además de la distancia física, temporal o psicológica, la colocación de los pronombres de segunda persona formal en el tercer nivel de distancia refleja también la distancia social. En otras palabras, el uso de los pronombres *usted* y *ustedes* con las formas verbales y las formas posesivas de tercera persona indica la mayor distancia social que existe entre el hablante y el oyente.

Igual que los otros determinantes, el demostrativo se coloca casi siempre antes del sustantivo. Sin embargo, en el habla se puede posponer el demostrativo y combinarlo con el artículo definido, igual que el posesivo tónico:

(67)  ¿Quieres **el libro este**?

También es posible usar el demostrativo pospuesto para modificar a una persona, pero este uso informal no es muy común y tiene un tono despectivo:

(68)  ¿Por qué hablas con **la mujer esa**?

Aunque es útil reconocer estos usos del demostrativo pospuesto, la norma es colocarlo antes del sustantivo.

### 4.1.1.4 Los cuantificadores.

En el primer capítulo, distinguimos entre los determinantes y los cuantificadores porque tienden a ocupar la misma posición sintáctica antes del sustantivo y generalmente se excluyen mutuamente, como en los siguientes ejemplos:

(69)  a. Tengo **los** discos.
      b. Tengo **algunos** discos.
      c. Tengo **bastantes** discos.
      d. Tengo **muchos** discos.

Sin embargo, también hay casos donde se puede combinar un determinante y un cuantificador para modificar al mismo sustantivo:

(70)  a. **Los primeros** capítulos
      b. **Mis dos** hermanos
      c. **Unos pocos** días

En el primer capítulo también distinguimos entre los adjetivos descriptivos y los cuantificadores porque generalmente los cuantificadores aparecen antes del sustantivo, igual los determinantes, mientras que los adjetivos descriptivos se colocan generalmente después del sustantivo. Sin embargo, hay modificadores en la clase cerrada de cuantificadores que también aparecen después del sustantivo, pero este cambio de posición resulta también en un cambio de significado (véase 4.1.2). En esta sección, examinaremos los cuantificadores prenominales y las posibilidades de combinarlos unos con otros o con los determinantes descritos anteriormente.

Una diferencia importante entre los determinantes y los cuantificadores es que los determinantes se pueden usar con cualquier tipo de sustantivo, mientras que el uso de los cuantificadores está limitado por la contabilidad y el número del sustantivo. Debido a que los cuantificadores siempre indican la cantidad de algo, hay que distinguir entre los que se combinan con sustantivos no contables, con sustantivos contables singulares y con sustantivos contables plurales.

La mayoría de los cuantificadores modifica a sustantivos contables plurales y a sustantivos no contables, pero no modifica a sustantivos contables singulares porque su significado indica pluralidad. Por ejemplo, se puede usar el cuantificador *mucho* para modificar a un sustantivo contable plural (ejemplo a), y a un sustantivo no contable (ejemplo b), pero no puede modificar a un sustantivo contable singular (ejemplo c) porque su significado no puede ser singular:

(71)  a.  *muchas flores*

   b.  *mucha ropa*

   c.  *\*mucha flor*

Aunque generalmente hay concordancia entre estos cuantificadores y el sustantivo modificado, unos pocos son invariables, usando la misma forma para modificar a un sustantivo contable plural (ejemplo a) o a un sustantivo no contable (ejemplo b):

(72)  a.  *más flores*

   b.  *más ropa*

Hay cuantificadores que modifican a los sustantivos contables, singulares (ejemplo a) o plurales (ejemplo b), pero no a los sustantivos no contables (ejemplo c), porque su significado implica un número contable de algo:

(73)  a.  *una flor*

   b.  *unas flores*

   c.  *\*un arroz*

También hay cuantificadores que sólo modifican a los sustantivos contables plurales (ejemplo a) y no a los sustantivos contables singulares (ejemplo b) ni a los sustantivos no contables (ejemplo c) porque su significado implica pluralidad. Estos cuantificadores suelen ser modificadores que concuerdan con el sustantivo contable en la forma plural:

(74)  a.  *varias personas*

   b.  *\*varia persona*

   c.  *\*varia ropa*

Hay que incluir en este grupo a los cardinales (ejemplo a) que modifican a los sustantivos contables plurales, aunque su forma es casi siempre invariable, y a las CONSTRUCCIONES PARTITIVAS invariables que consisten en un sintagma nominal más la preposición *de* (ejemplo b):

(75)  a.  *cinco personas*

   b.  *un par de personas*

Hay algunas expresiones partitivas con la estructura sintagma nominal +
*de* que sirven para expresar la cantidad de sustantivos no contables:

(76)  a.  *un poco de pan*

b.  *un plato de arroz*

Finalmente, hay cuantificadores que modifican exclusivamente a los sustantivos contables singulares porque su significado implica singularidad. Si bien
siempre aparecen en su forma singular, algunos concuerdan en género con
el sustantivo que modifican (ejemplos a) y otros son invariables (ejemplos b):

(77)  a.  *ningún libro*        *ninguna casa*

b.  *cada libro*          *cada casa*

Aunque no es una lista completa, el cuadro de la Figura 4.2 divide los
cinco grupos de cuantificadores según los tipos de sustantivos que pueden
modificar.

Aun con estas diferencias, es difícil establecer reglas sintácticas para los cuantificadores porque no todos se comportan de la misma manera. Algunos se
comportan como determinantes y no permiten el uso de un determinante
ni de otro cuantificador. Por ejemplo, estas combinaciones son imposibles
porque el determinante y el cuantificador se excluyen mutuamente:

(78)  a.  *\*esta alguna casa*

b.  *\*tu cualquier amigo*

c.  *\*los ambos días*

También se excluyen mutuamente algunas combinaciones de cuantificadores porque sus significados se contradicen:

(79)  a.  *\*ciertas bastantes ideas*

b.  *\*varias muchas personas*

Hay otros cuantificadores que sí se combinan con los determinantes, pero
esta combinación depende del significado del cuantificador y no de una
regla sintáctica. Estos cuantificadores, por ejemplo, aparecen a veces con
otros determinantes:

(80)  a.  *sus muchos intereses*

b.  *estos pocos estudiantes*

c.  *unas cuantas horas*

d.  *las otras respuestas*

e.  *los varios días*

f.  *unos veinte días*

g.  *los primeros capítulos*

| + sustantivos contables singulares | sustantivos contables plurales | + sustantivos no contables |
|---|---|---|
| **Cuantificadores de sustantivos contables plurales y de sustantivos no contables** | | |
| — | *bastantes libros* | *bastante leche* |
| — | *suficientes libros* | *suficiente leche* |
| — | *demasiados libros* | *demasiada leche* |
| — | *tantos libros* | *tanta leche* |
| — | *pocos libros* | *poca leche* |
| — | *muchos libros* | *mucha leche* |
| — | *cuántos libros* | *cuánta leche* |
| — | *más libros* | *más leche* |
| — | *menos libros* | *menos leche* |
| **Cuantificadores de sustantivos contables singulares y plurales** | | |
| *otro libro* | *otros libros* | — |
| *tal libro* | *tales libros* | — |
| *semejante libro* | *semejantes libros* | — |
| *algún libro* | *algunos libros* | — |
| *cierto libro* | *ciertos libros* | — |
| *el primer libro* | *los primeros libros* | — |
| **Cuantificadores de sustantivos contables plurales** | | |
| — | *los demás libros* | — |
| — | *varios libros* | — |
| — | *ambos libros* | — |
| — | *un par de libros* | — |
| — | *una docena de galletas* | — |
| — | *un kilo de manzanas* | — |
| — | *un millón de personas* | — |
| — | *la mayoría de las personas* | — |
| **Cuantificadores de sustantivos no contables** | | |
| — | — | *un poco de leche* |
| — | — | *algo de leche* |
| — | — | *nada de leche* |
| **Cuantificadores de sustantivos contables singulares** | | |
| *cada libro* | — | — |
| *cualquier libro* | — | — |
| *ningún libro* | — | — |
| *medio libro* | — | — |

Figura 4.2   Cuantificadores de sustantivos contables singulares, de sustantivos contables plurales y de sustantivos no contables.

Hay casos de cuantificadores que se combinan, pero no hay flexibilidad en el orden:

(81)  a. *varias otras personas*

     b. *muchas más cosas*

     c. *más de veinte personas*

     d. *cada tres días*

En otros casos, hay flexibilidad en el orden de los cuantificadores y el cambio de orden no altera mucho el significado. Esto ocurre, por ejemplo, con la combinación del cuantificador *otro* y otro cuantificador, especialmente un cardinal:

(82)  a. *dos otros planes*     *otros dos planes*

     b. *los primeros tres capítulos*  *los tres primeros capítulos*

Algunos cuantificadores se combinan con ciertos determinantes, mientras que no lo hacen con otros. Por ejemplo, se puede combinar el cuantificador *otro* con la mayoría de los determinantes (ejemplos a, b, c), pero nunca se usa con un artículo indefinido (ejemplo d):

(83)  a. *mi otro hijo*

     b. *estos otros libros*

     c. *la otra clase*

     d. *\*un otro día*

Esta combinación de determinante + artículo indefinido en 83b es un error frecuente de los angloparlantes porque en inglés se usa el artículo indefinido *another*. Tampoco se puede combinar el cuantificador *mil* con un artículo indefinido, aunque sí se combinan en inglés:

(84)  a. *mil dólares*

     b. *one/a thousand dollars*

Hay unos cuantificadores que requieren otro determinante. Aunque el orden típico de estos dos modificadores es *determinante + cuantificador + sustantivo* (ejemplo a), el cuantificador *todo* es la excepción porque va antes del determinante y no después (ejemplos b, c):

(85)  a. *las demás personas*

     b. *toda mi vida*

     c. *todos los días*

Sin embargo, hay que eliminar el determinante en ciertas expresiones fijas, como después de una preposición o antes de un pronombre tónico:

(86) a. *de todas maneras*

 b. *a todas horas*

 c. *a todo vapor*

 d. *a todo trapo*

 e. *todos nosotros*

 f. *todos ustedes*

Al principio de esta sección mencionamos que el cuantificador se encuentra casi siempre antes del sustantivo al que modifica y que cuando se pospone al sustantivo, cambia su significado y se comporta más como adjetivo descriptivo (véase 4.1.2.2). Sin embargo, hay unos pocos casos en los que el cuantificador se coloca después del sustantivo y mantiene su significado de cantidad. Por ejemplo, en los títulos, el cardinal u ordinal sigue al sustantivo:

(87) a. *el siglo XX* (veinte)

 b. *Felipe II* (Segundo)

También se posponen los cuantificadores *más* y *menos* en combinación con un cardinal:

(88) a. *diez puntos menos*

 b. *quince días más*

Aunque los cuantificadores modifican al sustantivo, no todos concuerdan en género y número, como podemos ver al comparar los siguientes ejemplos:

(89) a. *más gente* (sustantivo femenino no contable)

 b. *más preguntas* (sustantivo femenino plural contable)

 c. *menos tiempo* (sustantivo masculino no contable)

 d. *menos casos* (sustantivo masculino plural contable)

Aun entre los cuantificadores que sólo modifican a los sustantivos contables singulares, hay algunos que no distinguen el género del sustantivo que modifican:

(90) a. *cada día* (sustantivo masculino singular contable)

 b. *cada casa* (sustantivo femenino singular contable)

 c. *cualquier día* (sustantivo masculino singular contable)

 d. *cualquier casa* (sustantivo femenino singular contable)

La mayoría de los cardinales también son invariables y no reflejan la concordancia con el sustantivo que modifican:

(91) a. *veinte personas*

 b. *cinco libros*

Sin embargo, es necesario mantener concordancia de género entre el sustantivo y los números que terminan en *uno* (ejemplos a, b, c) y *cientos* (ejemplo c):

(92)  a. *veintiún días*

b. *cincuenta y una casas*

c. *doscientas treinta y una páginas*

Aunque los números que terminan en *mil* son invariables, como *cinco mil personas*, los que usan expresiones partitivas reflejan el plural:

(93)  *miles de dólares*

Otras expresiones partitivas como *la mayoría de, un poco de, algo de,* etcétera, son también invariables aunque en la lengua coloquial se puede encontrar concordancia con el sustantivo que modifican, como en esta canción popular:

(94)  **Para bailar la Bamba se necesita **una poca** de gracia...*

Para concluir, podemos decir que es importante distinguir sintácticamente entre cuantificador y determinante y también entre cuantificador y adjetivo descriptivo porque las reglas que rigen el uso de los cuantificadores son diferentes a las que rigen el uso de otros modificadores del sustantivo.

Preguntas 1 a 5

## 4.1.2 El adjetivo

Hasta este punto, hemos examinado los modificadores que pertenecen a las clases cerradas de determinantes y cuantificadores. Aunque tienen la misma función que los adjetivos de modificar al sustantivo, hay varias diferencias semánticas y sintácticas entre los modificadores que corresponden a clases cerradas y los que corresponden a clases abiertas. En general, el significado de los adjetivos tiene más peso léxico que el de los determinantes y los cuantificadores y por eso, a veces se los llama ADJETIVOS DESCRIPTIVOS O CALIFICATIVOS para distinguirlos de los ADJETIVOS DETERMINATIVOS (los determinantes) y de los ADJETIVOS CUANTITATIVOS (los cuantificadores) que ya se han presentado. En esta sección, examinaremos la morfología de los adjetivos descriptivos, su posición con respecto al sustantivo que modifica y a los otros modificadores, y los procesos de NOMINALIZACIÓN Y ADJETIVACIÓN en los que una palabra cambia de una clase abierta a otra.

**4.1.2.1 La morfología del adjetivo.**   Igual que los otros modificadores del sustantivo, el adjetivo refleja en su morfología la concordancia de género y número con el sustantivo al que modifica. Sin embargo, no todos los adjetivos se comportan de la misma manera. Algunos sólo tienen dos formas, otros cuatro y unos pocos cinco formas diferentes. Aunque las reglas morfológicas son arbitrarias, veremos que a veces se puede explicar la morfología basándose en el significado del adjetivo y sus usos sintácticos.

Los adjetivos con dos formas no distinguen entre el género masculino o femenino y sólo marcan el singular o el plural. En singular, terminan en *-e* o en una consonante y en plural usan el alomorfo *-s* después de las vocales (ejemplos a, b) y el alomorfo *-es* después de las consonantes (ejemplos c, d, e), igual que los sustantivos que estudiamos en el Capítulo 3:

(95) a. *inteligente    inteligentes*

     b. *fuerte       fuertes*

     c. *leal         leales*

     d. *difícil       difíciles*

     e. *feliz        felices*

En los sustantivos que terminan en *-n* o *-s*, a veces es necesario añadir el acento escrito si la adición del morfema plural resulta en una PALABRA ESDRÚJULA que tiene su ACENTO PROSÓDICO en la antepenúltima sílaba y siempre lleva acento escrito:

(96) *joven      jóvenes*

Por otro lado, si la adición del morfema plural convierte una PALABRA AGUDA con acento ortográfico en una PALABRA GRAVE, es necesario eliminar el acento escrito:

(97) a. *marrón    marrones*

     b. *cortés     corteses*

El segundo grupo de adjetivos tiene cuatro formas y la morfología adjetival marca el género masculino o femenino y el número singular o plural. Generalmente, la forma masculina singular termina en *-o*, la forma femenina termina en *-a* y las formas plurales añaden el morfema *-s:*

(98) a. *bonito, bonita, bonitos, bonitas*

     b. *rojo, roja, rojos, rojas*

Algunas palabras que terminan en consonante también siguen el patrón de cuatro formas en vez del patrón de dos formas. En este caso, los morfemas masculinos son diferentes a los otros adjetivos de cuatro formas

| -C | Dos formas | Cuatro formas |
|----|------------|---------------|
| *-s* | *cortés, corteses* | *japonés, japoneses, japonesa, japonesas* |
| *-n* | *joven, jóvenes* | *alemán, alemanes, alemana, alemanas* |
| *-l* | *azul, azules* | *español, españoles, española, españolas* |
| *-r* | *mejor, mejores* | *conservador, conservadores, conservadora, conservadoras* |

Figura 4.3   Comparación entre adjetivos que terminan en -C (consonante) y tienen dos o cuatro formas.

porque la forma masculina singular termina en consonante en vez de *-o* y la forma masculina plural termina en *-es* en vez de *-os:*

(99)  a. *español, española, españoles, españolas*

b. *alemán, alemana, alemanes, alemanas*

c. *francés, francesa, franceses, francesas*

d. *trabajador, trabajadora, trabajadores, trabajadoras*

Este grupo de adjetivos representa una mezcla entre la morfología de los adjetivos que tienen dos formas y los que tienen cuatro formas. Los adjetivos femeninos se comportan como los adjetivos de cuatro formas, terminando en *-a* y *-as*, pero los adjetivos masculinos usan los morfemas de los adjetivos de dos formas. En el cuadro de la Figura 4.3, se comparan estos dos patrones.

Obviamente, no se puede explicar esta discrepancia según la terminación de la forma masculina singular, porque en los dos tipos hay adjetivos que terminan en las mismas consonantes. La única explicación para esta diferencia de patrón se relaciona con el significado de los adjetivos y el uso del adjetivo como sustantivo. Los adjetivos que tienen cuatro formas describen la asociación de una persona con una nacionalidad, una religión u otro grupo socio-político (*holandés, finlandés, burgués, catalán, musulmán, mongol*, etcétera). Muchas veces, son usados como sustantivos (véase 4.1.2.3) para referirse a los miembros de ese grupo:

(100)  a. *Los trabajadores hicieron huelga.*

b. *Las inglesas son muy formales.*

Sin embargo, esta explicación no abarca todos los casos porque hay adjetivos que describen a miembros de un grupo que sólo tienen dos formas y no reflejan el género:

(101)  a. *liberal    liberales*

b. *joven    jóvenes*

Por lo tanto, aunque no es completamente consistente el uso de cuatro formas adjetivales para describir a las personas, es importante ver estas diferencias en la morfología adjetival porque se relacionan con el significado del adjetivo y no con su terminación, que es normalmente la base de la morfología gramatical.

Hay algunos adjetivos que sufren el apócope, perdiendo la última vocal *-o* en el adjetivo masculino singular cuando se coloca antes del sustantivo. Como resultado, estos adjetivos tienen cinco formas en vez de cuatro. Aunque afecta principalmente determinantes y cuantificadores como *uno, alguno, ninguno, veintiuno, primero* y *tercero,* también ocurre en adjetivos descriptivos como *bueno* y *malo.* Comparemos, por ejemplo, las formas apocopadas y las formas no apocopadas en los siguientes pares:

(102)  a. **un** *célebre escritor*      *el número* **uno**

      b. **algún** *día*      *un hombre* **alguno**

      c. **ningún** *niño*      **ninguna** *razón*

      d. **veintiún** *estudiantes*      **veintiuna** *personas*

      e. *el* **primer** *capítulo*      *el capítulo* **primero**

      f. *el* **tercer** *mes*      *la* **tercera** *semana*

      g. **buen** *día*      **buena** *idea*

      h. **mal** *tiempo*      *tiempo* **malo**

Ya que los adjetivos *grande* y *ciento* no distinguen entre el masculino y femenino, se apocopan también antes de los sustantivos femeninos, perdiendo la última consonante y la última vocal:

(103)  a. *un* **gran** *gusto*      *una* **gran** *fiesta*

      b. **cien** *estudiantes*      **cien** *personas*

La forma apocopada *san* sólo aparece antes de los nombres propios de los santos, excluyendo los santos cuyos nombres empiezan con *To-* y *Do-* porque sería difícil distinguir entre la terminación de *santo* y el principio de estos nombres. O sea, se usa la forma apocopada en *San Miguel, San Diego* y *San Angel,* pero no en *Santo Domingo* ni en *Santo Tomás,* porque se podría interpretar *\*San Tomás* como *\*Santo Mas* o *\*San Domingo* como *\*Santo Mingo.*

### 4.1.2.2 La ubicación del adjetivo.

Uno de los problemas sintácticos más difíciles para el estudiante de español es la ubicación del adjetivo con respecto al sustantivo que modifica. A diferencia de los determinantes y los cuantificadores, que tienen reglas rígidas de ubicación, los adjetivos tienen reglas más flexibles, aunque aparecen con más frecuencia después del sustantivo. El adjetivo antepuesto al sustantivo puede conllevar un cambio de significado. No hay límite en el número de adjetivos que pueden modificar al sustantivo y éstos aparecen juntos con el determinante o con el cuantificador, como se ve en los siguientes ejemplos:

(104)  a. *Prefiero **las** manzanas **grandes, rojas** y **duras.***

       b. *Hay **muchas** personas **nuevas** en la clase este año.*

Si el adjetivo precede al sustantivo, siempre se coloca después de los determinantes y de los cuantificadores:

(105)  a. ***Los cinco grandes** continentes del mundo.*

       b. *Es **una bella** niña.*

Para empezar a hablar sobre la ubicación del adjetivo, será útil mencionar adjetivos que casi siempre se posponen al sustantivo. Este grupo cubre una gran variedad de adjetivos con significados muy distintos. Aunque es posible encontrar estos adjetivos antes del sustantivo, la posición básica es después del sustantivo, como se ve en el cuadro de la Figura 4.4.

Lo más notable de los ejemplos en el cuadro de la Figura 4.4 es que el adjetivo pospuesto sirve para limitar al sustantivo. El uso de un sustantivo sin un adjetivo descriptivo no nos daría suficiente información para poder identificar al referente, pero la adición del adjetivo pospuesto limita el número de posibilidades y ayuda en la identificación del referente. Por ejemplo, en el primer ejemplo de nacionalidad, no se habla de todos los estudiantes, sino de los estudiantes de Brasil. En el segundo ejemplo de la asociación religiosa, hay más de una Biblia, pero se habla de la Biblia de

| | |
|---|---|
| **nacionalidad** | *Los estudiantes **brasileños** hacen una presentación.* |
| **asociación religiosa** | *La Biblia **judía** consiste en los cinco libros de Moisés.* |
| **filosofía política** | *Los senadores **conservadores** votaron a favor del plan.* |
| **estado social** | *La gente **rica** vive en esta vecindad.* |
| **términos científicos o técnicos** | *Tiene muchos problemas **psicológicos.*** |
| **color** | *Prefiero la blusa **amarilla.*** |
| **materia** | *No se puede meter los objetos **metálicos** en el microondas.* |
| **tamaño** | *Lleva un sombrero **grande.*** |
| **condición** | *Puse los libros **rotos** en el escritorio.* |

Figura 4.4  Adjetivos descriptivos pospuestos al sustantivo.

los judíos en particular. Con el tercer ejemplo de la filosofía política, no todos los senadores votaron por el plan, sino los que eran conservadores. De la misma manera, se usa el estado social en el cuarto ejemplo para indicar que sólo la gente rica vive en la vecindad.

Podemos decir entonces que el adjetivo pospuesto tiene la función básica de dar más información sobre el sustantivo para que el oyente pueda limitar el número de posibilidades e identificar claramente al referente.

Si bien el uso básico de los adjetivos es el de limitar al sustantivo, éstos se usan aun cuando no es necesario identificar al referente. Aquí se incluyen muchos de los adjetivos que se anteponen al sustantivo, porque la anteposición del adjetivo no sirve para restringir o limitar al sustantivo, sino para añadir información no restrictiva. Generalmente, el propósito de esta información es añadir la opinión personal o la reacción subjetiva del hablante. Esto ocurre en casos donde los sustantivos son nombres propios u objetos únicos:

(106) a. *Visitamos el **bello** Parque de Chapultepec en la Ciudad de México.*

b. *El **famoso** político cubano, José Martí, también fue escritor.*

c. *Mi **querida** madre me mandó un regalo de cumpleaños.*

Estos adjetivos antepuestos no son necesarios para distinguir entre *el Parque Chapultepec* y otros parques (oración a), ni entre *el político cubano José Martí* y otros políticos (oración b), ni entre *mi madre* y otras madres (oración c) porque son cosas o personas únicas, pero sí indican la reacción subjetiva del hablante.

Aun cuando no se hable de un nombre propio ni de un sustantivo único, se puede anteponer el adjetivo para indicar una característica inherente al sustantivo que no sirve para distinguirlo de los otros. Como no tiene la función de limitar al sustantivo, el adjetivo se coloca antes del sustantivo:

(107) a. *¿Has probado el **magnífico** postre que hizo Andrea?*

b. *Quiero presentarles a mi **distinguido** colega, Juan Luis Machado.*

Aunque *postre* y *colega* no son sustantivos únicos, no se hace una distinción entre *el magnífico postre* y otros postres no magníficos (oración a), ni entre *mi distinguido colega* y otros colegas no distinguidos (oración b), sino que el hablante da su opinión personal. Este uso afectivo del adjetivo antepuesto se ve también en palabrotas:

(108) *Mi **maldita** computadora se rompió otra vez.*

En este ejemplo, el propósito no es limitar al sustantivo para comparar *mi maldita computadora* con otras computadoras, sino que se está expresando una emoción.

También se antepone el adjetivo para describir a todos los sustantivos en el grupo porque no sirve para distinguirlo de otros sustantivos:

(109)   *El **enorme** brontosaurio medía 22 metros de largo.*

En este ejemplo, el adjetivo no sirve para distinguir entre *el enorme brontosaurio* y los otros brontosaurios no enormes, sino que señala esta característica inherente de todos los brontosaurios.

Ya que el nombre propio es específico, generalmente no es posible usar un adjetivo pospuesto para limitarlo más. Por ejemplo, si se describe al *Océano Altántico*, no se habla del *\*Océano Atlántico inmenso* porque hay sólo un Océano Atlántico y no es necesario limitarlo más para distinguirlo de otros Océanos Atlánticos. Por otra parte, se puede hablar del *inmenso Océano Atlántico*, porque el adjetivo antepuesto da una perspectiva subjetiva al adjetivo. Se puede usar el adjetivo pospuesto si el hablante quiere enfatizar que las características de un mismo sustantivo propio varían. Por ejemplo, se puede distinguir entre los siguientes sustantivos propios con un adjetivo pospuesto porque se habla de épocas diferentes o de características diferentes de los sustantivos:

(110)   a.  *la España musulmana* vs. *la España cristiana*

   b.  *el México urbano* vs. *el México rural*

   c.  *el Papa político* vs. *el Papa religioso*

La diferencia entre el adjetivo antepuesto de opinión y el adjetivo pospuesto de limitación se ve claramente en la modificación de los sustantivos comunes, porque el mismo adjetivo puede cumplir las dos funciones. En la modificación de un sustantivo plural, el adjetivo antepuesto modifica a todos los miembros de un grupo, mientras que el adjetivo pospuesto sirve para referirse sólo a algunos miembros del grupo. Por ejemplo, en vez de describir un parque específico, se puede hablar de todos los parques de una región:

(111)   *Cada verano visitamos los **bellos parques** de Wisconsin.*

El adjetivo antepuesto en esta oración implica que todos los parques de Wisconsin son bellos. Por otra parte, se puede usar el adjetivo pospuesto para limitar más el grupo de parques:

(112)   *Cada verano visitamos los **parques bellos** de Wisconsin.*

En este caso, el adjetivo pospuesto indica que sólo visitan algunos de los parques de Wisconsin, los que son bellos.

Para entender mejor la diferencia entre los adjetivos antepuestos y pospuestos, es útil examinar el cambio de significado que se produce en ciertos adjetivos según se los coloque antes o después del sustantivo.

Mientras que el significado del adjetivo pospuesto mantiene el uso del adjetivo descriptivo para limitar al sustantivo, el adjetivo antepuesto tiende a tener una de estas dos funciones: la de un cuantificador que casi siempre aparece antes de los sustantivos y la de opinión subjetiva del hablante, como vimos anteriormente con los adjetivos descriptivos. En las siguientes oraciones, podemos ver que los adjetivos antepuestos funcionan como otros cuantificadores en oraciones parecidas, mientras que los adjetivos pospuestos funcionan como otros adjetivos descriptivos en oraciones parecidas:

(113)  a. *Ha sufrido **algunos** / **unos** cambios.*

   b. *No sufrió cambio **alguno** / cambios **drásticos**.*

En la oración 113a, el uso de *algunos* antes del sustantivo tiene la misma función que el cuantificador *unos*, mientras que el uso de *alguno* después del sustantivo en la oración 113b describe más el tipo de cambio que ocurrió, igual que el adjetivo descriptivo *drásticos.*

(114)  a. *Tomaron **ciertas** / **varias** medidas.*

   b. *Tomaron medidas **ciertas** / **seguras**.*

En ejemplo 114a, el adjetivo antepuesto en *ciertas medidas* indica la cantidad, igual que el cuantificador *varias*, mientras que en ejemplo 114b el adjetivo pospuesto en *medidas ciertas* funciona como un adjetivo descriptivo con el mismo significado que el adjetivo *seguras.*

(115)  a. *Compraré **cualquier** / **algún** libro.*

   b. *Escribió un libro **cualquiera** / **ordinario**.*

Otra vez, el adjetivo antepuesto *cualquier* en la oración 115a indica la cantidad y tiene un significado similar al cuantificador *algún,* pero el uso de *cualquiera* después del sustantivo en la oración 115b describe el tipo de libro que es, igual que el adjetivo descriptivo *ordinario.*

Este contraste entre el significado cuantitativo de los adjetivos antepuestos y el significado calificativo de los adjetivos pospuestos se puede ver en muchos otros pares:

(116)  a. *Compré **medio** / **un** kilo de manzanas.*

   b. *El ciudadano **medio** / **típico** tiene dos hijos.*

(117)  a. ***Diferentes** / **Varias** personas fueron testigos.*

   b. *Ana y José son niños muy **diferentes** / **distintos**.*

(118)  a. *Compré **varias** / **muchas** cosas allí.*

   b. *Discutimos asuntos **varios** / **importantes**.*

(119) a. *Hablé con el **mismo / otro** presidente.*

   b. *Hablé con el presidente **mismo / electo**.*

(120) a. *Fue mi **propia / primera** decisión.*

   b. *Fue una decisión **propia / correcta**.*

(121) a. *Toma **pura / mucha** agua.*

   b. *Toma agua **pura / limpia**.*

(122) a. *Es **un simple / el segundo** maestro.*

   b. *Es un maestro **simple / inteligente**.*

(123) a. *El fumar fue su **único / primer** vicio.*

   b. *Tiene un vicio **único / raro**.*

(124) a. *Tengo **una nueva / otra** casa.*

   b. *Tengo una casa **nueva / bonita**.*

(125) a. *Vendieron el **viejo / otro** coche.*

   b. *El coche **viejo / roto** ya no corre.*

(126) a. *Era su **más antiguo / primer** cliente.*

   b. *Buscamos unos muebles **antiguos / baratos**.*

(127) a. *Venden café de **alta / primera** calidad.*

   b. *Trabaja en un edificio **alto / moderno**.*

(128) a. *Tuvieron una temporada de **gran / mucho** éxito.*

   b. *Vive en una casa muy **grande / bonita**.*

En todos los ejemplos anteriores, podemos notar las similitudes entre la información que nos dan los adjetivos antepuestos y los cuantificadores (ejemplos a) y la información que nos dan los adjetivos pospuestos y los otros adjetivos descriptivos (ejemplos b). El contraste más claro que se mantiene es la idea principal de anteponer el adjetivo cuantificador y posponer el adjetivo descriptivo y limitativo.

Ya vimos que el otro uso del adjetivo antepuesto es denotar una opinión o reacción afectiva hacia el sustantivo modificado, mientras que el adjetivo pospuesto mantiene su significado descriptivo y más objetivo. Se puede aplicar esta distinción a este par de oraciones con el mismo adjetivo:

(129) a. *Prepararon una **rica** sopa de pollo.*

   b. *La gente **rica** vive en esta vecindad.*

En la oración 129a, el adjetivo *rica* no tiene nada que ver con el dinero, sino que refleja la opinión subjetiva del hablante sobre el sabor de la sopa, mientras que el uso del mismo adjetivo en la oración 129b describe más objetivamente la situación ecónomica de esta gente. De la misma manera, los adjetivos *pobre, gran* y *alto* funcionan como adjetivos afectivos cuando aparecen antes del sustantivo (oraciones a), porque implican una reacción subjetiva por parte del hablante, pero funcionan como adjetivos descriptivos cuando aparecen después del sustantivo (oraciones b), indicando la calidad o el tamaño del sustantivo modificado:

(130)  a. *La **pobre** niña se enfermó en la fiesta.*

      b. *Hizo un trabajo bastante **pobre**.*

(131)  a. *Golda Meír fue una **gran** líder.*

      b. *Compró una mesa muy **grande**.*

(132)  a. *Tiene un **alto** concepto de ti.*

      b. *Vive en el piso más **alto** del edificio.*

Los adjetivos *bueno* y *malo* son difíciles de contrastar porque su significado implica automáticamente la opinión subjetiva del hablante. Por eso, se usan generalmente antes del sustantivo:

(133)  a. *Hizo un **buen/mal** trabajo.*

      b. *¡Qué **buena/mala** idea!*

      c. *He tenido muy **buena/mala** suerte.*

      d. *Tiene **buena/mala** memoria.*

      e. *Recibimos **buenas/malas** noticias.*

      f. *Están en una **buena/mala** posición económica.*

      g. *Hace **buen/mal** tiempo.*

      h. *Se metió en un **buen** lío.*

Sin embargo, es posible usarlos para referirse a la calidad de algo y a la vez limitar al sustantivo con la posposición del adjetivo:

(134)  *Se vende ropa **buena** en esa tienda.*

Ya que existe la opción de anteponer o posponer el adjetivo al sustantivo que modifica, la diferencia entre los dos significados a veces puede ser muy difícil de entender. Sin embargo, el contraste principal entre los adjetivos limitativos que se posponen al sustantivo y los adjetivos subjetivos o cuantificativos que se anteponen al sustantivo es importante para entender cómo funcionan los modificadores del sustantivo.

### 4.1.2.3 La nominalización del adjetivo.

Como hemos notado anteriormente, la concordancia de número y género refleja la relación íntima que existe entre el sustantivo y sus modificadores. Un proceso común en español que demuestra claramente esta relación es la NOMINALIZACIÓN O SUSTANTIVACIÓN del adjetivo, cuando el adjetivo se convierte en sustantivo y reemplaza al sustantivo original. En este proceso, quedan generalmente no sólo el adjetivo sino también el determinante, y los dos mantienen el número y el género del sustantivo original. Este proceso es útil para evitar la redundancia y no repetir el sustantivo ya mencionado:

(135)  a.  *el vestido rojo > el rojo*

b.  *los carros pequeños > los pequeños*

c.  *la nueva casa > la nueva*

d.  *las joyas antiguas > las antiguas*

Aunque existe este proceso en inglés, no es posible usar el adjetivo como sustantivo así que es siempre necesario añadir el pronombre *one/ones*:

(136)  a.  *the red one*

b.  *the small ones*

c.  *the new one*

d.  *the old ones*

Aunque el uso de la nominalización para los sustantivos no humanos es común, es aún más frecuente para referirse a las personas. Este proceso de nominalización permite el uso de un adjetivo para referirse a un grupo de personas que tienen en común su nacionalidad, religión, partido político, etcétera:

(137)  a.  *el hombre conservador > el conservador*

b.  *la mujer japonesa > la japonesa*

c.  *los hombres y las mujeres judíos > los judíos*

d.  *las mujeres salvadoreñas > las salvadoreñas*

Una característica de la nominalización es que se puede usar el pronombre neutro *lo* más el adjetivo masculino singular como forma no marcada o neutra. Aunque no reemplaza a ningún sustantivo en particular, se usa para referirse a conceptos o ideas generales, por lo que no refleja ni el número ni el género:

(138)  a.  *lo bueno*

b.  *lo malo*

c.  *lo más importante*

d.  *lo mejor*

e.  *lo peor*

Ya que el inglés no permite normalmente el uso del adjetivo como sustantivo, se añaden términos generales y vagos para expresar estos conceptos abstractos:

(139)   *the good / bad / most important* **thing**
        *the best / worst* **part**

### 4.1.2.4 La adjetivación del sustantivo.

Así como es posible usar el adjetivo como sustantivo, también es posible en algunos casos usar el sustantivo como adjetivo a través del proceso de la adjetivación. En este uso, los dos sustantivos forman un solo sintagma nominal y uno de los sustantivos cambia su función a adjetivo, modificando al otro sustantivo. Sin embargo, ya que no es un adjetivo verdadero, no concuerda con el sustantivo que modifica. Se nota más la forma invariable del sustantivo/adjetivo en la forma plural de estos sustantivos compuestos en español:

(140)  **rainbow**(*s*)      *el arco* **iris**      *los arcos* **iris**
       **police** *dog(s)*    *el perro* **policía**  *los perros* **policía**
       **sleeping** *car(s)*  *el coche* **cama**     *los coches* **cama**
       **trundle** *bed(s)*   *la cama* **nido**      *las camas* **nido**
       **deadline**(*s*)      *la fecha* **límite**   *las fechas* **límite**
       **mother** *tongue(s)*  *la lengua* **madre**   *las lenguas* **madre**

Si se comparan los ejemplos anteriores del inglés y del español, se notará que el sustantivo adjetivado en inglés aparece antes del sustantivo, como los otros adjetivos en la lengua, mientras que en español aparece después del sustantivo, como los otros adjetivos. Como consecuencia, el sustantivo en su forma singular y plural aparece en inglés al final del sintagma nominal, pero en español, el sustantivo singular o plural aparece antes del adjetivo. Por eso, en español es más notable la falta de concordancia entre el sustantivo invariable que funciona como adjetivo y el sustantivo que modifica. En inglés, hay pocos casos donde el segundo sustantivo funciona como adjetivo y cuando ocurre el primer sustantivo refleja la forma plural. Como son excepciones se tiende a reanalizarlos e interpretar la segunda palabra como sustantivo:

(141)  *Attorney General*      *Attorneys General*       *\*Attorney Generals*

La adjetivación existe en las dos lenguas, pero es mucho más común en inglés. En español hay varias alternativas al uso del sustantivo como adjetivo invariable. Una alternativa es la existencia de otros sustantivos cuyo significado equivale a los sustantivos compuestos en inglés:

(142)  a. *coffeepot*    *cafetera*
       b. *book review*    *reseña*

    c. *bookcase*   *estantería*

    d. *shoe store*   *zapatería*

En otros casos, existe un adjetivo que modifica al sustantivo y refleja la concordancia en la forma plural, en vez de un sustantivo invariable:

(143)  a.  **tax** *year(s)*     *año **fiscal***      *años **fiscales***

        b.  **tourist** *class(es)*    *clase **turista***     *clases **turistas***

        c.  **night** *doorman/men*  *portero **nocturno***  *porteros **nocturnos***

        d.  **spaceship**(s)     *nave **espacial***     *naves **espaciales***

Finalmente, en español es muy común la estructura sustantivo + preposición + sustantivo, donde la preposición es generalmente *de*. En esta estructura, el segundo sustantivo es objeto preposicional y el sintagma preposicional sirve como modificador del primer sustantivo. Una vez más, este objeto preposicional es invariable y no concuerda en la forma plural con el sustantivo que modifica:

(144)  a.  *toothpaste(s)*   *pasta de dientes*     *pastas de dientes*

        b.  *gold watch(es)*   *reloj de oro*        *relojes de oro*

        c.  *tablespoon(s)*   *cuchara de servir*    *cucharas de servir*

        d.  *headache(s)*    *dolor de cabeza*     *dolores de cabeza*

        e.  *glass jar(s)*     *tarro de vidrio*      *tarros de vidrio*

        f.  *teabag(s)*       *bolsita de té*        *bolsitas de té*

        g.  *apple juice(s)*   *jugo de manzana*     *jugos de manzana*

        h.  *workbook(s)*    *cuaderno de ejercicios*  *cuadernos de ejercicios*

        i.  *heart attack(s)*  *ataque al corazón*    *ataques al corazón*

        j.  *coffee cup(s)*    *taza para café*      *tazas para café*

En algunos casos de modificación del sustantivo, puede haber más de una estructura con el mismo significado. Por ejemplo, en vez de usar el adjetivo *nocturno* para modificar a *portero* en *portero nocturno*, se puede usar el sintagma preposicional *portero de la noche*. O, en vez de usar el sustantivo *madre* como adjetivo en *la lengua madre*, se puede usar el adjetivo *materna* en *la lengua materna*. Ya que el sintagma preposicional funciona frecuentemente como un adjetivo que modifica al sustantivo, vamos a terminar nuestro estudio de los modificadores del sustantivo examinando esta función adjetival dentro del sintagma nominal.

### 4.1.3 El sintagma preposicional con función de adjetivo

En el primer capítulo vimos que el sintagma preposicional está formado por una preposición y un sintagma nominal y que dentro del sintagma nominal puede haber un sintagma adjetival. También vimos que la preposición sirve

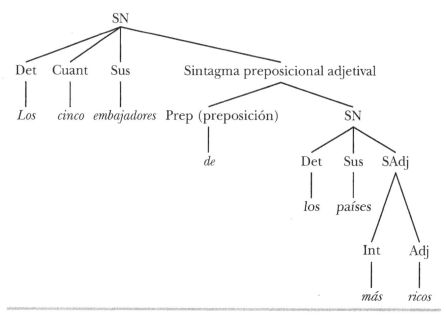

Figura 4.5  Diagrama arbóreo del sintagma nominal con un sintagma preposicional adjetival: *Los cinco embajadores de los países más ricos.*

para relacionar el sustantivo que le sigue con el resto de la oración. En este capítulo, veremos qué tipos de relaciones puede tener el sintagma preposicional con el resto de la oración. Se puede decir que el sintagma preposicional es generalmente una frase modificadora, con las mismas funciones que los sintagmas adjetivales o adverbiales. Entonces, aunque se usa el término sintagma preposicional para referirse a la estructura de la frase (preposición + sintagma nominal), añadiremos el término adjetival o adverbial para referirnos a las funciones de las frases de modificar al sustantivo o al verbo. Examinaremos en esta sección los casos en los que el sintagma preposicional funciona como un adjetivo que modifica al sustantivo y dejaremos para más adelante los casos en los que el sintagma preposicional funciona como adverbio que modifica al verbo (véase 4.2.4).

Un sintagma preposicional que funciona como adjetivo aparece dentro de un sintagma nominal porque modifica al sustantivo, como podemos ver en el diagrama arbóreo de la Figura 4.5.

Igual que los adjetivos, los sintagmas preposicionales adjetivales expresan diferentes conceptos adjetivales, como podemos ver en los siguientes ejemplos.

(145)  a.  <u>Descripción:</u>

   *el hombre **de ojos azules***

   *la mujer **de pelo corto***

   *una casa **de tres pisos***

b. <u>Origen:</u>

*los estudiantes **de Venezuela***

*la comida **de México***

c. <u>Posición:</u>

*el edificio más alto **de los Estados Unidos***

*el lago **en el parque***

d. <u>Función:</u>

*taza **para café***

*estante **para libros***

*pastillas **para dormir***

*máquina **de coser***

e. <u>Tipo o estilo:</u>

*jugo **de manzana***

*libro **de matemáticas***

*ropa **de invierno***

*estación **de trenes***

*tortilla **a la francesa***

f. <u>Materia:</u>

*reloj **de oro***

*puerta **de vidrio***

*juguetes **de plástico***

Esta lista no es exhaustiva, pero da una idea de los muchos conceptos adjetivales que se pueden indicar con el sintagma preposicional adjetival.

En la Sección 4.1 examinamos todos los modificadores del sustantivo, desde los determinantes y los cuantificadores hasta los adjetivos y los sintagmas preposicionales. En la Sección 4.2 examinaremos todos los modificadores del verbo y en la Sección 4.3 estudiaremos los modificadores del adjetivo y del adverbio. Se ha incluido en este capítulo un análisis de todos estos modificadores para mostrar que comparten ciertas características sintácticas, como el uso del sintagma preposicional que acabamos de examinar.

> Preguntas 6 a 12

## 4.2  Los modificadores del verbo

La modificación del verbo es mucho más simple que la modificación del sustantivo porque sólo hay un verbo en cada cláusula, mientras que puede haber dos o más sustantivos en cada cláusula. La concordancia que existe entre los sustantivos y sus modificadores no es necesaria para conectar los adverbios con el verbo y por eso, no es problemático que sean invariables. Además, veremos que a veces el adverbio sirve para modificar a todo el predicado o a toda la oración y no sólo al verbo y la concordancia no serviría en este contexto. En las siguientes secciones, examinaremos los tipos de adverbios que existen en español y sus funciones dentro de la oración. Aunque entre las funciones del adverbio se incluye normalmente la modificación de los adjetivos, de los verbos y de los adverbios, vamos a estudiar estas funciones por separado porque hay diferencias sintácticas y semánticas entre la modificación del verbo, la del adverbio o la del adjetivo (véase 4.4).

### 4.2.1 El adverbio

Aunque hay bastante flexibilidad en la posición del adverbio, se encuentra con más frecuencia después del verbo que modifica:

(146) a. *Me llamó **anoche.***

b. *Corre **rápidamente.***

c. *Compramos una casa **el año pasado.***

En estos casos, porque se decriben las circunstancias bajo las cuales se hace una acción, se considera al adverbio como ADYACENTE CIRCUNSTANCIAL. Por otro lado, cuando el adverbio modifica a la oración completa y no sólo al verbo, se describe como ADYACENTE ORACIONAL y es más común encontrarlo al principio de la oración:

(147) ***Desgraciadamente,*** *no podemos asistir a la fiesta.*

Las funciones típicas del adverbio incluyen la indicación de manera o modo, posición o dirección y tiempo o duración, y contestan generalmente las preguntas interrogativas *¿cómo?, ¿dónde/adónde?* y *¿cuándo?*:

(148) a. *¿**Cómo** habla el español?*   *Habla **bien.***

b. *¿**Dónde** vive?*   *Vive **aquí.***

c. *¿**Adónde** va?*   *Va **a la tienda.***

d. *¿**Cuándo** sale?*   *Sale **mañana.***

A continuación, vamos a examinar los adverbios típicos de modo, lugar y tiempo, además de otras funciones del adverbio.

Los ADVERBIOS DE MODO contestan la pregunta *¿cómo?* y forman el grupo más extenso de adverbios porque incluyen no sólo a los adverbios simples como *bien, mal, pronto, igual,* etcétera, sino también a los adverbios compuestos que terminan en el morfema *-mente.* Este morfema tiene su origen en el latín y significa "*de una mente (manera).*" En el latín el adjetivo que modificaba *mente* concordaba en su forma femenina singular. Todavía hay rastros de esta estructura analítica, basada en dos palabras separadas, en el español moderno. Uno de estos rastros es que se sigue usando la forma femenina singular del adjetivo para formar estos adverbios. Además, la forma *mente*, terminada en *-e*, viene directamente del caso ablativo de la tercera declinación y, como vimos en 3.3, en latín se usaba el ablativo para indicar la función de un objeto preposicional, como en la expresión *de una mente* + adjetivo femenino. En cuanto a su pronunciación, se conservan dos sílabas tónicas, una en el adjetivo original y la otra en el sufijo *-mente*, lo cual se confirma por el uso del acento escrito en adverbios como *rápidamente*, *fácilmente*, etcétera. Esta pronunciación refleja la estructura compuesta original de adjetivo + sustantivo e indica que todavía se mantienen características de las palabras individuales. Finalmente, todavía es posible separar el morfema *-mente* del adjetivo cuando hay más de un adverbio. En vez de repetir el morfema adverbial dos veces, como en *rápidamente y hábilmente*, se quita *-mente* del primer adjetivo y se mantiene la forma femenina del adjetivo porque modifica a la palabra *mente*:

(149)   *Trabaja **rápida** y hábilmente.*

Entonces, aunque se identifica el morfema *-mente* como marcador del adverbio, sólo se lo usa para los adverbios de modo porque mantiene su significado original *de una manera/mente* + adjetivo.

Se puede incluir bajo los adverbios de modo los que indican la cantidad y contestan la pregunta *¿cuánto?* Por ejemplo, los adverbios como *mucho, poco, bastante, demasiado, casi, más, menos, algo, nada, totalmente, completamente, sumamente, enteramente,* etcétera, describen la manera en que alguien hace algo, pero, a su vez, esta manera se relaciona con la cantidad o el grado de participación en la acción:

(150)   a.   *Trabajan **mucho/poco.***

        b.   *Duermen **demasiado/bastante.***

        c.   ***Casi** no estudian.*

Aunque no vamos a examinar todavía la función de los intensificadores, es importante señalar aquí que estos adverbios de modo también funcionan como intensificadores porque sirven para indicar la cantidad o intensidad de adjetivos y adverbios (véase 4.4).

Bajo los adverbios de modo se pueden incluir los de AFIRMACIÓN, NEGACIÓN y DUDA. Al lado de los adverbios afirmativos *sí* y *también* (oración a), y de los adverbios negativos *no* y *tampoco* (oración b), existen los adverbios de duda *tal vez, quizá(s)* y *acaso* (oración c), que no afirman ni niegan:

(151)   a.   ***Sí,** voy a ir a la fiesta y mis amigos van a ir **también.***

        b.   *Mis amigos **no** van a la fiesta, y yo **tampoco** voy.*

        c.   ***Tal vez** vayan a la fiesta.*

Aunque el inglés no permite el uso de dos o más adverbios o pronombres negativos en la misma oración, el español requiere que la negación se mantenga en todos los adverbios y en todos los pronombres indefinidos, aunque a veces es suficiente poner el adverbio negativo antes del verbo, como en la segunda opción del ejemplo a:

(152)  a. ***No** viene **tampoco**.* o *Él tampoco viene.*

   b. ***No** conozco a **nadie** en esta clase.*

   c. ***No** hice **nada** anoche.*

Estos adverbios pueden funcionar como adyacentes oracionales, modificando a toda la oración, o como adyacentes circunstanciales, modificando al verbo, pero estos dos usos pueden resultar en ambigüedad. Por ejemplo, la siguiente oración tiene dos posibles significados y la diferencia se basa en el uso del adverbio *no* como adyacente oracional o como adyacente circunstancial (Alarcos Llorach 1994: 131–133):

(153)  *No vinieron por eso.*

Si el adverbio *no* es un adyacente circunstancial y modifica sólo al verbo *venir*, esto implica que no vinieron y que se sabe por qué no vinieron. Por otro lado, si el adverbio *no* funciona como adyacente oracional y modifica a toda la oración, esto significa que sí vinieron, pero que vinieron con otro propósito.

Este cambio de significado también puede ocurrir con otros adverbios de modo. Por ejemplo, según la posición del adverbio y si modifica al verbo o a toda la oración, el significado del adverbio cambia en las siguientes oraciones:

(154)  a. *Ha terminado el semestre **felizmente**.*

   b. ***Felizmente**, ha terminado el semestre.*

En la oración 154a, el adverbio es un adyacente circunstancial que modifica al verbo *terminar* y contesta la pregunta *¿Cómo ha terminado el semestre?*. En la oración 154b, el adverbio *felizmente* funciona como adyacente oracional y modifica a toda la oración, añadiendo la reacción subjetiva del hablante hacia el evento.

Los ADVERBIOS DE LUGAR contestan las preguntas *¿dónde?* o *¿adónde?* y funcionan como adyacente circunstancial que modifica al verbo. Además de los adverbios de lugar que ya hemos examinado con relación a los tres niveles de distancia de los demostrativos (*aquí/acá, ahí, allí/allá*), otros adverbios de lugar que se usan frecuentemente son *dentro* o *adentro, fuera* o *afuera, delante* o *adelante, abajo, arriba, atrás* y *detrás*. Aunque el uso del prefijo *a-* en *adentro, afuera, adelante* implica dirección y no sólo posición, hay variación entre el uso de estos adverbios y en América se usa más *afuera* y *adentro* para indicar la posición (Butt y Benjamin 2000: 123–125):

(155)  *¿Quieres cenar **dentro/adentro** o **fuera/afuera**?*

Para poder identificar al adverbio en una oración, es necesario distinguir entre el uso nominal y adverbial de algunas palabras porque algunos adverbios de lugar también se usan como sustantivos después de una preposición. En estos pares de oraciones podemos comparar la función del adverbio de lugar con su función como sustantivo:

(156)  a.  *Vivimos **aquí.*** (adverbio)

      b.  ***Desde aquí** se ve mi casa.* (preposición + sustantivo)

(157)  a.  *El perro duerme **dentro.*** (adverbio)

      b.  *Es blanco **por dentro.*** (preposición + sustantivo)

(158)  a.  *Viven allí **enfrente.*** (adverbio)

      b.  *Viven en la casa **de enfrente.***   (preposición + sustantivo)

En las oraciones 156-158b, el sintagma preposicional funciona como adverbio o como adjetivo, pero la palabra dentro del sintagma preposicional funciona como sustantivo.

En algunos casos, el adverbio tiene tantas características del sustantivo que se usa con determinantes y en su forma plural:

(159)  a.  *Lo más importante es que mi familia esté a **mi alrededor.***

      b.  *Tengo un mapa de Madrid y **sus alrededores.***

En algunos dialectos del español, esta modificación con un adjetivo posesivo se ha extendido a otros adverbios, aunque no es un uso normativo:

(160)  a.  ***\*\*Mi hijo está **cerca tuyo.***

      b.  *\*\*No quiso hablar en **mi delante.***

      c.  *\*\*Su casa está **detrás nuestro.***

En estos casos, se usa el adjetivo posesivo en vez de los sintagmas preposicionales *cerca **de ti**, delante **de mí**, detrás **de nosotros**.* Ya que los adjetivos posesivos sólo modifican a los sustantivos, es evidente también que en estos contextos estas palabras están funcionando como sustantivos y no como adverbios.

Los ADVERBIOS DE TIEMPO contestan las preguntas *¿cuándo?* o *¿por cuánto tiempo?* e incluyen palabras como *ya, todavía, aún, luego, entonces, primero, antes, después, hoy, mañana, ayer, anteayer, pasado mañana, siempre, nunca, jamás,* etcétera. Igual que con los adverbios de lugar, hay que distinguir entre la función adverbial y la nominal de algunas de estas palabras, según la sintaxis de la oración. Comparemos, por ejemplo, el uso de las siguientes palabras como adverbios (oraciones a) o como sustantivos, después de una preposición (oraciones b):

(161)  a.  *Van a llegar **hoy.*** (adverbio)

      b.  ***De hoy** en adelante, comeré menos.* (preposición + sustantivo)

(162) a. *Terminaré la tarea **mañana.*** (adverbio)

   b. *Terminaré la tarea **para mañana.*** (preposición + sustantivo)

Aunque el sintagma preposicional donde se encuentran estos sustantivos funciona como adverbio (véase 4.2.3), las palabras *hoy* y *mañana* funcionan como sustantivos en las oraciones b, porque son objetos de la preposición anterior.

Hay muchos adverbios de tiempo que tienen la estructura de sintagmas nominales porque usan determinantes, adjetivos u otros modificadores del sustantivo por lo que debemos diferenciar también entre el uso adverbial y el nominal de estas frases, como en los siguientes pares:

(163) a. *Vamos a salir **el mes que viene.*** (adverbio)

   b. ***El mes que viene** va a ser muy difícil.* (sustantivo-sujeto)

(164) a. *No llegaron **esa semana.*** (adverbio)

   b. *Recuerdo muy bien **esa semana.*** (sustantivo-objeto directo)

(165) a. *Vendieron la casa **el año pasado.*** (adverbio)

   b. *Éstas son las fotos **del año pasado.*** (sustantivo-objeto preposicional)

Mientras que estas frases pueden funcionar exactamente como los otros adverbios que hemos visto hasta ahora, también pueden tener las mismas funciones sintácticas que cualquier otro sustantivo, así que es sólo la estructura de la oración la que puede señalar su función sintáctica. Para poder distinguir entre la función de sustantivo o de adverbio en estas oraciones, es útil considerar que se suprime una preposición antes del sintagma nominal cuando funciona como adverbio y que esta preposición suprimida es lo que cambia su significado nominal a un sentido adverbial, como se ve en los siguientes ejemplos:

(166) a. *Vamos a salir **dentro del mes que viene.***

   b. *No llegaron **durante esa semana.***

   c. *Vendieron la casa **en el año pasado.***

Entonces, aunque se puede decir que las expresiones *el mes que viene, esa semana* y *el año pasado* son sintagmas nominales, también pueden representar sintagmas preposicionales que funcionan como adverbios de tiempo (véase 4.2.3).

Aunque los adverbios de tiempo tienden a funcionar como adyacentes circunstanciales, algunos también funcionan como adyacentes oracionales y sirven para continuar una narración:

(167) *El domingo pasado estuve muy ocupada. **Primero,** hablé con mi hermana por una hora. **Luego,** fui a la oficina para terminar un proyecto. **Después,** fui al gimnasio por una hora. **Entonces,** fui a un restaurante con mis amigos. **Finalmente,** volví a casa y me acosté inmediatamente.*

Antes de terminar el análisis de las funciones del adverbio, es importante mencionar, una vez más, la relación íntima que existe entre algunos adverbios y su preposición (véase 2.4.1). En particular, se puede añadir la preposición *de* a algunos de los adverbios de lugar y de tiempo para crear la preposición correspondiente. Hay que distinguir siempre entre estas dos formas en español, aunque no existe siempre una distinción de forma en inglés:

(168)  a.  *Vamos a comer **antes**.* (adverbio)

       b.  *We're going to eat **before**.* (adverbio)

       c.  *Vamos a comer **antes de** la clase.* (preposición compuesta)

       d.  *We're going to eat **before** class.* (preposición)

(169)  a.  *Se quedó **dentro/adentro**.* (adverbio)

       b.  *He stayed **inside**.* (adverbio)

       c.  *Puso el dinero **dentro de** la caja.* (preposición compuesta)

       d.  *He put the money **inside** the box.* (preposición)

En el Capítulo 6 veremos que la relación entre estos adverbios y las preposiciones correspondientes también se extiende a algunas conjunciones de tiempo que conectan la cláusula subordinada con la cláusula independiente, como *antes de que, después de que*, etcétera.

## 4.2.2 La adverbialización del adjetivo

A pesar de la existencia de la construcción compuesta adjetivo femenino + *-mente* para formar adverbios de modo, a veces nos encontramos con la ADVERBIALIZACIÓN del adjetivo cuando se usa el adjetivo masculino singular en vez del adverbio de modo con el morfema *-mente:*

(170)  a.  *Corre **rápidamente**.    Corre **rápido**.*

       b.  *Habla **claramente**.    Habla **claro**.*

Aunque este uso del adjetivo como adverbio sólo ocurre con unos pocos adjetivos, es bastante común en el habla. En inglés también existe la tendencia a usar un adjetivo como adverbio de modo, pero su uso es menos aceptable:

(171)  a.  *He eats quickly.*

       b.  ***He eats quick.*

Aun más interesantes son los casos en español donde parece que el adjetivo está funcionando como adverbio, en vez del adverbio terminado en *-mente*, pero existe concordancia con el sujeto como si fuera un adjetivo:

(172)  ***Vivimos felices.*

Ya que el adverbio es siempre invariable, para explicar esta concordancia hay que aceptar que hay un verbo copulativo sobreentendido. Es decir, además del verbo *vivir*, se implica el verbo copulativo *estar* o *ser* en el contexto:

(173)  *Vivimos y estamos felices.*

Aunque es menos común con verbos activos, se pueden explicar otras variantes de la misma manera:

(174)  *\*\*Corren rápidos.*      =      *Corren y son rápidos.*

### 4.2.3 El sintagma preposicional con función de adverbio

Ya vimos en la sección 4.1.3 que el sintagma preposicional puede funcionar como adjetivo dentro del sintagma nominal, y en 4.2.2 se introdujeron algunos ejemplos de sintagmas preposicionales que tienen una función adverbial. En esta sección vamos a examinar en más detalle la función del sintagma preposicional como adverbio que modifica al verbo dentro del sintagma verbal. Para demostrar que el sintagma preposicional puede tener la misma función que un adverbio, en el diagrama arbóreo de la Figura 4.6 se ha reemplazado el sintagma adverbial *muy diplomáticamente*, que se usó en el diagrama arbóreo de la Figura 1.6, por el sintagma preposicional *de una manera muy diplomática*.

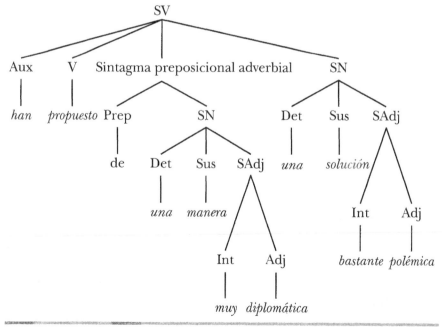

Figura 4.6  Diagrama arbóreo del sintagma verbal con un sintagma preposicional adverbial: *Han recomendado de una manera muy diplomática una solución bastante polémica.*

Los sintagmas preposicionales que funcionan como adverbios tienen las mismas funciones que los adverbios de modificar al verbo e indicar el modo, el lugar o el tiempo. Igual que el adverbio, los sintagmas preposicionales adverbiales expresan varios conceptos adverbiales, como se puede ver en los siguientes ejemplos:

(175) a. <u>Modo o manera (¿Cómo?)</u>:

La información llegaba **a cuentagotas.**

Se viste **a la francesa.**

Habla **sin reserva.**

Trabajmos **en vano.**

Rezaron **de rodillas.**

b. <u>Lugar o dirección (¿Dónde?, ¿Adónde?)</u>:

Caminaron **por el parque.**

Puse los libros **debajo del escritorio.**

Las cajas cayeron **al suelo.**

Viven **en un apartamento.**

Corrieron **hacia el edificio.**

c. <u>Tiempo o duración (¿Cuándo?, ¿Por cuánto tiempo?)</u>:

Salieron **a tiempo.**

**Por costumbre,** me levanto a las seis de la mañana.

Llegaron **a las tres.**

Aparecieron **al mismo tiempo.**

Comimos **por la mañana.**

Además de estos usos adverbiales, también hay casos en los que el sintagma preposicional adverbial funciona como adyacente oracional y modifica toda la oración, igual que los otros adverbios que ya hemos examinado:

(176) a. **Por un lado,** no quiero trabajar más. **Por otro lado,** necesito el dinero.

b. Elena es muy trabajadora. **En cambio,** su hermana Luisa es perezosa.

Entre los sintagmas preposicionales que funcionan como adverbios, hay algunos que han adquirido un sentido negativo, a pesar de que no usan ninguna expresión negativa. Por ejemplo, en la siguiente oración, el sintagma preposicional en mi vida significa lo mismo que el adverbio negativo nunca:

(177) a. **En mi vida** he visto cosa parecida.

b. **Nunca** he visto cosa parecida.

Por eso, si el sintagma adverbial se coloca después del verbo, es necesario añadir otro adverbio negativo antes del verbo:

(178)  a.  *No he visto cosa parecida **en mi vida.***

   b.  *No he visto cosa parecida **nunca.***

Por otra parte, el adverbio *nunca* a veces tiene un sentido positivo. Compare, por ejemplo, el sentido positivo en las siguientes oraciones:

(179)  a.  *Estás más bonita que **nunca.***

   b.  *Estás tan bonita como **siempre.***

Otro sintagma preposicional adverbial que tiene un sentido negativo se usa para responder negativa y enfáticamente a una pregunta:

(180)  *–¿Te sorprende que hayan tenido éxito en el examen?*
   *–**En absoluto.***

En este caso, el sintagma preposicional tiene un sentido negativo porque se ha suprimido la parte negativa de la respuesta:

(181)  *–(No me sorprende) **en absoluto.***

Otro caso de un sintagma preposicional adverbial que ha adquirido un sentido negativo aparece en algunas regiones de América, donde el sintagma preposicional adverbial que empieza con la preposición *hasta* significa lo opuesto:

(182)  a.  ***Hasta** entonces supe lo que había pasado.* =

   b.  ***No** supe lo que había pasado **hasta** entonces.*

(183)  a.  *Bajamos **hasta** el Parque Chapultepec.* =

   b.  ***No** bajamos **hasta** el Parque Chapultepec.*

Además, ya que *hasta* ha adquirido un sentido negativo, la negación de esta preposición resulta en un significado afirmativo:

(184)  a.  ***Hasta** que **no** consiga trabajo no estará contento.* =

   b.  *No estará contento **hasta** que consiga trabajo.*

(185)  a.  ***Hasta no** verte Jesús mío.* (por Elena Poniatowska) =

   b.  ***Hasta** verte Jesús mío.*

Aunque el uso de un adverbio con un sentido opuesto puede ser confuso, el contexto siempre ayuda a aclarar el sentido verdadero.

Es importante notar que los sintagmas preposicionales adverbiales también pueden modificar a un adjetivo. Aunque vamos a examinar en la próxima sección el uso de los intensificadores que modifican a los adjetivos y a los adverbios, el sintagma preposicional nunca funciona como un intensificador, así que tiene más sentido examinar estos usos en esta sección con los otros usos adverbiales del sintagma preposicional. En estos casos, el sintagma preposicional que funciona como sintagma adverbial va inmediatamente después del adjetivo que modifica:

(186) a. *El ejercicio es bueno* **para la salud.**

b. *Estos conceptos son importantes* **de aprender.**

c. *Este artículo es difícil* **de leer.**

Claramente, no se puede considerar a estos modificadores del adjetivo como intensificadores porque no forman una clase cerrada y son productivos. Entonces, aunque la mayoría de los modificadores de los adjetivos que vamos a ver son intensificadores, hay que tener en cuenta que algunos modificadores del adjetivo funcionan como adverbios.

Hasta ahora, hemos examinado la modificación del sustantivo por los determinantes, los cuantificadores, los adjetivos y los sintagmas preposicionales. Además, hemos estudiado la modificación del verbo por los adverbios y la modificación de los verbos y de los adjetivos por los sintagmas preposicionales. Ahora, vamos a examinar la modificación de los adjetivos y adverbios por los intensificadores. En este análisis, vamos a comparar esta modificación con la de los verbos que acabamos de examinar, porque se usan muchos de los mismos adverbios de modo para modificar a los adjetivos y a los adverbios.

Preguntas 13 a 15

## 4.3 Los modificadores del adjetivo y del adverbio

Hemos mencionado varias veces que es útil distinguir entre la clase cerrada de intensificadores que modifican a los adjetivos y a los adverbios y la clase abierta de adverbios que modifican a los verbos, aunque generalmente no se distinguen estas dos clases en las gramáticas de la lengua. Es cierto que los intensificadores comparten ciertas características con los adverbios, pero en la mayoría de los casos, hay suficientes diferencias para considerarlos una clase aparte.

Igual que los adverbios, las formas de estos modificadores son invariables, así que no reflejan ningún tipo de concordancia con los elementos que modifican. Además, casi todas las palabras que funcionan como intensificadores también funcionan como adverbios. Sin embargo, el grupo de intensificadores es mucho más limitado y son sólo los adverbios de modo, los que indican la cantidad o la intensidad. Entonces, se usan a veces las mismas palabras como intensificadores y como adverbios, pero los intensificadores modifican a los adjetivos (ejemplos b) y a los adverbios (ejemplos c), mientras que los adverbios sólo modifican a los verbos (ejemplos a):

(187)  a. *Viene muy **poco** por aquí.*        adverbio + verbo

        b. *Me pareció **poco** interesante.*        intensificador + adjetivo

        c. *Llegó **un poco** tarde.*        intensificador + adverbio

(188)  a. *Ha trabajado **bastante**.*        adverbio + verbo

        b. *El examen fue **bastante** fácil.*        intensificador + adjetivo

        c. *Habla **bastante** bien.*        intensificador + adverbio

(189)  a. *Bebe **demasiado**.*        adverbio + verbo

        b. *Es **demasiado** egoísta.*        intensificador + adjetivo

        c. *Llegó **demasiado** tarde.*        intensificador + adverbio

Todos estos intensificadores indican el nivel o la intensidad del adjetivo o del adverbio, pero no es posible indicar la intensidad de todos los adjetivos ni todos los adverbios, porque su significado no lo permite. Por ejemplo, los adverbios de tiempo *hoy, ahora, esta semana*, etcétera, no tienen niveles de intensidad. En cambio, adverbios de tiempo como *antes, después, tarde, temprano*, etcétera, sí los tienen, por lo que se puede modificar a este grupo de adverbios con ciertos intensificadores:

(190)  a. *Llegamos a las nueve y los jóvenes llegaron **un poco** después.*

        b. *Empezaron el concierto **demasiado** tarde.*

        c. ***Casi** siempre comemos en casa.*

De la misma manera, muchos adverbios de lugar como *aquí, ahí, al lado*, etcétera, no tienen niveles de intensidad, mientras otros adverbios de lugar como *allá, cerca, lejos*, etcétera, sí pueden reflejar su intensidad:

(191)  a. *Viven **muy** cerca.*

        b. *Están **más** allá.*

Los adverbios de modo forman un grupo interesante, porque muchos de los adverbios que funcionan como intensificadores como *bastante, demasiado, casi, algo, nada, totalmente, enteramente*, etcétera, no pueden ser modificados por otros intensificadores. En cambio, adverbios de modo como *bien, mal, pronto, rápido/rápidamente, fácil/fácilmente*, etcétera, sí pueden reflejar su intensidad y por eso aparecen con ciertos intensificadores:

(192)  a. *Habla **excepcionalmente** bien.*

        b. *Lo hicieron **bastante** rápido.*

Por lo tanto, aunque los intensificadores sirven para modificar a los adverbios, sólo modifican a un grupo de adverbios que pueden tener niveles diferentes de intensidad. En el caso de los modificadores del sustantivo, los intensificadores pueden indicar la intensidad de casi todos los adjetivos descriptivos:

(193) a. *Este concepto es **bastante** original.*

b. *Compraron una casa **muy** vieja.*

Sin embargo, no es posible indicar la intensidad ni de los determinantes ni de la mayoría de los cuantificadores, que ya indican una cantidad fija. Por ejemplo, sería imposible indicar el nivel de intensidad de cuantificadores como *algunos, varios, ninguno, cada, cien,* etcétera. Una de las pocas excepciones es el cuantificador *poco:*

(194) *Compraron **muy** pocos libros.*

Aunque el morfema *-mente* marca normalmente a los adverbios, hay algunas palabras que terminan en *-mente* que funcionan como intensificadores y pueden modificar a los adjetivos. Con frecuencia, estos intensificadores representan el nivel más alto de intensidad cuando modifican a los adjetivos descriptivos:

(195) a. *Es **absolutamente** ridículo creer esto.*

b. *Estoy **completamente** de acuerdo contigo.*

c. *Estos conceptos estan **íntimamente** ligados.*

d. *Es **sumamente** importante leer esto.*

e. *Están **totalmente** entusiasmados.*

Aunque la mayoría de los intensificadores que hemos visto también pueden funcionar como adverbios, hay algunos intensificadores que sólo modifican a los adjetivos o a las adverbios y no a los verbos:

(196) a. *Llegó del trabajo **medio** muerto.*

b. *Estoy **algo** preocupada.*

c. *Me encanta el pan **recién** hecho.*

d. *El examen fue **sumamente** difícil.*

Un caso interesante de esta limitación es el intensificador *muy,* uno de los intensificadores más usados de la lengua. Históricamente, este intensificador y el adverbio y cuantificador *mucho* tienen el mismo origen en latín. La forma del adverbio y del cuantificador viene directamente de la forma tónica del latín:

(197) *multu* > *muito* > *mucho*

El intensificador, por otra parte, se usaba como forma átona antes de un adjetivo o adverbio, y por eso se redujo más a una forma apocopada que perdió el morfema *-to* al final, igual que *santo* y *tanto:*

(198)  *multu > muito > muit > muy*

Entonces, se usa la forma tónica *mucho* como cuantificador (ejemplo a) y como adverbio (ejemplo b), pero se usa la forma átona *muy* como intensificador de adverbios (ejemplo c) e intensificador de adjetivos (ejemplo d):

(199)  a.  *Leen **muchos** libros.*    cuantificador-modificador del sustantivo

      b.  *Estudian **mucho.***    adverbio-modificador del verbo

      c.  *Viven **muy** lejos.*    intensificador-modificador del adverbio

      d.  *Es **muy** difícil.*    intensificador-modificador del adjetivo

Mencionamos antes que no se puede usar los intensificadores para modificar a los adverbios que también funcionan como intensificadores y tampoco se puede usar el intensificador *muy* para modificar al adverbio *mucho:*

(200)  *\*Estudian muy mucho.*

En vez de esta estructura, se usa el morfema *-ísimo,* el cual tiene el mismo significado que el intensificador *muy:*

(201)  *Estudian much**ísimo.***

También se usa este sufijo con los adjetivos y, en este caso, es necesario indicar la concordancia con el sustantivo modificado:

(202)  *Esta sopa está riqu**ísima.***

En vez de usar el intensificador *muy* o el morfema *ísimo,* los hablantes siguen creando nuevos morfemas con el mismo significado de intensidad:

(203)  a.  ***requete**guapo*

      b.  ***archi**conocido*

      c.  ***super**inteligente*

Estos prefijos intensificativos se limitan a la modificación de los adjetivos y no se usan para modificar a los adverbios. Puesto que la modificación de los adjetivos por el intensificador *muy* es tan común, no es sorprendente que se hayan creado nuevos morfemas para indicar la intensidad del adjetivo.

Además de la imposibilidad de usar el intensificador *muy* como modificador del adverbio *mucho,* hay otro grupo de adjetivos y adverbios que no

admite el uso de la forma reducida *muy* y sólo aparece con la forma tónica
*mucho:*

(204)  a.  *Llegó **mucho antes/después**.*

   b.  *Se siente **mucho mejor/peor**.*

   c.  *Mis hermanos son **mucho mayores/menores** que yo.*

También se usa el intensificador *mucho* en vez de *muy* para modificar a los
intensificadores o adverbios *más/menos*:

(205)  a.  *Trabaja **mucho más** que los demás.*

   b.  *Es **mucho menos inteligente** que su hermano.*

Para entender estas excepciones al uso del intensificador *muy*, es necesario ver
la relación entre los adjetivos o adverbios *antes/después, mejor/peor, mayor/menor*,
y los intensificadores o adverbios *más/menos*. Aunque no se usan los modificadores *más/menos* en el primer grupo, el concepto de cantidad está incorporado en su significado. En todos estos casos el adjetivo o adverbio son formas
relativas o comparativas, y su significado ya implica una cantidad mayor o
menor de algo. *Antes/después* implican más o menos tarde, *mayor/menor*
pueden indicar más o menos edad y *mejor/peor* pueden señalar más o menos
calidad. Entonces, el uso del intensificador *muy* con cualquier de estos ejemplos sería equivalente al uso de *muy* con el intensificador *más*, y ya vimos que
no se puede usar un intensificador para modificar a otro intensificador.

Preguntas 16 a 20

## 4.4 La comparación

Terminaremos nuestro estudio de los modificadores en español anali-
zando la comparación porque en las formas comparativas se pueden ver
las similitudes y las diferencias entre los tres modificadores que hemos
examinado en este capítulo. En otras palabras, es posible usar las formas
comparativas como adverbios para modificar a los verbos; como cuantificadores para modificar a los sustantivos y como intensificadores para
modificar a los adjetivos y adverbios. En el caso de las COMPARATIVAS
DE DESIGUALDAD, es a veces difícil diferenciar la modificación de las diferentes
clases abiertas porque se usa la misma forma invariable, pero las COMPARA-
TIVAS DE IGUALDAD muestran estas diferencias claramente.

### 4.4.1 Las comparativas de desigualdad

Las comparativas de desigualdad consisten en la estructura analítica *más
+ que* para expresar superioridad y *menos + que* para indicar inferioridad.
Ya vimos en 4.3 que estos modificadores son invariables; por eso, es más

difícil diferenciar sus funciones. Como modificadores del verbo, las estructuras comparativas *más que/menos que* aparecen después del verbo y generalmente se compara la oración completa con otra oración, aunque la segunda cláusula es implícita y sólo se menciona el sujeto:

(206)  a.  *Mi hermana trabaja **más que** yo.*

      b.  *Los adultos aprenden **menos que** los jóvenes.*

Aunque en la segunda parte de la comparación no se usa el verbo, el significado subyacente es que el segundo sujeto hace la misma acción que el primero. También hay un grupo de comparativas que no se combinan con *más/menos* porque su significado ya incorpora los conceptos de más o menos:

(207)  a.  *Ella canta **mejor/peor que** su padre.*

      b.  *Felipe es **mayor/menor que** su esposa.*

      c.  *Los estudiantes llegarán **antes/después que** yo.*

Para poder explicar la diferencia entre el uso de las expresiones *más de, menos de, antes de, después de*, etcétera, y *más que, menos que, antes que, después que*, es necesario reconocer la existencia de la segunda cláusula subyacente. Se usan estos modificadores con la conjunción *que* para comparar dos cláusulas, aunque la segunda cláusula está implícita. Por otra parte, se usan estos modificadores con la preposición *de* antes de un objeto preposicional que no forma parte de una cláusula completa:

(208)  a.  *Mi hijo puede comer **más que** dos personas.*

      b.  *Mi hijo puede comer **más de** dos kilos de pan.*

La oración 208a compara lo que come el hijo con lo que comen otras dos personas y la cláusula implícita es *lo que comen dos personas*. La oración 208b indica la cantidad de lo que come, sin compararlo con otras personas.

(209)  a.  *Los estudiantes llegaron **antes que** la profesora.*

      b.  *Los estudiantes llegaron **antes de** la clase.*

Aquí también, la oración 209a compara la llegada de los estudiantes con la de la profesora, y la cláusula implícita es *antes de que llegara la profesora*. La oración 209b no compara la llegada de los estudiantes con la llegada de la clase, sino que usa el sintagma preposicional adverbial *antes de la clase* para indicar cuándo llegaron.

A veces se usan las comparativas incompletas, eliminando la conjunción *que* y cualquier elemento de la segunda cláusula:

(210)  a.  *Está trabajando **mucho más**.*

      b.  *Se siente **mejor**.*

      c.  *Yo llegué **mucho antes**.*

En general, es posible hacer esto porque la comparación está implícita y el contexto indica con qué se está comparando la primera cláusula. Por ejemplo, en la oración 210a se compara cuánto trabaja ahora con cuánto trabajaba antes. En la oración 210b está implícito que se está comparando cómo se siente ahora con cómo se sentía antes. Finalmente, en la oración 210c se compara el momento que llegó con otro evento, ya sea la llegada de otras personas o el comienzo de algún evento.

Además de modificar a los verbos, las comparativas de desigualdad también funcionan como intensificadores, modificando a los adjetivos y adverbios. En esta comparación, el adjetivo o adverbio se coloca entre el intensificador y la conjunción: *más/menos* + adjetivo/adverbio + *que* (ejemplos a, b). También se usan las comparativas irregulares *mejor/peor, menor/mayor, antes/después* como adjetivos o adverbios (ejemplos c, d). En el caso de los adjetivos, esta comparación es muy común y productiva, especialmente con los verbos copulativos, y el adjetivo siempre concuerda con el sujeto de la oración:

(211)  a. *Ella es **más rica que** su padre.*

b. *Nosotros estamos **más felices que** ustedes.*

c. *Isabel parece **mayor que** su hermana.*

d. *Este examen fue **peor que** el primero.*

Las comparativas de desigualdad que modifican a los adverbios tienen la misma estructura que las que modifican a los adjetivos. Sin embargo, como vimos en 4.3, el uso de los intensificadores para modificar a los adverbios es mucho más limitado y se usan principalmente para modificar a los adverbios de modo:

(212)  a. *Ella corre **más rápido que** yo.*

b. *Yo siempre llego a la escuela **más tarde que** mis amigos.*

Otro grupo de comparativas de desigualdad son los cuantificadores invariables *más/menos* para comparar la cantidad de algo. Igual que los intensificadores, los modificadores se colocan antes de la palabra que modifican, *más/menos* + sustantivo + *que*, pero las palabras *más/menos* funcionan ahora como cuantificadores, modificando al sustantivo, y no como intensificadores, modificando al adjetivo o adverbio:

(213)  a. *Yo tengo **menos problemas que** ella.*

b. *Elisa tiene **más hijas que** su hermana.*

Aunque estos cuantificadores son invariables y no reflejan ni el género ni el número del sustantivo que modifican, hay que reconocer su función cuando se añaden otros cuantificadores que sí marcan género y número:

(214)  a. *Yo tengo **muchos menos problemas que** ella.*

b. *Elisa tiene **muchas más hijas que** su hermana.*

La concordancia de *mucho* con el sustantivo indica que no es un intensificador que modifica a *menos/más* sino un cuantificador y que tenemos aquí un caso de doble cuantificador. Como ya vimos en 4.1.1.4, aunque no es posible combinar todos los cuantificadores, se puede usar *mucho*, *más*, *menos* y unos pocos cuantificadores más en combinación con otro cuantificador.

También es notable el uso más limitado de *mayor/menor* en vez de *más/menos* para modificar a ciertos sustantivos abstractos y no contables. Se usan estos modificadores en comparativas con la conjunción *que* y también como cuantificadores sin una comparación implícita:

(215) a. *Atacaron al enemigo con **mayor precisión que** antes.*

   b. *En este aeropuerto, registran el equipaje con **mayor frecuencia.***

Este uso es más formal y siempre se puede reemplazar *mayor/menor* por *más/menos*.

Como ya vimos para las comparativas adverbiales, en el caso de los cuantificadores es necesario distinguir entre el uso de la comparativa *más/menos* + sustantivo + *que* y el cuantificador *más/menos de* + un sintagma nominal de cantidad:

(216) a. *Silvia gastó **más dinero que** su hermano.*

   b. *Silvia gastó **más de veinte** dólares.*

En la oración 216a, la comparativa *más dinero que* compara lo que gastó Silvia con lo que gastó su hermano, y la cláusula implícita sería *su hermano gastó dinero*. La oración 216b sólo indica la cantidad de dinero que Silvia gastó, sin ninguna comparación con otra persona.

La comparativa *más/menos de* también aparece antes de cláusulas subordinadas nominales que empiezan con los pronombres relativos *el que/la que/los que/las que* porque estos pronombres indican el concepto de cantidad. Mientras que las comparativas de desigualdad *más/menos* + sustantivo + *que* se colocan antes de un sustantivo que es el sujeto de la cláusula implícita (ejemplos a), se usa *más/menos* + sustantivo + *de* antes de cláusulas completas que implican siempre la cantidad (ejemplos b):

(217) a. *Preparó **más comida que** su madre.*

   b. *Preparó **más comida** de la que podíamos comer.*

(218) a. *Has traído **menos billetes que** los demás.*

   b. *Has traído **menos billetes** de los que necesitamos.*

La distinción entre la conjunción *que* y la preposición *de* antes de expresiones de cantidad también se produce en la modificación de los adjetivos con el uso del pronombre relativo *lo que*:

(219) a. *Soy **más inteligente que** mi hermana.*

b. *Soy **más inteligente de** lo que creían.*

Este uso del adjetivo es igual que los ejemplos anteriores, ya que la primera oración compara la inteligencia de una persona con la otra, mientras que la segunda oración se refiere a una cantidad o medida de inteligencia. La diferencia entre este ejemplo y los anteriores es que se usa la forma neutra del pronombre relativo, *lo que*, porque se refiere al concepto abstracto de ser inteligente.

Aunque es mucho más común el uso de la preposición *de* antes de *lo que/el que/la que/los que/las que* en las comparaciones, se encuentra a veces el uso de la conjunción *que* (Real Academia Española: 419):

(220) \*\**Soy más inteligente **que lo que** creían.*

Además, hay algunas expresiones donde se suprime parte de la comparación y se usa la conjunción *que:*

(221) \*\**Gasta **más que** gana.* = *Gasta **más de lo que** gana.*

Otro uso de la preposición *de* en las comparativas es la estructura superlativa que consiste en artículo definido + sustantivo + *más/menos* + adjetivo + *de* + sintagma nominal:

(222) a. *En esta competencia están **las mujeres más bellas del mundo**.*

b. *Visitamos **el edificio más alto de la ciudad**.*

En estos casos, el sintagma preposicional *de* + sintagma nominal sirve como adjetivo que limita al sustantivo que modifica. Es decir, no se puede identificar claramente a *las mujeres más bellas* o *al edificio más alto* sin el sintagma preposicional que limita más al grupo. Sin embargo, no es siempre necesario incluir el sintagma preposicional al final de la estructura superlativa porque el grupo está implícito:

(223) *Le ofrecieron el trabajo **al candidato menos calificado**.*

Es obvio por el contexto que el grupo al cual se refiere son todos los candidatos, así que no es necesario incluir el sintagma preposicional *de todos los candidatos* en la estructura superlativa.

### 4.4.2 Las comparativas de igualdad

Las comparativas de igualdad consisten en la estructura analítica *tan(to)* + *como* para expresar la igualdad entre dos elementos. A diferencia de las comparativas de desigualdad, no se usa la misma forma para los diferentes usos de esta estructura, y hay que distinguir entre la modificación de sustantivos, de verbos y de adjetivos o adverbios.

Como modificador del verbo, la estructura invariable *tanto como* aparece después del verbo y se compara una cláusula con otra. Como vimos en las comparativas de desigualdad, la segunda cláusula está implícita y sólo se menciona el sujeto:

(224)   *Mi hermana no trabaja **tanto como** yo.*

En esta comparativa de igualdad, la cláusula implícita es *yo trabajo* y se compara la cantidad que trabaja *mi hermana* con la cantidad que *trabajo yo.*

Otro uso de la estructura *tanto... como* se presenta cuando hay dos sustantivos con la misma función en una oración. Aunque en inglés se usa la estructura *both... and,* en español no se puede usar *ambos... y* para modificar a dos sustantivos diferentes:

(225)   a.  *El intensificador modifica **tanto** al adjetivo **como** al adverbio.*
        b.  *The intensifier modifies **both** the adjective **and** the adverb.*

En esta oración, hay dos objetos directos conectados por la comparativa de igualdad *tanto... como.* De la misma manera, se puede conectar dos sujetos:

(226)   a.  ***Tanto** la madre **como** el hijo quieren mudarse.*
        b.  ***Both** the mother **and** the son want to move.*

Aparte de estos usos de la comparativa de igualdad *tanto... como,* también se usa el intensificador invariable *tan* en la estructura comparativa *tan +* adjetivo/adverbio *+ como.* Esta estructura es muy común en la modificación de los adjetivos:

(227)   *Las necesidades de los niños son **tan importantes como** las de los padres.*

Como vimos en la sección 4.3, la modificación de los adverbios es más limitada porque el significado de muchos adverbios no permite el uso de un intensificador, así que el uso más común de la comparación de igualdad es en la modificación de los adverbios de modo:

(228)   *Ella habla **tan rápido como** mi tía.*

En esta comparativa también, el verbo de la segunda cláusula está implícito y no es necesario repetirlo porque es el mismo verbo *habla* que en la primera cláusula.

Finalmente, se usa el cuantificador variable *tanto* en la estructura comparativa *tanto/tanta/tantos/tantas +* sustantivo *+ como* para modificar a los sustantivos en las comparativas de igualdad:

(229)   *Tengo **tantos lápices como** bolígrafos.*

En este ejemplo, se compara la cantidad de dos objetos diferentes, los lápices y los bolígrafos, pero el sujeto no cambia. Es posible comparar la cantidad de un objeto y tener dos sujetos diferentes:

(230)   *Compraste **tantas blusas como** yo.*

También se pueden añadir otros elementos entre el sustantivo y la palabra *como:*

(231)   *Hay **tanta gente en esta clase como** en la otra.*

En esta oración, se compara la cantidad de estudiantes de las dos clases y se usan dos sintagmas preposicionales para la comparación.

Ya que las comparativas de desigualdad usan la conjunción *que* y no *como*, un error común de los principiantes es usar las estructuras incorrectas *\*tanto que*, *\*tan... que* o *\*tanto/tanta/tantos/tantas... que*. Aunque no existen estas estructuras comparativas, es posible usar *tanto* como adverbio, *tan* como intensificador y *tanto/tanta/tantos/tantas* como cuantificador, seguidos de otra cláusula que empieza con la conjunción *que*. Comparemos en las siguientes oraciones las estructuras comparativas de igualdad en 232–35a con los usos de *tan, tanto y tanto/tanta/tantos/tantas* antes de otra cláusula en 232–35b:

(232)   a.   *Pedro trabaja **tanto como** su padre.*

        b.   *Pedro trabaja **tanto que** no tiene tiempo para divertirse.*

(233)   a.   *Victoria es **tan amable como** su hermana.*

        b.   *Victoria es **tan amable que** la invité a cenar con mi familia.*

(234)   a.   *Llegó **tan tarde como** los demás.*

        b.   *Llegó **tan tarde que** no pudo participar en la presentación.*

(235)   a.   *Tengo **tanta tarea como** mi hermano mayor.*

        b.   *Tengo **tanta tarea que** no puedo salir con mis amigos.*

En estos ejemplos, las oraciones a usan la estructura comparativa de igualdad para comparar la cantidad, mientras que las oraciones b usan *tanto, tan, tanto/tanta/tantos/tantas* como modificador, seguido de una cláusula que describe el resultado o las consecuencias de la primera cláusula.

## 4.5 El adjetivo y el adverbio como atributo

Aunque las reglas que rigen el uso de los verbos copulativos *ser* y *estar* en gran parte son léxicas y no sintácticas, en algunos casos es útil y necesario distinguir entre adjetivo y adverbio para decidir qué verbo copulativo hay que usar. Para terminar nuestro estudio del uso de los modificadores en español, vamos a examinar brevemente la relación entre los verbos copulativos, los adjetivos y los adverbios.

Para empezar, hay que dejar al lado los casos en los que el atributo de una oración es un sustantivo, porque entonces sólo se puede usar el verbo copulativo *ser*, que establece que el atributo es equivalente al sujeto (véase 2.1):

(236)   a. *Ella **es** profesora.*

       b. *El culpable **eres** tú.*

Además, en español se usan otros verbos de estado más un sustantivo para describir ciertos estados, mientras que en inglés se expresan estos estados con el verbo copulativo más el atributo:

(237)   a. *Tengo **hambre.***     verbo + sustantivo

       b. *I am **hungry***       verbo copulativo + atributo

(238)   a. *Hace **frío.***       verbo + sustantivo

       b. *It is **cold.***        verbo copulativo + atributo

Para el uso de los verbos copulativos en otros contextos, es imposible a nivel sintáctico describir las diferencias de significado que deciden el uso de *ser* o de *estar* con adjetivos. Por otra parte, el uso de estos dos verbos copulativos con los adverbios siguen reglas muy específicas. En el caso de los adjetivos, se usa el verbo copulativo *ser* para condiciones inherentes o permanentes y el verbo copulativo *estar* para condiciones no permanentes. Sin embargo, no se puede aplicar estos criterios de permanencia al uso de los verbos copulativos con adverbios. Ya sea permanente o temporal, la condición indicada por los adverbios de lugar siempre requiere el verbo copulativo *estar* para describir la ubicación de una persona o una cosa. Como se puede ver en los siguientes ejemplos, esta función adverbial se cumple con un adverbio o con un sintagma preposicional:

(239)   a. *Los niños **están** en casa.*

       b. *Bogotá **está** en Colombia.*

       c. *Mi casa **está** lejos de aquí.*

Por otro lado, se usa siempre el verbo copulativo *ser* con los adverbios de lugar o de tiempo para describir el tiempo o el lugar de un evento. De nuevo, el uso de los sintagmas preposicionales con función adverbial es muy común:

(240)   a. *El concierto **es** a las ocho.*

       b. *El examen **es** mañana.*

       c. *La presentación **es** en el centro de conferencias.*

       d. *La clase **es** aquí.*

Una vez más, la distinción entre la función adjetival y la adverbial ayuda a explicar el uso de los verbos copulativos. Obviamente, esto no explica todos los usos de *ser* y *estar*, pero aun así es una distinción importante para poder usar bien los dos verbos copulativos.

Preguntas 21 a 24

## 4.6 Perspectiva diacrónica y sincrónica: La evolución de los modificadores del latín

En esta sección, vamos a examinar el uso de los diferentes modificadores del sustantivo en latín y su evolución al español. Empezaremos con una examinación de los determinantes y los ajustes y cambios de función que ocurrieron en su evolución. Después, compararemos la evolución de la morfología de los adjetivos con la de los sustantivos que estudiamos en el Capítulo 3. Finalmente, presentaremos la evolución de las formas comparativas y superlativas como otro ejemplo del cambio de una lengua sintética a una lengua analítica.

### 4.6.1 El origen de los determinantes en latín

Lo más notable del latín clásico es que no existía el artículo definido como determinante. Si era necesario marcar un sustantivo con un determinante, se usaba el demostrativo más distante *ille*, que concordaba en caso, número y género con el sustantivo que modificaba. Había treinta formas diferentes de este demostrativo porque se marcaban los cinco casos (nominativo, acusativo, genitivo, dativo, ablativo), los dos números (singular, plural) y las tres clases o géneros (masculino, femenino y neutro). Sin embargo, esta forma perdió su matiz demostrativo por el uso frecuente y quedó como el artículo definido en las lenguas románicas. Este demostrativo también sirvió como fuente de los pronombres personales tónicos y átonos de la tercera persona en español (véase 5.3). Como se puede ver en el cuadro de la Figura 4.7, los artículos definidos del español se derivan de los demostrativos nominativos en la forma singular y de los demostrativos acusativos en la forma plural del latín.

No se puede explicar por qué se usaba el caso nominativo como base de los artículos singulares y el caso acusativo como base de los artículos plurales, pero también vimos en 3.3 que estos dos casos eran los más usados y que también servían como base de las formas nominales en español.

| Caso, género, número | latín clásico | español moderno |
|---|---|---|
| Nominativo masculino singular | *ille* | *el* |
| Nominativo femenino singular | *illa* | *la* |
| Nominativo neutro | *illud* | *lo* |
| Acusativo masculino plural | *illōs* | *los* |
| Acusativo femenino plural | *illās* | *las* |

Figura 4.7   Origen de los artículos definidos en el latín.

En las formas del latín, podemos ver el origen del artículo *el* para los sustantivos que empiezan con /á/ tónica, como *el agua, el águila,* etcétera (véase 3.2.1.2). En la pronunciación del artículo femenino *illa* antes de una palabra que empezaba en /a/, el enlace, o unión de las dos vocales, resultó en la reducción de este artículo a *il,* que se transformó en el artículo definido *el:*

(241)   *illa aqua /ilákua/*     >     *il aqua*     >     *el agua*

El uso del artículo *el* en español antes de ciertas palabras femeninas tiene su origen en el artículo femenino *illa* del latín y no en el artículo masculino *ille.* En el español antiguo, se usaba el artículo *el* antes de cualquier palabra que empezara con la letra *a-,* pero en el español moderno, esta regla sólo se aplica a la /á/ tónica (Lathrop 1986: 107).

Como se puede ver en el cuadro de la Figura 4.8, el origen del artículo indefinido es muy similar al del artículo definido, porque las formas singulares vienen del caso nominativo y las formas plurales vienen del caso acusativo.

Igual que los otros determinantes, el articulo indefinido tiene una función PROCLÍTICA, o sea, que le falta el acento y se apoya en la palabra siguiente. Por eso, se usa la forma apocopada *un* antes del sustantivo masculino singular (véase 4.1.2.1).

| Caso, género, número | latín clásico | español moderno |
|---|---|---|
| Nominativo masculino singular | *unus* | *uno/un* |
| Nominativo femenino singular | *una* | *una* |
| Nominativo neutro | *unum* | *uno* |
| Acusativo masculino plural | *unōs* | *unos* |
| Acusativo femenino plural | *unās* | *unas* |

Figura 4.8   Origen de los artículos indefinidos en el latín.

Ya que en latín el uso original del artículo indefinido era como cuantificador, se debe notar que se declinaban los números *uno, dos, tres* y *mil.* Es decir, existían formas diferentes de estos cuantificadores para concordar en caso, género y número con el sustantivo que modificaban. Los otros números no se declinaban, así que de esos cuantificadores existía una sola forma. Con excepción del número *uno,* en español no existe concordancia entre el número y el sustantivo que modifica. Incluso el número *uno* sólo indica concordancia de género, porque su significado como cuantificador impide un significado plural:

(242)  a. *un libro*

　　　b. *veintiún dólares*

　　　c. *una casa*

　　　d. *cincuenta y una personas*

Entonces, aunque las formas *unos, unas* existen como artículo indefinido en español, no se usan como números porque su significado como número singular contradice su uso en la forma plural.

Los demostrativos también tienen su origen en el latín, pero su evolución al español fue mucho más compleja que la de los artículos definidos e indefinidos. En latín, existía un demostrativo átono *is/ea/id* (masculino/femenino/neutro del nominativo singular) que desapareció de la lengua. También existía el sistema demostrativo de los tres niveles de distancia que examinamos en 4.1.1.3. El demostrativo *ille/illa/illud* reflejaba mucha distancia entre el hablante y el oyente, por un lado, y el objeto modificado, por otro. El demostrativo *iste/ista/istud* se usaba para indicar la cercanía del objeto modificado al oyente, y el demostrativo *hic/haec/hoc* marcaba la cercanía del objeto modificado al hablante. Con el reajuste antedicho de la función del demostrativo más lejano *ille* al artículo definido y la desaparición del demostrativo *hic,* la única forma que quedaba era el demostrativo intermedio *iste.* Esta forma cambió de función y llenó el vacío creado por la desaparición del demostrativo cercano *hic,* pero todavía faltaban los dos demostrativos más lejanos. Para el segundo plazo, el determinante intensificador del latín *ipse* (mismo) se convirtió en el demostrativo intermedio *ese.* Finalmente, para formar el demostrativo más distante, se añadió al demostrativo original *ille* la palabra *ecce* (inglés *lo, behold*) > *accu,* y la forma analítica *accu + ille,* se redujo al nuevo demostrativo *aquel.* También existían formas analíticas que combinaban el morfema *accu* con los otros dos demostrativos, *ipse* e *iste,* creando los demostrativos *aqueste* y *aquesse* en el español antiguo. El cuadro de la Figura 4.9 presenta los demostrativos originales del latín (en los tres géneros del nominativo singular), la fuente de las nuevas formas en las lenguas románicas y las formas resultantes en el español moderno.

| Demostrativos | Primer nivel de distancia | Segundo nivel de distancia | Tercer nivel de distancia |
|---|---|---|---|
| **latín clásico** | hic/haec/hoc | iste/ista/istud | ille/illa/illud |
| **latín vulgar** | iste/ista/istud | ipse/ipsa/ipsum | eccu + ille/ illa/illud |
| **español** | este/esta/esto | ese/esa/eso | aquel/aquella/ aquello |

Figura 4.9   Origen de los demostrativos en el nominativo singular (masculino/femenino/neutro) del latín.

Ya que estas formas se usan en español como adjetivos y como pronombres, se debe notar que las formas neutras del latín sólo sobreviven como pronombres neutros en español *esto/eso/aquello* y nunca modifican al sustantivo. Por eso, tampoco existen en la forma plural porque sólo representan los conceptos no contables en la forma singular.

El estudio del latín también revela por qué las formas masculinas singulares de los demostrativos terminan en *-e* o *-l*, mientras que las formas plurales terminan en *-os*. Estas terminaciones representan una anomalía en español porque la forma singular marca el género masculino con un morfema mientras que la forma plural lo marca con otro morfema. Igual que los artículos descritos anteriormente, las formas singulares vienen del nominativo singular del latín, mientras que las formas plurales vienen del acusativo plural del latín. Entonces, los demostrativos plurales *estos/estas, esos/esas* y *aquellos/aquellas* no vienen de las formas nominativas plurales *istī/istae, ipsī/ipsae* y *ecce + illī/illae*, sino de las formas acusativas plurales *istōs/istās, ipsōs/ipsās* y *ecce + illōs/illās*.

El último grupo de demostrativos que vamos a examinar son los posesivos. En latín, no existía ninguna distinción entre los posesivos tónicos y átonos, como existe en el español moderno entre *mi/mío, tu/tuyo*, etcétera, pero los adjetivos posesivos marcaban el caso, el número y el género del sustantivo modificado, como todos los otros adjetivos. Las formas nominativas singulares para el género masculino, femenino y neutro eran *meus/mea/meum, tuus/tua/tuum, suus/sua/suum, noster/nostra/nostrum* y *vester/vestra/vestrum*. La evolución de estas formas resultó en los siguientes posesivos del español antiguo: masculino *mió* o *mío* y femenino *mía* o *míe*, masculino *to* y femenino *tua* o *túe*, masculino *so* y femenino *sua* o *súe*, masculino *nuestro* y femenino *nuestra*, masculino *vuestro* y femenino *vuestra*. Se añadió la *-y-* intervocálica a *tua* y *sua* por analogía con *cuya*, del latín *cuius* (Lloyd 1987: 279), y esta forma se extendió al masculino y al plural. En el español antiguo, todos estos posesivos se colocaban antes del sustantivo. Con la reducción de las formas femeninas a *mi, tu, su*, era difícil distinguirlas de

|                          | latín clásico     | español               |
|--------------------------|-------------------|-----------------------|
| **Primera persona singular** | masculino *meus* | posesivo átono *mi*  |
|                          | femenino *mea*    | posesivo tónico *mía* |
|                          | neutro *meum*     | posesivo átono *mi*   |
| **Segunda persona singular** | masculino *tuus* | posesivo átono *tu*  |
|                          | femenino *tua*    | posesivo tónico *tuya* |
|                          | neutro *tuum*     | posesivo átono *tu*   |
| **Tercera persona singular** | masculino *suus* | posesivo átono *su*  |
|                          | femenino *sua*    | posesivo tónico *suya* |
|                          | neutro *suum*     | posesivo átono *su*   |

Figura 4.10   Origen de los posesivos átonos y tónicos en latín.

los posesivos masculinos *to, so* y, con el tiempo, las formas femeninas *mi, tu, su* empezaron a usarse para los dos géneros. Las formas antiguas antes del sustantivo se encuentran en textos antiguos, como *El mío Cid*. El cuadro de la Figura 4.10 presenta las formas principales en latín que formaban la base de los dos tipos de posesivos que existen en el español moderno.

## 4.6.2 El sistema adjetival del latín

Igual que los sustantivos del latín que examinamos en 3.3, los adjetivos tenían una morfología muy compleja que marcaba no sólo el género y número, sino también la DECLINACIÓN y el CASO del adjetivo. Mientras que había cinco declinaciones o patrones diferentes para los sustantivos, sólo había tres para los adjetivos. Además, el sistema adjetival era menos complicado que el sistema nominal porque empezaron a mezclarse los conceptos de declinación y género. Un grupo de adjetivos, el de la primera/segunda declinación, distinguía entre los géneros masculino, femenino y neutro y concordaba con los sustantivos femeninos de la primera declinación, con los sustantivos masculinos de la segunda declinación y con los sustantivos neutros también de la segunda declinación. Otro grupo de adjetivos, el de la tercera declinación, no distinguía entre los géneros y, con pocas excepciones, había una sola forma para los tres géneros. Además, con la eliminación del sistema de casos, se produjo la misma evolución que en los determinantes, donde las formas nominativas singulares y las formas acusativas plurales formaban la base de las formas adjetivales del español. Entonces, la distinción entre el género femenino de la primera declinación y el género masculino de la segunda declinación es la base de la distinción del género en los adjetivos de cuatro formas en español, como se ve en el cuadro de la Figura 4.11.

Por otra parte, los adjetivos de la tercera declinación, que no distinguían el género en latín, formaban la base de los adjetivos de dos formas que

| Caso, género, número | latín | español |
|---|---|---|
| Nominativo masculino singular | *sōlus* | *solo* |
| Nominativo femenino singular | *sōla* | *sola* |
| Nominativo neutro | *sōlum* | *solo* |
| Acusativo masculino plural | *sōlōs* | *solos* |
| Acusativo femenino plural | *sōlās* | *solas* |

Figura 4.11   Origen en latín de los adjetivos de cuatro formas del español.

tampoco marcan el género en español, como se puede ver en el cuadro de la Figura 4.12.

Aunque el adjetivo español ya no indica el caso, las terminaciones de los adjetivos reflejan los casos nominativo y acusativo del latín. Además, la distinción entre los adjetivos de cuatro y de dos formas se basa en las declinaciones originales del latín. La pérdida de la última sílaba en las formas apocopadas *un, algún, ningún, buen, mal, gran,* etcétera, es el resultado de la posición del adjetivo antes del sustantivo que modifican y la pronunciación átona resultante de estos modificadores.

### 4.6.3 El origen de las formas comparativas y superlativas

La evolución de las formas comparativas y superlativas en latín refleja otra vez el cambio de una lengua sintética, que usaba la morfología para indicar la función gramatical de los adjetivos, a una lengua analítica, que usa estructuras analíticas de varias palabras para transmitir los mismos conceptos. En la mayoría de los casos, la forma comparativa se declinaba como los adjetivos de la tercera declinación que se mencionaron en la sección anterior, con el uso de un morfema al final del adjetivo para indicar que era una forma comparativa. Había dos maneras de expresar una comparación. La primera, el ablativo de comparación, usaba una estructura completamente sintética:

(243)  *Pater*                    *est*        *altior*              *nātō.*
         *El padre* (nominativo) *es*   *más alto que*   *el hijo* (ablativo).

| Caso, género, número | latín | español |
|---|---|---|
| Nominativo singular (masculino o femenino) | *fortis* | *fuerte* |
| Nominativo singular (neutro) | *forte* | *fuerte* |
| Nominativo y acusativo plural (masculino o femenino) | *fortēs* | *fuertes* |

Figura 4.12   Origen en latín de los adjetivos de dos formas del español.

En la oración 243, se usa la forma nominativa del sujeto *pater*, la forma comparativa sintética del adjetivo *altus*, y la forma ablativa del sustantivo *nātus*.

La otra estructura comparativa que existía en latín era más analítica porque usaba la conjunción *quam (que)* más la forma nominativa del sustantivo, en vez de la forma ablativa:

(244)  *Pater*                    *est*      *altior   quam   nātus.*

   *El padre* (nominativo) *es*      *más alto que*   *el hijo* (nominativo).

El segundo cambio en el latín vulgar que resultó en una estructura más analítica en las lenguas románicas fue la sustitución de la forma sintética *-ior* por la estructura analítica *magis* o *plūs/minus* + adjetivo. Aunque el modificador *minus* es la base de la comparativa inferior en todas las lenguas románicas (francés *moins*, italiano *meno*, catalán *menys*, español *menos*, portugués *menos*, etcétera), estas lenguas están divididas entre el uso de *magis* o *plūs* como base de la comparativa superior. Por ejemplo, *plūs* es la forma base del francés *plus* y del italian *più*, mientras que *magis* es la base del español *más*, del catalán *més* y del portugués *mais*.

Las formas comparativas sintéticas del latín *melior, peior, maior* y *minor* se han mantenido en las formas irregulares de las lenguas románicas como *mejor, peor, mayor* y *menor* en el español. Además, hay un grupo de adjetivos comparativos que reflejan todavía el morfema comparativo *-ior* en el español y el significado de estos adjetivos también implica *más* o *menos* de algo: *inferior, superior, interior, exterior, anterior, posterior, ulterior*.

Las formas superlativas en latín también usaban una forma sintética que terminaba con el morfema *-issimus* y se declinaba como los adjetivos de la primera/segunda declinación. Aunque se mantuvo este morfema en el sufijo español *-ísimo*, cambió de un significado superlativo a un intensificador. Por ejemplo, *fortissimus* en latín significaba "el más fuerte" mientras que *fuertísimo* o *fortísimo* en español significa "muy fuerte." La nueva forma superlativa del español se basa en la forma analítica del latín vulgar 'artículo definido + *magis* + adjetivo, y es otro ejemplo de la sustitución de una forma sintética por una forma analítica.

Lo más notable en la evolución del sistema de modificadores es, una vez más, la eliminación de la morfología compleja de las formas sintéticas y la creación de nuevas formas analíticas que reemplazaron a las estructuras antiguas. También, son notables los cambios en las funciones de los elementos de las clases cerradas de modificadores desde el latín hasta el español.

Preguntas 25 a 28

# Preguntas

1. Traduzca al español (con o sin artículo) las partes subrayadas y explique brevemente las similitudes y diferencias entre el uso del artículo definido y el indefinido en inglés y en español.

   a. -Yesterday I met <u>a</u> woman that went to your high school. -Did <u>the</u> woman know me?

   b. -What time is it? -<u>It's six o'clock</u> and the movie starts <u>at 7:00</u>.

   c. My sister is <u>a teacher</u> and her students say that she is <u>a very good teacher</u>.

   d. She earns <u>a thousand</u> dollars a week, but she wants <u>another</u> job so that she can make more money.

   e. I don't like to work <u>on Saturdays</u>, but I have to work <u>at night on March 16</u>.

   f. Do you mind if I take off <u>my shoes</u>? <u>My feet</u> are killing me.

   g. <u>Children</u> learn about <u>violence</u> by watching <u>television</u>.

   h. <u>President Bush</u> was elected in 2000. <u>The vice president</u>, Dick Cheney, is older than him.

   i. -Where do <u>the Woodwards</u> live? -They live <u>downtown</u>, on <u>Water Street</u>.

   j. -Do you have <u>a car</u>? -Yes, I have <u>my parents' car</u>.

   k. <u>Students</u> say that <u>Spanish</u> is an easy languages. I like to speak <u>Spanish</u>, but this <u>Spanish book</u> is very difficult to read.

2. ¿Qué diferencias hay entre los tres demostrativos en español?

3. Compare los posesivos tónicos y átonos del español. ¿Cómo puede interferir el inglés en la interpretación de los adjetivos posesivos de tercera persona en español?

4. Describa y dé ejemplos de la relación entre los cuantificadores y la contabilidad del sustantivo.

5. Dé ejemplos de las posibles maneras de combinar más de un determinante o más de un cuantificador y algunos casos donde no se los puede combinar.

6. Describa y dé ejemplos de la morfología adjetival en español. ¿Por qué existen dos patrones diferentes para los adjetivos de cuatro formas?

7. Dé ejemplos del apócope de algunos modificadores en español.

8. ¿Qué tipos de adjetivos se colocan generalmente antes del sustantivo y qué tipos se colocan generalmente después? Explique la diferencia básica entre el adjetivo pospuesto y el adjetivo antepuesto en español y dé un ejemplo para mostrar esta diferencia.

9. En las siguientes oraciones, explique cómo cambia el significado del adjetivo, según su posición con relación al sustantivo que modifica. Dé otros ejemplos de adjetivos que cambian su significado según se coloquen antes o después del sustantivo.

   a. *Vendieron la vieja casa.*        *Vendieron una casa vieja.*

   b. *Hablan puro español.*        *Hablan un español puro.*

c. *Chicago es una gran ciudad.*     *Chicago es una ciudad grande.*

d. *El pobre niño ha perdido su juguete.*     *El niño pobre ha perdido su juguete.*

10. Dé ejemplos del proceso de nominalización del adjetivo.

11. Describa el proceso de adjetivación en inglés y compare este uso con las posibles soluciones en español.

12. Dé ejemplos de los diferentes usos del sintagma preposicional que funciona como adjetivo.

13. Describa y dé ejemplos de los usos del adverbio, incluyendo un contraste entre su función como adyacente circunstancial y como adyacente oracional.

14. Dé ejemplos del uso del sintagma preposicional como adverbio e indique el significado adverbial en cada caso.

15. Haga un diagrama arbóreo para representar los sintagmas preposicionales en las siguientes oraciones, indicando su función como adjetivo, dentro de un sintagma nominal, o como adverbio, dentro de un sintagma verbal.

     a. *Me llama con frecuencia.* adv

     b. *Este suéter está hecho a mano.* adj

     c. *Lo hizo a propósito.* adv

     d. *Hay comida de sobra.* adj

     e. *Viven todavía a la antigua.* adv

     f. *No tengo una bolsa de dormir.* adj

     g. *¿Compraste una botella de vino?* adj

     h. *Hemos llegado hasta aquí.* adv ?

     i. *Viajé fuera del país por unos días.* adv

     j. *Encontramos unas monedas de plata.* adj

16. Dé ejemplos de sintagmas adjetivales que incluyan un intensificador. ¿Existen modificadores del sustantivo que no se puedan usar con un intensificador?

17. Dé varios ejemplos de sintagmas adverbiales que incluyan un intensificador. Incluya adverbios de tiempo, de lugar y de modo. ¿Existen modificadores del verbo que no se usen con un intensificador?

18. Dé ejemplos de adverbios que también funcionen como intensificadores y/o cuantificadores. Explique cómo se puede identificar su función en la oración.

19. En las siguientes oraciones, convierta el objeto directo en sujeto y cambie la expresión impersonal *es* + adjetivo + infinitivo + OD a la estructura sujeto + *ser* + adjetivo + *de* + infinitivo.

     **Modelo:**

        *No es fácil hacer esta tarea.*    >    *Esta tarea no es fácil de hacer.*

     a. *Es difícil entender estos conceptos abstractos.*

     b. *Es imposible visualizar las descripciones de moléculas tridimensionales.*

     c. *No es fácil improvisar los discursos públicos.*

20. Compare el uso de *muy* y *mucho* y describa los límites del uso de los dos como modificadores de ciertos adjetivos, adverbios e intensificadores.

21. Dé ejemplos de comparativas de desigualdad que funcionen como adverbio, cuantificador o intensificador.

22. Dé ejemplos de comparativas de igualdad que funcionen como adverbio, cuantificador o intensificador.

23. En las siguientes oraciones, provea la forma del modificador apropiada, según la traducción del inglés. Después, indique si es una comparativa de desigualdad, una comparativa de igualdad, una superlativa o ninguno de estos tipos y describa cómo se usan los modificadores.

    **Modelo:**

    *Isabel es _____ su hermana. (more timid than)*
    *más tímida que-comparativa de desigualdad; intensificador invariable*
    *más + adjetivo femenino singular tímida.*

    a. *Tú tienes _____ yo. (less homework than)*

    b. *Ahora vivo _____ antes. (closer to your house than)*

    c. *Las mujeres son _____ los hombres. (as smart as)*

    d. *Violeta está _____ lo que creíamos anoche. (sicker than)*

    e. *Se sentía _____ tuvo que ir al hospital. (so sick that)*

    f. *Mi hijo ha leído _____ seis novelas este año. (more than)*

    g. *Mónica es _____ todas las hermanas. (the youngest)*

    h. *Elena viaja _____ su esposo. (a lot more than)*

    i. *Hay _____ en otras ciudades. (as much poverty here as)*

    j. *Tengo que estudiar _____ el examen. (before)*

    k. *Escribí _____ me duele la mano. (so much that)*

    l. *Ella tiene _____ los que ha mencionado. (many more problems than)*

    m. *Este autor ha escrito _____ cinco personas. (more than)*

    n. *Terminé el examen _____ los otros estudiantes. (before)*

    o. *El Señor Díaz es _____ toda la escuela. (the most interesting teacher)*

    p. *En Colombia hay _____ el turismo ha disminuído. (so much crime that)*

    q. *Estos jóvenes hablan español _____ sus padres. (as quickly as)*

    r. *Tú tienes _____ yo. (a lot more patience than)*

    s. *Nosotros estudiamos _____ ustedes. (as much as)*

    t. *En el examen salió _____ lo que esperaba. (worse than)*

24. Describa y dé ejemplos del uso de los verbos copulativos *ser* y *estar* con sustantivos, adjetivos y adverbios.

25. ¿En qué determinantes del latín se basan los artículos definidos del español? ¿Qué otros cambios en los demostrativos ocurrieron como resultado?

26. ¿Cuál es el origen de los posesivos átonos y tónicos del español?

27. ¿Por qué en el español hay adjetivos de dos formas y adjetivos de cuatro formas?

28. ¿Por qué reflejan las formas comparativas la evolución de una lengua sintética a una lengua analítica? ¿Hay algunos vestigios en el español de las comparativas sintéticas del latín?

**5**

# El sistema pronominal

## 5.0 Introducción

En este capítulo, examinaremos los usos de los pronombres, los cuales sirven para reemplazar no sólo a un sustantivo sino a <u>todo un sintagma nominal.</u> El pronombre tiene varias funciones en la oración. En muchos casos, su uso es opcional pero sirve para <u>enfatizar al referente</u>. En otros, su uso es <u>obligatorio porque ayuda a identificar al referente</u>. A veces, su uso es redundante pero las reglas sintácticas nos obligan a usarlo. Su función principal es <u>impedir la redundancia</u>, al evitar que el sustantivo que reemplaza se repita muchas veces.

Dedicaremos la mayor parte de este capítulo a los pronombres personales y la distinción entre los PRONOMBRES TÓNICOS y PRONOMBRES ÁTONOS. Es necesario diferenciar entre los pronombres personales tónicos (pronombres de sujeto, PRONOMBRES PREPOSICIONALES) y los átonos (pronombres de objeto directo, pronombres de objeto indirecto, pronombres reflexivos) porque las reglas sintácticas que los rigen son muy distintas. Aunque más adelante explicaremos las funciones de cada pronombre personal, en el cuadro de la Figura 5.1 podemos identificar cada pronombre personal del español.

Al final del capítulo, examinaremos la evolución de los pronombres personales de sujeto de segunda persona *tú, vos, usted, vosotros* y *ustedes* y los pronombres personales de objeto de tercera persona, *lo(s), la(s), le(s)* para entender mejor la variación que existe en el uso de estos pronombres en la lengua moderna. Aunque el pronombre personal es el prototipo del pronombre, también estudiaremos los pronombres no personales como los posesivos, los demostrativos, los interrogativos y los relativos, para entender por qué se consideran pronombres en la sintaxis de la lengua.

*tónicos*

| Persona : Número : Tratamiento : Género | Sujeto | Objeto preposicional | Objeto directo | Objeto indirecto | Objeto reflexivo |
|---|---|---|---|---|---|
| **Primera: singular** | *yo* | *mí* | *me* | *me* | *me* |
| **Segunda: singular : informal** | *tú* o *vos* | *ti* o *vos* | *te* | *te* | *te* |
| **Segunda: singular : formal : masculino y femenino** | *usted* | *usted* | *lo, la* | *le* | *se* |
| **Tercera: singular : masculino, femenino y neutro** | *él, ella, ello* | *él, ella, ello* | *lo, la, lo* | *le* | *se* |
| **Primera: plural : masculino y femenino** | *nosotros, nosotras* | *nosotros, nosotras* | *nos* | *nos* | *nos* |
| **Segunda: plural : informal : masculino y femenino** | *vosotros, vosotras* | *vosotros, vosotras* | *os* | *os* | *os* |
| **Segunda: plural : formal** | *ustedes* | *ustedes* | *los, las* | *les* | *se* |
| **Tercera: plural : masculino y femenino** | *ellos, ellas* | *ellos, ellas* | *los, las* | *les* | *se* |

Figura 5.1    Pronombres personales tónicos y átonos del español.

## 5.1 Los pronombres personales tónicos

Los pronombres personales tónicos son los pronombres de sujeto y los pronombres preposicionales. En general, podemos decir que los pronombres tónicos son opcionales en español y que se usan principalmente para aclarar o enfatizar. Su posición con relación al verbo, el núcleo de la oración, es muy flexible y también se usan sin ningún verbo en el enunciado.

### 5.1.1 Los pronombres de sujeto

Los pronombres de sujeto son los pronombres personales que reflejan la variación más extensa de todos los pronombres personales. Se distingue entre primera, segunda y tercera personas y entre singular y plural en las tres personas. También se distingue entre masculino y

| Distinción de persona | Primera persona : *yo, nosotros / nosotras* | Segunda persona : *tú, vos, usted / ustedes, vosotros / vosotras* | Tercera persona : *él / ella, ellos / ellas* |
|---|---|---|---|
| **Distinción de número** | | Singular : *yo, tú, vos, usted, él, ella* | Plural : *nosotros / nosotras, vosotros / vosotras, ustedes, ellos / ellas* |
| **Distinción de género** | | Masculino : *él, nosotros, vosotros, ellos* | Femenino : *ella, nosotras, vosotras, ellas* |
| **Distinción de tratamiento** | | Formal : *usted, ustedes* | Informal : *tú, vos, vosotros / vosotras* |

**Figura 5.2**  Diferencias reflejadas en los pronombres personales de sujeto.

femenino en todas las personas menos la primera y la segunda persona singular, donde el género del hablante y del oyente es obvio dentro del contexto del discurso. Por último, se puede distinguir entre el tratamiento formal e informal en la segunda persona singular y plural, aunque hay mucha variación en el uso de estas formas. El cuadro de la Figura 5.2 resume todas las diferencias que se pueden encontrar en los pronombres de sujeto.

Aunque los pronombres de sujeto pueden reflejar todas estas diferencias, en español su uso no es obligatorio porque la morfología del verbo indica la persona, el número y la forma de tratamiento. La única distinción que se pierde en la morfología verbal es el género:

(1)  *Estud**iamos** portugués.*

   (sujeto implícito - primera persona, plural, masculino o femenino)

Como se mencionó antes, una de las funciones del pronombre de sujeto es enfatizar el sujeto o contrastarlo con otro sujeto. Aunque la morfología verbal puede ser suficiente para identificar al sujeto de una oración, no se puede comunicar el mismo nivel de énfasis o de contraste si no se incluyen los pronombres de sujeto. Comparemos, por ejemplo, el significado de las siguientes oraciones:

(2)  a.  *No voy al cine pero debes ir.*

   b.  ***Yo** no voy al cine pero **tú** debes ir.*

Aunque las dos oraciones tienen los mismos sujetos y el mismo significado, el uso de los pronombres de sujeto en la segunda oración refleja mejor el contraste que se debe enfatizar.

La expresión del pronombre de sujeto también puede ser útil para identificar al sujeto y eliminar la ambigüedad. Esto es particularmente útil para distinguir entre *él, ella y usted* o *ellos, ellas y ustedes* en todos los tiempos verbales. También es útil para distinguir entre la primera y tercera persona singular en ciertos tiempos verbales como el presente de subjuntivo (*yo / él / ella / usted hable*), el pretérito imperfecto de indicativo (*yo / él / ella / usted hablaba*), el pretérito imperfecto de subjuntivo (*yo / él / ella / usted hablara* o *hablase*) y el condicional (*yo / él / ella / usted hablaría*).

La pérdida de la pronunciación de la /-s/ final, que ocurre en el caribe y en otros dialectos del español, resulta en la eliminación del morfema verbal que marca la segunda persona singular informal en casi todos los tiempos verbales (*hablas, hables, hablabas, hablarás, hablarías*, etcétera). Sin este morfema, no es posible distinguir en el lenguaje oral entre la segunda y la tercera persona singular (*tú hablas* vs. *él / ella habla*) ni entre la segunda persona singular informal y formal (*tú hablas* vs. *Ud. habla*). En algunos de estos dialectos, se ha notado el uso más extenso del pronombre de sujeto *tú* para evitar la ambigüedad resultante de la eliminación de la /-s/. Este ejemplo de cambio sintáctico que resultó de un cambio fonológico es parecido a lo que ocurrió en francés y en inglés. En estas lenguas, la morfología verbal (en el lenguaje oral por lo menos) no es suficiente para indicar la persona, por lo que el sujeto es siempre obligatorio.

En el Capítulo 2 vimos que la posición del sujeto es flexible y puede aparecer antes del verbo y del objeto (SVO), después del verbo y antes del objeto (VSO) o después del verbo y del objeto (VOS). Aunque veremos más adelante que estas reglas no se aplican a los pronombres átonos, sí se aplican a los pronombres de sujeto que son tónicos. Aunque no hay ninguna regla fija para explicar la posición del pronombre de sujeto, la tendencia a posponer el sujeto en las interrogativas ayuda al oyente a distinguir entre una declaración (ejemplo a) y una pregunta (ejemplos b, c):

(3)  a.  ***Ustedes*** *compraron una nueva casa.*      (SVO)

  b.  *¿Compraron **ustedes** una nueva casa?*      (VSO)

  c.  *¿Compraron una nueva casa **ustedes**?*      (VOS)

El pronombre de sujeto también es independiente y autónomo y puede aparecer solo en un enunciado cuando el resto de la oración está implícito:

(4)  a.  *-¿Quién quiere ir al cine?*      *-**Yo** (quiero ir al cine).*

  b.  *-¿Quién va a cuidar al niño?*      *-**Él** o **ella** (va a cuidar al niño).*

  c.  *¿Quién conoce a su novio?*      *-**Nosotros** (lo conocemos).*

Analicemos ahora la variación que existe en los pronombres de sujeto en el sistema pronominal del español. Como mencionamos en el Capítulo 1, no existe mucha variación dialectal en las clases cerradas porque estas clases forman la base de estructura de la lengua y mucha variación en estas clases resultaría en una lengua distinta. Sin embargo, los pronombres personales de la segunda persona han variado mucho a través del tiempo y también de una región a otra. Esta variación existe porque el TRATAMIENTO, o la manera en la que se expresa la intimidad, la formalidad, la cortesía, el respeto, etcétera, es muy abierto a la interpretación del hablante.

Además de la diferencia entre el pronombre singular informal *tú* y el formal *usted*, debemos tener en cuenta el uso bastante extendido del VOSEO que es el uso del pronombre singular informal *vos* en vez de *tú* o, a veces, junto con *tú*. Aunque su uso se ha extendido y es más aceptado en Sudamérica, se encuentra también en otras partes de Centroamérica. Por otra parte, en España, donde hay una ausencia completa del pronombre singular *vos*, se diferencia entre el pronombre plural informal *vosotros / vosotras* y el formal *ustedes*, algo que ha desaparecido completamente en América. La explicación de esta variación regional se encuentra en la evolución del español durante la época de la conquista de América (véase 5.4.2).

## 5.1.2 Los pronombres de objeto preposicional

Los otros pronombres personales tónicos son los pronombres preposicionales que se usan después de la mayoría de las preposiciones simples y compuestas: *a mí, en ti, con vos, sin él, antes de usted, de acuerdo con nosotras, por parte de vosotros*, etcétera. Las formas irregulares *conmigo, contigo, consigo* se usan en vez de *con + mí, con + ti* y *con + sí* (*mismo*) y son el resultado de la duplicación antigua de la preposición *con*. En latín, se posponía la preposición *cum* en *mecum, tecum, secum* y estas formas se redujeron a través del tiempo a *migo, tigo, sigo*. Cuando ya no era evidente la relación de estas formas con la preposición original *con*, se añadió otra vez la preposición *con* al principio de la forma. Así, aunque ya no se las puede reconocer, las formas *conmigo, contigo, consigo* indican literalmente *con + mí / ti / sí + con* (Rini 1990).

*sincretismo*

Con excepción de las formas de *mí* y *ti*, se usan los mismos pronombres tónicos para el sujeto y para el objeto preposicional en todas las personas. Se puede decir que existen muchos casos de SINCRETISMO en los pronombres tónicos porque las mismas formas desempeñan más de una función gramatical, como podemos ver en el cuadro de la Figura 5.3. Hay un grupo pequeño de preposiciones que usa los mismos pronombres tónicos en todas las personas y no existe una forma diferente para la primera y segunda persona del singular: *según tú, entre tú y yo, menos tú, salvo yo, excepto tú, hasta yo, incluso tú*. Es notable que la mayoría de estas preposiciones tienen un significado parecido que incluye o excluye a la persona. Estos casos añaden más ejemplos de sincretismo al sistema de pronombres personales tónicos.

| Pronombre personal de sujeto | Pronombre personal preposicional |
|---|---|
| *yo* | *para mí* |
| *tú, vos* | *para ti, vos* |
| *él, ella, usted* | *para él, para ella, para usted* |
| *nosotros, nosotras* | *para nosotros, para nosotras* |
| *vosotros, vosotras* | *para vosotros, para vosotras* |
| *ellos, ellas, ustedes* | *para ellos, para ellas, para ustedes* |

Figura 5.3    Sincretismo de los pronombres personales tónicos.

Igual que los pronombres de sujeto, los pronombres preposicionales son opcionales y se usan después de la preposición *a* para enfatizar, comparar o aclarar la identidad del objeto indirecto:

(5)  a.  *Me escribió **a mí** cinco cartas el verano pasado.*

b.  *Le di **a él** los billetes.*

c.  *¿**A ustedes** les gustó la película?*

El uso del pronombre preposicional junto con el objeto indirecto es redundante porque el pronombre preposicional duplica la función del complemento indirecto (véase 5.2.2). A pesar de que los pronombres preposicionales *a él, a ella, a Ud., a ellos, a ellas, a Uds.* dan más información que el pronombre de objeto indirecto *le, les,* el pronombre tónico es siempre opcional, mientras que el pronombre átono es obligatorio.

Igual que en el caso de los pronombres de sujeto, la posición de los pronombres preposicionales es muy flexible y pueden aparecer antes del pronombre de objeto indirecto y del verbo, después del verbo o al final de la oración:

(6)  a.  *A **usted** le dieron el dinero.*

b.  *Le dieron **a usted** el dinero.*

c.  *Le dieron el dinero **a usted**.*

Finalmente, el pronombre preposicional, como el pronombre tónico, es independiente y puede aparecer en el enunciado sin ningún otro elemento. Se puede contestar las siguientes preguntas con el pronombre preposicional autónomo porque el verbo y el resto de la oración están implícitos:

(7)  a.  *-¿A quién le toca trabajar hoy?*      *-A mí (me toca trabajar hoy).*

b.  *-¿A quién le diste el dinero?*      *-A él (le di el dinero).*

Sería imposible contestar estas preguntas con los pronombres *me, le* porque los pronombres átonos nunca aparecen aislados.

Preguntas 1 a 3

## 5.2 Los pronombres personales átonos

Los pronombres personales átonos son los pronombres de objeto directo, los de objeto indirecto y los reflexivos. A diferencia de los pronombres tónicos autónomos que acabamos de examinar, la posición de los pronombres átonos dentro de la oración es mucho más rígida. Forman parte del sintagma verbal y las reglas sintácticas determinan no sólo su posición con relación al verbo, sino también el orden en que aparecen cuando hay más de un pronombre en la oración. Generalmente son obligatorios, aun cuando su presencia en la oración sea redundante o duplicativa. En las próximas secciones, examinaremos el uso de estos tres tipos de pronombres átonos.

Igual que en los pronombres tónicos, en el sistema de pronombres átonos de español hay muchos casos de sincretismo. Como se puede ver en el cuadro de la Figura 5.4, los pronombres que funcionan como objeto directo, objeto indirecto y reflexivo sólo se distinguen en la tercera persona singular y plural; en las otras personas, se usa la misma forma para las tres funciones.

Con excepción de la tercera persona singular y plural de los pronombres átonos y la primera y segunda persona singular de los pronombres tónicos, se puede decir que el sistema pronominal del español tiene dos tipos de pronombres personales, un pronombre tónico y un pronombre átono. El cuadro de la Figura 5.5 demuestra el nivel de sincretismo que existe en el sistema pronominal del español y la reducción casi completa a dos pronombres personales, uno tónico y otro átono.

Este sistema pronominal es muy parecido al sistema de inglés, donde sólo se distingue entre las formas pronominales de sujeto y de objeto. Para simplificar aun más los pronombres tónicos, es necesario eliminar la

| Persona | Objeto directo | Objeto indirecto | Reflexivo |
|---|---|---|---|
| **Primera singular** | *me* | *me* | *me* |
| **Segunda singular** | *te* | *te* | *te* |
| **Tercera singular** | ***lo, la*** | ***le*** | ***se*** |
| **Primera plural** | *nos* | *nos* | *nos* |
| **Segunda plural** | *os* | *os* | *os* |
| **Tercera plural** | ***los, las*** | ***les*** | ***se*** |

Figura 5.4   Sincretismo de los pronombres átonos en español.

| Persona | Pronombre personal tónico : sujeto, objeto preposicional | Pronombre personal átono : objeto directo, objeto indirecto, pronombre reflexivo |
|---|---|---|
| Primera singular | *yo, mí* | *me* |
| Segunda singular | *tú, ti / vos* | *te* |
| Tercera singular | *él / ella / usted* | *lo / la, le, se* |
| Primera plural | *nosotros / nosotras* | *nos* |
| Segunda plural | *vosotros / vosotras* | *os* |
| Tercera plural | *ellos / ellas / ustedes* | *los / las, les, se* |

Figura 5.5    Formas tónicas y átonas del sistema pronominal.

distinción entre los pronombres de sujeto *yo* y *tú* y los pronombres preposicionales *mí* y *ti*. Por eso, aunque es muy raro, en la lengua no estándar no es sorprendente encontrar usos de los pronombres *yo* y *tú* después de preposiciones: *\*para yo, \*por tú* (Whitley: 173). Para simplificar los pronombres átonos, habría que eliminar la distinción en la tercera persona entre el objeto directo, el objeto indirecto y el reflexivo. La confusión entre los pronombres de objeto directo *lo / la / los / las* y los pronombres de objeto indirecto *le / les* provocan fenómenos como el LEÍSMO, el LAÍSMO y el LOÍSMO. Estas tendencias resultan en un sistema más uniforme de pronombres átonos, sin la distinción entre el pronombre de objeto directo y el indirecto en la tercera persona. Un factor que ha contribuido a esta confusión es el hecho de que el objeto indirecto, igual que el sujeto, suele ser una persona, mientras que el objeto directo tiende a ser una cosa inanimada. Aunque vimos en la discusión sobre la *a* personal que el objeto directo también puede ser animado (véase 2.2.2), los prototipos de objeto directo inanimado y objeto indirecto animado han resultado en la asociación de los pronombres *le / les* con las personas y *lo / la / los / las* con las cosas inanimadas (véase 5.4.1). Por estas razones, existe la tendencia a seguir reduciendo los cinco tipos de pronombres personales a un sistema simplificado de sólo dos tipos.

### 5.2.1 Los pronombres de objeto directo

Los pronombres de objeto directo reemplazan al sustantivo que funciona como complemento directo para evitar la redundancia en la oración. Sin los pronombres de objeto directo, sería necesario repetir el mismo sustantivo varias veces en el discurso, como en el siguiente ejemplo:

(8) *Hice **la tarea** y puse **la tarea** en su escritorio. El profesor me devolvió **la tarea** al día siguiente.*

Después de mencionarlo la primera vez en el discurso, el referente ya es conocido y el hablante usa el pronombre para referirse al objeto directo en vez de repetir el sustantivo cada vez:

(9)  *Hice **la tarea** y **la** puse en su escritorio. El profesor me **la** devolvió al día siguiente.*

La referencia a un sustantivo ya conocido es importante porque no se usa el pronombre de objeto directo para reemplazar al objeto directo no específico. Comparemos, por ejemplo, el uso del pronombre de objeto directo *lo* para un referente específico y el uso del cuantificador *uno* para un referente no específico:

(10)  a.  *¿Tienes **tu coche?***     *Sí, **lo** tengo.*

      b.  *¿Tienes **un coche?***     *Sí, tengo **uno.***

Por lo tanto, aunque el pronombre reemplaza al objeto directo, este objeto tiene que especificarse primero en el discurso.

Aunque veremos más adelante que la duplicación del pronombre de objeto indirecto es muy común en español, normalmente no se puede usar el pronombre de objeto directo y el objeto directo en la misma oración. En el siguiente ejemplo, existe una exclusión mutua entre el objeto directo y el pronombre de objeto directo:

(11)  ***Lo** tengo **el libro**.*

Sin embargo, en algunos dialectos aparece esta duplicación no normativa.

Por otra parte, es aceptable y necesaria la duplicación del pronombre de objeto directo con un pronombre personal tónico después de la *a* personal para enfatizar el objeto o contrastarlo con otro objeto. Entonces, se puede usar el pronombre de objeto directo solo, o el pronombre de objeto directo duplicativo más el pronombre tónico después de la *a* personal, pero el pronombre tónico no se usa solo después de la *a* personal:

(12)  a.  ***Lo** vi.*

      b.  ***Lo** vi **a él**, no a ella.*

      c.  **Vi **a él**.*

Hay otro caso en el que la duplicación del pronombre de objeto directo tiene una función sintáctica. Mencionamos varias veces que la posición del sujeto es flexible en español pero que la posición del objeto directo es siempre después del verbo, como en los ejemplos que vimos anteriormente:

(13)  a.  *Ustedes compraron **una nueva casa**.*     (**SVO**)

      b.  *¿Compraron ustedes **una nueva casa**?*     (**VSO**)

      c.  *¿Compraron **una nueva casa** ustedes?*     (**VOS**)

Entonces, si el hablante quiere enfatizar el objeto directo y ponerlo al principio de la oración, es obligatorio separar el objeto directo del resto de la oración y añadir un pronombre de objeto directo duplicativo para cumplir con las reglas sintácticas de la lengua. También, se nota en esta construcción el uso del pronombre de sujeto opcional y la colocación de este sujeto al final de la oración:

(14)  a.  *(Yo) Tengo el libro.*

b.  *El libro **lo** tengo yo.*

(15)  a.  *(Ellos) Compraron esta casa.*

b.  *Esta casa **la** compraron ellos.*

Aunque este orden de OVS no es el orden dominante en español, el uso del pronombre átono duplicativo es obligatorio bajo estas condiciones. Aparte de estos casos de duplicación del pronombre de objeto directo, veremos en la próxima sección que la duplicación del pronombre de objeto indirecto es mucho más común en español.

### 5.2.2 Los pronombres de objeto indirecto

Ya vimos en 2.3 que el complemento indirecto tiene muchos usos diferentes en español, y todas estas funciones se aplican también al uso del pronombre de objeto indirecto. El objeto indirecto es normalmente una persona, y esta persona tiene algún tipo de interés o está involucrada en la acción por una de las siguientes razones:

- ha recibido algo
- ha perdido algo
- se ha beneficiado de algo
- ha sido afectada por algo

En los ejemplos de esta sección veremos estos tipos de envolvimiento en la acción y también el uso con la pasiva refleja con *se* (véase 5.2.4).

Igual que el objeto directo, el indirecto sirve para evitar la redundancia en el discurso. En este caso, por ejemplo, el pronombre de objeto indirecto en la respuesta reemplaza al sustantivo que funciona como complemento indirecto de la pregunta:

(16)  *-¿Compraste un regalo para tu madre?*

*-Sí, **le** compré unos aretes muy bonitos.*

Sin embargo, el uso del pronombre de objeto indirecto a veces es redundante y duplica la función del complemento indirecto que existe como objeto de la preposición *a*:

(17)  a. *Le dije **a Carlos** que te llamara.*

b. ***Te** dieron los lápices **a ti**.*

c. ***A nosotros nos** encanta la música caribeña.*

En todos estos casos, el pronombre de objeto indirecto tiene la misma función que el complemento indirecto que aparece después de la preposición *a* como sustantivo (*a Carlos*) o como pronombre tónico (*a ti, a nosotros*). Aunque el sustantivo o el pronombre tónico generalmente da más información que el pronombre de objeto indirecto átono, son siempre opcionales en la oración, mientras que el pronombre átono es obligatorio en la mayoría de los dialectos del español.

Preguntas 4 a 5

### 5.2.3 Los pronombres reflexivos

El último tipo de pronombre personal átono lo conforman los pronombres reflexivos que acompañan a los verbos pronominales. Aunque un grupo de verbos pronominales está conformado por verbos puramente reflexivos como *vestirse* o *afeitarse*, hay otros que no se pueden categorizar como reflexivos verdaderos. Igual que en los otros pronombres personales, existe un PARADIGMA de FLEXIONES que marcan la persona y el número de los pronombres reflexivos: *me, te, se, nos, os, se*. En esta sección y la próxima, veremos las diferencias entre las formas PARADIGMÁTICAS del pronombre que marcan la persona y el número y los usos NO PARADIGMÁTICOS del pronombre *se* que sólo aparece en esta forma. Los pronombres reflexivos también son átonos, y su posición es tan rígida como los otros pronombres átonos. Sin embargo, a diferencia de los otros pronombres átonos, los reflexivos no reemplazan a ningún sustantivo y son completamente obligatorios porque su uso se basa en el significado del verbo. Además, la duplicación es la norma porque el sujeto y el pronombre reflexivo se correlacionan, o sea, que los dos se refieren a la misma persona.

El uso básico de los pronombres reflexivos se presenta en los verbos reflexivos. En las oraciones que contienen estos verbos, el sujeto es el agente de la acción y también el paciente o recipiente de la acción. Para cada verbo reflexivo, también existe un uso no reflexivo que representa el uso transitivo de ese verbo:

(18)  a. *Ana **vio** a su hermano en el espejo.*    (verbo transitivo)

b. *Ana **se vio** en el espejo.*    (verbo reflexivo)

En la primera oración, el verbo *ver* no es reflexivo y tiene objeto directo, *su hermano*, porque es un verbo transitivo. En la segunda oración, el verbo reflexivo *verse* indica que el sujeto y el objeto directo se refieren a la misma persona *Ana*. *Afeitarse, bañarse, cortarse, ducharse, llamarse, peinarse, pintarse,* etcétera son ejemplos de verbos reflexivos que tienen también su forma transitiva.

Hay un número infinito de verbos transitivos que pueden funcionar como reflexivos, pero para muchos de estos verbos, se usa casi siempre la forma reflexiva porque la acción transitiva no reflexiva no es muy común:

(19)  *Se **arrodilló** en la iglesia y empezó a rezar.*

En algunos casos, el verbo transitivo correspondiente ni siquiera existe porque el significado del verbo requiere que el agente y el paciente sean la misma persona:

(20)  *Romeo **se suicidó** porque creía que Julieta estaba muerta.*

En este caso, el objeto tiene que ser reflexivo porque no es posible *suicidar* a otra persona.

También se usan los verbos pronominales cuando existe una correlación entre el sujeto y el objeto indirecto de la oración porque el objeto directo se considera propiedad del sujeto. En estos casos, se usa el objeto indirecto en vez del determinante posesivo para establecer la relación entre el sujeto y algo suyo, ya sea una parte del cuerpo, un artículo de vestir u otro objeto personal:

(21)  a.  *Tienes que **lavarte** las manos antes de comer.*

b.  ***Me arreglé** el horario para poder quedarme con los niños.*

c.  *Miguel **se rompió** la muñeca.*

d.  ***Ponte** la chaqueta.*

e.  *¿Quieres que **nos quitemos** los zapatos?*

En estos ejemplos, no es el objeto directo sino el objeto indirecto el que se correlaciona con el sujeto, porque la persona que hace la acción también la recibe indirectamente a través del objeto directo.

Otro grupo de verbos que establecen correlación entre el sujeto y el objeto indirecto son los pronominales que indican el consumo total del objeto directo. Este consumo no se refiere exclusivamente a comida o bebida, sino también a información y conocimientos:

(22)  a.  *Ella sola **se bebió** la botella de vino.*

b.  ***Me fumé** todo el paquete de cigarrillos.*

c.  ***Me leí** esta novela en una sola noche.*

d.  *Quiero **pensármela** bien antes de decidir.*

A veces, se usa el verbo reflexivo aun cuando el agente de la acción no coincide exactamente con el sujeto ni con el objeto (directo o indirecto). En estos casos, el sujeto no representa al agente, la persona que hizo la acción, sino a la persona que causó la acción o es responsable de ella:

(23)  a. ¿*Te cortaste el pelo?*

b. *Mis padres **se construyeron** una nueva casa.*

c. *Decidí **vacunarme** este año.*

d. *Mi padre **se operó** la semana pasada.*

En estos ejemplos, el agente que hizo la acción es otra persona que no se menciona porque no es relevante. Lo importante en esta estructura es el sujeto que causó o dejó pasar el evento, y el objeto correlacionado que se benefició del resultado de la acción.

Una extensión del verbo reflexivo son los VERBOS RECÍPROCOS, que también establecen una correlación entre el sujeto y el objeto directo o el indirecto. La diferencia entre las acciones reflexivas y las recíprocas es que las acciones recíprocas son siempre en plural. Lo que un sujeto le hace al objeto (directo o indirecto) es lo mismo que el segundo sujeto le hace al otro objeto. En las siguientes oraciones, la acción recíproca del ejemplo a ocurre entre el sujeto y el objeto directo. En el ejemplo b la acción recíproca se separa en dos acciones individuales:

(24)  a. *Pablo y Julia **se aman** muchísimo.*

b. *Pablo ama a Julia muchísimo y Julia ama a Pablo muchísimo.*

(25)  a. ¿*Cuándo **os conocisteis**?*

b. ¿*Cuándo conociste a él/ella y cuándo te conoció él/ella a ti?*

En otros casos, la acción recíproca ocurre entre el sujeto y el objeto indirecto. Esto se puede ver mejor en las oraciones b de los siguientes ejemplos, donde se indican el doble sujeto, el doble objeto directo y el doble objeto indirecto que se presentan de una manera más sucinta en las oraciones a:

(26)  a. *Mi madre y yo **nos escribimos** todos los días.*

b. *Mi madre me escribe una carta a mí y yo le escribo una carta a mi madre.*

(27)  a. *Los dos reyes **se dieron** la mano al final de la negociación.*

b. *Un rey le dio la mano al otro y el otro rey le dio la mano al primero.*

En algunos casos puede haber ambigüedad entre el uso reflexivo y el uso recíproco de un verbo:

(28)  *Las niñas **se miran** en el espejo.*

Si el significado es recíproco, se puede usar la expresión *a sí mismo* para aclarar o enfatizar este uso:

(29)  *Las niñas se miran **a sí mismas** en el espejo.*

También se usa la expresión *a sí mismo* con las acciones reflexivas verdaderas:

(30)  *El muchacho se cortó **a sí mismo**.*

Por otro lado, se puede aclarar o enfatizar el uso recíproco con la estructura *el uno* + preposición *(a, con...)* + *el otro:*

(31)  a.  *Los hombres se miran **el uno al otro**.*

   b.  *Las chicas se hablan **las unas con las otras**.*

Hasta ahora hemos examinado casos en los que el verbo transitivo y el verbo pronominal correspondiente tienen un objeto. En otros casos, aunque el verbo transitivo tiene un objeto (ejemplos a), el verbo pronominal se convierte en verbo **intransitivo** (ejemplos b), sin ningún objeto que reciba la acción:

(32)  a.  ***Acosté** a mi hija anoche.* (verbo transitivo)

   b.  ***Me acosté** a las diez de la noche.* (verbo pronominal intransitivo)

(33)  a.  ***Levantó** la cabeza.* (verbo transitivo)

   b.  ***Me levanté** a las seis de la mañana.* (verbo pronominal intransitivo)

(34)  a.  *Me **despertaron** a las seis.* (verbo transitivo)

   b.  *Me **desperté** a las seis.* (verbo pronominal intransitivo)

(35)  a.  ***Sentí** un dolor en el brazo.* (verbo transitivo)

   b.  *Me **sentía** muy mal.* (verbo pronominal intransitivo)

(36)  a.  *Me **divirtió** su reacción.* (verbo transitivo)

   b.  *Me **divertí** en la fiesta.* (verbo pronominal intransitivo)

(37)  a.  *Me **sentó** bien el descanso.* (verbo transitivo)

   b.  *Me **senté** en la sala de espera.* (verbo pronominal intransitivo)

(38)  a.  *El puesto **comporta** ciertos riesgos.* (verbo transitivo)

   b.  *Los niños **se comportaron** bien.* (verbo pronominal intransitivo)

(39)   a.   *No interrumpas porque me* **equivocas.**          (verbo transitivo)

      b.   **Me equivoqué** *de camino.*          (verbo pronominal intransitivo)

En casos como *acostarse, levantarse, sentarse,* etcétera, se podría sostener que el sujeto también es el recipiente de la acción porque la acción del sujeto afecta la posición del cuerpo. Sin embargo, no se usaría con estos verbos la expresión reflexiva *a sí mismo,* y esta extensión del reflexivo tampoco explica los otros ejemplos como *equivocarse, divertirse, comportarse, sentirse,* etcétera. Este uso del verbo pronominal refleja la DETRANSITIVACIÓN, que es la conversión de un verbo transitivo en un verbo intransitivo sin ningún objeto. Veremos en la próxima sección que este contraste entre el verbo transitivo no pronominal y el verbo intransitivo pronominal es la base de la pasiva refleja con *se.*

Otra extensión del pronombre reflexivo es su uso con verbos intransitivos. En estos casos, el verbo no reflexivo es intransitivo y no tiene un objeto directo, así que la forma reflexiva tampoco funciona como los verbos reflexivos verdaderos. Es decir, el sujeto y el objeto no pueden estar correlacionados porque el verbo en sí no puede tener un objeto. Dentro de este grupo, hay cierta variación dialectal porque el cambio de estructura resulta en un cambio léxico y siempre hay mucha variación léxica de una región a otra. A veces, el cambio de significado es drástico, pero hay otros casos en los que el cambio de sentido es sútil. En los siguientes ejemplos, la oración a contiene el verbo intransitivo no reflexivo, mientras que la oración b refleja su uso reflexivo. Ya que este uso del pronombre reflexivo afecta el significado léxico del verbo, se ha incluido la traducción en inglés de cada verbo intransitivo y del verbo reflexivo intransitivo que cambia de sentido:

(40)   a.   **Fueron** *a la fiesta anoche.*          *(went)*

      b.   **Se fueron** *a las diez.*          *(left)*

(41)   a.   **Marcharon** *por diez horas.*          *(marched)*

      b.   **Se marchó** *anoche.*          *(left)*

(42)   a.   *El niño* **durmió** *toda la noche.*          *(slept)*

      b.   *El niño* **se durmió** *a las nueve.*          *(fell asleep)*

(43)   a.   **Bajo** *enseguida para verte.*          *(go down)*

      b.   *Voy a* **bajarme** *en esa calle.*          *(get off)*

Hay también algunos casos en los que no hay un cambio de sentido entre la forma reflexiva y la no reflexiva:

(44)   a.   *Su padre* **murió** *en un accidente.*          *(died)*

      b.   *Su padre* **se murió** *de cáncer.*          *(died)*

Existen algunos casos de variación dialectal en el uso de la forma reflexiva y no reflexiva:

(45)  a. **Desayuné** *bien esta mañana.*                    (ate breakfast)

      b. **Me desayuné** *bien esta mañana.*                 (ate breakfast)

La lengua sigue cambiando y hay siempre nuevos casos de verbos intransitivos pronominales.

Dentro de los verbos intransitivos pronominales están los verbos incoativos, en los que el sujeto empieza o entra en un nuevo estado. En inglés, se usa el verbo *become* en contextos más formales y el verbo *get* en el habla informal para expresar el sentido incoativo (*become / get rich, become ill / get sick, become / get sad, become / get angry...*). También en este caso, el significado del verbo es lo que determina el uso reflexivo y muchas veces estos verbos representan las emociones del sujeto. En algunos casos, el verbo en sí tiene un significado incoativo:

*Más formal.*
*Uso del pronom. reflexivo puede cambiar tono? honda? Solamente por cambio de estado*

(46)  a. *Los jóvenes* **se aburren** *fácilmente.*

      b. **Me he cansado** *mucho de trabajar aquí.*

      c. **Me alegré** *mucho cuando recibí tu carta.*

      d. *Mi hijo* **se enfermó** *y no pudo ir a la escuela.*

      e. *No* **te enojes** *conmigo.*

      f. **Nos enriquecimos** *con la venta de computadoras.*

En otros casos, no existe un verbo incoativo que incorpore el estado en su significado, pero se puede usar los verbos incoativos generales *ponerse, volverse, quedarse* y *hacerse* más un atributo (adjetivo o sustantivo) para completar el significado y describir un estado incoativo:

(47)  **Se hizo** *voluntario del hospital.*

A veces, no sólo existe un verbo incoativo que incorpora el significado de cambio de estado (ejemplos a), sino también una estructura incoativa que usa uno de los verbos incoativos generales más un adjetivo que expresa el estado (ejemplos b):

(48)  a. *Los niños* **se entristecieron** *al oír las noticias.*

      b. *Los niños* **se pusieron tristes** *al oír las noticias.*

(49)  a. *Su esposo* **se ha enloquecido.**

      b. *Su esposo* **se ha vuelto loco.**

(50)  a. *¿***Te mareaste** *después del accidente?*

      b. *¿***Te sentiste mareado** *después del accidente?*

Cada uno de estos verbos incoativos tiene un matiz distinto y por eso no son intercambiables. Por ejemplo, se usa *ponerse* para condiciones temporales y *volverse* para condiciones más permanentes:

(51)  **Te pusiste** *contento.*

(52)  **Se volvieron** *antipáticos.*

*Hacerse* generalmente implica algún cambio planeado e intencionado, mientras que se usa *quedarse* con frecuencia para indicar alguna pérdida o desventaja:

(53)  **Me hice** *famoso.*

(54)  **Se quedó** *calvo.*

A pesar de estas diferencias léxicas, todos los verbos tienen la misma función de marcar el paso de un estado a otro.

Aunque el uso incoativo de los verbos pronominales es bastante común, hay también muchos verbos con sentido incoativo que no usan la forma pronominal del verbo. Por ejemplo, los verbos *anochecer* y *oscurecerse* tienen básicamente el mismo significado incoativo de "ponerse oscuro," pero un verbo es pronominal y el otro no lo es.

Finalmente, hay algunos verbos intransitivos que siempre requieren un pronombre reflexivo. Son los verbos de régimen que tienen un objeto preposicional en vez de un objeto directo o indirecto. Ya que estos verbos son siempre pronominales, se puede decir que el uso del pronombre reflexivo es inherente o léxico porque forma parte del significado del verbo. Para mostrar que estos verbos no tienen un significado reflexivo, se incluye en los siguientes ejemplos la traducción en inglés:

(55)  a. *¿***Te arrepientes de** *la decisión que tomaste?*
     b. *Do you* **regret** *the decision that you made?*

(56)  a. *Los niños* **se quejan de** *la tarea.*
     b. *Kids* **complain about** *homework.*

(57)  a. *Todavía* **me resiento de** *la espalda.*
     b. *I am still* **suffering from** *back problems.*

(58)  a. *No* **se percató de** *los cambios en el plan.*
     b. *He didn´t* **notice** *the changes in the plan.*

(59)  a. **Nos atuvimos a** *las reglas de la clase.*
     b. *We* **abided by** *the rules of the class.*

(60)  a. *No* **me atrevo con** *este trabajo.*
     b. *I can´t* **handle** *this work.*

Se puede decir que el pronombre reflexivo es el más complicado de todos los pronombres personales porque tiene tantos usos diferentes que afecta no sólo a la función gramatical sino al significado léxico del verbo. En el

| | |
|---|---|
| **Acción reflexiva verdadera** | *Me duché al llegar a casa.* |
| **Acción reflexiva + objeto directo** | *Lávate las manos.* |
| **Acción con consumo completo** | *Se leyó el libro entero anoche.* |
| **Acción reflexiva con agente externo** | *Te cortaste el pelo.* |
| **Acción recíproca** | *Nos conocimos hace años.* |
| **Verbo pronominal detransitivado** | *Me desperté a las seis.* |
| **Verbo intransitivo con cambio de sentido** | *Se marchó anoche.* |
| **Acción incoativa** | *Se enfermaron todos.* |
| **Verbo pronominal inherente** | *Me arrepiento de lo que hice.* |

**Figura 5.6**   Usos paradigmáticos del pronombre reflexivo.

cuadro de la Figura 5.6, se presenta un resumen de los diferentes usos del verbo pronominal que hemos examinado en esta sección.

Los usos del pronombre reflexivo que se resumen en el cuadro de la Figura 5.6 son paradigmáticos porque se usan estas formas pronominales en todas las personas, igual que el verbo. Sin embargo, hay otros casos de verbos pronominales que sólo usan el pronombre *se* invariable y en la próxima sección vamos a examinarlos.

**Pregunta 6**

### 5.2.4 Los usos del *se* invariable

En la sección anterior, examinamos los usos paradigmáticos de los pronombres reflexivos, los cuales exhiben formas diferentes para la primera, segunda y tercera persona singulares y plurales, igual que los verbos y los otros pronombres personales de sujeto, objeto directo y objeto indirecto. En esta sección, vamos a examinar los usos no paradigmáticos del pronombre *se*, en los cuales se usa siempre la forma invariable de este pronombre que es la tercera persona.

El primer uso del *se* no paradigmático es cuando se combinan dos pronombres átonos de tercera persona y el objeto indirecto *le* o *les* se convierte en *se:*

(61)   *Yo **se** lo dije a mi esposo.*                                         (*le* > *se*)

(62)   *La profesora **se** lo dio a todos los estudiantes.*                    (*les* > *se*)

Aunque la forma ha cambiado, este pronombre sigue siendo un pronombre de objeto indirecto. Su uso no es reflexivo y, por eso, se llama el *SE* FALSO.

Los otros usos del *se* no paradigmático son más interesantes porque su función se relaciona con los usos paradigmáticos que vimos en la sección anterior. Una de las funciones del verbo pronominal que vimos en la sección anterior es la detransitivación, o sea, la conversión de un verbo transitivo en un intransitivo. En el caso de la pasiva refleja con *se*, se puede decir que eso es exactamente lo que ocurre. Como vimos en 2.2.1, la voz pasiva se basa en la voz activa de un verbo transitivo (ejemplos a), y el objeto directo de este verbo transitivo llega a ser el sujeto en la pasiva refleja (ejemplos b):

(63) a. ***Él rompió*** *las ventanas.*

b. ***Se rompieron*** *las ventanas.*

(64) a. ***Convertí*** *la recámara en una oficina.*

b. *La recámara **se convirtió** en una oficina.*

En estos ejemplos, el verbo transitivo en la voz activa llega a ser un verbo intransitivo en la pasiva refleja con el pronombre *se*. Mientras que la voz activa expresa el agente y el resultado, la voz pasiva sólo puede indicar el resultado de la acción. Además, la pasiva refleja sólo se expresa en la tercera persona singular y plural porque el sujeto de la voz pasiva es siempre un objeto inanimado:

(65) a. ***Se cerraron*** *las oficinas a las cinco.*

b. *Se cerró **la puerta**.*

Este uso del pronombre *se* no es reflexivo porque los objetos inanimados no pueden ser agentes de la acción.

Aunque una característica básica de la voz pasiva es que no indica el agente de la acción, a veces se usa en español el objeto indirecto con la pasiva refleja con *se* para indicar a las personas que han sido afectadas por la acción. La adición del pronombre de objeto indirecto es opcional, así que se puede comparar la pasiva refleja con *se* en las oraciones a con la pasiva refleja con *se* más el objeto indirecto de interés en las oraciones b de cada ejemplo:

(66) a. ***Se rompieron*** *las gafas.*

b. ***Se me rompieron*** *las gafas.*

(67) a. ***Se perdió*** *el dinero.*

b. ***Se nos perdió*** *el dinero.*

(68) a. ***Se cayeron*** *los libros.*

b. ***Se le cayeron*** *los libros.*

(69) a. *Se quedó en casa el pasaporte.*

   b. *Se te quedó en casa el pasaporte.*

(70) a. *Se acabó el café.*

   b. *Se les acabó el café.*

El *se* impersonal expresa otro uso no paradigmático del pronombre *se*. La estructura de la pasiva refleja con *se* y del *se* impersonal son similares, pero hay algunas diferencias importantes entre el uso de las dos estructuras. Primero, el *se* impersonal sólo se expresa en tercera persona singular, mientras que el *se* pasivo se puede expresar en tercera persona singular o plural. Además, el *se* impersonal no se usa para convertir a un verbo transitivo en verbo intransitivo, sino para representar al sujeto como una persona no específica:

(71) *Después del ejercicio,* **se duerme** *muy bien.*

Aunque el verbo en este ejemplo tiene la misma estructura que el uso paradigmático incoativo que vimos en la sección anterior, la diferencia clave aquí es que en esta oración no hay ningún sujeto porque es una acción impersonal. La falta de un sujeto en el *se* impersonal también es una característica que lo diferencia de la pasiva refleja con *se* porque esta estructura siempre tiene un sujeto. El *se* impersonal aparece mucho con verbos intransitivos y antes de un infinitivo o una cláusula subordinada, mientras que es imposible encontrar la pasiva refleja con *se* bajo estas condiciones:

(72) *No* **se puede** *fumar aquí.*

(73) **Se dice** *que el español es más fácil que el alemán.*

(74) *No* **se sabe** *si van a volver a tiempo.*

A pesar de estas diferencias, a veces es muy difícil distinguir entre la pasiva refleja con *se* y el *se* impersonal, y algunos lingüistas sostienen que no hay diferencia entre las funciones que desempeñan las dos formas. En parte, esto se debe al hecho de que no se puede distinguir siempre entre los dos usos cuando el verbo de la oración activa es transitivo y la forma con *se* está en tercera persona singular:

(75) **Se habla** *portugués en Brazil.*

Si se interpreta esta oración como la pasiva refleja con *se*, entonces el sujeto es *portugués* y el verbo es singular porque es una sola lengua. Si se interpreta como el *se* impersonal, el sujeto es una persona indefinida, y *portugués* es el objeto directo del verbo *hablar*. Sin embargo, es necesario aceptar los dos conceptos para poder explicar la existencia de verbos concordantes (76b) y no concordantes (76a).

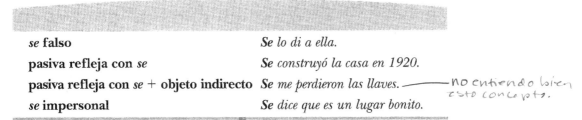

| | |
|---|---|
| *se* **falso** | *Se lo di a ella.* |
| **pasiva refleja con** *se* | *Se construyó la casa en 1920.* |
| **pasiva refleja con** *se* + **objeto indirecto** | *Se me perdieron las llaves.* |
| *se* **impersonal** | *Se dice que es un lugar bonito.* |

*no entiendo bien esto concepto.*

Figura 5.7  **Usos no paradigmáticos del pronombre se.**

(76)  a. *En la universidad, **se enseña** muchas lenguas.*

  b. *En la universidad, **se enseñan** muchas lenguas.*

La única manera de explicar por qué no siempre hay concordancia entre un verbo como *enseñar* y un sustantivo plural como *muchas lenguas* es con el *se* impersonal. Así, se puede decir que la oración b es pasiva refleja con *se* porque aparece el verbo en tercera persona plural y exhibe concordancia con el sujeto/paciente. Por otra parte, es seguramente *se* impersonal si el verbo aparece en tercera persona singular y no hay ningún sujeto/paciente o cuando el sustantivo es plural y no existe concordancia entre el verbo y ese sustantivo. De esta manera, en la oración a no hay ningún sujeto y el sustantivo plural es el objeto directo.

Para resumir lo que vimos en esta sección, el cuadro de la Figura 5.7 presenta un ejemplo de cada uso no paradigmático del pronombre *se*.

Preguntas 5 a 8

### 5.2.5 La posición de los pronombres átonos

Ya que hemos examinado los usos de los pronombres átonos, ahora analizaremos las reglas que determinan su posición dentro de la oración. Los pronombres átonos también se llaman CLÍTICOS, lo cual quiere decir que se inclinan o se apoyan en otras palabras. Este término es muy apropiado porque fonética y sintácticamente forman parte del verbo y casi funcionan como morfemas del verbo:

(77)  a. ***Me lo** dieron ayer.*

  b. *No **nos** costaba mucho.*

  c. *No **me lo** digas.*

d. *Te quiere mucho.*

e. *Lo verás mañana.*

f. *Les ha mandado la información.*

Aunque la mayoría de los pronombres átonos son proclíticos, o sea, que se colocan antes del verbo conjugado, los mandatos afirmativos (formales o informales) requieren pronombres ENCLÍTICOS, los cuales aparecen después de y conectados al verbo:

(78)  a. *Dáselo.*

b. *Ponte la chaqueta.*

c. *Dígame la verdad.*

d. *Váyase.*

En el caso de los infinitivos y los gerundios, los pronombres átonos también son enclíticos:

(79)  a. *Por así decirlo.*

b. *Debías habérmelo dicho antes.*

c. *Aquí viene, diciéndome tonterías.*

Sin embargo, cuando un infinitivo o un gerundio van acompañados de un verbo auxiliar conjugado, es posible mover o subir los pronombres enclíticos que se colocan después del verbo no personal y convertirlos en pronombres proclíticos, colocándolos antes del verbo auxiliar. Comparemos, por ejemplo, los siguientes pares de oraciones:

(80)  a. *Estoy leyéndolo.*

b. *Lo estoy leyendo.*

(81)  a. *Quiero decírtelo.*

b. *Te lo quiero decir.*

La SUBIDA DE LOS CLÍTICOS en las perífrasis verbales es muy común en español, ya que hay competencia entre el verbo conjugado que requiere el pronombre proclítico y la forma no personal que requiere el pronombre enclítico. Esto ocurre mucho con verbos auxiliares como *querer, deber, poder, tener que, estar, haber,* etcétera, y si se sube un pronombre átono, se suben todos porque todos los pronombres átonos aparecen en la misma posición con relación al verbo:

(82)  a. *Empezó a explicármelo.*

b. *Me lo empezó a explicar.*

c. *\*Me empezó a explicarlo.*

Mientras que la oración a con pronombres enclíticos y la oración b con pronombres proclíticos son correctas, la oración c es incorrecta porque no se puede separar los dos pronombres átonos. Sin embargo, cuando el verbo conjugado funciona más como verbo independiente y menos como verbo auxiliar, hay menos consistencia y hay más posibilidad de dividir los pronombres entre los dos verbos, algo que no pasa nunca con los verbos auxiliares. Por ejemplo, no se suben los pronombres átonos cuando el verbo conjugado es pronominal, así que el pronombre reflexivo y los otros pronombres átonos se mantienen separados:

(83)  *No **me** atrevo a decír**selo**.*

En otros casos los pronombres átonos pueden estar separados porque el verbo conjugado tiene un sujeto y un objeto y el infinitivo tiene otro sujeto y objeto (oración a). Aunque no es posible posponer los dos pronombres (oración c), es posible subirlos (oración b):

(84)  a.  ***Nos** permitieron hacer**lo**.*

      b.  ***Nos lo** permitieron hacer.*

      c.  **Permitieron hacé**moslo**.*

La oración c es incorrecta porque el verbo *permitir* requiere un objeto indirecto.

Existen ciertas condiciones que limitan o impiden la subida de los pronombres átonos. Por ejemplo, no se suben los pronombres átonos en el siguiente ejemplo porque tanto el adverbio negativo como los pronombres están relacionados con el verbo *decir*:

(85)  *Prefiero **no** decír**telo**.*

Tampoco se suben si el verbo conjugado es un mandato afirmativo, ya que los pronombres átonos siempre aparecen después del imperativo afirmativo:

(86)  a.  *Traten de hacer**lo**.*

      b.  *Deja de molestar**me**.*

Ya que se han establecido las posibles posiciones de los pronombres átonos con relación al verbo, es necesario establecer reglas para determinar el orden de estos pronombres cuando en la oración hay más de uno. Generalmente se usan las siglas RID para referirse al orden típico de los pronombres: reflexivo, indirecto y directo. Siguiendo esta regla, el pronombre reflexivo siempre va antes del pronombre de objeto directo o del indirecto, y el pronombre de objeto indirecto va antes del pronombre de objeto directo:

(87)  a.  ***Se me** olvidó hacer**lo**.*  (RI = reflexivo + objeto indirecto)

      b.  *Pón**tela**.*  (RD = reflexivo + objeto directo)

      c.  ***Nos lo** dijeron.*  (ID = objeto indirecto + objeto directo)

| SE > | Segunda persona > | Primera persona > | Tercera persona |
|------|-------------------|-------------------|-----------------|
| se | te, os | me, nos | le, lo, la, les, los, las |

Figura 5.8   Regla de Se > 2 > 1 > 3 para determinar el orden de los pronombres átonos.

Sin embargo, esta regla no es suficiente para explicar todas las combinaciones de pronombres átonos y, además, es difícil aplicarla si no se sabe distinguir entre las funciones de estos tres pronombres. Por eso, se puede usar la regla descrita en el cuadro de la Figura 5.8 para decidir el orden de los pronombres átonos.

Es más fácil aplicar esta regla porque no hay que pensar en la función sintáctica de los pronombres para determinar el orden. Además, se aplica a unos pocos casos a los que no se puede aplicar la primera regla. Por ejemplo, si se combina un pronombre de segunda persona y otro de tercera persona, su función sintáctica como objeto directo, objeto indirecto o reflexivo no importa porque el orden se basa en la persona y no en la función:

(88)  *Te me* recomendaron para este puesto.

Aunque esta oración no suena muy natural y los hablantes podrían evitarla completamente con otra estructura *(Me fuiste recomendado),* se puede decir sin dudar que no sería posible poner el pronombre *me* antes del pronombre *te*. Entonces, el orden de esta oración no sigue la regla de RID porque el objeto directo *te* aparece antes del objeto indirecto *me*, pero sí sigue la segunda regla de Se > 2 > 1 > 3 porque el pronombre de segunda persona *te* aparece antes del pronombre de primera persona *me*.

Para terminar esta sección, vamos a resumir las diferencias principales entre los pronombres tónicos y átonos. Primero, debemos recordar que en la oración los pronombres átonos generalmente son obligatorios, mientras que los pronombres tónicos tienden a ser opcionales. Por otro lado, los pronombres tónicos son independientes y pueden aparecer solos en el enunciado, sin ningún verbo, mientras que los pronombres átonos son completamente dependientes y sólo aparecen al lado de un verbo. Finalmente, las reglas sintácticas que rigen la posición y el orden de los pronombres átonos son muy rígidas, mientras que la posición de los pronombres tónicos es más flexible. Por estas razones, es muy importante distinguir entre los pronombres tónicos y átonos en la descripción sintáctica del español.

Preguntas 9 a 11

## 5.3 Los pronombres no personales

Ya que hemos visto las funciones y las reglas sintácticas de los pronombres personales, vamos a examinar ahora el uso de los pronombres no personales del español. Los pronombres no personales son los interrogativos, los exclamativos, los relativos, los posesivos y los demostrativos. La función básica de estos pronombres también es reemplazar al sustantivo, pero sus usos son muy diferentes a los de los pronombres personales. Sin embargo, volveremos a discutir algunos de los conceptos que ya estudiamos, como la duplicación y el énfasis.

### 5.3.1 Los pronombres interrogativos y exclamativos

Los pronombres interrogativos y exclamativos sirven para reemplazar no sólo a la clase abierta de sustantivos, sino también a las clases abiertas de adjetivos y adverbios. Aunque la palabra *pronombre* indica la sustitución de un nombre por otro, también se usa este término para referirse a elementos que reemplazan a adjetivos y adverbios. Por eso, en esta sección vamos a usar algunos términos para demostrar que, además de su función de reemplazar al sustantivo, el pronombre también puede funcionar como PROADJETIVO, reemplazando al adjetivo; PROATRIBUTO, reemplazando al atributo; y PROADVERBIO, reemplazando al adverbio. La única clase abierta a la que no pueden reemplazar es a los verbos porque son el núcleo de la oración. En esta sección, veremos ejemplos de estos pronombres, proadjetivos, proatributos y proadverbios que aparecen en las exclamaciones y en las PREGUNTAS PARCIALES, que piden información adicional con el uso de palabras interrogativas.

El uso más común del pronombre interrogativo es reemplazar a un sustantivo. En este caso, el pronombre puede cumplir con todas las funciones nominales que vimos en el Capítulo 2:

(89) a.  *¿Quiénes consiguieron trabajo?*    (sujeto)

b.  *¿Cuál es el propósito?*    (atributo)

c.  *¿Qué compraste?*    (objeto directo)

d.  *¿A quién le diste el libro?*    (objeto indirecto)

e.  *¿Con quién vas al cine?*    (objeto preposicional)

La distinción más problemática entre estos pronombres es la diferencia entre *qué* y *cuál(es)*. Aunque a veces son intercambiables, es más común usar *cuál* con el verbo copulativo *ser* para pedir el atributo y escoger entre un grupo de posibilidades:

(90) a.  *¿Cuál es tu nombre?*

b.  *¿Cuál es tu color favorito?*

c. *¿**Cuál** es la capital de Venezuela?*

d. *¿**Cuál** es la respuesta?*

Por otra parte, se usa el pronombre *qué* con el verbo *ser* para pedir una definición:

(91)  a.  *¿**Qué** es esto?*

b.  *¿**Qué** es la lingüística?*

Los pronombres interrogativos que funcionan como proadjetivos reemplazan al adjetivo que modifica a un sustantivo. Por ejemplo, los interrogativos *qué* y *cuánto* pueden funcionar como proadjetivos si preceden a un sustantivo. En este caso, la información pedida también modifica a un sustantivo en la respuesta. Aunque *qué* no cambia para reflejar esta modificación, *cuánto* tiene que concordar en número y género con el sustantivo que modifica:

(92)  a.  *-¿**Qué** vestido prefieres?*

b.  *-¿**Cuántas** personas viven aquí?*

Otra dificultad con los interrogativos *qué* y *cuál* se presenta en su función como proadjetivo. El interrogativo *cuál* no se usa mucho para modificar a los sustantivos, aun cuando su significado indica la elección entre más de una opción, aunque sí se usa en esta capacidad como pronombre. Comparemos, por ejemplo, el uso del proadjetivo *qué* y del pronombre *cuál* en las siguientes oraciones:

(93)  a.  *¿**Qué** libro te gusta?*

b.  *¿**Cuál** de los libros te gusta?*

Aunque se usa a veces el interrogativo *cuál* como proadjetivo, especialmente en el lenguaje oral, es más correcto el uso de *qué:*

(94)  a.  *¿**Qué** vestido compraste?*

b.  *\*\*¿**Cuál** vestido compraste?*

Con verbos copulativos como *ser, estar,* y *parecer,* el interrogativo *cómo* funciona como proatributo y generalmente la respuesta es un adjetivo:

(95)  a.  *¿**Cómo** es tu abuela?*

b.  *¿**Cómo** están tus hijos?*

En otros casos, el interrogativo *cómo* funciona como proadverbio o adyacente circunstancial, pidiendo información adverbial en la respuesta. Esto puede ocurrir también con el verbo copulativo *estar:*

(96)  a.  *¿**Cómo** llegas al trabajo?*

b.  *¿**Cómo** habla español tu hija?*

c.  *¿**Cómo** estás?*

Otros interrogativos como *cuándo, dónde* y *cuánto* también funcionan como proadverbios porque piden en la respuesta información adverbial:

(97)   a.   *¿**Dónde** está Victoria?*

      b.   *¿**Cuándo** empieza el concierto?*

      c.   *¿**Cuánto** cuesta el anillo?*

Podemos decir, entonces, que la función de los interrogativos es ocupar el espacio en la pregunta parcial, el cual se llena con un sustantivo, un adjetivo, un atributo o un adverbio en la respuesta. Los pronombres interrogativos también se usan dentro de una oración cuando contiene una INTERROGATIVA INDIRECTA. En este caso hay dos cláusulas y cada cláusula tiene su propio sujeto. La cláusula principal hace referencia a la interrogativa indirecta y la cláusula interrogativa se puede sacar y hacer la pregunta aparte. Comparemos las siguientes interrogativas directas (ejemplos a) con las interrogativas indirectas correspondientes (ejemplos b):

(98)   a.   *¿**Cuántas** personas irán a la fiesta?*

      b.   *No sé **cuántas** personas irán a la fiesta.*

(99)   a.   *¿**Cuándo** va a llegar?*

      b.   *Pregúntale **cuándo** va a llegar.*

(100)   a.   *¿**Dónde** queda el cine?*

      b.   *¿Me puede decir **dónde** queda el cine?*

(101)   a.   *¿**Por qué** saliste a esa hora?*

      b.   *Tienes que explicarme **por qué** saliste a esa hora.*

(102)   a.   *¿**Cuál** de los dos es mío?*

      b.   *No recuerdo **cuál** de los dos es mío.*

Es importante notar que el pronombre interrogativo en las interrogativas indirectas sigue llevando el acento escrito, ya que todavía implica una pregunta.

A diferencia de los pronombres interrogativos, los pronombres exclamativos nunca reemplazan a los sustantivos. En algunos casos, funcionan como adjetivos, modificando al sustantivo:

(103)   *¡**Cuántos** libros tienen ustedes!*

En otros, funcionan como adverbios, modificando al verbo:

(104)   a.   *¡**Cómo/Cuánto** trabaja!*

      b.   *¡**Cómo** me duele la cabeza!*

Finalmente, pueden funcionar como intensificadores, modificando al adjetivo o al adverbio:

(105)   a.   *¡**Qué/Cuán** lejos vives de tu trabajo!*

         b.   *¡**Qué** bonita estás hoy!*

De acuerdo a los ejemplos que hemos examinado en esta sección, podemos decir que la función principal de los pronombres interrogativos y de los exclamativos es reservar el espacio en el que se pondrá un sustantivo, un adjetivo, un adverbio, un atributo o un intensificador en la respuesta o en la declarativa correspondiente. Esta relación se puede ver mejor al comparar preguntas parciales con sus respuestas y exclamativas con las declarativas equivalentes:

(106)   a.   *-¿**Qué** tienes?*                 (sustantivo)

            *-Tengo **un libro**.*

        b.   *-¿**Quiénes** son estas personas?*    (atributo)

            *-Son **mis primos**.*

        c.   *-¿**Cuántos** hermanos tienes?*     (adjetivo)

            *-Tengo **tres** hermanos.*

        d.   *-¿**Dónde** vives?*                (adverbio)

            *-Vivo **aquí**.*

        e.   *-¡**Qué** inteligente eres!*      (intensificador)

            *-¡Eres **muy** inteligente!*

### 5.3.2 Los pronombres relativos

Hay una relación íntima entre los pronombres interrogativos y los pronombres relativos. Casi siempre, se usan las mismas formas para los dos pronombres, pero se usa el acento escrito para distinguir entre los pronombres interrogativos y los relativos. Aunque nunca hay redundancia en el uso de los pronombres interrogativos y exclamativos que acabamos de estudiar, sí hay duplicación en los pronombres relativos porque el pronombre y su referente aparecen en la misma oración. Además, veremos que estos pronombres son obligatorios en español, aunque no es así en inglés.

Igual que los otros pronombres, el grupo de pronombres relativos como *que, el que, la que, lo que, los que, las que, el cual, la cual, lo cual, los cuales, las cuales, quien, quienes*, etcétera, es limitado y es necesario saber usar todas las formas en el lenguaje oral y en el escrito. Los pronombres relativos también se usan para referirse a los sustantivos; por lo tanto, tienen las mismas funciones que los sustantivos. Por ejemplo, el pronombre relativo puede funcionar como sujeto de la cláusula relativa:

(107)   *Los estudiantes **que** vinieron a clase recibieron toda la información.*

En esta oración, el referente es *los estudiantes* y el pronombre relativo *que* duplica a este referente. Además, el pronombre relativo *que* funciona como sujeto dentro de la cláusula relativa *que vinieron a clase.*

Aunque la existencia de un referente es necesaria para el uso del pronombre relativo, el referente puede ser un pronombre:

(108)  **Los que** *estudiaron para el examen recibieron una buena nota.*

En esta cláusula relativa, el pronombre relativo *que* se refiere al pronombre *los*, que significa *los estudiantes*. Se puede explicar el pronombre relativo *lo que* de la misma manera porque *lo* es un pronombre que representa algo abstracto y significa *la cosa* o *la parte*; *que* es el pronombre relativo que refiere al pronombre *lo*:

(109)  **Lo que** *no entiendo es el subjuntivo.*

Además de funcionar como sujeto de la cláusula relativa, el pronombre relativo también puede funcionar como objeto directo:

(110)  *El libro* **que** *leí es buenísimo.*

En esta oración, la cláusula relativa *que leí* modifica al sustantivo *libro*, el referente del pronombre relativo *que*. Además, la cláusula relativa tiene un sujeto implícito *yo* y el pronombre relativo *que* funciona como el objeto directo del verbo *leer.*

El pronombre relativo también puede funcionar como objeto indirecto de la cláusula relativa cuando aparece después de la preposición *a:*

(111)  *Mi hermana mayor,* **a quien** *le encanta esquiar, va a viajar a Chile en junio.*

En esta oración, el referente es el sintagma nominal *mi hermana mayor*. La cláusula relativa *a quien le encanta esquiar* tiene como sujeto el infinitivo *esquiar* y como objeto indirecto el pronombre relativo *a quien.*

El pronombre relativo también puede funcionar como objeto preposicional dentro de la cláusula relativa:

(112)  *Las mujeres* **con quienes** *saliste a comer están en mi clase de francés.*

En esta oración, *las mujeres* es el referente y la cláusula relativa es *con quienes saliste a comer*. En esta cláusula relativa, el sujeto implícito es la segunda persona singular *tú* y el objeto preposicional es *quienes* que sigue a la preposición *con.*

En el ejemplo anterior, el sintagma preposicional *con quienes* funciona como sintagma adverbial del verbo *salir* y expresa el concepto de acompañamiento. También se usan otros pronombres relativos para expresar los conceptos adverbiales de tiempo (*cuando*), posición (*donde*) y manera (*como*). Sin embargo, usualmente es posible usar la preposición *en* más el pronombre relativo *que* para expresar el mismo concepto. Comparemos, por ejemplo, los siguientes ejemplos de pronombres relativos que funcionan como adverbios dentro de la cláusula relativa:

(113)   a.   *El pueblo **donde** vivimos es muy pequeño.*

　　　　b.   *El pueblo **en que** vivimos es muy pequeño.*

(114)   a.   *El año **cuando** viajamos, había paz.*

　　　　b.   *El año **en que** viajamos, había paz.*

(115)   a.   *¿Has notado la manera **como** habla conmigo?*

　　　　b.   *¿Has notado la manera **en que** habla conmigo?*

Hay dos diferencias muy importantes entre los pronombres relativos en español y en inglés. La primera distinción es que en inglés se puede eliminar el pronombre relativo cuando funciona como objeto directo o como objeto indirecto de la cláusula relativa, pero eso no es posible en español:

(116)   a.   *Do you have the book (**that**) you bought?*

　　　　b.   *¿Tienes el libro **que** compraste?*

En el inglés hablado e informal, además de la eliminación del pronombre relativo que funciona como objeto directo o indirecto de la cláusula relativa, también se puede colocar la preposición que forma parte del objeto indirecto o del objeto preposicional al final de la cláusula relativa. Como se puede ver en los siguientes ejemplos, la cláusula relativa en español es muy parecida a la estructura formal del inglés, mientras que no es posible expresar en español la estructura informal del inglés:

(117)   a.   *Where is the woman (**that**) you gave the book **to**?*
　　　　　　(informal)

　　　　b.   *Where is the woman **to whom** you gave the book?*
　　　　　　(formal)

　　　　c.   *¿Dónde está la mujer **a quien** le diste el libro?*

(118)   a.   *Did you meet the woman (**that**) I went out **with** last night?*
　　　　　　(informal)

　　　　b.   *Did you meet the woman **with whom** I went out last night?*
　　　　　　(formal)

　　　　c.   *¿Conociste a la mujer **con quien** salí anoche?*

Estas diferencias entre el inglés y el español confunden mucho al angloparlante que estudia español como segunda lengua, porque el uso del pronombre relativo en inglés es tan limitado que el hablante no reconoce su función.

En español, los únicos pronombres relativos que funcionan como adjetivo, *cuyo, cuya, cuyos, cuyas,* conectan al referente y poseedor con el objeto poseído:

(119) *Mi autor favorito es García Márquez,* **cuyas** *novelas son muy bien conocidas.*

Este pronombre, que se usa cada vez menos, suena muy formal en el lenguaje oral y los hablantes usan otras estructuras para reemplazarlo (véase 6.3).

No hemos presentado todas las reglas que rigen el uso de los pronombres relativos en esta sección porque vamos a examinar aparte el uso de las cláusulas relativas restrictivas y no restrictivas (véase 6.2.3). Lo más importante de esta presentación de los pronombres relativos fue captar su función como pronombre dentro de la cláusula relativa e identificar su función como sujeto, objeto directo, objeto indirecto u objeto preposicional dentro de la cláusula relativa.

### 5.3.3  La pronominalización de los determinantes

Se vio en la Sección 4.1.2.3 que los adjetivos pueden convertirse en sustantivos a través del proceso de nominalización. Para los adjetivos posesivos y demostrativos, se usa un proceso similar, llamado PRONOMINALIZACIÓN, para convertir a estos determinantes en pronombres. El propósito de este proceso es algo que hemos mencionado varias veces en el análisis de la función de los pronombres: la eliminación de la redundancia en el discurso.

(120) *Podemos comer en* **la casa de mis padres** *o en* **la nuestra.**

(121) *Voy a comprar* **estos libros** *en vez de* **aquéllos.**

En el caso de los adjetivos posesivos, los posesivos tónicos pasan por el mismo proceso que otros adjetivos. Se eliminan los sustantivos y se mantienen el artículo y el posesivo para formar los pronombres posesivos:

(122)  a.  *el libro mío > el mío*

      b.  *la casa tuya > la tuya*

      c.  *los hijos nuestros > los nuestros*

      d.  *las llaves suyas > las suyas*

En inglés, no existe un sistema tan regular para los pronombres posesivos. En la primera persona singular, se usa una forma única y en el resto de las personas el pronombre posesivo termina con una *-s*:

(123)  a.  *my book > mine*

      b.  *your house > yours*

   c. *our children* > *ours*

   d. *his / her / their keys* > *his / hers / theirs*

Los adjetivos demostrativos también pasan por el proceso de pronominalización, pero no se usa el artículo definido en las formas pronominales porque el artículo definido no aparece generalmente con los demostrativos. Se puede usar el acento en la sílaba tónica para distinguir entre las formas pronominales y las formas adjetivales. Si bien el acento escrito es opcional, la Real Academia Española recomienda su uso para evitar ambigüedades. Muchas personas siguen usándolo para distinguir entre un adjetivo posesivo y un pronombre posesivo:

   (124)  a. *este libro*      >      *éste*

           b. *esta casa*       >      *ésta*

           c. *estos hijos*     >      *éstos*

           d. *estas llaves*    >      *éstas*

Ya vimos en 4.1.2.3 que se puede usar el pronombre neutro *lo* más el adjetivo masculino singular para referirse a conceptos o ideas generales, como *lo bueno, lo peor*, etcétera. De la misma manera, se pueden usar los pronombres posesivos neutros como *lo suyo, lo nuestro*, etcétera, para referirse a todo lo que le pertenece a una persona. También existen los pronombres demostrativos neutros *esto, eso, aquello*. A diferencia de los pronombres demostrativos masculinos y femeninos, los demostrativos neutros nunca llevan acento porque no existen adjetivos demostrativos neutros con los cuales se podrían confundir. Se usan para referirse a conceptos abstractos y es importante recordar que la terminación en -*o* no corresponde a la forma masculina:

   (125)  a. *¿Qué es **esto**?*

           b. ***Eso** no se hace.*

Los pronombres demostrativos en inglés utilizan la palabra *one* con sus formas masculinas y femeninas, pero la forma neutra no la utiliza porque no puede modificar a ningún otro sustantivo. Comparemos en los siguientes ejemplos el uso del pronombre demostrativo concreto (oraciones a) con el pronombre abstracto (oraciones b):

   (126)  a. *I want to buy **this one**.*

           b. *I can't believe **this**.*

   (127)  a. ***That one** is beautiful.*

           b. ***That** is incredible.*

Entonces, a pesar de que en inglés no se marca el género neutro, el concepto en sí afecta la estructura de los pronombres demostrativos.

Preguntas 12 a 16

## 5.4 Perspectiva diacrónica y sincrónica: Variación dialectal en los pronombres personales

Antes de concluir este capítulo, vamos a examinar la variación dialectal que existe dentro de los pronombres personales del español moderno y trataremos de explicar esta variación a través de sus orígenes en el latín y su evolución en el español. Primero, vamos a examinar la reducción del sistema de casos que empezó en el sistema pronominal del latín y que sigue hasta el presente. Luego, veremos un ejemplo de pronombre de sujeto que no ha desaparecido del español a pesar de que no parece ser necesario en la lengua moderna.

### 5.4.1 La evolución de los pronombres personales del latín y el leísmo, laísmo y loísmo

El estudio del sistema pronominal del latín y su evolución en el español nos ayuda a entender mejor las formas y los usos de los pronombres personales en la lengua moderna. Por ejemplo, un vestigio del latín se encuentra en el uso no paradigmático del pronombre *se* cuando funciona como objeto indirecto antes de un objeto directo (véase 5.2.4):

(128) ***Se** lo di a mi hermana.*

El origen en latín de este pronombre refleja su función como objeto indirecto y no como objeto reflexivo. La combinación de los pronombres dativos *illī, illīs* y los pronombres acusativos *illum, illam, illōs, illās* resultó en un sonido lateral palatal, similar a la "ll" castellana, y este sonido se convirtió en el sonido [ž] (inglés "mea<u>s</u>ure"), escrito con "g" en el español antiguo: *gelo, gela, gelos, gelas.* Además del sonido [ž], existían varios otros sonidos sibilantes en el español medieval: [š] (inglés "<u>sh</u>oe"), [ts] (inglés "i<u>ts</u>"), [dz] (inglés "su<u>ds</u>"), [s] (inglés "<u>s</u>oon"), [z] (inglés "<u>z</u>oo"). A causa de los cambios y las reducciones que ocurrieron en este grupo de sonidos, se confundieron el pronombre *ge* y el pronombre reflexivo *se,* aunque tenían funciones diferentes y orígenes diferentes. Esta evolución explica por qué se usa el pronombre *se* como objeto indirecto en ciertas situaciones.

Además de este ejemplo, el estudio de la reducción del sistema pronominal del latín también explica por qué existe cierta variación en los pronombres átonos en la lengua moderna. Como ya vimos en el Capítulo 2, las diferencias morfológicas que nos ayudarían a distinguir entre las funciones sintácticas del sustantivo han desaparecido completamente en el español. En general, se puede decir lo mismo para los pronombres personales, con unas pocas excepciones. Notamos en 5.2 que en español todavía se distingue claramente entre los pronombres tónicos, que representan al sujeto y al objeto preposicional, y los pronombres átonos, que representan al objeto directo, al indirecto y al reflexivo (véase la Figura 5.5). Aparte de la distinción entre pronombres tónicos y átonos, queda muy poco de la morfología que existía en el sistema pronominal del latín.

Dentro de los pronombres tónicos, sólo se ha mantenido una diferencia entre los pronombres de sujeto y los pronombres preposicionales de primera persona singular *yo* vs. *mí* y de segunda persona singular *tú* vs. *ti*. Dentro de los pronombres átonos, la única diferencia que se ha mantenido es en la tercera persona, donde todavía hay formas para el objeto directo *lo, la, los, las*; formas para el objeto indirecto *le, les*; y una forma para el objeto reflexivo *se*.

Ya que no existe ninguna diferencia entre los dos pronombres tónicos de tercera persona singular y plural (*él, ella, usted, ellos, ellas, ustedes*) ni de primera y segunda personas plurales (*nosotros, nosotras, vosotros, vosotras*), se puede esperar que la diferencia entre los pronombres tónicos de primera y segunda persona del singular también desaparezca por analogía con las otras personas. Como mencionamos en 5.2, es posible que esta simplificación siga evolucionando porque, aunque no sea correcto, a veces se encuentran los pronombres de sujeto después de preposiciones, en ejemplos como *\*para yo* y *\*por tú*.

En los pronombres átonos, no existe una diferencia entre el pronombre de objeto directo, el pronombre de objeto indirecto y el pronombre reflexivo de primera y segunda personas singulares y plurales (*me, te, nos, os*). Sólo se ha mantenido la diferencia entre estas tres funciones en la tercera persona del singular y del plural (*lo, la, los, las* vs. *le, les* vs. *se*). Aquí también hay indicios de que la lengua está pasando por diferentes etapas para eliminar la diferencia entre los pronombres de objeto directo e los de objeto indirecto en la tercera persona. Estas señales se encuentran en la variación dialectal que existe en el uso de estos pronombres y en la aparente confusión entre sus funciones.

El leísmo describe la extensión del uso del pronombre de objeto indirecto *le* para incluir también al objeto directo humano cuando es masculino y singular. Comparemos, por ejemplo, el uso del objeto directo *le* (ejemplo a) con el uso etimológico del pronombre *lo* (ejemplo b):

(129)  a. *Le vi en la escuela.*

b. *Lo vi en la escuela.*

Este fenómeno ocurre sobre todo en el centro y norte de España, pero se ha extendido también a partes de América. La Real Academia

Española ha aceptado el leísmo para el objeto directo masculino singular, pero también acepta el uso etimológico del objeto directo *lo*. Rechaza la extensión del leísmo a la forma plural (*les* en vez de *los*), a la forma femenina (*le* en vez de *la*) y a los objetos inanimados, aunque estos usos se encuentran también en algunos dialectos (Real Academia Española: 424–425).

Otro fenómeno menos común es el laísmo, en el cual se usa la forma *la* para el objeto indirecto femenino, en vez de la forma etimológica *le:*

(130)  a.  **\*\*La** *dije que viniera.*

      b.  **Le** *dije que viniera.*

De la misma manera, el loísmo emplea el pronombre *lo* en vez del objeto indirecto *le:*

(131)  a.  **\*\*Lo** *dije la verdad.*

      b.  **Le** *dije la verdad.*

Aunque estos usos del pronombre átono de tercera persona son mucho más limitados y no tan aceptables como el leísmo, hay confusión entre los pronombres de objeto directo y los de objeto indirecto en muchas partes del mundo hispano, especialmente cuando hay dos pronombres átonos de la tercera persona.

Estos casos de leísmo, laísmo y loísmo indican que se está perdiendo la distinción entre el objeto directo y el indirecto en español, aunque no se ha llegado a un acuerdo en cuanto a la solución. A pesar de que no son aceptables todos estos usos, es probable que esta variación siga en la lengua hasta que haya un sistema simplificado de pronombres átonos que no distinga entre objeto directo y objeto indirecto. Todas las variantes que existen comparten la misma meta de eliminar la diferencia entre objeto directo e indirecto. Las tendencias indican que esta distinción funcional entre objeto directo e indirecto será reemplazada por una diferenciación entre objetos animados e inanimados y entre objetos masculinos y femeninos. La primera diferencia corresponde en gran parte a la distinción entre objeto directo, que tiende a ser inanimado, y objeto indirecto, generalmente animado. La segunda distinción cabe bien dentro del español porque el género es una característica integral del sistema nominal y pronominal, especialmente en la tercera persona. Así, combinando los fenómenos de leísmo, laísmo y loísmo, podemos imaginar un sistema de pronombres átonos de tercera persona como el que se propone en el cuadro de la Figura 5.9.

En tal sistema, no sería necesario diferenciar entre la función del objeto directo y la del indirecto, pero se mantendría una distinción de animación, género y número. Aunque no hay manera de saber cuál será el resultado

| | |
|---|---|
| **Objetos inanimados masculinos** | *lo, los* |
| **Objetos inanimados femeninos** | *la, las* |
| **Objetos animados femeninos y masculinos** | *le, les* |

Figura 5.9   Posible resultado de la combinación del leísmo, laísmo y loísmo.

de la variación que existe hoy en día en el sistema pronominal, es interesante reconocer que esta variación podría resultar en un sistema más nítido.

### 5.4.2 La evolución del pronombre de sujeto de segunda persona

Como vimos en 5.1, en España se distingue entre el tratamiento informal y el formal tanto en la segunda persona singular como en la segunda persona plural. De esta manera, se usan las formas *tú* y *vosotros/vosotras* para el tratamiento informal y las formas *usted* y *ustedes* para el tratamiento formal. En los países americanos de habla hispana, por otra parte, ha desaparecido la diferencia entre el tratamiento formal e informal de los pronombres plurales y se usa siempre el pronombre plural *ustedes*. En la forma singular, todavía existe la distinción entre el tratamiento formal e informal, pero no hay consistencia en cuanto a la forma que se usa. En muchas regiones, se usan los mismos pronombres que existen en el español peninsular: *tú* y *usted*. Sin embargo, también existe en muchas regiones otro pronombre singular informal, *vos*, que ha reemplazado al pronombre informal *tú* y coexiste con el pronombre formal *usted*. También es posible encontrar el uso de los tres pronombres de segunda persona *tú*, *vos* y *usted* en la misma región. Para entender mejor esta variación, hay que examinar sus orígenes en latín y su evolución en el español.

En el latín, había un solo pronombre singular de segunda persona *tu* y un solo pronombre plural de segunda persona *vos*. En el latín tardío, se empezó a usar la forma plural *vos* también como forma singular y formal, así que tenía una doble función de plural y de singular formal. Esta situación es muy parecida al sistema que existe en el francés moderno, donde el pronombre *tu* es singular e informal y el pronombre *vous* es plural o singular y formal. El español heredó este sistema de tratamiento, pero siguió evolucionando.

En el español antiguo, ocurrieron dos cambios que afectaron la evolución de los pronombres de tratamiento. Primero, se añadió al pronombre plural *vos* el cuantificador *otros* para enfatizar el significado plural y diferenciarlo de su uso singular. Entonces, se usaban *vos* y *tu* como pronombres singulares y *vos otros / vos otras* como pronombres plurales. Además, el pronombre *vos* perdió su peso formal y desapareció la distinción entre *tu* informal y *vos* formal. Por eso, era necesario crear una nueva forma para indicar el tratamiento formal. Existían varias maneras de dirigirse a otra persona y demostrar respeto como *su señoría, su merced, vuestra majestad, vuestra alteza,* etcétera, pero la forma que sobrevivió fue *vuestra merced.* A causa de la evolución fonética normal que ocurre con el uso frecuente de una estructura, esta forma analítica se redujo al pronombre *usted* y creó una nueva distinción entre los pronombres formales y los informales. Las expresiones como *vuestra merced* eran más formales porque evitaban el tratamiento directo hacia la otra persona y concordaban con la tercera persona del verbo. Por eso, los pronombres *usted / ustedes* siguen concordando con el verbo de tercera persona y no con el de segunda.

Con la aparición de *usted* y, por analogía, de *ustedes,* existía ya una distinción entre el pronombre formal y el informal no sólo en los pronombres singulares sino también en los plurales. Por eso, durante la época de la llegada de los españoles a América, existía en la forma singular un contraste entre *vos* o *tu* y *usted,* y en la forma plural entre *vosotros / vosotras* y *ustedes.* Sin embargo, parece que la lengua ya no podía sostener la existencia de dos funciones, singular y plural, para el pronombre *vos,* ni siquiera con la adición del cuantificador *otros / otras,* y se eliminó uno u otro del habla de las distintas regiones. En España, desapareció completamente el uso del *vos* como pronombre singular informal y se mantuvo el pronombre *tú.* En América, desapareció el uso de *vosotros / vosotras* como pronombre plural informal, como también la distinción entre formal e informal en los pronombres plurales. En los pronombres singulares, quedó sólo el pronombre *tú* en la mayor parte de México, Puerto Rico, Perú y otras regiones, mientras que sobrevivió el pronombre *vos* en Argentina, Uruguay y ciertas regiones de otros países de Centro y Sudamérica, como Guatemala, Colombia, etcétera. En la mayoría de estas regiones, no ha desaparecido el pronombre *tú,* así que coexisten tres pronombres singulares de tratamiento: *tú, vos* y *usted.* El cuadro de la Figura 5.10 resume las diferentes etapas de los pronombres de tratamiento, desde el latín hasta el español moderno.

Podemos ver entonces que el voseo, o sea, el uso del pronombre *vos* como pronombre informal de segunda persona, no es una innovación del español de América ni una corrupción del pronombre plural *vosotros,* sino la continuación de un pronombre que existía en la lengua antigua.

Preguntas 17 a 19

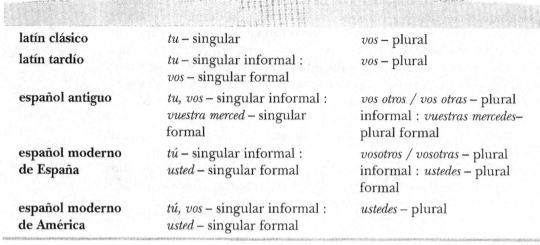

| latín clásico | *tu* – singular | *vos* – plural |
|---|---|---|
| latín tardío | *tu* – singular informal : *vos* – singular formal | *vos* – plural |
| español antiguo | *tu, vos* – singular informal : *vuestra merced* – singular formal | *vos otros / vos otras* – plural informal : *vuestras mercedes* – plural formal |
| español moderno de España | *tú* – singular informal : *usted* – singular formal | *vosotros / vosotras* – plural informal : *ustedes* – plural formal |
| español moderno de América | *tú, vos* – singular informal : *usted* – singular formal | *ustedes* – plural |

Figura 5.10    Origen de los pronombres de tratamiento del español.

## Preguntas

1. ¿Qué tipo de información gramatical nos dan los pronombres de sujeto?

2. Describa y dé ejemplos de los usos del pronombre de sujeto.

3. Describa y dé ejemplos de los diferentes usos del pronombre preposicional.

4. ¿Qué similitudes y qué diferencias existen entre las formas de los tres tipos de pronombres personales átonos?

5. ¿Qué relación hay entre los conceptos de redundancia y duplicación y el uso de los pronombres de objeto directo y de indirecto?

6. Describa y dé ejemplos de los usos paradigmáticos del pronombre reflexivo.

7. Describa y dé ejemplos de los usos no paradigmáticos del *se* invariable.

8. Escoja entre la lista de los usos del verbo pronominal para identificar la función de los pronombres reflexivos en las siguientes oraciones.

   - acción reflexiva verdadera
   - acción con consumo completo del objeto directo
   - acción recíproca
   - acción incoativa
   - objeto indirecto *le, les* > *se* (*se* falso)
   - pasiva refleja con *se* + objeto indirecto involucrado
   - verbo intransitivo con cambio de sentido
   - acción reflexiva + objeto directo
   - acción reflexiva con agente externo
   - verbo pronominal detransitivado

- verbo pronominal inherente
- pasiva refleja con *se*
- *se* impersonal

    a. *Mi padre <u>se va a operar</u> la semana que viene.*

    b. *<u>Se me ocurrió</u> otra posibilidad.*

    c. *Marina <u>se lo dijo</u> a su hermana.*

    d. *<u>Me arrepiento</u> mucho de no <u>haberme casado</u> contigo.*

    e. *<u>Lávate</u> las manos antes de <u>desayunarte</u>.*

    f. *Mi esposo y yo <u>nos casamos</u> en el año 2000.*

    g. *No <u>se sabe</u> cuándo <u>se van a marchar</u>.*

    h. *Mi tío <u>se conoce</u> toda la ciudad.*

    i. *<u>Se ha vuelto</u> muy antipático.*

    j. *Me gusta <u>ducharme</u> antes de <u>acostarme</u>.*

    k. *¿<u>Te comiste</u> todo el postre?*

    l. *<u>Se volvió</u> hacia él.*

    m. *<u>Me dormí</u> a las nueve de la noche y <u>me desperté</u> a las cinco de la mañana.*

    n. *Gracias por el libro. <u>Me lo leí</u> en un solo día.*

    o. *Vístete rápido, ya tenemos que <u>irnos</u>.*

    p. *Mis padres <u>se van a enojar</u> si les pido más dinero.*

    q. *¿<u>Te has dado cuenta</u> que sólo nos quedan seis semanas de clase?*

    r. *Cuando se cayó mi abuela, <u>se le rompió</u> la cadera y todavía <u>se resiente</u> de la caída.*

    s. *<u>Se destruyeron</u> muchas casas durante la tormenta.*

    t. *Si no <u>se come</u> bien, <u>se enferma</u>.*

9. Dé ejemplos de las posibles posiciones de los pronombres átonos con relación al verbo.

10. ¿Cuáles son las dos maneras de describir el orden de los pronombres átonos? ¿Qué regla prefiere Ud. y por qué? Dé ejemplos para justificar el uso de esta regla.

11. Describa las diferencias sintácticas entre pronombres personales tónicos y átonos y explique por qué es importante hacer esta distinción.

12. Dé ejemplos de los diferentes tipos de pronombres no personales.

13. Escoja entre la siguiente lista para identificar la función del pronombre interrogativo de cada pregunta parcial:

- pronombre-sujeto
- pronombre-atributo
- pronombre-objeto directo
- pronombre-objeto indirecto
- pronombre-objeto preposicional
- proadjetivo

- proatributo
- proadverbio

a. *¿Cómo te llamas?*

b. *¿Cuál es tu apellido?*

c. *¿Con quién fuiste al cine?*

d. *¿Cuántos hijos tienes?*

e. *¿Qué clases vas a tomar?*

f. *¿A quién conociste en la fiesta?*

g. *¿Quién tiene coche?*

h. *¿A quién le diste la tarea?*

i. *¿Dónde vives?*

j. *¿Cómo es tu hijo?*

14. Dé algunos ejemplos de interrogativos indirectos.

15. Para las siguientes exclamativas, indique la función sintáctica del pronombre exclamativo:

- adjetivo
- adverbio
- intensificador

a. *¡Qué guapo eres!*

b. *¡Cómo habla este hombre!*

c. *¡Mira cuántos hijos tiene!*

d. *¡Qué lento caminas!*

e. *¡Qué niño tan inteligente!*

16. En las siguientes oraciones, indique la función sintáctica del pronombre relativo dentro de la cláusula relativa:
- sujeto
- objeto directo
- objeto indirecto
- objeto preposicional
- adverbio

a. *El hombre con quien me case tendrá que ser paciente.*

b. *Busco la librería donde compré estos libros.*

c. *Mi abuelita, a quien quería muchísimo, se murió el año pasado.*

d. *Los que no fueron a clase perdieron mucho material.*

e. *El vestido que compraste te queda un poco apretado.*

f. *Voy a hablar con el policía a quien le di tu dirección.*

g. *He visto la película de la que hablas, pero no recuerdo cómo termina.*

h. *Salí a comer con la mujer que te dio esta información.*

i. *Nadie sabe lo que le ha pasado al empleado a quien le diste los cheques.*

j. *Me explicó la razón por la cual no había asistido a clase.*

17. ¿Cuáles son algunos vestigios del sistema de casos que han sobrevivido en el sistema pronominal del español?

18. Describa y dé ejemplos del uso del leísmo, laísmo y loísmo. ¿Por qué cree que ocurre esta variación en la lengua?

19. Explique la diferencia entre los pronombres de sujeto *vos* y *vosotros*. ¿Dónde se usa cada forma y por qué existen estos pronombres y los otros pronombres de segunda persona *tú, usted, ustedes*?

# 6

# Las oraciones simples y complejas

## 6.0 Introducción

En este capítulo, vamos a estudiar los diferentes tipos de ORACIONES SIM-PLES, las que tienen un solo sujeto y un solo predicado. Analizaremos las transformaciones sintácticas que ocurren para que una oración afirmativa se convierta en una negativa o en una pregunta. También, analizaremos las ORACIONES COMPUESTAS O COMPLEJAS que tienen más de una cláusula, ya sean dos o más cláusulas independientes o una cláusula independiente con una o más cláusulas subordinadas. Estas distinciones son importantes en particular para el estudio del subjuntivo que se presenta generalmente en las cláusulas subordinadas. Para entender las distintas funciones de las cláusulas subordinadas, necesitamos recordar las funciones de las cuatro clases abiertas que hemos estado estudiando hasta este punto. Mientras que las cláusulas independientes siempre tienen un verbo o un sintagma verbal que funciona como verbo, las cláusulas subordinadas funcionan como una de las otras tres clases abiertas; por eso, hay cláusulas nominales, adjetivales y adverbiales. La única clase abierta que no funciona como cláusula subordinada es la de los verbos porque el verbo es el núcleo de todas las cláusulas. A diferencia de las otras clases abiertas, el sintagma verbal es completamente independiente y no modifica ni depende de ningún otro elemento en la oración. Así, veremos que las CLÁUSULAS NOMI-NALES de la oración compuesta funcionan como sujeto, objeto directo, objeto indirecto u objeto preposicional del verbo, mientras que las CLÁUSULAS ADVERBIALES modifican al verbo. Por último, las CLÁUSULAS ADJETIVALES modifican a un sustantivo, ya sea en función de sujeto, de objeto directo, de objeto indirecto o de objeto preposicional.

## 6.1  Tipos de oraciones simples

Las oraciones simples consisten en <u>un solo sujeto y un solo predicado.</u> Aunque ya hemos visto que hay cierta flexibilidad en el orden de los elementos principales, sujeto y verbo, varía muy poco la estructura de los diferentes tipos de oraciones. A diferencia del inglés, que cambia el orden y añade elementos para transformar una oración afirmativa en una negativa o en una interrogativa, el español mantiene básicamente la misma estructura y los mismos elementos para cada tipo de oración.

La ORACIÓN DECLARATIVA AFIRMATIVA es el tipo básico de oración y se usa para afirmar o establecer la conformidad del sujeto con el predicado. Si bien el orden más común de una oración en español es sujeto-verbo (SV), éste es el único posible en inglés. Se puede usar la oración declarativa como la forma básica para describir las TRANSFORMACIONES sintácticas que la convierten en otros tipos de oraciones como las negativas, las interrogativas y las exclamativas. Las transformaciones que vamos a usar aquí incluyen el MOVIMIENTO de un elemento, la ADICIÓN de un elemento, la SUSTITUCIÓN de un elemento por otro y el CAMBIO DE FORMA de un elemento. Utilizaremos estos cambios para comparar las transformaciones de la estructura de una oración en inglés y en español. Comenzaremos en esta sección con la estructura de una oración declarativa, con verbo transitivo y sin pronombre átono:

(1)  **Oración declarativa afirmativa en español y en inglés**

    a.  *Vicente vio la película.*    SVO

    b.  *Vincent saw the movie.*    SVO

En esta oración, se encuentra el mismo orden de sujeto, verbo y objeto en las dos lenguas.

La ORACIÓN DECLARATIVA NEGATIVA se usa para negar la conformidad del sujeto con el predicado. En español, la única transformación necesaria para convertir una oración afirmativa en una negativa es la adición del adverbio negativo *no* antes del verbo:

(2)  **Oración declarativa negativa en español**

    a.  *Vicente **no** vio la película.*    (Adición del adverbio)

Si en la oración hay palabras indefinidas, como los pronombres indefinidos *algo, alguien, algunos,* el adjetivo indefinido *algún* o adverbios como *siempre, también,* etcétera, cambian a la forma negativa. En inglés, no se puede usar más de una forma negativa por oración:

(3)  a.  *Nunca viene **nadie** a la casa.*

    b.  ***No one** ever comes to the house.*

Las transformaciones en inglés son más complejas que en español. Se cambia la forma verbal simple a una forma compuesta con el verbo auxiliar *do,* lo cual afecta con frecuencia la forma del verbo principal y se añade la palabra negativa *not* entre el verbo auxiliar y el verbo. Entonces, para convertir la oración declarativa en una negativa hay dos transformaciones:

(4)  **Oración declarativa negativa en inglés**

    a.  *Vincent saw the movie.* > (+ Cambio de forma del verbo)

    b.  *Vincent **did see** the movie.* > (+ Adición del adverbio)

    c.  *Vincent did **not** see the movie.*

Entre las oraciones interrogativas están las interrogativas confirmativas o totales, que piden una respuesta de sí o no, y las interrogativas informativas o parciales, que piden información específica a través del uso de los pronombres interrogativos que vimos en 5.3.1. La diferenciación entre ambas es necesaria porque las reglas sintácticas son diferentes para los dos tipos de oraciones interrogativas.

En español no hay muchas transformaciones para indicar la conversión de una oración declarativa a una interrogativa. Hemos visto que en las interrogativas existe la tendencia a cambiar el orden de los elementos del sujeto y del predicado, posponiendo el sujeto, pero este cambio no es necesario y puede ocurrir también en las oraciones declarativas. Entonces, es posible cambiar el orden de los elementos para convertir una oración declarativa en una interrogativa, pero no es obligatorio:

(5)  **Interrogativa confirmativa en español**

    a.  *¿Vicente vio la película?*   (Sin movimiento: SVO)

    b.  *¿Vio Vicente la película?*   (Movimiento del sujeto: VSO)

    c.  *¿Vio la película Vicente?*   (Segundo movimiento del sujeto: VOS)

Dado que el cambio de orden no es necesario en una interrogativa, el hablante utiliza otros recursos para indicar este cambio de significado. En la forma hablada, el recurso más saliente es la entonación. En las declarativas, la voz baja al final de la oración, mientras que sube al final de las interrogativas. Este uso de la entonación indica al oyente que es una pregunta que tiene que contestar y no una afirmación a la cual no tiene necesidad de responder.

En inglés, también sube la entonación de la voz al final de las interrogativas, pero para convertir la oración declarativa en interrogativa, son necesarias otras transformaciones obligatorias. También acá cambia la forma verbal simple a una forma compuesta con el verbo auxiliar *do.* Además, cambia la posición del verbo auxiliar y se pone al principio de la oración, separado del verbo principal. Las dos transformaciones se pueden mostrar así:

(6) **Interrogativa confirmativa en inglés**

    a. *Vincent saw the movie.* > (+ Cambio de forma del verbo)

    b. *Vincent **did see** the movie.* > (+ Movimiento del sujeto)

    c. ***Did** Vincent **see** the movie?*

A diferencia del español, el oyente sabe inmediatamente si le están haciendo una pregunta porque la primera palabra es un verbo auxiliar como *do, did, are, is,* etcétera, que indica que es una pregunta confirmativa.

Lo mismo ocurre en las interrogativas informativas, donde la primera palabra es un pronombre interrogativo que indica al oyente que el hablante le está haciendo una pregunta. Vimos en 5.3.1 que el pronombre interrogativo reemplaza a un sustantivo, adjetivo o adverbio en la pregunta porque ésa es la información que se pide en la respuesta. Ya que el pronombre interrogativo casi siempre aparece al principio de la oración, el número de transformaciones depende del orden de elementos en la oración declarativa. Por ejemplo, si la interrogativa pide el sujeto, hay una sola transformación que reemplaza al sujeto con la palabra interrogativa, porque el sujeto se mantiene en la primera posición en la respuesta:

(7) **Interrogativa informativa con sujeto en español**

    a. ***Vicente** vio la película.* > (+ Sustitución del sujeto)

    b. *¿**Quién** vio la película?*

Ocurre básicamente la misma transformación en inglés:

(8) **Interrogativa informativa con sujeto en inglés**

    a. ***Vincent** saw the movie.* > (+ Sustitución del sujeto)

    b. ***Who** saw the movie?*

Una distinción interesante entre el inglés y el español es la manera en que se responde a este tipo de pregunta. Mientras que en español se puede contestar con un sustantivo o pronombre, en inglés se usa también un verbo auxiliar como *did, do, is, are,* etcétera, en la respuesta. Si bien el verbo auxiliar es opcional con un sustantivo, es obligatorio con un pronombre:

(9)  a. *¿Quién vio la película?*      ***Vicente.***

     b. *¿Quién vio la película?*      ***Él.***

(10)  a. *Who saw the movie?*      ***Vincent** (did).*

      b. *Who saw the movie?*      ***He did.***

Si la información pedida en una pregunta interrogativa es el objeto directo, hay más transformaciones porque el objeto directo no aparece normalmente al principio de una oración declarativa. La primera transformación reemplaza al objeto por un pronombre interrogativo. La segunda cambia el orden de las palabras y pone el interrogativo al principio de la oración. La tercera pone el sujeto de la oración después del verbo, su posición más común en las preguntas:

(11)  **Interrogativa informativa con objeto directo en español**

    a. *Vicente vio **la película.** >* (+ Sustitución del objeto directo)

    b. *Vicente vio **qué?** >* (+ Movimiento del interrogativo)

    c. *¿**Qué** Vicente vio? >* (+ Movimiento del sujeto)

    d. *¿Qué vio **Vicente?***

En inglés, también se produce la sustitución del objeto directo y su movimiento a la primera posición. La diferencia principal entre el inglés y el español es que no se cambia la posición del sujeto y se cambia el verbo simple por una forma compuesta con verbo auxiliar, igual que en las oraciones negativas:

(12)  **Interrogativa informativa con objeto directo en inglés**

    a. *Vincent saw **the movie.** >* (+ Sustitución del O.D.)

    b. *Vincent saw **what?** >* (+ Movimiento del interrogativo)

    c. ***What** Vincent saw? >* (+ Cambio de forma del verbo)

    d. *What Vincent **did see?** >* (+ Movimiento del sujeto)

    e. *What **did** Vincent see?*

Con los otros pronombres interrogativos ocurren transformaciones parecidas. Por ejemplo, para los pronombres interrogativos adverbiales *cuándo* o *dónde,* se usan las transformaciones presentadas para las otras interrogativas en español. La única diferencia está en la última transformación, donde se puede colocar el sujeto antes del objeto directo (VSO) o después (VOS):

(13)  **Interrogativa informativa con adverbio en español**

    a. *Vicente vio la película **aquí.** >* (+ Sustitución del adverbio)

    b. *¿Vicente vio la película **dónde?** >* (+ Movimiento del interrogativo)

    c. *¿**Dónde** Vicente vio la película? >* (+ Movimiento del sujeto)

    d. *¿Dónde vio **Vicente** la película? >* (+ Segundo movimiento del sujeto-opcional)

    e. *¿Dónde vio la película **Vicente?***

En inglés, las transformaciones son iguales a las otras preguntas interrogativas porque no existe la posibilidad de mover el sujeto como en español.

A diferencia de las preguntas confirmativas del español, es posible, generalmente, identificar una pregunta informativa inmediatamente porque la primera palabra tiende a ser un pronombre interrogativo. Por eso, no es necesario subir la entonación al final para indicar que es una pregunta sino que la entonación baja generalmente en las preguntas informativas igual que en las oraciones declarativas. En las PREGUNTAS ECO, se usa la misma sintaxis que en las preguntas informativas, pero, en este caso, la entonación sube al final de la pregunta en vez de bajar. Este cambio de entonación afecta el significado de la pregunta porque implica que el hablante sabía o debe saber la información. Entonces, el uso de la pregunta eco puede implicar que el hablante no recuerda la información, que no la oyó o que no la puede creer; por eso, pide la repetición:

(14)  a.  Pregunta informativa:    *¿Quién vio la película?* ⇓
      b.  Pregunta eco:            *¿Quién vio la película?* ⇑

Otro tipo de oración simple es la ORACIÓN EXCLAMATIVA y su sintaxis es muy parecida a la de las interrogativas. Hay un tipo que tiene la misma sintaxis que la oración declarativa y otro que empieza con un pronombre exclamativo. La única manera de distinguir entre el primer tipo de exclamativas y las oraciones declarativas y las interrogativas es por la entonación, ya que las exclamativas tienen más curvas melódicas que los otros tipos de oraciones. Con el segundo tipo, se usan las mismas transformaciones de movimiento, adición, sustitución y cambio de forma que se presentaron para las interrogativas informativas. Por ejemplo:

(15)  **Exclamativa con adverbio en español**
      a.  *¡Marisol canta maravillosamente!* > (+ Sustitución del adverbio)
      b.  *¡Marisol canta **cómo**!* > (+ Movimiento del interrogativo)
      c.  *¡**Cómo** Marisol canta!* > (+ Movimiento del sujeto)
      d.  *¡**Cómo** canta Marisol!*

En las exclamaciones que comienzan con la palabra exclamativa *qué*, es común suprimir el verbo cuando se combina con un sustantivo o adjetivo, como en las expresiones *¡Qué suerte (tiene/tengo)!, ¡Qué increíble (es)!*, etcétera.

En resumen, aunque hay variación sintáctica en el orden de los elementos de las oraciones simples, todas tienen un solo verbo y un solo sujeto y funcionan independientemente. Las oraciones compuestas, como vamos a ver, tienen más de un verbo y su estructura suele ser mucho más complicada.

## 6.2 Las oraciones complejas

En las oraciones complejas, hay más de una cláusula y cada cláusula tiene sujeto y predicado. Si hay dos o más cláusulas, cada una puede ser independiente, lo cual quiere decir que pueden colocarse separadas, o puede haber una combinación de CLÁUSULAS INDEPENDENDIENTES y CLÁUSULAS SUBORDINADAS. La cláusula subordinada depende lógica y gramaticalmente de la cláusula independiente y, además, la completa. Vamos a examinar primero la COORDINACIÓN, donde hay dos o más CLÁUSULAS COORDINADAS en la misma oración. Después, estudiaremos la SUBORDINACIÓN, que es la relación entre una cláusula independiente (CLÁUSULA PRINCIPAL) y una cláusula subordinada. La subordinación es un concepto muy importante para entender los diferentes usos del subjuntivo (véase el Capítulo 8). Además, el uso extenso de la subordinación es una de las características de la escritura avanzada.

### 6.2.1 Las cláusulas coordinadas

En las oraciones complejas, no hay límite en el número de cláusulas independientes que pueden aparecer en la misma oración y estas cláusulas se combinan de varias maneras. A veces aparecen yuxtapuestas, lo cual quiere decir que las claúsulas están juntas, separadas sólo por la coma y sin ningún otro nexo para conectarlas:

(16)  *Vino, vio, venció.*

Cuando hay tres o más cláusulas, se usa la YUXTAPOSICIÓN en las primeras cláusulas y se añade una conjunción entre la penúltima y la última cláusula:

(17)  *Fui a la tienda, compré el regalo y llegué a la fiesta a tiempo.*

La yuxtaposición no es muy común y en la mayoría de los casos se usa una conjunción como *y* para conectar las cláusulas independientes de una oración compleja:

(18)  *Miguel fue a la biblioteca y su hermano se quedó en casa.*

Las conjunciones correlativas conectan palabras y también pueden conectar dos cláusulas:

(19)  *Ni quiero comer ahora ni voy a descansar.*

Se pueden usar las conjunciones para combinar más de dos cláusulas:

(20)  *Vamos a ir al cine esta tarde y después, saldremos a cenar o iremos a la fiesta.*

Sin embargo, las conjunciones *pero* y *sino* se limitan a dos cláusulas. Para entender la distinción entre las conjunciones *pero* y *sino / sino que*, es útil fijarse en las cláusulas o elementos que aparecen antes de la conjunción. La cláusula que está antes de *sino* o de *sino que* siempre es negativa:

(21)  a.  *No compró uno **sino** dos carros nuevos.*

      b.  *No trabaja ahora, **sino que** cuida a sus hijos.*

Por otro lado, la cláusula que está antes de *pero* puede ser negativa o afirmativa:

(22)  a.  *No tiene mucho dinero, **pero** está contento.*

      b.  *Tiene mucho dinero, **pero** le falta cariño.*

Aparte de esta diferencia sintáctica, el significado de estas dos conjunciones es lo que determina su uso. Aun cuando tienen más o menos el mismo significado, la conjunción *pero* implica una comparación que no limita las posibilidades, mientras que la conjunción *sino* o *sino que* implica una opción entre dos posibilidades. Por eso, se traduce a veces a la conjunción *but rather* en inglés. Además, no se usa una cláusula después de *sino*, mientras que es necesario tener una cláusula después de *pero:*

(23)  a.  *No vino Benito **sino** Ángela.*

          Angela came rather than Benito.

      b.  *Vino Ángela, **pero** no vino Benito.*

          Angela came but Benito did not.

En la primera oración, la conjunción *sino* implica que *Ángela* vino en vez de *Benito*, mientras que en la segunda oración, la conjunción *pero* no implica una sustitución sino un simple contraste. Las conjunciones *sino / sino que* pueden tener un significado afirmativo en vez de negativo cuando se combina con el adverbio *no sólo... (también):*

(24)  a.  ***No sólo** canta **sino que también** baila.*

      b.  *Compré **no sólo** estos zapatos **sino también** los otros.*

Aun en los casos donde la conjunción conecta dos elementos que no son cláusulas, se puede decir que hay una segunda cláusula implícita. Comparemos, por ejemplo, las siguientes oraciones que tienen el mismo significado:

(25)  a.  ***O** Felipe **o** Rafael va a comprarlo.*

      b.  ***O** Felipe va a comprarlo **o** Rafael va a comprarlo.*

(26)  a.  *No quiero esta blusa **ni** la otra.*

      b.  *No quiero esta blusa **ni** quiero la otra.*

Entonces, las conjunciones se pueden usar para conectar dos cláusulas independientes o dos elementos de una oración de una manera más concisa.

Aunque las conjunciones de coordinación sirven para indicar la adición o la exclusión de la segunda cláusula, se puede mantener independiente la segunda cláusula.

Además de las cláusulas independientes, se usan mucho las cláusulas subordinadas, que son dependientes y no pueden existir sin la cláusula principal independiente.

### 6.2.2 La cláusula subordinada nominal

Vimos en el Capítulo 1 que el sintagma nominal tiene la misma función que el sustantivo. Ahora vamos a ver que una cláusula nominal completa (con sujeto y verbo) también puede tener las mismas funciones que tiene el sustantivo en la oración. Por ejemplo, la cláusula subordinada nominal en la siguiente oración funciona como sujeto de la oración:

(27)  *Me molesta **que no te hayan llamado.***

De la misma manera, la cláusula nominal puede funcionar como objeto preposicional después de un verbo de régimen (véase 2.4.2):

(28)  *Se queja mucho de **que su esposo trabaja demasiado.***

Aunque no es tan común, la cláusula nominal subordinada también puede funcionar como objeto indirecto en el predicado:

(29)  *Le darán el premio **a quien llegue primero.***

De todas las funciones nominales, el uso más frecuente de la cláusula subordinada nominal es como objeto directo del verbo de la oración independiente, donde forma también parte del predicado:

(30)  *Mis padres quieren **que yo estudie más.***

Los verbos que frecuentemente tienen una cláusula subordinada nominal por objeto directo son los verbos transitivos o bitransitivos como *querer, esperar, ver, permitir,* porque estos verbos requieren un objeto directo (véase 2.5).

En todos estos casos, la cláusula subordinada nominal comienza con la conjunción *que,* pero esto no es suficiente para identificarla como cláusula nominal. La mejor manera de identificarla es tratar de reemplazarla con el pronombre indefinido *algo* o con otro sustantivo. Para demostrar su función como cláusula nominal, comparemos las siguientes oraciones:

(31)  *Mi padre quiere **más dinero.***

En esta oración, el sintagma nominal *más dinero* funciona como el objeto directo del verbo transitivo *querer.*

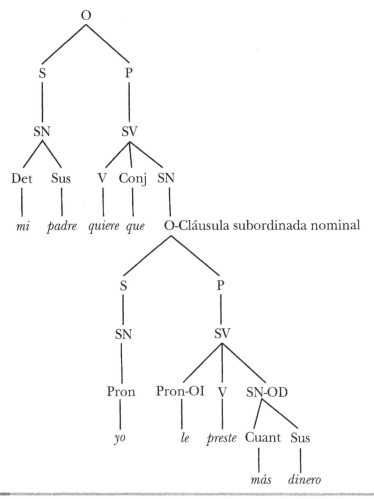

**Figura 6.1**    Diagrama arbóreo de una oración compuesta con cláusula subordinada nominal.

(32)   *Mi padre quiere **que yo le preste más dinero.***

En la oración 32, la cláusula subordinada nominal, que empieza con la conjunción *que* también funciona como objeto directo del verbo *querer*.

(33)   *Mi padre quiere **algo.***

En la oración 33, el pronombre indefinido *algo* también funciona como objeto directo que sustituye al sintagma nominal *más dinero* o a la cláusula nominal *que yo le preste más dinero.*

El diagrama arbóreo de la Figura 6.1 refleja cómo esta cláusula subordinada funciona como sustantivo y como objeto directo del verbo de la cláusula principal independiente:

Debemos recordar que en inglés no se usa siempre la conjunción '*that*' antes de una cláusula subordinada nominal. Por ejemplo, si comparamos la oración de la Figura 6.1 con la traducción en inglés, podemos ver que el sujeto de la cláusula subordinada en español es un objeto indirecto en inglés:

(34)  *My father wants **me to lend** him more money.*

En otros casos, la conjunción es opcional y su eliminación no afecta el significado de la cláusula subordinada nominal:

(35)  *I told him (that) he should study another language.*

Esta supresión de la conjunción antes de la cláusula subordinada nominal casi nunca ocurre en español, aunque hay algunas expresiones que no requieren la conjunción *que:*

(36)  a.  *¡Ojalá venga!*

   b.  *¡Ojalá pudiera!*

Pregunta 2

### 6.2.3 La cláusula subordinada adjetival

La cláusula subordinada adjetival, también llamada CLÁUSULA RELATIVA, tiene la misma función que el adjetivo, así que puede modificar a cualquier sustantivo en una oración. Como vimos en 5.3.2, la única función de las cláusulas relativas es la de modificar al sustantivo antecedente, y el pronombre relativo de esta cláusula subordinada duplica al antecedente. Sin embargo, para entender el uso apropiado de los pronombres relativos, hay que distinguir entre las CLÁUSULAS RELATIVAS RESTRICTIVAS y las no restrictivas. Las cláusulas restrictivas sirven para limitar o restringir al antecedente, igual que los adjetivos pospuestos que examinamos en el Capítulo 4. Por otra parte, LAS CLÁUSULAS NO RESTRICTIVAS se colocan entre comas y añaden información subjetiva que no es necesaria para la identificación del sustantivo, igual que los adjetivos antepuestos.

Por lo tanto, las mismas condiciones que analizamos para el adjetivo limitativo y el adjetivo no limitativo (véase 4.1.2.2) se aplican a estos dos tipos de cláusulas. Si el antecedente no es específico y se necesita más información para identificarlo, se puede usar una cláusula restrictiva que restringe o limita el grupo de posibilidades. Las siguientes oraciones tienen sustantivos que son difíciles de identificar sin más contexto o más información:

(37)  a.  ***Los profesores*** *son muy famosos.*

   b.  *Acabo de leer **los libros**.*

    c. *Le di tu número de teléfono **al señor**.*

    d. *Vivimos ahora en **la casa**.*

Entonces, se puede usar la cláusula relativa restrictiva para limitar las posibilidades y ayudar a identificar al antecedente:

(38)  a. *Los profesores **que enseñan en esta universidad** son muy famosos.*

     b. *Acabo de leer los libros **que tú me prestaste el año pasado**.*

     c. *Le di tu número de teléfono al señor **con quien hablabas en la fiesta**.*

     d. *Vivimos ahora en la casa **donde yo nací**.*

Por otro lado, si el antecedente ya es un sustantivo limitado y específico, no se necesita la cláusula relativa para limitarlo más, como en las siguientes oraciones:

(39)  a. ***Mi madre** es muy famosa.*

     b. *Acabo de leer **su primer artículo**.*

     c. *Le di tu número de teléfono a **David**.*

     d. *Vivimos ahora en **esta casa**.*

Sin embargo, el hablante puede añadir información suplementaria que no limita al antecedente sino que simplemente lo describe más, usando, entre comas, la cláusula relativa no restrictiva:

(40)  a. *Mi madre, **quien ha escrito varios libros científicos,** es muy famosa.*

     b. *Acabo de leer su primer artículo, **en el cual propone la eliminación de los impuestos**.*

     c. *Le di tu número de teléfono a David, **quien trabaja para una empresa internacional**.*

     d. *Vivimos ahora en esta casa, **la cual se construyó en 1927**.*

Tanto en las cláusulas restrictivas como en las no restrictivas, la cláusula subordinada adjetival puede modificar a cualquier sustantivo en la oración. La cláusula relativa forma parte de un sintagma nominal porque su función es modificar al núcleo de este sintagma. Ya que la posición de la cláusula relativa depende de la posición del sustantivo al que modifica, se pueden encontrar cláusulas relativas dentro de la oración o al final de la oración. Por ejemplo, la misma cláusula relativa, *a quien conociste en la fiesta,* puede formar parte de cualquier sintagma nominal, modificando al núcleo del sujeto, del atributo, del objeto directo, del objeto indirecto o del objeto preposicional de la cláusula independiente.

En los siguientes ejemplos, el núcleo de cada sintagma nominal es el mismo antecedente, *la mujer,* pero la función sintáctica de este antecedente dentro de la cláusula principal cambia en cada oración:

(41)  a. **La mujer** *a quien conociste en la fiesta vive en París.* (sujeto)

  b. *Ella es* **la mujer** *a quien conociste en la fiesta.* (atributo)

  c. *Vi a* **la mujer** *a quien conociste en la fiesta.* (objeto directo)

  d. *Le escribí a* **la mujer** *a quien conociste en la fiesta.* (objeto indirecto)

  e. *Pensé en* **la mujer** *a quien conociste en la fiesta.* (objeto preposicional)

Mientras que la cláusula relativa modifica a un sustantivo en el predicado en los ejemplos c, d, e, la cláusula relativa en el ejemplo a modifica al sujeto y separa el sujeto del predicado.

En las Figuras 6.2 y 6.3, vamos a presentar el diagrama arbóreo de las primeras dos oraciones para comparar el uso de la cláusula relativa como parte del sujeto y como parte del predicado.

Obviamente, es necesario aplicar ciertas transformaciones a la estructura subyacente que aparece en el diagrama arbóreo para poder mover el pronombre relativo a la posición inmediatamente posterior a su antecedente:

(42)  a. *Conociste a la mujer en la fiesta.* > (+ Sustitución del objeto directo)

  b. *Conociste a quien en la fiesta.* > (+ Movimiento del objeto directo)

  c. **A quien** *conociste en la fiesta.* (Resultado: VO > OV)

Se hacen estas transformaciones después, en la superficie de la oración, porque la estructura subyacente de la oración en el diagrama arbóreo refleja mejor la función del pronombre relativo como objeto directo dentro de la cláusula subordinada adjetival.

En la Figura 6.3, se usa la misma cláusula adjetival y el pronombre relativo todavía funciona como objeto directo dentro de esta cláusula. La diferencia entre la cláusula relativa en Figura 6.2 y en Figura 6.3 es que el segundo ejemplo usa la cláusula relativa como parte del predicado, modificando al objeto directo de la oración principal, mientras que en la primera oración modifica al sujeto.

Para concluir nuestro análisis de la cláusula subordinada adjetival, es importante aplicar los conceptos que hemos examinado al uso de los pronombres relativos que estudiamos en 5.3.2.

Antes de comparar los pronombres relativos, tenemos que distinguir entre los dos usos de la palabra *que:* como conjunción que conecta una cláusula subordinada nominal con una cláusula principal o como pronombre relativo que se refiere al antecedente en una cláusula subordinada adjetival:

(43)  a. *Los estudiantes me dijeron* **que** *habían estudiado para el examen.*

  b. *Los estudiantes me dijeron* **algo**.

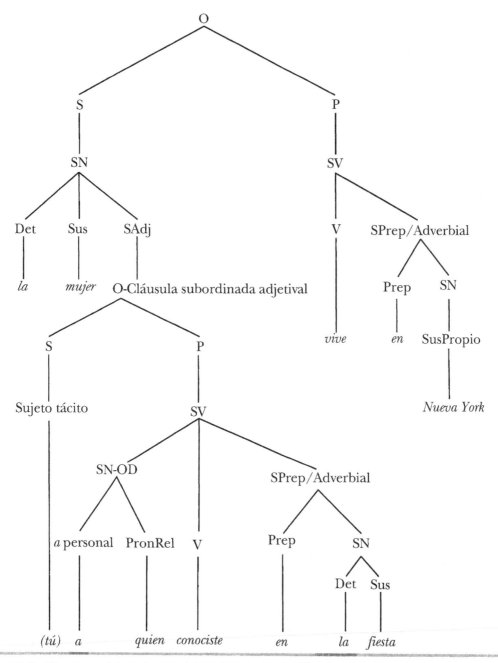

Figura 6.2 Diagrama arbóreo de un sujeto-antecedente, modificado por la cláusula subordinada adjetival.

En la oración 43a la palabra *que* funciona como conjunción porque la cláusula subordinada *que habían estudiado para el examen* funciona como cláusula subordinada nominal que puede ser reemplazada por el pronombre indefinido *algo* en la oracion 43b.

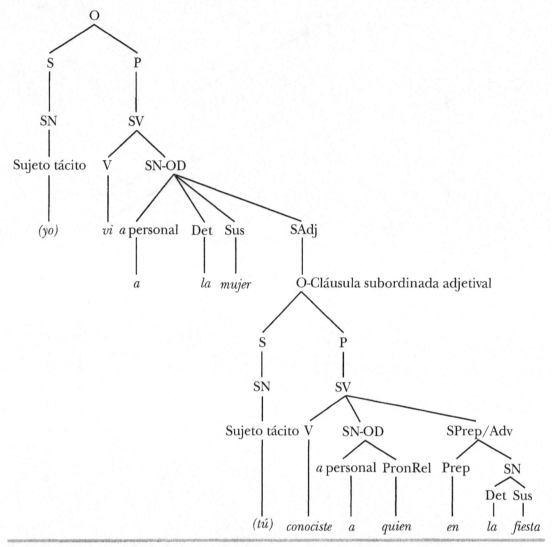

Figura 6.3   Diagrama arbóreo de un objeto directo-antecedente, modificado por la cláusula subordinada adjetival.

Dentro de la oración completa, el sustantivo *los estudiantes* funciona como sujeto, y la cláusula subordinada funciona como objeto directo del verbo *dijeron.*

En cambio, en la siguiente oración la palabra *que* funciona como pronombre relativo porque la cláusula subordinada *que habían estudiado para el examen* funciona como una cláusula subordinada adjetival:

(44)   *Hablé con los estudiantes **que** habían estudiado para el examen.*

En esta oración, la cláusula subordinada adjetival modifica al antecedente *estudiantes,* que funciona como objeto preposicional de la cláusula principal.

Además de esta diferencia entre la conjunción *que* y el pronombre relativo *que*, hay varios factores que determinan cuáles son los pronombres relativos que se pueden usar al principio de una cláusula relativa. El primer factor es la función sintáctica que tiene el pronombre relativo: sujeto, objeto directo, objeto indirecto u objeto preposicional. El segundo factor es la distinción entre los sustantivos animados y los inanimados. El tercer factor es la distinción entre las cláusulas relativas restrictivas y las no restrictivas que vimos anteriormente. También, hay que considerar a veces la preposición que se usa antes del pronombre relativo.

Si el pronombre relativo es el sujeto animado o inanimado de una cláusula restrictiva, se usa el pronombre relativo *que*:

(45) a. *El muchacho **que leyó el poema** es estudiante en esta universidad.*

b. *Los árboles **que florecen en la capital en abril** son los cerezos.*

Aunque el pronombre relativo *que* es el más usado en las cláusulas no restrictivas, también se usan los pronombres relativos *el / la / los / las cual(es)* para sujetos animados o inanimados, o el pronombre relativo *quien(es)* para sujetos animados:

(46) a. *Mis padres, **que / quienes / los cuales nacieron en Chile,** sólo hablan en español.*

b. *La Casa Blanca, **que / la cual se construyó en 1792,** está situada en Washington.*

Si el pronombre relativo funciona como objeto directo de la cláusula restrictiva, también se usa el pronombre relativo *que* para las personas y para los objetos inanimados. En la escritura y en el habla más formal también se usa la *a* personal más los pronombres relativos *el / la / los / las que, el / la / los / las cual(es)* o *quien(es)* para las personas:

(47) a. *El muchacho **que / a quien / al que / al cual conocí** es estudiante en esta universidad.*

b. *El libro **que leí** era buenísimo.*

En la cláusula relativa no restrictiva, se usa el pronombre relativo *que* como objeto directo en el habla informal, pero también se usan los pronombres relativos más formales con el artículo definido en la escritura y en el habla más formal. Si es un objeto inanimado, se usan los pronombres *el / la / los / las cual(es)*, mientras que se usa la *a* personal antes de estos mismos pronombres o los pronombres relativos *el / la / los / las que, quien(es)* para las personas:

(48) a. *La presidente de la universidad, **a quien / a la que / a la cual conocí ayer,** es muy lista.*

b. *Este libro de gramática, **que / el cual compré en España,** es muy útil.*

Si el pronombre relativo funciona como objeto indirecto dentro de la cláusula relativa restrictiva (49) o no restrictiva (50), se usa la preposición *a* antes de los pronombres *el / la / los / las que* o *el / la / los / las cual(es)* para los antecedentes humanos o no humanos y también antes del pronombre *quien(es)* para los antecedentes humanos:

(49) a. *La estudiante **a quien / a la que / a la cual le otorgamos el premio** vino a la ceremonia.*

   b. *Mis hijos van al colegio **al que / al cual le ha dejado mucho dinero ese filántropo**.*

(50) a. *El Señor Galán, **a quien / al que / al cual le otorgamos el premio**, vino a la ceremonia.*

   b. *Mis hijos van a ese colegio, **al que / al cual le ha dejado mucho dinero ese filántropo**.*

Cuando el pronombre relativo funciona como objeto preposicional dentro de la cláusula relativa restrictiva, se pueden usar los mismos pronombres relativos que se usan para el objeto indirecto después de la preposición *a*, aunque se usa mucho más *el / la / los / las que* y se reserva para situaciones más formales el uso de *el / la / los / las cual(es)* para los objetos animados o inanimados y de *quien(es)* para los humanos. En el habla informal existe la tendencia a usar el pronombre relativo simple *que* después de las preposiciones comunes *de, en, con* y *a* (con las siglas DECA) para referirse a los antecedentes inanimados:

(51) a. *La señora **con quien / con la que / con la cual hablé ayer** es amiga de mi madre.*

   b. *La casa **en que / en la que / el la cual vivo ahora** es muy grande.*

   c. *Es difícil explicarle la razón **por la que / por la cual no fui a clase**.*

Ya que las cláusulas no restrictivas son más formales, se usa más el artículo definido antes del pronombre relativo, aunque hay mucha flexibilidad en el uso de estos pronombres:

(52) a. *La señora Pérez, **con quien / con la que / con la cual hablé ayer**, es amiga de mi madre.*

   b. *La casa de nuestros padres, **en que / en la que / en la cual vivo ahora**, es muy grande.*

   c. *He comprado una nueva calculadora, **sin la que / sin la cual no puedo hacer la tarea**.*

Teniendo en cuenta que las formas en las que se combina un artículo definido con los pronombres relativos *cual(es)* y *quien(es)* son más formales que las que usan el pronombre relativo *que*, vamos a resumir el uso de los

| Función de los pronombres relativos humanos o inanimados | Pronombres relativos en cláusulas restrictivas | Pronombres relativos en cláusulas no restrictivas |
|---|---|---|
| **sujeto humano** | *que* | *que : el cual : quien* |
| **sujeto inanimado** | *que* | *que : el cual* |
| **objeto directo humano** | *que : a quien : al que : al cual* | *que : a quien : al que : al cual* |
| **objeto directo inanimado** | *que* | *que : el cual* |
| **objeto indirecto humano** | *a quien : al que : al cual* | *a quien : al que : al cual* |
| **objeto indirecto inanimado** | *al que : al cual* | *al que : al cual* |
| **objeto preposicional humano** | prep + *quien* : prep + *el que* : prep + *el cual* | prep + *quien* : prep + *el que* : prep + *el cual* |
| **objeto preposicional inanimado** | DECA + *que* : prep + *el que* : prep + *el cual* | prep + *el que* : prep + *el cual* |

Figura 6.4  Pronombres relativos en cláusulas relativas restrictivas y no restrictivas.

pronombres relativos en el cuadro de la Figura 6.4 (sólo se presentan las formas masculinas singulares del pronombre relativo). En este resumen, podemos ver que además de la formalidad del discurso, hay que tener en cuenta si el antecedente es humano o no y si la cláusula relativa es restrictiva o no para poder seleccionar el pronombre relativo apropiado. Sin embargo, el pronombre relativo *que* sigue extendiéndose en el español a expensas de otros pronombres relativos (véase 6.3).

**Pregunta 3**

### 6.2.4 La cláusula subordinada adverbial

La cláusula subordinada adverbial es la más difícil de identificar porque sus funciones son muy variables. Igual que el adverbio, responde a preguntas de modo, tiempo, lugar, etcétera (véase 4.2). La manera más fácil de identificarla como cláusula adverbial es eliminar la posibilidad de que sea una cláusula nominal o adjetival, porque la única otra función de la cláusula subordinada es la función de modificar al verbo de la cláusula independiente. Es importante reconocer las diferentes funciones de la cláusula subordinada adverbial, en parte porque muchas veces influye en el uso del modo subjuntivo (véase el Capítulo 8). Para unir la cláusula independiente con la subordinada adverbial, se usa una variedad de conjunciones.

Uno de los usos más comunes de la cláusula subordinada adverbial es indicar el tiempo. Estas cláusulas empiezan con conjunciones como *antes*

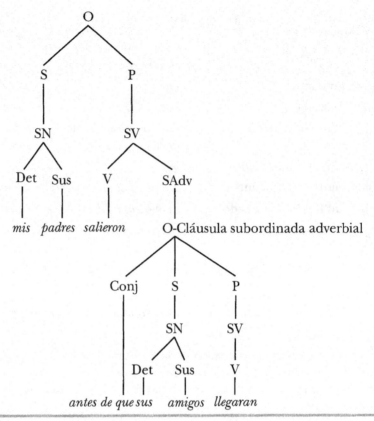

Figura 6.5  Diagrama arbóreo de una oración compuesta con cláusula subordinada adverbial.

*(de) que, tan pronto como, cada vez que, cuando, después de que, en cuanto, hasta que, mientras, siempre que,* etcétera. Pueden indicar propósito o causa cuando empiezan con las conjunciones *para que, porque, ya que, puesto que, como, en vista de que,* etcétera. También se usan para indicar concesión o la condición con conjunciones como *aunque, bien que, a pesar de que, con tal (de) que, mientras que, a menos que, en caso de que, a condición (de) que, a no ser que, salvo que, sin que,* etcétera. Finalmente, estas cláusulas pueden indicar propósito o resultado a través de las conjunciones *para que, a fin de que, de modo que, porque, de manera que,* etcétera. A diferencia de las cláusulas nominales y las adjetivales, las cláusulas adverbiales sólo se encuentran en el predicado porque sirven para modificar al verbo de la oración independiente. En la Figura 6.5, el diagrama arbóreo refleja la estructura de una oración compuesta con una cláusula subordinada adverbial.

Preguntas 4 a 6

## 6.3 Perspectiva diacrónica y sincrónica: La expansión del pronombre relativo que

Como vimos en 6.2.3, en el español existe la tendencia a extender el uso del pronombre relativo *que* y eliminar pronombres relativos más formales como *el que, el cual* y *quien*, por lo menos en la lengua hablada. En esta última sección, vamos a examinar algunos ejemplos de esta expansión, aunque no se acepten necesariamente estos usos en la lengua escrita ni en el habla más formal.

El primer caso de extensión del pronombre relativo *que* es su uso como objeto indirecto en la cláusula relativa, en vez de la preposición *a* más los pronombres *el que, el cual,* o *quien*. Comparemos, por ejemplo, el uso normativo del pronombre relativo *a quienes* o *a la que* en las oraciones 53a y 54b con el uso coloquial y menos aceptable del pronombre relativo *que* en las oraciones 53b y 54b:

(53) a. *Hay estudiantes **a quienes** no les interesa estudiar otra lengua.*

b. \*\**Hay estudiantes **que** no les interesa estudiar otra lengua.*

(54) a. *Ella es el tipo de persona **a la que** le puedes contar todo.*

b. \*\**Ella es el tipo de persona **que** le puedes contar todo.*

Se debe notar en estos casos que el pronombre redundante del objeto directo *le / les* contribuye a esta variación porque indica claramente que el pronombre relativo funciona como objeto indirecto en la cláusula relativa.

En 5.3.2 mencionamos que no se puede eliminar ni dejar para el final de la oración la preposición que va antes del pronombre relativo en español. Sin embargo, hay casos en la lengua coloquial donde se extiende el pronombre relativo *que* y se elimina la preposición obvia o se coloca al final de la cláusula con un objeto preposicional. Comparemos en los siguientes ejemplos el uso normativo en las oraciones 55a y 56a con la variación coloquial y menos aceptable de las oraciones 55b y 56b:

(55) a. *Vendieron la casa **en la que** vivimos antes.*

b. \*\**Vendieron la casa **que** vivimos antes.*

(56) a. *Conocí a la mujer **con quien** hablabas.*

b. \*\**Conocí a la mujer **que** tú hablabas **con ella**.*

También se puede ver la expansión del pronombre relativo *que* cuando en el habla informal reemplaza al pronombre relativo adjetival *cuyo*. Precisamente, se usa el término QUESUISMO para describir esta tendencia a cambiar el pronombre *cuyo* por el pronombre relativo *que* más el adjetivo posesivo *su*. En los siguientes ejemplos podemos comparar el uso normativo de la oración 57a con el uso del quesuismo de la oración 57b:

(57) a. *Se reunieron las mujeres **cuyos** esposos murieron en la guerra.*

　　 b. *\*\*Se reunieron las mujeres **que sus** esposos murieron en la guerra.*

Aunque ninguno de estos casos es aceptable en el lenguaje formal, la expansión del pronombre relativo *que* representa otro caso de eliminación de las pocas diferencias que han sobrevivido en el español para marcar el caso o la función de los pronombres.

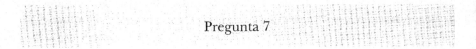

Pregunta 7

## Preguntas

1. Describa las transformaciones que sufrieron las oraciones afirmativas hasta convertirse en las oraciones negativas, interrogativas confirmativas, interrogativas informativas o exclamativas que presentamos abajo:

    a. *Mis amigos no van a estudiar para el examen.*

    b. *¿Fueron los empleados a la conferencia?*

    c. *¿Quiénes compraron esa casa?*

    d. *¿Qué van a hacer tus hijos este verano?*

    e. *¿Cuándo sale el avión?*

    f. *¡Cuánto ha crecido la criatura!*

    g. *¡Qué rica está la comida!*

2. Dé ejemplos de oraciones complejas que incluyan una cláusula subordinada nominal con función de sujeto, de objeto directo, de objeto indirecto o de objeto preposicional.

3. Combine las siguientes oraciones simples en una sola oración compleja, convirtiendo la segunda cláusula en cláusula relativa. Decida si se debe usar una cláusula relativa restrictiva o no restrictiva y determine los pronombres relativos que se pueden usar.

    a. *La mujer es de Venezuela. La mujer compró mi carro.*

    b. *Los estudiantes no habían ido a clase por más de una semana. Llamé a los estudiantes.*

    c. *El presidente volvió a la capital. La hija del presidente estaba muy enferma.*

    d. *Los padres tienen una buena relación con sus hijos. A los padres les gusta escuchar.*

    e. *La oficina era muy pequeña. Yo trabajaba en la oficina.*

    f. *Tu mamá es muy simpática. Hablé con tu mamá por más de una hora.*

4. Identifique los tipos de cláusula (independiente, nominal, adjetival o adverbial) que conforman las siguientes oraciones complejas.

    a. *No va a tomar clases este verano sino que piensa trabajar y ahorrar dinero.*
    b. *Quería que vinieran a verme, pero no tienen tiempo para viajar ahora.*
    c. *Me dijeron que hay un autobús que va directamente a su casa, que está en el centro.*
    d. *Voy a tomar el tren para visitarlos antes de que empiecen las clases.*
    e. *Aunque trabaja mucho, no creo que gane suficiente dinero para mantener a su familia.*

5. Dé un ejemplo de cada tipo de oración compleja.

    dos oraciones independientes

    oración independiente + cláusula subordinada nominal

    oración independiente + cláusula subordinada adjetival-relativa restrictiva

    oración independiente + cláusula subordinada adjetival-relativa no restrictiva

    oración independiente + cláusula subordinada adverbial

6. Haga un diagrama arbóreo para cada una de las siguientes oraciones:

    a. *Mi mejor amiga vive ahora en el apartamento donde yo viví por cinco años.*
    b. *Los señores que compraron nuestra casa viven en California.*
    c. *El profesor nos dijo que entregáramos la tarea antes del día del examen.*
    d. *Le voy a regalar mi libro favorito a Marco a menos que ya lo tenga.*

7. Busque ejemplos en la web o en canciones de usos no normativos de pronombres relativos e indique cuál sería su forma normativa.

# 7

# La morfología regular e irregular del verbo

## 7.0 Introducción

En estos tres últimos capítulos del texto, vamos a estudiar las formas y los usos de los tiempos verbales. Para comenzar con este estudio, examinaremos en este capítulo el sistema verbal y la morfología de las formas verbales, tanto de la raíz como de los morfemas gramaticales que indican tiempo, aspecto, modo, persona y número. Con este propósito, veremos los siguientes temas:

- terminología utilizada para referirse a tiempos verbales simples y compuestos
- morfología gramatical de los verbos regulares
- patrones principales de verbos irregulares
- orígenes de algunas de las formas verbales irregulares

## 7.1 Los tiempos verbales simples y las perífrasis verbales

Para poder hablar de la morfología y del uso de las formas verbales, es necesario identificarlas fácilmente. Con este fin, se presentará a continuación un resumen de los principales tiempos verbales del español, empezando por los cinco TIEMPOS SIMPLES. Estos tiempos simples sirven como base para las PERÍFRASIS VERBALES que se presentarán luego. Las perífrasis verbales son estructuras analíticas que consisten en un verbo auxiliar más una forma no personal de otro verbo. Por ejemplo, en los tiempos progresivos se usa el verbo auxiliar *estar* en los tiempos simples, más el gerundio. Los tiempos perfectos compuestos combinan el verbo auxiliar *haber*, en todos los tiempos verbales simples, con el participio. Los TIEMPOS PERFECTOS PRO-GRESIVOS combinan dos verbos auxiliares, el verbo auxiliar *haber* y el participio del verbo *estar*, con el gerundio. En todos estos casos, el primer verbo auxiliar indica tiempo, aspecto, modo, persona y número, mientras que el verbo principal mantiene el significado léxico de la perífrasis. Aunque existen en el sistema verbal muchas otras perífrasis, frecuentemente duplican las funciones que ya existen en el sistema verbal establecido (véase el Capítulo 9).

En la siguiente presentación, podremos notar que algunas formas verbales tienen más de un nombre porque no hay consistencia en la terminología que se usa para identificar a los tiempos verbales. Aquí utilizaremos los términos expuestos en el *Esbozo de una nueva gramática de la lengua española* (Real Academia Española, 1973) por ser los más aceptados, pero también se presentarán los de Bello (1958) en su *Gramática de la lengua castellana* porque son útiles para explicar la función de algunos tiempos verbales. Por ejemplo, los prefijos que se usan en los términos COPRETÉRITO y POSPRETÉRITO (Figura 7.1) indican la relación de estos dos tiempos con otro evento del pasado o pretérito. En los cuadros aparecen entre paréntesis las siglas *RAE* o el nombre *Bello* para identificar el origen de cada término y, si hay otros términos comunes en inglés o en español, se incluirán también para familiarizarnos con todos los términos usados.

En el cuadro de la Figura 7.1, hay cinco formas verbales simples en el indicativo, pero sólo hay tres tiempos verdaderos: pasado, presente y futuro. Dentro del pasado, hay dos tiempos verbales en el MODO INDICATIVO para indicar el aspecto de una acción: el PRETÉRITO IMPERFECTO y el PRETÉRITO PERFECTO SIMPLE. Esta distinción no existe en el MODO SUBJUNTIVO, donde sólo hay un tiempo del pasado, el PRETÉRITO IMPERFECTO DE SUBJUNTIVO. Además, dentro del dominio del indicativo, existe el CONDICIONAL y el FUTURO. El uso de uno u otro depende de la perspectiva del hablante hacia

| Tiempos simples | Modo indicativo | Modo subjuntivo |
|---|---|---|
| **Presente** | *ama : come : vive* | *ame : coma : viva* |
| **Pretérito imperfecto** (RAE) : **Copretérito** (Bello) : **Imperfecto** | *amaba : comía : vivía* | *amara/amase : comiera/ comiese : viviera/viviese* |
| **Pretérito perfecto simple** (RAE) : **Pretérito** | *amó : comió : vivió* | — |
| **Futuro** | *amará : comerá : vivirá* | *amare : comiere : viviere* |
| **Condicional** (RAE) : **Pospretérito** (Bello) : **Potencial** | *amaría : comería : viviría* | — |

Figura 7.1  Tiempos simples del español.

| Tiempos progresivos | Modo indicativo | Modo subjuntivo |
|---|---|---|
| **Presente progresivo** | *está amando : está comiendo : está viviendo* | *esté amando : esté comiendo : esté viviendo* |
| **Pretérito imperfecto progresivo** | *estaba amando : estaba comiendo : estaba viviendo* | *estuviera / estuviese amando : estuviera / estuviese comiendo : estuviera / estuviese viviendo* |
| **Pretérito progresivo** | *estuvo amando : estuvo comiendo : estuvo viviendo* | — |
| **Futuro progresivo** | *estará amando : estará comiendo : estará viviendo* | *estuviere amando : estuviere comiendo : estuviere viviendo* |
| **Condicional progresivo : Potencial progresivo** | *estaría amando : estaría comiendo : estaría viviendo* | — |

Figura 7.2   Tiempos progresivos del español.

el futuro. En el modo subjuntivo, no existe ese contraste entre los dos tiempos del futuro ni tampoco se usa mucho el FUTURO DE SUBJUNTIVO (véase el Capítulo 8) porque el PRESENTE DE SUBJUNTIVO cubre el presente y el futuro. Por eso, hay cinco formas en el modo indicativo, pero sólo tres en el subjuntivo y uno de estos tiene un uso muy limitado.

Aunque se puede expresar una acción con duración usando los tiempos simples, los tiempos progresivos enfatizan más, en cualquier tiempo, modo o aspecto, la continuidad de una acción (Figura 7.2). Ya que las formas progresivas se basan en el paradigma de los tiempos simples, tampoco existe un contraste entre los dos tiempos pasados y los dos tiempos futuros del modo subjuntivo, y el uso del futuro progresivo en el subjuntivo es aun menos común que el del futuro simple de subjuntivo.

Aunque la estructura de los tiempos progresivos en español es muy parecida a la de los tiempos progresivos en inglés, *is loving, was eating, will be living, would be staying,* hay diferencias fundamentales entre el uso de este tiempo verbal en las dos lenguas. Generalmente, en el español se pueden usar los tiempos simples o los progresivos con el mismo significado (véase 9.1).

Los tiempos perfectos compuestos se usan principalmente para establecer una relación entre dos eventos, uno anterior al otro. Aunque no son tan comunes como los que usa la RAE, los términos de Bello (1958) describen mejor la función de ANTERIORIDAD de los tiempos perfectos porque el prefijo *ante-* (ANTEPRESENTE, ANTECOPRETÉRITO, ANTEPRETÉRITO, ANTEFUTURO, ANTEPOSPRETÉRITO) indica que una acción ocurre antes que otra (Figura 7.3). A pesar de que no es el término correcto, suele utilizarse el término "presente perfecto" para referirse al PRETÉRITO PERFECTO COMPUESTO por la

| Tiempos perfectos | Modo indicativo | Modo subjuntivo |
|---|---|---|
| **Pretérito perfecto compuesto** (RAE) : **Antepresente** (Bello) : **Present perfect** | *ha amado : ha comido : ha vivido* | *haya amado : haya comido : haya vivido* |
| **Pretérito pluscuamperfecto** (RAE) : **Antecopretérito** (Bello) : **Pluperfect :** **Past perfect** | *había amado : había comido : había vivido* | *hubiera / hubiese amado : hubiera / hubiese comido : hubiera / hubiese vivido* |
| **Pretérito anterior** (RAE) : **Antepretérito** (Bello) | *hubo amado : hubo comido : hubo vivido* | — |
| **Futuro perfecto** (RAE) : **Antefuturo** (Bello) | *habrá amado : habrá comido : habrá vivido* | *hubiere amado : hubiere comido : hubiere vivido* |
| **Condicional perfecto** (RAE) : **Antepospretérito** (Bello) : **Potencial perfecto** | *habría amado : habría comido : habría vivido* | — |

Figura 7.3    Tiempos perfectos compuestos del español.

traducción directa del término PRESENT PERFECT del inglés. También puede ser confuso diferenciar entre dos términos parecidos: el pretérito perfecto compuesto *he amado* y el pretérito perfecto simple *amé*.

Así como se expresa el concepto de duración con los tiempos progresivos o con los tiempos simples, a veces es posible expresar el concepto de anterioridad con las formas compuestas o con las simples y evitar el uso de los tiempos perfectos (véase 9.2).

También, se puede combinar el concepto de duración de los tiempos progresivos con el concepto de anterioridad de los tiempos perfectos. El resultado son los tiempos perfectos progresivos (Figura 7.4). Igual que en las otras perífrasis verbales, el tiempo, modo y aspecto del primer verbo auxiliar, *haber,* se basa en el paradigma de los tiempos simples, pero el segundo verbo auxiliar siempre aparece como el participio *estado,* seguido del gerundio del verbo principal.

Ya que la estructura de estas formas verbales es mucho más compleja que la de los tiempos simples, su uso es más reducido y en muchos casos, es posible evitarlo (véase 9.3).

En los próximos dos capítulos examinaremos el uso de estas formas verbales, pero debemos señalar que, aunque existan en teoría todas estas formas, algunas han desaparecido de la lengua o son muy poco usadas. En particular, existe una reducción dentro de las categorías de modo y aspecto. En cuanto al modo, el futuro de subjuntivo *(amare)* ha

| Tiempos perfectos progresivos | Modo indicativo | Modo subjuntivo |
|---|---|---|
| **Pretérito perfecto progresivo** | *ha estado amando :* <br> *ha estado comiendo :* <br> *ha estado viviendo* | *haya estado amando :* <br> *haya es tado comiendo :* <br> *haya estado viviendo* |
| **Pretérito pluscuam- perfecto progresivo** | *había estado amando :* <br> *había estado comiendo :* <br> *había estado viviendo* | *hubiera / hubiese estado amando :* <br> *hubiera / hubiese estado comiendo :* <br> *hubiera / hubiese estado viviendo* |
| **Pretérito anterior progresivo** | *hubo estado amando :* <br> *hubo estado comiendo :* <br> *hubo estado viviendo* | — |
| **Futuro perfecto progresivo** | *habrá estado amando :* <br> *habrá estado comiendo :* <br> *habrá estado viviendo* | *hubiere estado amando :* <br> *hubiere estado comiendo :* <br> *hubiere estado viviendo* |
| **Condicional perfecto progresivo** | *habría estado amando :* <br> *habría estado comiendo :* <br> *habría estado viviendo* | — |

Figura 7.4   Tiempos perfectos progresivos del español.

desaparecido de la lengua moderna y sólo se mantiene en refranes y en la lengua jurídica (véase 8.1). Tampoco se encuentran muchos casos del futuro progresivo de subjuntivo *(estuviere amando)*, ni del futuro perfecto de subjuntivo *(hubiere amado)*, ni del futuro perfecto progresivo *(hubiere estado amando)*.

En cuanto al aspecto, aunque se mantiene el contraste entre el pretérito perfecto simple *(amé)* y el pretérito imperfecto *(amaba)*, los tiempos compuestos que se basan en el pretérito perfecto simple se usan mucho menos que los tiempos compuestos que se basan en el pretérito imperfecto. Por ejemplo, el pretérito imperfecto progresivo *(estaba amando)* se usa mucho más que el pretérito progresivo *(estuvo amando)*. El pretérito pluscuamperfecto *(había amado)* y el pretérito pluscuamperfecto progresivo *(había estado amando)* se usan bastante, pero el pretérito anterior *(hubo amado)* o el pretérito anterior progresivo *(hubo estado amando)* casi no existen. Entonces, aunque es necesario identificar y saber utilizar todos los tiempos verbales simples y las perífrasis verbales, en la lengua no se usan todas las formas con la misma frecuencia.

Preguntas 1 a 2

## 7.2 La morfología regular de los verbos

En esta sección, vamos a examinar la morfología de las FORMAS PERSONALES y las FORMAS NO PERSONALES del verbo. Las formas personales se llaman así porque marcan en su morfología la persona del sujeto. También se las suele llamar FORMAS FINITAS, porque indican en su morfología el tiempo verbal. Por otra parte, las formas no personales o INFINITAS no indican ni la persona ni el tiempo verbal en su morfología.

### 7.2.1 Las formas no personales del verbo

Hay tres formas no personales del verbo: el infinitivo *(amar, comer, vivir)*, el gerundio *(amando, comiendo, viviendo)* y el participio *(amado, comido, vivido)*. Estas formas no pueden expresar en su morfología los conceptos de tiempo, modo, aspecto, persona ni número. Se usan estas formas no personales en combinación con verbos auxiliares en varias formas analíticas o perífrasis, y son los verbos auxiliares los que proveen la información sobre tiempo, modo, aspecto, persona y número.

Además de los ejemplos presentados en la sección anterior, hay muchos otros casos de perífrasis. Por ejemplo, el infinitivo se coloca después de algunos verbos para indicar conceptos como el tiempo futuro *(ir a +* infinitivo), el tiempo pasado *(acabar de +* infinitivo), el aspecto imperfecto *(soler +* infinitivo) y la obligación *(tener que, deber, necesitar +* infinitivo). El gerundio se usa después de algunos verbos auxiliares como *estar, seguir* y *andar* para indicar la duración y, como ya vimos, el participio se combina con el verbo auxiliar *haber* para indicar la anterioridad de una acción perfecta o acabada.

Las formas no personales también tienen una función no verbal. En las formas verbales analíticas y en otros contextos, la función gramatical del infinitivo es nominativa, o sea, que funciona como sustantivo. Comparemos, por ejemplo, el uso del infinitivo y el uso de otro sustantivo en las siguientes oraciones:

(1) a. Quiero **vivir** en la Florida.

    b. Quiero **un coche** nuevo.

(2) a. **El fumar** cigarrillos es peligroso.

    b. **El tigre** es peligroso.

El gerundio funciona como adverbio que modifica al verbo auxiliar. Comparemos en las siguientes oraciones los ejemplos de gerundios adverbiales con otros sintagmas adverbiales:

(3) a. Está **estudiando.**

    b. Está **bien.**

(4)  a. Sigue **trabajando.**

b. Sigue **con cuidado.**

(5)  a. Anda **buscando** a su hijo.

b. Anda **rápidamente.**

Finalmente, el participio puede funcionar como adjetivo que modifica al sustantivo. La diferencia aquí es que el participio verbal no marca la concordancia de género y número mientras que el participio adjetival concuerda con el sustantivo que modifica (véase 9.5):

(6)  a. He **hecho** la tarea.

b. Tengo la tarea **hecha.**

Entonces, las tres formas no personales del verbo funcionan como verbos dentro de las perífrasis verbales y como sustantivos, adjetivos o adverbios en otros contextos.

### 7.2.2 Las formas personales del verbo

En las formas personales o finitas del verbo, hay muchos elementos que contribuyen a la morfología verbal. De todos los elementos de la oración, el verbo es el más complejo morfológicamente. Para empezar, hay tres conjugaciones que representan los grupos de verbos cuyos infinitivos terminan en *-ar* (PRIMERA CONJUGACIÓN), *-er* (SEGUNDA CONJUGACIÓN) e *-ir* (TERCERA CONJUGACIÓN). La VOCAL TEMÁTICA (VT) en los siguientes verbos indica la conjugación del verbo:

(7)  a. *habla*        (conjugación: primera)

b. *comen*      (conjugación: segunda)

c  *vivimos*     (conjugación: tercera)

d. *escribiré*    (conjugación: tercera)

e. *cantaron*   (conjugación: primera)

Aunque no está presente en todas las formas verbales, la vocal temática determina en gran parte las terminaciones de las tres conjugaciones.

Además de la vocal temática, las terminaciones del verbo indican si el sujeto es de primera persona, segunda persona o tercera persona y si es singular o plural. En los siguientes verbos, los morfemas que marcan la persona y el número están indicados:

(8)  a. *habla*        (persona: tercera singular)

b. *comen*      (persona: tercera plural)

c. *vivimos*     (persona: primera plural)

d. *escribiré*    (persona: primera singular)

e. *cantaron*   (persona: tercera plural)

Podemos notar que *habla* no tiene ningún morfema que marque el número ni el género. En la morfología gramatical, es típico que la forma más común no tenga ningún morfema; por eso, se la llama forma no marcada. Para los sustantivos y adjetivos, la forma no marcada es la masculina singular y para los verbos la forma no marcada en cada tiempo es la tercera persona singular.

Además de marcar la conjugación del verbo y la persona, la morfología verbal indica el tiempo, el aspecto y el modo (TAM) de la acción verbal. Aunque no siempre se pueden separar estos morfemas de los otros que ya hemos visto, hay algunos casos muy claros:

(9)  a. *habl**ába**mos*  (TAM: pretérito imperfecto de indicativo)
    b. *estudi**aras***  (TAM: pretérito imperfecto de subjuntivo)
    c. *hablar**án***  (TAM: futuro de indicativo)

Sin embargo, son mucho más comunes los morfemas que incorporan más de un significado. En los siguientes ejemplos, hay un solo morfema que indica no sólo tiempo, aspecto y modo, sino también persona y, en 10b, la vocal temática:

(10)  a. *habl**o***  (TAM: presente de indicativo, persona: primera singular)
     b. *com**a***  (TAM: presente de subjuntivo, persona: primera o tercera singular, VT: segunda conjugación)

Es importante indicar que la sílaba tónica puede ser significativa como morfema porque afecta el significado del morfema como en los siguientes ejemplos:

(11)  a. *hablo*      vs.      *habló*
     b. *hable*      vs.      *hablé*
     c. *hablaran*   vs.      *hablarán*

Para describir completamente la morfología de un verbo, hay que indicar la raíz, la vocal temática, el tiempo, modo y aspecto, y la persona, aunque a veces no se pueden diferenciar nítidamente estos morfemas. A continuación, examinaremos algunos verbos simples para mostrar su morfología verbal:

(12)  a. *estudiaron*      Raíz: *estudi*
                         VT: *a* (primera conjugación)
                         TAM y Persona: *ron* (pretérito imperfecto de indicativo, tercera plural)
     b. *vivirás*      Raíz: *viv*
                         VT: *i* (tercera conjugación)
                         TAM: *rá* (futuro de indicativo)
                         Persona: *s* (segunda singular)

c. *entendemos*      Raíz: *entend*
VT y TAM: *e* (segunda conjugación,
presente de indicativo)
Persona: *mos* (primera plural)

En las perífrasis verbales, la morfología verbal se concentra en el verbo auxiliar que indica persona, número, tiempo, aspecto y modo. Sin embargo, el verbo no personal contribuye con la vocal temática y también añade algo al sentido de tiempo y aspecto:

(13) a. *hemos trabajado*      Raíz: *trabaj*
VT: *a* (primera conjugación)
TAM: *he* y *do* (pretérito perfecto compuesto de indicativo)
Persona: *mos* (primera plural)

b. *estaba comiendo*      Raíz: *com*
VT: *ie* (segunda conjugación)
TAM: *estaba* y *ndo* (pretérito imperfecto progresivo de indicativo)
Persona: no marcada (primera o tercera singular)

Ya que la morfología verbal contiene tanta información sobre la conjugación, la persona, el tiempo, el aspecto y el modo, podemos ver por qué es tan difícil para el principiante comprender y usar estas formas verbales.

Preguntas 3 a 5

## 7.3 La morfología irregular de los verbos

En esta sección, vamos a examinar las principales irregularidades de los verbos de manera sistemática para poder descubrir los patrones que existen en estas formas. En vez de estudiar de manera aislada las formas irregulares de cada tiempo verbal, combinaremos las características irregulares que aparecen en más de un tiempo verbal. Ya que la pronunciación es un factor muy importante en la evolución de las formas irregulares, incluiremos los conceptos lingüísticos que describen su influencia. También distinguiremos entre las irregularidades que ocurren en la raíz del verbo y las que ocurren en las terminaciones.

### 7.3.1 Cambios en la vocal de la raíz

Un verbo se considera irregular cuando cambia la raíz en algunos tiempos verbales o en algunas personas, pero no necesariamente en todos los tiempos ni en todas las personas. El primer cambio que vamos a examinar

| $e > ie;$ $o > ue;$ $u > ue$ | Raíz átona en el infinitivo | Raíz átona en algunos tiempos verbales | Raíz tónica en el presente de indicativo | Raíz tónica en el presente de subjuntivo |
|---|---|---|---|---|
| Primera conjugación | *comenzar, encontrar, jugar* | *comenzó, encontré, jugaste* | *comienzan, encuentra, juegas* | *comiences encuentren, juegue* |
| Segunda conjugación | *querer, volver* | *queremos, volvía* | *quiero, vuelve* | *quieras, vuelvan* |
| Tercera conjugación | *sentir, morir* | *sentiste, morimos* | *sientes, mueren* | *sientan, muera* |

Figura 7.5   Diptongación de la vocal tónica /e/, /o/ y /u/ en las tres conjugaciones.

afecta la vocal de la raíz cuando ésta se encuentra dentro de la sílaba tónica del verbo, o sílaba que lleva la acentuación. El cambio se llama DIPTONGACIÓN porque la vocal simple /e/ se convierte en el DIPTONGO /ie/ y la vocal simple /o/ se convierte en el diptongo /ue/ en la sílaba tónica. Sin embargo, se mantiene la vocal simple cuando la sílaba es átona. Existe un solo caso de vocal simple /u/ en la SÍLABA ÁTONA de la raíz y diptongo /ue/ en la sílaba tónica de la raíz y éste sigue las mismas reglas que los ejemplos de /o/ a /ue/. En los ejemplos del cuadro de la Figura 7.5, podemos ver que hay casos de cambios de raíz en la vocal de las tres conjugaciones.

Además del cambio de la vocal simple a un diptongo cuando la sílaba es tónica, también en algunos verbos se produce una CERRAZÓN VOCÁLICA, donde la VOCAL ANTERIOR ABIERTA /e/ se cierra y se convierte en la VOCAL ANTERIOR CERRADA /i/. Este cambio sólo ocurre cuando la vocal de la raíz es tónica en los verbos de la tercera conjugación que tienen la vocal /e/ en la raíz, como se ve en el cuadro de la Figura 7.6.

Ya que estos cambios de vocal sólo ocurren cuando la sílaba es tónica, no suceden en la forma de *vos* porque la sílaba de la raíz ya no es tónica.

| $e > i$ | Raíz átona en el infinitivo | Raíz átona en algunos tiempos verbales | Raíz tónica en el presente de indicativo | Raíz tónica en el presente de subjuntivo |
|---|---|---|---|---|
| Tercera conjugación | *pedir* | *pedimos* | *piden* | *pida* |

Figura 7.6   Cerrazón vocálica de la vocal tónica /e/.

Comparemos, por ejemplo, los siguientes verbos en la segunda persona singular con el pronombre *tú* y con el pronombre *vos:*

(14)  a.  *tú encuentras*      vs.      *vos encontrás*

b.  *tú puedes*      vs.      *vos podés*

c.  *tú quieres*      vs.      *vos querés*

d.  *tú vienes*      vs.      *vos venís*

e.  *tú pides*      vs.      *vos pedís*

Los casos del cambio de raíz que hemos visto hasta ahora (*e > ie, o > ue, u > ue, e > i*) ocurren en el presente de indicativo o en el presente de subjuntivo. Hay otro caso de cerrazón vocálica donde la vocal de la raíz /e/ se convierte en /i/ o la vocal /o/ se convierte en /u/. Este cambio se produce en la sílaba antes de la SEMIVOCAL /y/ o de la vocal tónica /a/. Hay varias diferencias entre esta cerrazón vocálica y la anterior. Primero, ocurre en las sílabas átonas y no en las tónicas. Segundo, no ocurre en los mismos tiempos verbales y personas. Tercero, sólo ocurre en los verbos de la tercera conjugación que también tienen el cambio de raíz en la sílaba tónica. Si comparamos los verbos de la primera y la segunda conjugación con los de la tercera, podemos ver en el cuadro de la Figura 7.7 cómo este cambio afecta a los verbos en el presente de subjuntivo y en el pretérito.

El cuadro de la Figura 7.7 demuestra que la cerrazón vocálica antes de la semivocal /y/ y antes de /á/ sólo se produce en la primera y la segunda persona plural del presente de subjuntivo y en la tercera persona singular y plural del pretérito perfecto simple en los verbos con cambio de raíz de la tercera conjugación. En el cuadro de la Figura 7.8, podemos ver que este mismo cambio ocurre en los verbos de la tercera conjugación que experimentan una cerrazón vocálica en la sílaba tónica, así que las dos cerrazones vocálicas suceden en la misma vocal, pero por razones diferentes.

Por último, la cerrazón vocálica de /e/ y /o/ antes de la semivocal /y/ también se produce en el gerundio de los verbos de la tercera conjugación que experimentan uno de los cambios de raíz ya presentados, como lo podemos ver en el cuadro de la Figura 7.9.

Antes de terminar esta sección sobre cambios en la vocal de la raíz, es importante señalar que, a veces, tiene que haber cambios ortográficos para mantener la pronunciación de la semivocal en el diptongo de la raíz. Por ejemplo, si después de la letra *g* se coloca *ue* se va a pronunciar /ge/. Para evitar esta pronunciación y pronunciar correctamente el verbo, hay que usar diéresis sobre la letra *u* cuando es sílaba tónica y se pronuncia como diptongo:

(15)  *avergonzar*      *avergüenzo, avergüenzas, avergüence, avergüencen*

| Conjugación | Primera<br>*e > ie* | Primera<br>*o > ue* | Segunda<br>*e > ie* | Segunda<br>*o > ue* | Tercera<br>*e > ie*<br>*e > i* | Tercera<br>*o > ue*<br>*o > u* |
|---|---|---|---|---|---|---|
| Presente de<br>indicativo | *pienso*<br>*piensas*<br>*piensa*<br>*pensamos*<br>*pensáis*<br>*piensan* | *recuerdo*<br>*recuerdas*<br>*recuerda*<br>*recordamos*<br>*recordáis*<br>*recuerdan* | *entiendo*<br>*entiendes*<br>*entiende*<br>*entendemos*<br>*entendéis*<br>*entienden* | *muevo*<br>*mueves*<br>*mueve*<br>*movemos*<br>*movéis*<br>*mueven* | *miento*<br>*mientes*<br>*miente*<br>*mentimos*<br>*mentís*<br>*mienten* | *duermo*<br>*duermes*<br>*duerme*<br>*dormimos*<br>*dormís*<br>*duermen* |
| Presente de<br>subjuntivo | *piense*<br>*pienses*<br>*piense*<br>*pensemos*<br>*penséis*<br>*piensen* | *recuerde*<br>*recuerdes*<br>*recuerde*<br>*recordemos*<br>*recordéis*<br>*recuerden* | *entienda*<br>*entiendas*<br>*entienda*<br>*entendamos*<br>*entendáis*<br>*entiendan* | *mueva*<br>*muevas*<br>*mueva*<br>*movamos*<br>*mováis*<br>*muevan* | *mienta*<br>*mientas*<br>*mienta*<br>*mintamos*<br>*mintáis*<br>*mientan* | *duerma*<br>*duermas*<br>*duerma*<br>*durmamos*<br>*durmáis*<br>*duerman* |
| Pretérito<br>perfecto<br>simple | *pensé*<br>*pensaste*<br>*pensó*<br>*pensamos*<br>*pensasteis*<br>*pensaron* | *recordé*<br>*recordaste*<br>*recordó*<br>*recordamos*<br>*recordasteis*<br>*recordaron* | *entendí*<br>*entendiste*<br>*entendió*<br>*entendimos,*<br>*entendisteis*<br>*entendieron* | *moví*<br>*moviste*<br>*movió*<br>*movimos*<br>*movisteis*<br>*movieron* | *mentí*<br>*mentiste*<br>*mintió*<br>*mentimos*<br>*mentisteis*<br>*mintieron* | *dormí*<br>*dormiste*<br>*durmió*<br>*dormimos*<br>*dormisteis*<br>*durmieron* |

**Figura 7.7** Cerrazón vocálica de las vocales átonas /e/ y /o/ antes de /y/ o /á/.

| *e > i* | /e/ en sílaba átona | /e/ > /i/ en<br>sílaba tónica | /e/ > /i/ antes de<br>/y/ o /á/ |
|---|---|---|---|
| Presente de<br>indicativo | *repetimos, repetís* | *repito, repites,*<br>*repite, repiten* | |
| Presente de<br>subjuntivo | | *repita, repitas,*<br>*repita, repitan* | *repitamos, repitáis* |
| Pretérito<br>perfecto simple | *repetí, repetiste,*<br>*repetimos, repetisteis* | | *repitió, repitieron* |

**Figura 7.8** Comparación de la cerrazón vocálica de /e/ en sílaba tónica y en sílaba átona antes de /y/ o /á/.

| Infinitivo | Cambio en la sílaba tónica | Cambio antes de /y/ |
|---|---|---|
| *sentir, mentir* | *e > ie: siento, miento* | *e > i: sintiendo, mintiendo* |
| *morir, dormir* | *o > ue: muero, duermo* | *o > u: muriendo, durmiendo* |
| *pedir, repetir* | *e > i: pido, repito* | *e > i: pidiendo, repitiendo* |

Figura 7.9  Comparación del cambio de raíz en la sílaba tónica y el cambio de raíz en la sílaba átona del gerundio antes de la semivocal /y/.

De la misma manera, la /o/ de la raíz del verbo *oler* se convierte en diptongo cuando es la sílaba tónica. Como el diptongo va al principio de la palabra, se usa la consonante *h* antes del diptongo:

(16) *oler*   **huelo, hueles, huela, huelan**

### 7.3.2 Cambios en la consonante de la raíz

Un cambio consonántico muy común es la adición de un sonido VELAR /k/ o /g/ a la raíz antes de la vocal /o/ y /a/. Se puede explicar esta adición fonológicamente porque es más fácil pronunciar las VOCALES POSTERIORES /o/ y /a/ después de una consonante velar que también se pronuncia posteriormente. Este cambio sólo se ve en la primera persona del presente de indicativo (antes de /o/) y en todas las personas del presente de subjuntivo de ciertos verbos de la segunda o tercera conjugación:

(17) adición de /g/:

a. *tener*   *tengo, tenga, tengas, tenga, tengamos, tengáis, tengan*

b. *venir*   *vengo, venga, vengas, venga, vengamos, vengáis, vengan*

c. *poner*   *pongo, ponga, pongas, ponga, pongamos, pongáis, pongan*

d. *oír*   *oigo, oiga, oigas, oiga, oigamos, oigáis, oigan*

e. *caer*   *caigo, caiga, caigas, caiga, caigamos, caigáis, caigan*

f. *traer*   *traigo, traiga, traigas, traiga, traigamos, traigáis, traigan*

En todos estos casos, la consonante o la vocal antes de la /g/ es SONORA; esto significa que las cuerdas vocales vibran para pronunciar el sonido y, como consecuencia, se usa también la /g/ sonora. Por otra parte, cuando la última consonante de la raíz es una *c*, pronunciada como /θ/ (inglés *think*) en partes de España y /s/ en el resto del mundo hispano, es una consonante SORDA, sin vibración de las cuerdas vocales. Ya que sería difícil pronunciar una consonante sonora inmediatamente después de una consonante sorda, la /g/ reemplaza a este sonido o se añade la consonante sorda /k/ en vez de la consonante sonora /g/:

(18)  reemplazo de *c* por *g*:
    a. *decir*              *digo, diga, digas, diga, digamos, digáis, digan*
    b. *hacer*             *hago, haga, hagas, haga, hagamos, hagáis, hagan*

(19)  adición de /k/ después de *c*:
    a. *conocer*           *conozco, conozca, conozcas, conozca, conozcamos, conozcáis, conozcan*
    b. *merecer*          *merezco, merezca, merezcas, merezca, merezcamos, merezcáis, merezcan*
    c. *conducir*         *conduzco, conduzca, conduzcas, conduzca, conduzcamos, conduzcáis, conduzcan*

Aunque no es tan común como el patrón que acabamos de ver, también se produce el cambio de la consonante sonora /b/ a la sorda /p/ en la primera persona singular del indicativo y en todas las personas del presente de subjuntivo:

(20)  a. *caber*           *quepo, quepa, quepas, quepa, quepamos, quepáis, quepan*
      b. *saber*          (*sé*), *sepa, sepas, sepa, sepamos, sepáis, sepan*

También, hay un grupo pequeño de verbos que añaden la letra *y* a la primera persona singular del indicativo. Aunque su origen no es seguro, es posible que se añadiera la *y* a estas formas por analogía con el verbo de existencia *hay:*

(21)  a. *dar*         *doy*
      b. *estar*     *estoy*
      c. *ser*       *soy*
      d. *ir*        *voy*

Aunque la forma de la primera persona singular de indicativo es generalmente la base de las formas del presente de indicativo, esta regla no se aplica a los verbos irregulares que vimos en esta sección.

### 7.3.3 Cambios en la consonante y en la vocal de la raíz

Un cambio de raíz muy común se produce en lo que se llaman los PRETÉRITOS FUERTES. Estos cambios de raíz resultan en formas muy diferentes de la raíz regular del infinitivo y de las otras formas verbales y se producen en todas las personas del pretérito perfecto simple y del pretérito imperfecto de subjuntivo:

(22) primera conjugación

     a. *andar*            *anduv-*

     b. *estar*             *estuv-*

(23) segunda conjugación

     a. *tener*            *tuv-*

     b. *poder*           *pud-*

     c. *poner*           *pus-*

     d. *saber*           *sup-*

     e. *querer*         *quis-*

     f. *haber*           *hub-*

     g. *hacer*           *hic-*

(24) tercera conjugación

     a. *venir*            *vin-*

     b. *decir*            *dij-*

     c. *traducir*       *traduj-*

Aunque estos verbos son de la primera, segunda y tercera conjugaciones, los pretéritos fuertes tienen los mismos morfemas gramaticales, que son diferentes de las terminaciones regulares de las tres conjugaciones, como se puede ver en el cuadro de la Figura 7.10.

Los sufijos de los pretéritos fuertes son iguales a los de los verbos regulares de la segunda y tercera conjugación en todas las personas menos en la primera y en la tercera del singular. En estas dos personas, se usan los sufijos de la primera conjugación *e* y *o*, pero cambia la acentuación. O sea, en los verbos regulares del pretérito, la última sílaba es tónica en la primera y en la tercera persona del singular y, por eso, siempre llevan acento escrito, pero en los pretéritos fuertes, la raíz es la sílaba tónica en la primera y en la tercera persona del singular y no llevan acento escrito.

Hay un cambio adicional que sólo se produce en la tercera persona plural del pretérito de los verbos irregulares cuya raíz termina en la letra *j* como *decir* y *traducir*. En estos casos, se pierde la *i* de la terminación *-ieron*, resultando en las formas irregulares *dijeron*, *tradujeron*. En la siguiente

| Primera conjugación | Segunda o tercera conjugación | Pretéritos fuertes – primera, segunda y tercera conjugaciones |
|---|---|---|
| hablé | comí, viví | anduve, supe, traduje |
| hablaste | comiste, viviste | estuviste, tuviste, dijiste |
| habló | comió, vivió | anduvo, pudo, tradujo |
| hablamos | comimos, vivimos | estuvimos, quisimos, dijimos |
| hablasteis | comisteis, vivisteis | estuvisteis, supisteis, vinisteis |
| hablaron | comieron, vivieron | anduvieron, hicieron, vinieron |

Figura 7.10   Comparación de las terminaciones regulares del pretérito y las terminaciones irregulares de los pretéritos fuertes.

sección, veremos otros casos donde se pierde la *i* de la terminación verbal por su contacto con otros sonidos.

### 7.3.4 Cambios ortográficos

Todos los cambios irregulares que hemos visto hasta este punto afectan la pronunciación del verbo, pero también hay cambios ortográficos que se producen para mantener la pronunciación regular. En el lenguaje oral estos verbos son regulares, pero cuando se escriben son irregulares porque es necesario cambiar su ortografía para no cambiar la pronunciación. El primer grupo está conformado por los verbos que terminan en -*car*, -*gar* y -*zar* y el cambio ortográfico sucede en todas las personas del presente de subjuntivo y en la primera persona singular del pretérito.

Los cambios ortográficos son necesarios para mantener la pronunciación de la raíz o simplemente para seguir las normas ortográficas de la lengua. En los tres casos presentados, la consonante cambia antes de la vocal /e/ en el presente de subjuntivo o en el pretérito. En la terminación -*car*, la letra *c* antes de la vocal /e/ se pronunciaría como /s/ en vez de /k/, así que se cambia a *qu* para mantener la pronunciación OCLUSIVA o dura de /k/. En el caso de la terminación -*gar*, se pronuncia la letra *g* antes de la vocal /e/ como el sonido /x/ (el símbolo fonético para la letra *g* en *gente*) en vez de /g/, así que la adición de la letra *u* conserva la pronunciación oclusiva de /g/. Finalmente, hay una DISTRIBUCIÓN COMPLE-MENTARIA en español entre el uso de la letra *z* antes de las VOCALES FUERTES *a, o, u* y la letra *c* antes de las VOCALES DÉBILES *e, i*, ya sea con

| Cambio ortográfico de la consonante del infinitio | Presente de subjuntivo | Pretérito |
|---|---|---|
| *c > qu : buscar* | *busque, busques, busque, busquemos, busquéis, busquen* | *busqué, buscaste, buscó, buscamos, buscasteis, buscaron* |
| *g > gu : entregar* | *entregue, entregues, entregue, entreguemos, entreguéis, entreguen* | *entregué, entregaste, entregó, entregamos, entregasteis, entregaron* |
| *z > c : rezar* | *rece, reces, rece, recemos, recéis, recen* | *recé, rezaste, rezó, rezamos, rezasteis, rezaron* |

Figura 7.11   Cambios ortográficos de *c > qu, g > gu* y *z > c* antes de la vocal /e/.

la pronunciación castellana de la zeta /θ/ o con la pronunciación hispanoamericana de la /s/. Por eso, es necesario cambiar la *z* por la *c* antes de la vocal /e/ en el pretérito y en el presente de subjuntivo.

El cambio en la pronunciación de las letras *c* y *g*, según la vocal que les sigue también afecta la ortografía de verbos que terminan en *-cer, -gir, -guar, -guir*. En los verbos que terminan en *-cer*, para mantener la pronunciación de la letra *c* del infinitivo como /s/ o /θ/ y no como /k/, hay que cambiar *c* por *z* antes de las vocales /o/ y /a/ en la primera persona singular del presente de indicativo y en todas las personas del presente de subjuntivo:

(25) *convencer*     *convenzo, convenzas, convenza, convenzamos, convenzáis, convenzan*

En verbos que terminan en *-gir*, para mantener la pronunciación de la letra *g* del infinitivo como /x/ y no como /g/, hay que cambiar la letra *g* por la *j* antes de las vocales /o/ y /a/ en la primera persona singular del presente de indicativo y en todas las personas del presente de subjuntivo:

(26) *dirigir*     *dirijo, dirija, dirijas, dirija, dirijamos, dirijáis, dirijan*

En verbos que terminan en *-guar*, para mantener la pronunciación de las letras *gu* como /gw/ antes de la vocal /e/, hay que usar la diéresis para que se pronuncie como /gwe/ y no como /ge/ en todas las personas del presente de subjuntivo y en la primera persona singular del pretérito:

(27) *averiguar*     *averigüe, averigües, averigüe, averigüemos, averigüéis, averigüen, averigüé*

La terminación -*guir* es lo opuesto al ejemplo anterior porque se usa en el infinitivo la letra *u* para conservar la pronunciación de la letra *g* como /g/ antes de las vocales /i/ y /e/. No se necesita *u* cuando la *g* está antes de una vocal fuerte (*a, o, u*) porque ya tiene una pronunciación dura:

(28) *seguir*

        a. *sigues, sigue, seguimos, seguís, siguen, siguió, siguieron*

        b. *sigo, siga, sigas, siga, sigamos, sigáis, sigan*

Otro cambio ortográfico se produce cuando la vocal /i/ cae entre dos otras vocales (ViV) en la terminación de un verbo. Ya que no se puede tener la vocal débil /i/ como núcleo de una sílaba con más de una vocal, es necesario convertirla en la semiconsonante /y/ para que empiece la sílaba y se usa la *y* en vez de la *i*. Este cambio ocurre en la tercera persona singular y plural del pretérito perfecto simple, y en el gerundio de algunos verbos, como podemos ver en el cuadro de la Figura 7.12.

Este cambio ortográfico no ocurre en la raíz sino en la terminación verbal porque las terminaciones regulares serían -*ió*, -*ieron*, -*iendo* y es la *i* de estos sufijos la que cambia a *y*.

Otros cambios ortográficos también afectan a las terminaciones porque es imposible combinar ciertos sonidos. Por ejemplo, la /y/, la /ñ/ y la /č/ (el símbolo fonético para la letra 'ch' en **chi**co) son sonidos PALATALES y no se los puede combinar con otro sonido palatal. Por eso, desaparece la semivocal palatal /y/ de la ortografía en los siguientes verbos:

(29) a. *bullir*        *bulló, bulleron* en vez de \**bullió,* \**bullieron*

     b. *reñir*        *riñó, riñeron* en vez de \**riñió,* \**riñieron*

     c. *henchir*     *hinchó, hincheron* en vez de \**hinchió,* \**hinchieron*

| $i > y$ entre dos vocales | Tercera persona singular y plural del pretérito perfecto simple | Gerundio |
|---|---|---|
| -*uir*, como en *construir* | *construyó, construyeron* | *construyendo* |
| *caer* | *cayó, cayeron* | *cayendo* |
| *oír* | *oyó, oyeron* | *oyendo* |

Figura 7.12  Cambio ortográfico de ViV a VyV.

### 7.3.5 Cambios en las terminaciones verbales

Hay casos de cambios en el verbo que no afectan la raíz. Por ejemplo, hay un grupo de verbos irregulares que en el futuro y en el condicional cambian la vocal temática de la terminación verbal. En algunos casos, desaparece la vocal temática en todas las personas:

(30) a. *poder*   *podrá, podría*

   b. *saber*   *sabrá, sabría*

   c. *haber*   *habrá, habría*

   d. *querer*   *querrá, querría*

   e. *caber*   *cabrá, cabría*

En otros casos, desaparece la vocal temática y se añade la consonante /d/ entre la raíz y la terminación del verbo:

(31) a. *poner*   *pondrá, pondría*

   b. *tener*   *tendrá, tendría*

   c. *venir*   *vendrá, vendría*

   d. *salir*   *saldrá, saldría*

Hay dos verbos que pierden una vocal y una consonante en el futuro y en el condicional. En el primero, desaparece una vocal y una consonante de la raíz:

(32) *decir*   *dirá, diría*

En el segundo, desaparece una consonante de la raíz y la vocal temática:

(33) *hacer*   *hará, haría*

No es fortuito que las formas irregulares sean las mismas en el futuro y en el condicional. En 7.4.1 veremos la explicación histórica para estas similitudes.

Otro ejemplo de cambios en las terminaciones verbales se presenta en los participios irregulares que terminan en *-to* y *-cho* en vez de *-ido*. Como se puede ver en la siguiente lista, todos los verbos de este tipo pertenecen a la segunda y a la tercera conjugación y cambia tanto la raíz como la terminación verbal:

(34) a. *poner*   *puesto*

   b. *ver*   *visto*

   c. *romper*   *roto*

   d. *volver*   *vuelto*

| | | |
|---|---|---|
| e. | *escribir* | *escrito* |
| f. | *describir* | *descrito* |
| g. | *abrir* | *abierto* |
| h. | *morir* | *muerto* |
| i. | *freír* | *frito* |
| j. | *hacer* | *hecho* |
| k. | *decir* | *dicho* |

Como dijimos antes, la característica de todos estos participios fuertes es la terminación *-to* o *-cho* en vez de *-do*.

No hemos hablado de las formas verbales del IMPERATIVO porque en la mayoría de los casos se usan las mismas formas que el presente de indicativo (MANDATOS INFORMALES AFIRMATIVOS) o de subjuntivo (MANDATOS FORMALES, MANDATOS INFORMALES NEGATIVOS, MANDATOS DE PRIMERA PERSONA PLURAL). Sin embargo, hay un grupo pequeño de verbos muy comunes que tienen formas abreviadas en el imperativo informal afirmativo porque eliminan la terminación del verbo. En la forma negativa, se vuelve a usar el subjuntivo, igual que en los otros verbos. Como se puede ver en su forma negativa, todos estos verbos son irregulares en el subjuntivo y vienen del patrón de irregularidades donde se cambia sólo la primera persona del presente de indicativo y, como consecuencia, todas las personas del subjuntivo:

| | | | | |
|---|---|---|---|---|
| (35) | a. | *ten* | vs. | *no tengas* |
| | b. | *ven* | vs. | *no vengas* |
| | c. | *pon* | vs. | *no pongas* |
| | d. | *di* | vs. | *no digas* |
| | e. | *haz* | vs. | *no hagas* |
| | f. | *sé* | vs. | *no seas* |
| | g. | *ve* | vs. | *no vayas* |

Las otras formas del imperativo que no corresponden ni al indicativo ni al subjuntivo son las formas del imperativo de *vosotros* en España y las del imperativo de *vos* en partes de Hispanoamérica. Ya que la forma verbal de *vos* tiene su origen en la forma de *vosotros*, se puede ver claramente la relación entre los dos imperativos:

| | | | | |
|---|---|---|---|---|
| (36) | a. | *vos hablá* | vs. | *vosotros hablad* |
| | b. | *vos comé* | vs. | *vosotros comed* |
| | c. | *vos viví* | vs. | *vosotros vivíd* |
| | d. | *vos decí* | vs. | *vosotros decid* |

Hay otros verbos irregulares que se podrían describir como ejemplos de la morfología irregular del español, pero el propósito de esta sección ha sido demostrar que muchas formas irregulares son en realidad regulares porque siguen ciertos patrones que son iguales para muchos verbos. Los verbos que son completamente irregulares como *ser* e *ir* no siguen ningún patrón y hay que memorizar sus formas. Tampoco se ha mencionado el pretérito imperfecto en esta sección porque sólo hay tres verbos irregulares en este tiempo verbal (*ser, ir* y *ver*) y no siguen ningún patrón.

Después de haber examinado estos patrones, debemos recordar que las mismas irregularidades aparecen en más de un tiempo verbal y que es muy útil notar esto para aprender más fácilmente la morfología verbal. Por ejemplo, vimos que se usa casi siempre la misma raíz del verbo para la primera persona singular de indicativo y todas las formas del presente de subjuntivo:

(37)  *digo, diga, digas, diga, digamos, digáis, digan*

También vimos que los cambios ortográficos que ocurren en la primera persona singular del pretérito de algunos verbos también ocurren en todas las personas del presente de subjuntivo:

(38)  *empecé, empiece, empieces, empiece, empecemos, empecéis, empiecen*

La cerrazón vocálica que cambia la vocal /e/ a /i/ y la vocal /o/ a /u/ ocurre bajo las mismas condiciones en varios tiempos verbales, como en la primera y en la segunda persona plural del presente de subjuntivo, en la tercera persona singular y plural del pretérito perfecto simple, en todas las personas del imperfecto de subjuntivo y en el gerundio:

(39)  a.  *sintamos, sintáis, sintió, sintieron, sintiera, sintieras, sintiera, sintiéramos, sintiérais, sintieran, sintiendo*

      b.  *muramos, muráis, murió, murieron, muriera, murieras, muriera, muriéramos, muriérais, murieran, muriendo*

Finalmente, la relación entre la tercera persona plural del pretérito perfecto simple y todas las personas del imperfecto de subjuntivo es fundamental porque siempre tienen la misma raíz:

(40)  *dijeron, dijera, dijeras, dijera, dijéramos, dijérais, dijeran*

Por eso se han presentado patrones irregulares de una manera más global, incorporando todos los tiempos verbales, en vez de un estudio aislado de cada tiempo verbal y sus formas irregulares.

Preguntas 6 a 7

## 7.4 Perspectiva diacrónica y sincrónica: La reducción, la regularización y la variación

Antes de concluir este capítulo sobre la morfología regular e irregular de los verbos, vamos a examinar algunos cambios que se han producido y que siguen produciendo en la morfología verbal del español. El primer caso refleja la manera en que una perífrasis verbal puede reducirse y convertirse en una forma simple. El segundo caso describe cómo la morfología verbal puede cambiar por el proceso de REGULARIZACIÓN, eliminando las irregularidades que existen. El último caso demuestra la variación dialectal que puede existir dentro de la morfología verbal antes de que se establezca una norma.

### 7.4.1 El origen del futuro y del condicional

En 8.5, veremos en más detalle la manera en que se crearon el futuro y el condicional que se introdujeron en este capítulo. Sin embargo, analizaremos aquí por qué estos dos tiempos verbales comparten las mismas características irregulares.

En el español antiguo, los dos tiempos se formaban de la misma manera analítica, combinando el infinitivo con el presente o el imperfecto del verbo auxiliar *haber:*

(41)  a.  *vivir + he, has, ha, hemos, habéis, han*

     b.  *vivir + había, habías, había, habíamos, habíais, habían*

Por un proceso natural de reducción fonética, estas perífrasis verbales se convirtieron en formas simples, desapareciendo la raíz *h-* o *hab-* y dejando las terminaciones tónicas que existen hoy en el futuro y en el condicional:

(42)  a.  *viviré, vivirás, vivirá, viviremos, viviréis, vivirán*

     b.  *viviría, vivirías, viviría, viviríamos, viviríais, vivirían*

En un grupo pequeño de verbos comunes, hubo una reducción aun más extendida, eliminando la vocal temática del infinitivo, tanto en el futuro como en el condicional. Estas formas irregulares sólo se encuentran en algunos verbos muy usados de la segunda y de la tercera conjugación y estos verbos también son irregulares en la mayoría de los otros tiempos verbales (véase 7.4.3):

(43)  a.  *poder*     *pod(e)rá, pod(e)ría*

     b.  *saber*     *sab(e)rá, sab(e)ría*

     c.  *haber*     *hab(e)rá, hab(e)ría*

     d.  *querer*     *quer(e)rá, quer(e)ría*

     e.  *caber*     *cab(e)rá, cab(e)ría*

Para entender por qué existe un segundo patrón irregular para el futuro y el condicional, debemos notar que en el primer grupo de verbos irregulares, el resultado de la eliminación de la vocal temática es un grupo consonántico (/dr/, /br/ o /rr/) fácil de pronunciar al principio de la palabra o de la sílaba. Por otra parte, en los casos en que desapareció la vocal temática y el grupo consonántico resultante era difícil de pronunciar, se añadió la consonante /d/ para facilitar la pronunciación:

(44)  a. *poner*    *pon(e)rá, *pon(e)ría > pondrá, pondría*
      b. *tener*    *ten(e)rá, *ten(e)ría > tendrá, tendría*
      c. *venir*    *ven(e)rá, *ven(e)ría > vendrá, vendría*
      d. *salir*    *sal(i)rá, *sal(i)ría > saldrá, saldría*

En estos verbos, los grupos consonánticos resultantes de la eliminación de la vocal temática eran /nr/ y /lr/. Según las reglas fonéticas de la lengua, hubiera sido necesario pronunciar la /r/, que caía después de una consonante y al principio de una sílaba, con una vibración múltiple. Como consecuencia, se añadió la oclusiva /d/ para permitir una transición más fluida entre la raíz y la terminación verbal, después de que se había eliminado la vocal temática.

En el español arcaico, no existía todavía uniformidad entre las formas verbales y había otros verbos que usaban, a veces, formas irregulares en el futuro y en el condicional, pero estas formas se regularizaron después:

(45)  a. *comeré*        vs.    *combré* (español antiquo)
      b. *feriré (heriré)*    vs.    *ferré* (español antiquo)

### 7.4.2 La regularización de las formas verbales

En la evolución de la lengua, una forma irregular a veces se regulariza porque no cabe bien dentro del resto del sistema verbal. En otros casos, se extiende un morfema regular para que sea más uniforme el sistema completo. Éste es el caso del morfema -s que se usa en todos los tiempos verbales, menos en el pretérito, para indicar la segunda persona singular informal:

(46)  *compras, comprarás, comprabas, comprarías, compres...*

Ya que este morfema se identifica tanto con la segunda persona singular informal, no sorprende que se haya extendido al pretérito, reemplazando la forma histórica correcta *compraste* por la forma *\*comprastes*. Esta extensión análoga es bastante usada y resulta en una convergencia con el pretérito de la forma verbal *\*vos comprastes* que existe en algunas regiones.

Generalmente, los verbos más irregulares de una lengua también son los verbos más comunes y hay varias razones para esto. Primero, las formas irregulares son, a veces, vestigios de formas antiguas que en otra lengua eran formas regulares. Por ejemplo, los pretéritos fuertes que examinamos siguen los patrones de pretéritos regulares del latín. Segundo, los verbos irregulares que no son muy comunes en la lengua tienden a regularizarse, porque los hablantes no escuchan ni usan la irregularidad con suficiente frecuencia como para mantenerla. Generalmente, este tipo de regularización la encontramos entre los niños y los hablantes con menos educación como en el caso de usar las formas *andé, *andaste, *andó,* étcétera, en vez de *anduve, anduviste, anduvo,* étcétera, pero a veces, con el paso del tiempo, llega a ser la forma aceptada. Los dos verbos más frecuentes de la lengua, *ser* e *ir,* también son los verbos más irregulares porque no siguen ningún patrón, pero mantienen sus formas irregulares porque son muy usados. Los otros verbos irregulares que examinamos en este capítulo también son verbos que se usan con mucha frecuencia y, por eso, tienden a ser irregulares en casi todos los tiempos verbales y no se regularizan. En el cuadro de la Figura 7.13, se presenta una lista de verbos muy comunes con una indicación de los tiempos en los que son irregulares.

En el cuadro de la Figura 7.13 no aparecen todos los verbos irregulares sino los más comunes y también los más estables por su alta frecuencia en la lengua. Otros verbos irregulares como *andar* y *caber* se usan menos y por eso son más propensos a la regularización.

### 7.4.3 Las formas verbales del *voseo*

En la Sección 5.4.2, vimos que existe mucha variación en el uso de los pronombres de tratamiento *tú* y *vos.* Lo que complica aun más la situación es que tampoco hay consistencia en la forma verbal que corresponde al pronombre *vos.* Ya que la forma verbal original corresponde a la forma verbal que se sigue usando en España con el pronombre *vosotros,* las formas más fieles a sus orígenes son las siguientes:

(47)  *vos amáis, coméis, vivís, venéis, te sentáis...*

Sin embargo, estas formas se encuentran en muy pocas partes de Hispanoamérica y es más común encontrar formas con el diptongo eliminado, sobre todo en Argentina. Aunque desaparece el diptongo, se mantiene la acentuación en la última sílaba del verbo:

(48)  *vos amás, comés, vivís, venís, te sentás...*

También se encuentra en algunas regiones el voseo pronominal con las formas verbales que corresponden al pronombre *tú,* sin la acentuación característica del voseo verbal:

(49)  *vos amas, comes, vives, vienes, te sientas...*

| Verbos irregulares comunes | Presente de indicativo, Presente de subjuntivo, Mandato formal, Mandato informal negativo | Pretérito perfecto simple, Imperfecto de subjuntivo, Futuro de subjuntivo | Futuro, Condicional | Mandato informal afirmativo | Gerundio | Participio |
|---|---|---|---|---|---|---|
| *poder* | X | X | X | | X | |
| *poner* | X | X | X | X | | X |
| *querer* | X | X | X | | | |
| *saber* | X | X | X | | | |
| *tener* | X | X | X | X | | |
| *venir* | X | X | X | X | X | |
| *decir* | X | X | X | X | X | X |
| *hacer* | X | X | X | X | | X |
| *haber* | X | X | X | | | |
| *ir* | X | X | | X | X | |
| *ser* | X | X | | X | | |
| *ver* | X | X | | | | X |
| *estar* | X | X | | | | |
| *dar* | X | X | | | | |

Figura 7.13    Formas irregulares de los verbos más comunes.

Es uno de los pocos casos donde hay variación dialectal en las terminaciones verbales del español, pero la falta de una norma se debe en gran parte al hecho de que todavía no se ha aceptado el voseo como una alternativa al tuteo.

Todos los ejemplos de regularización y variación que vimos en esta última sección indican que el sistema verbal del español moderno es bastante estable, aunque hay unos pocos casos donde podría cambiarse la morfología verbal. Donde hay más variación es en el uso de estos tiempos verbales, un tema que examinaremos en los últimos dos capítulos.

Preguntas 8 a 9

# Preguntas

1. Complete el siguiente cuadro con los tiempos simples, progresivos, perfectos y perfectos progresivos en español. Coloque el nombre de la forma verbal y un ejemplo de cada caso.

| Formas no personales del verbo | | | | |
|---|---|---|---|---|
| Tiempos simples : Modo indicativo | | | | |
| Tiempos simples : Modo subjuntivo | | | | |
| Tiempos progresivos : Modo indicativo | | | | |
| Tiempos progresivos : Modo subjuntivo | | | | |
| Tiempos perfectos : Modo indicativo | | | | |
| Tiempos perfectos : Modo subjuntivo | | | | |
| Tiempos perfectos progresivos : Modo indicativo | | | | |
| Tiempos perfectos progresivos : Modo subjuntivo | | | | |

2. Escoja la forma verbal que corresponda a cada tiempo verbal:

   a. participio — hayas visto
   b. pretérito imperfecto de indicativo (copretérito) — había estado bailando
   c. presente de indicativo — estuviste viviendo
   d. condicional (pospretérito, modo potencial) — tenías
   e. gerundio — habíamos vendido
   f. pretérito imperfecto de subjuntivo — habríamos escrito
   g. pretérito perfecto compuesto de indicativo (antepresente) — hayan estado nadando
   h. pretérito perfecto de subjuntivo — estaría haciendo
   i. pretérito pluscuamperfecto de subjuntivo — habrá estado caminando
   j. pretérito anterior de indicativo — preparado
   k. futuro perfecto (antefuturo) — estuvieras leyendo

| | | |
|---|---|---|
| l. | condicional perfecto (ante-pospretérito, modo potencial perfecto) | habrían estado viviendo |
| m. | pretérito pluscuamperfecto de indicativo | hemos leído |
| n. | presente progresivo de subjuntivo | supieran |
| o. | pretérito imperfecto progresivo de indicativo | estén estudiando |
| p. | futuro de indicativo | explicando |
| q. | pretérito anterior progresivo | habrás visto |
| r. | pretérito imperfecto progresivo de subjuntivo | hablare |
| s. | futuro de subjuntivo | hubiera estado cocinando |
| t. | pretérito perfecto progresivo de subjuntivo | escribiré |
| u. | pretérito progresivo | estaba comiendo |
| v. | pretérito perfecto simple de indicativo | hablo |
| w. | futuro progresivo | hubo estado haciendo |
| x. | condicional progresivo (modo potencial progresivo) | estudiar |
| y. | pretérito pluscuamperfecto progresivo de subjuntivo | bailaste |
| z. | presente progresivo de indicativo | hubo oído |
| aa. | condicional perfecto progresivo (modo potencial perfecto progresivo) | hubiera tenido |
| bb. | presente de subjuntivo | comprarías |
| cc. | futuro perfecto progresivo | estoy muriendo |
| dd. | infinitivo | comamos |
| ee. | pretérito perfecto progresivo de indicativo | estará durmiendo |
| ff. | pretérito pluscuamperfecto progresivo de indicativo | he estado buscando |

3. Dé ejemplos de usos no verbales de las formas verbales no personales o infinitas.

4. ¿Qué tipos de morfemas gramaticales se encuentran en las formas verbales y qué información nos dan?

5. En las siguientes formas verbales, señale cada morfema y describa cómo contribuye al significado del verbo:

   a. *venderán*

   b. *compraste*

   c. *escribimos*

   d. *lea*

   e. *había perdido*

6. Explique la irregularidad en las siguientes formas verbales, indicando el tiempo verbal y la persona de cada verbo:

| | | |
|---|---|---|
| a. *recuerdan* | i. *sintamos* | p. *supiste* |
| b. *pierdes* | j. *tengo* | q. *pusimos* |
| c. *prefiero* | k. *oiga* | r. *dijiste* |
| d. *mintió* | l. *digamos* | s. *pondré* |
| e. *durmiendo* | m. *obedezco* | t. *habría* |
| f. *repite* | n. *traduzco* | u. *dirás* |
| g. *vuelvan* | ñ. *tuve* | v. *saldremos* |
| h. *pidieron* | o. *tradujo* | w. *voy* |

7. Dé ejemplos de una irregularidad que se produzca en más de un tiempo verbal.

8. ¿Cuál es el origen del futuro y del condicional? ¿Por qué comparten las mismas formas irregulares?

9. Nombre tres verbos comunes que son irregulares en más de un tiempo verbal y describa sus irregularidades.

# 8

# El sistema verbal

## 8.0 Introducción

En el Capítulo 7, examinamos la morfología de los tiempos verbales simples y de las perífrasis verbales del español. En este capítulo y en el siguiente, vamos a estudiar los usos de estos tiempos verbales. En este capítulo, nos concentraremos en los tiempos simples y cómo se relacionan los conceptos de tiempo, modo y aspecto, mientras que dedicaremos el Capítulo 9 al estudio de las perífrasis verbales y a los usos de los verbos auxiliares.

En el sistema verbal, se puede indicar el tiempo, el modo y el aspecto de una acción, y estas categorías verbales indican la manera en que el hablante quiere presentar un evento. En español, se puede indicar el TIEMPO de una acción en PASADO, PRESENTE o futuro. La división de tiempo no es un componente esencial de la lengua. En algunas lenguas sólo se diferencia entre el pasado y el no pasado porque se usa una sola forma verbal para representar tanto al presente como al futuro. Esta división binaria entre el pasado y el no pasado existe también en español dentro del modo subjuntivo, como veremos luego. En el análisis del tiempo verbal, será necesario diferenciar entre el tiempo verbal y la REFERENCIA TEMPORAL porque hay muchos casos en los que el tiempo verbal que se usa no corresponde al tiempo verdadero de la acción.

Dentro del pasado y del presente, se puede presentar el modo de una acción que diferencia entre la realidad del INDICATIVO y la irrealidad del subjuntivo. Aunque en el español antiguo existía una diferencia entre el modo indicativo y el subjuntivo en el futuro, este uso casi ha desaparecido en la lengua moderna, excepto en algunos usos muy específicos. La eliminación del futuro en el subjuntivo ha resultado en la distinción binaria que se acaba de mencionar, donde el preterito imperfecto de subjuntivo se usa para los eventos que suceden en el pasado y el presente de subjuntivo se usa para los eventos que suceden en el presente/futuro (el no pasado). Entonces, aunque ha desaparecido la forma verbal de la lengua, todavía es posible expresar el concepto de la irrealidad en el futuro con el uso del presente de subjuntivo.

Mientras que la distinción entre el modo indicativo y el subjuntivo se limita a los tiempos pasado y presente, la distinción del aspecto es aun más limitada. El PRETÉRITO indica una acción completa o perfecta mientras que el IMPERFECTO representa una acción incompleta o imperfecta, pero esta diferencia sólo existe en el tiempo pasado y en el modo indicativo. Se puede decir que el pasado es el tiempo más complejo porque se hace una distinción de modo y de aspecto sólo en este tiempo. Tiene sentido que el pasado tenga más complejidad que los otros tiempos porque es sólo en este tiempo donde se puede hablar de los eventos que han ocurrido y que son parte de la experiencia o la realidad del hablante. Por otra parte, el futuro describe los eventos que todavía no han ocurrido y no refleja ni el aspecto ni el modo del verbo porque no se describen eventos experimentados. En medio de estos dos extremos está el tiempo presente que refleja el modo de la acción pero no el aspecto. Entonces, de los tres tiempos simples que tiene el español, dos de ellos reflejan el modo y sólo uno de ellos refleja el aspecto, como se puede ver en la Figura 8.1.

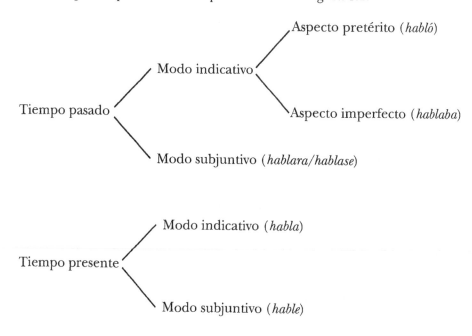

Figura 8.1    Tiempo, modo y aspecto en las formas verbales simples.

Hay dos formas verbales que no encajan fácilmente dentro del análisis del sistema verbal presentado en la Figura 8.1. La primera forma (*compraría*) es difícil de analizar porque en unos casos funciona como tiempo verbal y en otros funciona como modo verbal. Incluso, existen varios nombres que corresponden a estas mismas funciones. Para representar el futuro del pasado se usa el término pospretérito:

(1)  *Dijo que **compraría** el coche.*

Por otra parte, *compraría* tiene una función modal cuando indica la posibilidad o la imposibilidad de una acción en el presente porque denota la actitud del hablante hacia un evento. En este caso sirven mejor los términos POTENCIAL O CONDICIONAL:

(2)  *Si tuviera el dinero, **compraría** el coche.*

Entonces, será necesario comparar la función temporal del pospretérito con la del futuro (véase 8.1) y examinar la función modal del condicional en las frases hipotéticas (véase 8.4).

La otra forma verbal que no encaja bien dentro del sistema verbal presentado en la Figura 8.1 es el IMPERATIVO. Es difícil justificar la descripción de estas formas verbales como su propio tiempo o modo porque sólo existe el imperativo en el habla directa, dirigido a otra u otras personas; por eso, sólo existe en el tiempo presente y no existe en la primera persona singular ni en la tercera persona singular o plural. Ya que la mayoría de sus formas se basa en los modos indicativo y subjuntivo del tiempo presente, tiene sentido incluirlo en la examinación del modo en el tiempo presente (véase 8.2).

Para estudiar los tiempos simples, empezaremos con los usos del futuro, el único tiempo verbal en el que no se puede expresar ni modo ni aspecto. Sin embargo, presentaremos algunos ejemplos de los usos limitados del futuro de subjuntivo y compararemos los usos del futuro con los del condicional, que tiene características de tiempo verbal y de modo verbal. Además, examinaremos los usos del tiempo presente y la diferencia entre el modo indicativo y el subjuntivo. En este estudio también incluiremos el imperativo, porque representa un tiempo del presente y se relaciona con el modo subjuntivo. Después, estudiaremos los usos del tiempo pasado, la extensión de los conceptos modales de indicativo y subjuntivo a este tiempo y la distinción entre el aspecto imperfecto y el pretérito. También veremos cómo se combinan los conceptos de tiempo y modo en las oraciones compuestas y en las frases hipotéticas. Finalmente, describiremos la evolución del futuro y del condicional en el latín, para entender mejor cómo pueden nacer y desarrollarse en la lengua nuevas formas verbales que reemplazan a otras formas más antiguas.

## 8.1 El futuro y el condicional

Aunque mencionamos que examinaremos el uso de las perifrasis verbales en el próximo capítulo, es imposible separar el análisis del futuro sintético (*hablará*) del futuro analítico (*va a hablar*) porque en muchos casos son intercambiables. De la misma manera, se puede intercambiar en algunos casos, el condicional sintético (*hablaría*) y el condicional analítico (*iba a hablar*). Veremos al final de este capítulo que las formas sintéticas del futuro y del condicional empezaron en el latín vulgar como innovaciones analíticas que utilizaban el verbo auxiliar *habere* y que la creación moderna de la perífrasis *ir a* + infinitivo es otro paso en este ciclo continuo de formas analíticas que se convierten en formas sintéticas y reemplazan a formas sintéticas con la misma función.

Aunque se puede usar tanto el futuro sintético (*hablará*) como el futuro analítico (*va a hablar*) para indicar la referencia temporal en el futuro, la forma analítica ha llegado a ser mucho más común que la forma sintética. Por eso, el uso del futuro sintético puede parecer más formal, más enfático o más lejano que el futuro analítico, o incluso, implicar a un mandato:

(3) **Te quedarás** *aquí hasta que yo vuelva.*

Además, el futuro sintético ha adquirido otro uso, cuya referencia temporal es el presente en vez del futuro. Este uso del FUTURO DE PROBABILIDAD es más modal que temporal porque indica la conjetura en el presente. Por eso, también se puede expresar el mismo concepto con el presente de subjuntivo, como podemos ver en los siguientes ejemplos:

(4) a. **Serán** *las cinco.*

    b. *Puede que* **sean** *las cinco.*

(5) a. **Vivirá** *con sus padres.*

    b. *Es probable que* **viva** *con sus padres.*

Es obvio, por el contexto de estas oraciones, que no se habla de un evento en el futuro; por eso, la única interpretación es la de la conjetura. En el Capítulo 9 veremos que esta función modal de probabilidad también es frecuente en el futuro progresivo y en el futuro perfecto.

El condicional también puede indicar tiempo cuando funciona como futuro del pasado. En este caso es mejor usar el término de Bello, *pospretérito*, porque este nombre implica que el evento ocurre posterior a un momento del pasado. O sea, mientras que el futuro ocurre después del presente, el pospretérito ocurre después del pasado. Comparemos, por ejemplo, el uso del futuro y del pospretérito en las siguientes frases:

(6)  a.  ***Comprará*** *el coche.* (futuro)

    b.  *Dijo que* ***compraría*** *el coche.* (pospretérito)

Para esta función temporal de pospretérito, también se puede usar el condicional analítico (*iba a hablar*), que usa la misma estructura analítica que el futuro analítico, sólo que como verbo auxiliar, utiliza el preterito imperfecto en vez del presente. Comparemos las siguientes oraciones:

(7)  a.  *Dice que* ***va a comprar*** *el coche.*

    b.  *Dijo que* ***iba a comprar*** *el coche.*

Aunque hemos dicho que la diferencia de modo sólo existe en el presente y en el pasado, hay que señalar algunos usos modales del futuro y del condicional. En el caso del futuro, en el español antiguo existía una forma verbal para indicar el modo subjuntivo y diferenciarlo del modo indicativo. Este uso del futuro de subjuntivo ha sobrevivido en la lengua jurídica, no sólo en el futuro simple sino también en las perífrasis verbales, como se puede ver en la siguiente declaración:

> *En la medida en que el objeto de cada una de las reivindicaciones de la presente solicitud no* ***hubiere sido divulgado*** *en la solicitud anterior... reconozco el deber de divulgar información que* ***fuere*** *esencial con respecto a la patentabilidad... que* ***hubiere llegado a estar*** *disponible entre la fecha de presentación de la solicitud anterior y la fecha de presentación... de la presente solicitud.*
>
> *(Declaración y poder para solicitud patente, Oficina de Patentes y Marcas Registradas de los Estados Unidos)*
>
> *Insofar as the subject matter of each of the claims of this application is not disclosed in the prior...application...I acknowledge the duty to disclose information which is material to patentability...which became available between the filing date of the prior application and the...filing date of this application.*
>
> *(Declaration and Power of Attorney for Patent Application, Patent and Trademark Office of the United States)*

También se encuentra el futuro de subjuntivo en algunos refranes, donde los tiempos verbales han quedado fosilizados:

> *Dondequiera que* ***fueres***, *haz lo que* ***vieres***.
> *Sea lo que* ***fuere***.

Sin embargo, aun en estos casos existe la tendencia a sustituirlo por el presente de subjuntivo:

>*Sea lo que **sea**.*

Aunque no existe una distinción de modo en el condicional, este tiempo verbal tiene varios usos modales que son extensiones de su uso temporal. En estos usos modales, su referencia temporal ya no es el pospretérito sino otro tiempo verbal. El CONDICIONAL DE PROBABILIDAD indica la conjetura en el pasado de la misma manera que el futuro de probabilidad indica la conjetura en el presente:

>(8) ***Serían** las dos de la mañana cuando volvieron a casa anoche.*

En este uso modal del condicional, su referencia temporal no es el futuro del pasado sino el pasado. Otro uso modal del condicional indica la cortesía en el presente:

>(9) a. ***Querría** hablar con usted.*
>
>b. *¿**Podrían** ustedes ayudarme?*

Veremos más adelante que se puede usar el imperfecto de indicativo y de subjuntivo de la misma manera. Finalmente, el uso del condicional en las frases hipotéticas es otro ejemplo de su función modal y por este uso se lo llama a veces potencial. Comparemos el uso modal del potencial con el uso temporal del futuro en esta estructura:

>(10) a. *Si tengo tiempo, **iré** al concierto.*
>
>b. *Si tuviera tiempo, **iría** al concierto.*

Mientras que el uso del futuro en la primera oración indica que la acción en el futuro es posible, el uso del condicional en la segunda acción niega la posibilidad de la acción en el presente/futuro y sólo indica la posibilidad si la situación fuera diferente. Examinaremos esta estructura en más detalle al final de este capítulo.

Se debe señalar que todos los usos modales del futuro y del condicional son extensiones de su uso original como un tiempo verbal que indica el futuro, ya sea desde la perspectiva del presente o desde la perspectiva del pasado. Aunque el futuro analítico (*va a hablar*) y el condicional analítico (*iba a hablar*) también se usan para indicar estos tiempos, no se han extendido sus funciones temporales a los usos modales del futuro y del condicional sintéticos. Se puede ver, entonces, que las estructuras analíticas más jóvenes, como el futuro *va a hablar* y el condicional *iba a hablar*, tienen funciones más limitadas que las formas sintéticas que han existido en la lengua por mucho más tiempo.

Preguntas 2 a 6

## 8.2 El tiempo presente y el modo

En esta sección, vamos a comparar los usos del presente simple de indicativo y de subjuntivo con sus referencias temporales. Luego, vamos a examinar el concepto de modo en más detalle.

Lo más notable del presente es que se usa poco para indicar un evento que ocurre sólo en el momento presente. Tanto el presente simple como el presente progresivo sirven para describir una acción que perdura en el presente (véase 9.1). Sin embargo, el uso del presente simple con referencia temporal en el momento presente es el uso básico de esta forma:

(11)   a.   *¿Qué **buscas**?*

      b.   ***Hace** su tarea ahora.*

Con mucha más frecuencia, el presente se extiende hacia el pasado o hacia el futuro y es difícil limitarlo al momento presente. El PRESENTE HABITUAL describe eventos que no se limitan al momento presente:

(12)   a.   ***Trabaja** en una fábrica.*

      b.   ***Vive** en Los Ángeles.*

      c.   ***Hago** ejercicio todos los días.*

      d.   ***Canta** muy bonito.*

Aunque estos eventos se extienden hacia el pasado y hacia el futuro, no se indica cuándo empezaron ni cuándo van a terminar. Aun cuando un sintagma adverbial indica cuándo empezó una acción en el pasado, se puede usar el presente para indicar que la acción continúa en el presente y hacia el futuro:

(13)   a.   ***Vivo** aquí desde hace cinco años.*

      b.   *Hace años que no la **veo**.*

El PRESENTE NÓMICO es parecido al presente habitual porque sirve para expresar un hecho general que no tiene ni principio en el pasado ni fin en el futuro:

(14)   a.   *El cielo **es** azul.*

      b.   *Los brasileños **hablan** portugués.*

Es difícil categorizar la referencia temporal de estos usos del presente porque cubren el pasado, el presente y el futuro.

Se usa el PRESENTE HISTÓRICO en la literatura y también en la lengua hablada para narrar eventos del pasado y hacerlos más cercanos, como si fueran parte del presente. A veces, la narración empieza en el pasado y cambia al presente histórico después de haber establecido la referencia temporal:

(15)  a.  *Anoche estudiaba en la biblioteca y un estudiante **entra** y **empieza** a hablar en voz alta...*

     b.  *Oí las noticias y casi **me muero** de sorpresa...*

Aunque este uso del presente es común en la narración de eventos del pasado, es necesario establecer la referencia temporal por el contexto o por los adverbios antes de poder usar el presente histórico.

El PRESENTE DE ANTICIPACIÓN se usa para referirse al futuro y, en muchos casos, reemplaza al futuro que estudiamos en la sección anterior:

(16)  a.  *Nos **vemos** mañana.*

     b.  *Ya **voy**.*

     c.  ***Salgo** mañana para Europa.*

Hay que notar aquí el uso de un adverbio de tiempo que indica el porvenir porque el presente simple no sería suficiente para establecer la referencia temporal en el futuro.

Otro ejemplo del presente de anticipación son las preguntas en las que alguien pide permiso. Por eso, se lo podría considerar un uso modal:

(17)  a.  *¿Te **traigo** un café?*

     b.  *¿**Llamo** a la policía?*

En inglés, sería necesario usar un verbo auxiliar como *can* o *should* para expresar el concepto de posterioridad, pero en español el contexto es suficiente para indicar que la referencia temporal es el futuro. El presente de subjuntivo también puede tener referencia temporal en el futuro, por lo que más adelante veremos muchos casos del subjuntivo que implican un evento en el porvenir.

Ya que hemos examinado los usos temporales del presente, vamos a diferenciar ahora entre el presente del modo indicativo y del modo subjuntivo. La distinción de modo no es un concepto universal. En inglés, por ejemplo, sólo existen algunos vestigios de su antiguo uso. Comparemos, por ejemplo, la forma verbal en las siguientes cláusulas independientes y subordinadas:

(18)  a.  *We **have** more time.*

     b.  *I think we **have** more time.*

     c.  *I wish we **had** more time.*

El uso aislado de lo que se podría llamar modo subjuntivo en la oración c no es suficiente para ayudar a los angloparlantes a entender el modo, el cual es un concepto desconocido para ellos.

Vamos a organizar la descripción del modo según los tipos de cláusulas en las que se encuentran el indicativo y el subjuntivo. Entender las estructuras sintácticas en las que se diferencia el modo es esencial para entender las funciones del modo en español. Empezaremos con las tres cláusulas subordinadas que estudiamos en el Capítulo 6 porque en ellas se ve más la diferencia de modo y terminaremos con los usos del modo en cláusulas independientes.

Las cláusulas subordinadas nominales aparecen inmediatamente después de un verbo y empiezan con la conjunción *que*. Como vimos en 6.2.2, toda la cláusula funciona como sustantivo y se la puede sustituir por el concepto general "algo":

(19)  a.  *Quiero **que vengas a la fiesta.***

      b.  *Quiero **algo.***

(20)  a.  *Creo **que vive en Nueva York ahora.***

      b.  *Creo **algo.***

(21)  a.  *Es importante **que estudien mucho.***

      b.  ***Algo** es importante.*

(22)  a.  *Es cierto **que tiene mucho que hacer.***

      b.  ***Algo** es cierto.*

Aunque la estructura sintáctica de la cláusula subordinada es importante, no es lo que decide el modo del verbo. El modo se basa en el punto de vista del hablante y la manera en que presenta o reacciona, en la cláusula principal, a la información de la cláusula subordinada. Hay varias reacciones que resultan en el uso del subjuntivo en la cláusula nominal como el deseo, la influencia, la opinión, la duda o la negación:

(23)  a.  ***Quieren** que yo les **ayude** con la tarea.*

      b.  *Te **recomiendo** que **estudies** más.*

      c.  *No me **gusta** que **hables** así.*

      d.  ***No creo** que **sepan** tu número de teléfono.*

      e.  ***No es cierto** que ellos **vivan** aquí.*

Por otro lado, si la reacción en la cláusula principal indica que la cláusula subordinada nominal representa la realidad, se usa el modo indicativo:

(24)  a.  *Veo que **hablas** así a todo el mundo.*

      b.  *Estoy segura que **saben** tu número de teléfono.*

En los siguientes ejemplos podemos ver que la referencia temporal del presente de subjuntivo es a veces el futuro porque los eventos del futuro todavía no forman parte de la realidad:

(25)  a. *Espero que me **llame** mañana.*

   b. *Les recomiendo que **terminen** lo antes posible.*

Sin embargo, es posible usar el futuro en el modo indicativo si el hablante no quiere reaccionar a este posible evento con influencia, opinión o duda:

(26)  a. *Creo que me **va a llamar** mañana.*

   b. *Dicen que **van a terminar** lo antes posible.*

De los tres tipos de cláusulas subordinadas, la cláusula subordinada nominal es la más común y es el primer uso del subjuntivo que captan los extranjeros.

Las cláusulas subordinadas adjetivales se encuentran inmediatamente después de un sustantivo, que es el antecedente, y sirven para modificarlo. Como vimos en 6.2.3, también se llaman cláusulas relativas y siempre empiezan con un pronombre relativo:

(27)  a. *El señor **que vive aquí** es de Japón.*

   b. *Los estudiantes **que tengan tiempo** deben asistir a la conferencia.*

De nuevo, la estructura sintáctica de la cláusula subordinada no es lo que decide el modo del verbo. En las cláusulas adjetivales, se usa el subjuntivo cuando la identificación del antecedente es insegura o cuando el antecedente no existe:

(28)  a. *Busco un libro que **tenga** información sobre el ladino.*

   b. *No hay nadie en nuestra clase que **sepa** hablar francés.*

Por otro lado, si el hablante quiere indicar que existe el antecedente, se usa el modo indicativo:

(29)  a. *Compré un libro que **tiene** información sobre el ladino.*

   b. *Hay dos mujeres en nuestra clase que **saben** hablar francés.*

La inexistencia y la incertidumbre también se expresan en cláusulas adjetivales que implican falta de especificidad:

(30)  a. *Haz lo que te **diga**.*

   b. *Podemos salir cuando **quieras**.*

Como vimos en 6.2.3, hay que diferenciar entre la conjunción *que*, que antecede una cláusula subordinada nominal, y el pronombre relativo *que*, que antecede una cláusula subordinada adjetival.

Las cláusulas subordinadas adverbiales son las más difíciles de identificar porque tienen varias funciones, pero todas sirven para modificar al verbo. Pueden indicar propósito, causa, consecuencias, posibilidad, condiciones y tiempo. Estas conjunciones establecen una dependencia entre la cláusula principal y la clase subordinada. Generalmente, si el evento no ha ocurrido, se usa el subjuntivo para indicar la posibilidad de la acción:

(31)  a. *Me voy **antes de que vuelvan**.*

     b. *Te voy a ayudar con la tarea **para que aprendas mejor**.*

     c. *Voy a comprar más bebidas **en caso de que vengan muchas personas a la fiesta**.*

Por otro lado, si la cláusula adverbial indica la realidad de una acción, se usa el indicativo:

(32)  a. *Hice toda la tarea **de manera que no tengo que estudiar** durante las vacaciones.*

     b. *Siempre salgo de la casa **cuando pasa un tren**.*

En el caso de los adverbios temporales, hay que fijarse siempre en la realidad y si la cláusula adverbial indica un evento en el futuro a través del subjuntivo o si representa un evento que ya ha pasado en el indicativo. Comparemos, por ejemplo, los siguientes ejemplos:

(33)  a. *Siempre como cuando **llegan** mis amigos.*

     b. *Voy a comer cuando **lleguen** mis amigos.*

En la oración a, se usa el indicativo *llegan* en la cláusula adverbial porque la acción es habitual y siempre ocurre, mientras que se usa el subjuntivo *lleguen* en la oración b porque se hace referencia a una acción futura que no ha ocurrido aún y puede ser que no ocurra nunca. Este concepto de futuro incompleto o no acabado es fundamental en el uso del subjuntivo con las conjunciones adverbiales de tiempo, tanto en presente como en pasado (véase 8.3).

Aunque la diferencia entre el modo indicativo y el subjuntivo se da principalmente en las cláusulas subordinadas, también se puede encontrar esta distinción en las cláusulas principales. En la mayoría de los casos, en la cláusula principal se usa el indicativo, pero hay algunas excepciones. Por ejemplo, se puede usar el subjuntivo después de expresiones de duda como *tal vez* y *quizás* o después de la expresión de deseo *ojalá*. Sin embargo, el uso principal del modo subjuntivo en las cláusulas principales ocurre en los mandatos, cuyo uso se limita al habla directa. El mandato negativo de segunda persona informal, el mandato afirmativo y negativo de segunda persona formal y el mandato de primera persona

|  | Mandatos afirmativos | Mandatos negativos |
|---|---|---|
| **Segunda persona singular informal : *tú*** | *habla, come, ven, pon, sal* | *no hables, no comas, no vengas* |
| **Segunda persona singular informal : *vos*** | *hablá, comé, vení* | *no hablés, no comás, no vengás* |
| **Segunda persona plural informal : *vosotros*** | *hablad, comed, venid* | *no habléis, no comáis, no vengáis* |
| **Segunda persona singular formal : *Ud.*** | *hable, coma, venga* | *no hable, no coma, no venga* |
| **Segunda persona plural formal : *Uds.*** | *hablen, coman, vengan* | *no hablen, no coman, no vengan* |
| **Primera persona plural : *nosotros*** | *hablemos, comamos, vengamos* | *no hablemos, no comamos, no vengamos* |

Figura 8.2   Uso del imperativo y del subjuntivo para expresar mandatos.

plural usan formas del presente de subjuntivo. Los únicos mandatos que no usan el subjuntivo son los afirmativos de segunda persona informal. Para el pronombre *tú,* se usa casi siempre el indicativo de tercera persona singular, pero hay un pequeño grupo de mandatos abreviados que podríamos llamar formas del imperativo porque es el único uso que tienen. Para el pronombre *vosotros,* también existe una forma única del imperativo que no se usa en ningún otro contexto, pero en la forma negativa se vuelve al subjuntivo, como podemos ver en el cuadro de la Figura 8.2.

El uso del subjuntivo para expresar mandatos tiene sentido porque se puede decir que el mandato es una forma abreviada de las siguientes oraciones compuestas:

*Yo quiero que usted / ustedes / nosotros* + subjuntivo
*Yo no quiero que tú / vosotros / usted / ustedes / nosotros* + subjuntivo

Aunque se podría hablar de un modo imperativo, su uso es muy limitado y su función es igual que la del subjuntivo que acabamos de estudiar. En la próxima sección, volveremos al tema del subjuntivo y hablaremos de cómo se pueden aplicar estos conceptos de modo al pasado.

Preguntas 7 a 12

## 8.3 El tiempo pasado

En esta sección vamos a examinar los usos de los tiempos simples del pasado en español: el pretérito perfecto simple (*habló*), el pretérito imperfecto de indicativo (*hablaba*) y el pretérito imperfecto de subjuntivo (*hablara* o *hablase*). Las dos formas del imperfecto de subjuntivo son casi siempre intercambiables, pero se usa mucho más la forma terminada en *-ra*. A diferencia del presente, que se puede usar para referirse al pasado, al presente o al futuro, los tiempos pasados casi siempre se refieren al pasado:

(34)  a.  *Viví en California por un año.*

       b.  *Cuando **llegué** a la fiesta, mis parientes le **cantaban** "Las mañanitas" a mi hermanita.*

       c.  *Me **sorprendió** que ella **dijera** / **dijese** eso.*

Sin embargo, a veces es posible usar el imperfecto de indicativo o de subjuntivo para referirse a un evento posterior a un momento en el pasado y, si el evento posterior aún no ha sucedido, su referencia temporal será el futuro. Si el modo es indicativo, se podría usar también el condicional sintético o el condicional analítico como un pospretérito:

(35)  a.  *Mi padre me dijo que **venía** / **vendría** / **iba a venir** a verme hoy, pero no ha llegado aún.*

       b.  *El profesor me pidió que **fuera** a su oficina mañana, pero yo tengo que trabajar.*

       c.  *Me **gusta** hacer esto.*

También se usa el imperfecto de indicativo o de subjuntivo con algunos verbos modales para reflejar un significado modal que indica cortesía o respeto, igual que el uso del condicional que vimos anteriormente. En las siguientes oraciones, el nivel de cortesía cambia según el tiempo verbal que se usa:

(36)  a.  ***Quiero** hablar con usted.*

       b.  *¿**Puedes** ayudarme?*

       c.  *Me **gusta** hacer esto.*

(37)  a.  ***Quería** / **Querría** / **Quisiera** hablar con usted.*

       b.  *¿**Podrías** / **Pudieras** ayudarme?*

       c.  *Me **gustaría** hacer esto.*

En todos estos casos, la referencia temporal es el presente/futuro, pero el uso del tiempo presente en los ejemplos en (36) es más informal y menos cortés, mientras que el uso del imperfecto de indicativo, el imperfecto de subjuntivo y el condicional en (37) es más formal y cortés.

### 8.3.1 El tiempo pasado y el modo

Para hablar de la relación entre tiempo y modo en el pasado, hay que tener en cuenta la realidad del evento y la referencia temporal. Aunque se mantienen en el pasado los mismos usos del subjuntivo que analizamos en la sección anterior, la perspectiva temporal puede afectar la realidad del evento en la cláusula subordinada. Esto ocurre en particular en las cláusulas adverbiales de tiempo. Vimos en la sección anterior que sólo se usa el subjuntivo después de las conjunciones temporales si se refiere a un evento no acabado del futuro. De la misma manera, sólo se usa el imperfecto de subjuntivo después de conjunciones temporales en las que no se sabe si ocurrió o no el evento en el pasado:

(38)  a.  *Comí cuando **llegaron** mis amigos.*

   b.  *Iba a comer cuando **llegaran** mis amigos.*

Se usa el indicativo *llegaron* en la oración a para indicar que el evento ocurrió, mientras que el uso del subjuntivo *llegaran,* junto con el imperfecto de la perífrasis *iba a comer* en la oración b, deja la duda de saber si el evento ocurrió o no en el pasado.

Cuando en una oración hay más de una cláusula, se habla a veces de SECUENCIA DE TIEMPOS o de la relación entre el tiempo del verbo de la cláusula principal y el tiempo del verbo de la cláusula subordinada. En teoría, se debería mantener la misma referencia temporal en las dos cláusulas. El cuadro de la Figura 8.3 incluye un resumen de los tiempos verbales que corresponden a la referencia temporal en el presente / futuro y los que corresponden a la referencia temporal en el pasado.

Aunque la secuencia de tiempos no es tan rígida como se ha presentado en la Figura 8.3, la relación temporal entre la cláusula principal y la cláusula subordinada es muy importante y limita hasta cierto punto las combinaciones de tiempos. Una limitación de la secuencia de tiempos es que no considera el significado del verbo principal para determinar con qué tiempos verbales puede combinarse. Por ejemplo, muchos de los verbos de influencia o deseo mantienen una secuencia de tiempos estricta porque no se puede cambiar o influir en los eventos del pasado desde el presente.

| Referencia temporal | Tiempo verbal en la cláusula principal | Tiempo verbal en la cláusula subordinada |
|---|---|---|
| **Presente, Futuro** | presente, pretérito perfecto compuesto, futuro, imperativo | presente de indicativo, presente de subjuntivo, pretérito perfecto compuesto |
| **Pasado** | presente, pretérito perfecto simple, pretérito imperfecto, pretérito pluscuamperfecto, condicional | pretérito perfecto simple, imperfecto de indicativo, imperfecto de subjuntivo |

Figura 8.3   Secuencia de tiempos en oraciones complejas.

(39)  a. ***Quiero*** *que mi amiga **vaya** a la fiesta.*

　　　b. ***Quería*** *que mi amiga **fuera** a la fiesta.*

En la oración a, la referencia temporal del verbo principal es el presente / futuro, así que la referencia temporal del verbo de la cláusula subordinada también representa el presente / futuro. En la segunda oración b, donde la referencia temporal del verbo principal indica pasado, el verbo de la cláusula subordinada también se refiere al pasado.

Aunque es cierto que el español no permite la expresión de deseo en el presente sobre un evento del pasado, puede haber casos donde el deseo ocurre en el pasado sobre un evento en el futuro. En los siguientes ejemplos, la oración a sigue la secuencia de tiempos, pero la oración b no la sigue:

(40)  a. *Me **pidió** que **fuera** con él a la fiesta mañana.*

　　　b. ***Me **pidió** que **vaya** con él a la fiesta mañana.*

Aunque la secuencia de tiempos indica que los dos tiempos verbales deben ocurrir en el pasado, como en el primer ejemplo, la realidad indica que un evento ocurrió en el pasado y que el otro no ha sucedido todavía y, por eso, la segunda oración representa mejor la realidad aunque no sea el uso normativo.

Hay otros casos en los que tampoco se sigue estrictamente la secuencia de tiempos. Si se reacciona con duda, seguridad, emoción u opinión a un evento, la secuencia de tiempos indica que la reacción a un evento en el presente / futuro debe ser también en el presente y que la reacción a un evento en el pasado también debe ser en el pasado:

(41)  a. ***Creo*** *que mis amigos **van** a la fiesta.*

　　　b. ***Dudaba*** *que ellos **encontraran** el tesoro.*

Por un lado, es cierto que no se puede reaccionar en el pasado con duda, seguridad, emoción u opinión a un evento en el presente / futuro porque todavía no ha pasado:

(42)  a. *\*****Creía*** *que mis amigos **van** a la fiesta.*

　　　b. *\*****Dudaba*** *que ellos **encuentren** el tesoro.*

Sin embargo, sí se puede reaccionar en el presente a un evento del pasado, aunque no siga la secuencia de tiempos:

(43)  a. *\*\*****Creo*** *que mis amigos **fueron** a la fiesta anoche.*

　　　b. *\*\*****Dudo*** *que ellos **encontraran** el tesoro.*

Ahora bien, si el evento en el pasado todavía tiene alguna relación con el presente, sería más correcto usar el pretérito perfecto compuesto y este uso sí sigue la secuencia de tiempos porque la referencia temporal de los dos tiempos verbales es el presente:

(44)  a.  ***Creo*** *que mis amigos **han ido** a la fiesta.*

b.  ***Dudo*** *que ellos **hayan encontrado** el tesoro.*

Se puede decir, entonces, que la secuencia de tiempos representa el uso normativo de los tiempos verbales dentro de las oraciones complejas, pero que en el uso cotidiano de la lengua existe más flexibilidad y que el significado del verbo principal y la lógica de la situación también son factores que influyen en la selección del tiempo verbal en la cláusula subordinada. Por eso, estas reglas son más prescriptivas que descriptivas y no tan útiles para describir todos los usos que se presentan en el discurso; sin embargo, ayudan a describir ciertas combinaciones de tiempos que no hemos mencionado todavía. Por ejemplo, la categorización del condicional como un tiempo verbal con una referencia temporal en el pasado explica por qué se encuentra el condicional con otros tiempos del pasado y no con tiempos del presente:

(45)  a.  *Me **dijo** que lo **haría**.*

b.  *Me **gustaría** que ustedes **vinieran** a nuestra casa.*

c.  *Si **supiera** la respuesta, te la **diría**.*

---

Preguntas 13 a 14

---

### 8.3.2 El tiempo pasado, el modo indicativo y el aspecto

Dentro del pasado del modo indicativo, también es posible indicar el aspecto de la acción. Es interesante notar que en la lengua nunca se distingue entre tiempo, modo y aspecto a la vez porque sería demasiado complejo para el hablante hacer estas tres distinciones. Quizás por eso, no existe la distinción de aspecto en el pasado del modo subjuntivo. A diferencia del modo, no hay ninguna estructura sintáctica que indique el aspecto de la acción y, con frecuencia, es posible usar tanto el pretérito perfecto simple (*habló*) como el pretérito imperfecto (*hablaba*) en la misma oración, según la manera en que uno quiera presentar el evento. Por eso, el aspecto verbal es uno de los conceptos más difíciles de aprender en el español como segunda lengua, y al hablante nativo también le cuesta explicar por qué se usa un aspecto y no el otro.

La diferencia básica entre los dos aspectos es que el pretérito perfecto simple describe un evento del pasado que sucedió dentro de un tiempo límite, mientras que el pretérito imperfecto describe un evento que tuvo duración en el pasado sin enfatizar la terminación de la acción o estado. En particular, el pretérito puede indicar el inicio o el fin de un evento con el ASPECTO INICIATIVO o el ASPECTO TERMINATIVO de una acción o estado, mientras que el imperfecto puede indicar el intermedio de una acción o estado con el ASPECTO DURATIVO:

(46)  a.  *Mi hija leyó a los cuatro años.*     (aspecto iniciativo)

  b.  *Mi hija leyó el libro completo.*     (aspecto terminativo)

  c.  *Mi hija ya leía cuando entró a la escuela.*     (aspecto durativo)

Dentro de la narración, la distinción entre el pretérito perfecto simple y el pretérito imperfecto es muy necesaria, porque el pretérito hace avanzar la historia con acciones perfectas o completas, mientras que el imperfecto añade el transfondo y la descripción a la historia. Por ejemplo, el imperfecto puede describir los estados o las acciones que perduran:

(47)  *Yo preparaba la cena mientras mis hijos jugaban en el jardín.*

Se puede usar el imperfecto para indicar un estado o una acción durativa que sirve como transfondo de un evento que interrumpe u ocurre dentro de este tiempo durativo:

(48)  a.  *Yo era muy joven cuando nos mudamos a los EE.UU.*

  b.  *Yo hacía la tarea cuando me llamaron mis padres.*

Ya que el pretérito no indica la duración de un evento, es más común utilizarlo en verbos de acción no durativos, en los que el evento acaba después de un tiempo límite:

(49)  a.  *Se le rompió el brazo.*

  b.  *Me pidió un favor.*

  c.  *Vi la película.*

Sin embargo, aun con acciones no durativas, es posible indicar la duración:

(50)  a.  *Se murió de cáncer.*

  b.  *Cuando yo lo vi, se moría de cáncer.*

Aun si la acción ocurre varias veces o por mucho tiempo en el pasado, se usará el pretérito para indicar un límite en la duración:

(51)  a.  *Viví en España por cinco años.*

  b.  *Vi esta película diez veces.*

Por otro lado, se usa el imperfecto para indicar acciones habituales en el pasado, cuando no se pone límite en la duración:

(52)  a.  *Cuando vivía en Chicago, iba al teatro cada fin de semana.*

  b.  *Cuando era joven, madrugaba todos los días.*

El imperfecto también se usa para indicar la intención o la necesidad de hacer algo, pero no indica si se hizo o no en el pasado, quizás porque el evento todavía está en el futuro:

(53) a. ***Tenía*** *mucho que hacer anoche.*

   b. *Me invitó a la fiesta pero le dije que* ***tenía*** *que trabajar.*

   c. *Mis padres me dijeron que* ***iban*** *de vacaciones en mayo.*

Por otro lado, el pretérito indica no sólo la intención sino también que la acción se hizo. Por eso, el significado de muchos verbos de estado cambia en el pretérito, ya que el estado se convierte en acción. Comparemos, por ejemplo, los dos eventos en las siguientes oraciones:

(54) a. *Me dijo Ángel que* ***iba*** *a clase.* (was going)

   b. *Me dijo Ángel que* ***fue*** *a clase.* (went)

(55) a. ***Conocía*** *a tu padre cuando era muy chiquito.* (knew)

   b. ***Conocí*** *a tu padre cuando tenía diez años.* (met)

(56) a. *No* ***quería*** *hablar conmigo, pero le pedí que viniera a verme.* (did not want)

   b. *Le pedí que viniera a verme, pero no* ***quiso*** *hablar conmigo.* (refused)

(57) a. *No* ***sabía*** *que su padre había muerto.* (did not know)

   b. ***Supe*** *ayer que su padre había muerto.* (found out)

(58) a. *Antes de tomar esta clase, no* ***podía*** *contestar estas preguntas.* (was not capable)

   b. *No* ***pude*** *contestar varias preguntas en el examen del ayer.* (could not/did not)

(59) a. *Cuando me llamó anoche,* ***tuve*** *la impresión de que quería decirme algo.* (got)

   b. ***Tenía*** *la impresión de que todos los estudiantes en esta clase trabajaban.* (had)

Finalmente, debemos notar que tanto el pretérito imperfecto de indicativo como el pretérito imperfecto de subjuntivo tienen otros usos no temporales. Así como sucede con el condicional, se puede usar el imperfecto para indicar más formalidad. Podríamos decir que el impérfecto de subjuntivo y el condicional manifiestan más formalidad y cortesía que el imperfecto de indicativo, pero a su vez, estos tres son más formales que el uso del presente de indicativo:

(60) a. ***Quiero*** *hablar con usted.*     (informal, no muy cortés)

   b. ***Quería*** *hablar con usted.*     (cortés)

    c. **Quisiera** *hablar con usted.*    (formal, muy cortés)

    d. **Querría** *hablar con usted.*    (formal, muy cortés)

En la próxima sección también veremos que en el habla informal a veces se usa el imperfecto de indicativo en las dos partes de las oraciones hipotéticas.

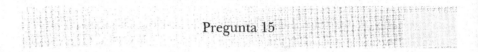

Pregunta 15

## 8.4 El uso del tiempo y del modo en las oraciones condicionales

En las ORACIONES CONDICIONALES u ORACIONES HIPOTÉTICAS, el uso de los tiempos verbales no corresponde a la referencia temporal del evento. Mientras vimos anteriormente que para indicar la probabilidad en el presente y en el pasado se usan el futuro y el condicional, para describir eventos que contradicen totalmente la realidad presente o que son menos probables en el presente se usan el imperfecto de subjuntivo y el condicional. Así como se usan tiempos del pasado para indicar la irrealidad o improbabilidad en el presente, es necesario usar los tiempos perfectos para indicar la irrealidad en el pasado.

Las oraciones hipotéticas consisten en una PRÓTASIS, que es la cláusula subordinada que empieza con *si* e indica la condición, y una APÓDOSIS, que es la cláusula principal que indica el resultado verdadero o imaginario. El orden de estas dos cláusulas varía:

(61)  a. *Si **supiera** la respuesta, te la **diría**.*

     b. *Te **diría** la respuesta si la **supiera**.*

El uso del tiempo y del modo en esta estructura determina cuatro niveles de realidad que vamos a examinar a continuación.

Los primeros dos niveles de realidad son eventos que han ocurrido en el pasado o que pueden ocurrir en el presente/futuro. El primer nivel se aplica a eventos reales que ocurrieron en el pasado, típicamente como eventos habituales:

### Nivel 1: Eventos reales en el pasado

(62) *Si **tenía** tiempo, **venía** a verme cada verano.*

El segundo nivel se aplica a eventos posibles en el presente/futuro y generalmente se usa el presente de indicativo en la prótasis mientras que en la apódosis se usa cualquier tiempo verbal que tenga una referencia temporal en el presente o en el futuro:

**Nivel 2: Eventos reales en el presente**

(63)  a.  *Si así **está** la situación, no **debes participar.***

b.  *Si así **está** la situación, no **participes.***

c.  *Si **dejas** allí la comida, el gato se la **comerá.***

Los últimos dos niveles no forman parte de la realidad, ya sea porque parecen menos probables que el primer y segundo nivel o porque son completamente irreales y contradicen la realidad de la situación. En el tercer nivel se usa generalmente el imperfecto de subjuntivo en la prótasis y el condicional en la apódosis e indica la improbabilidad o la imposibilidad en el presente/futuro:

**Nivel 3: Eventos irreales en el presente o futuro**

(64)  a.  *Si **supieras** lo que José ha hecho, nunca **volverías** a hablar con él.*

b.  *Si **pudiera hablar** mejor el francés, **pasaría** un semestre estudiando en París.*

c.  *Si yo **estuviera** en tu situación, no lo **haría.***

En todos los casos del tercer nivel de realidad, el uso de los tiempos verbales del pasado implica la irrealidad o la improbabilidad de la situación en el presente. Por eso, es necesario usar el pretérito pluscuamperfecto y el condicional perfecto en el cuarto nivel para indicar la irrealidad en el pasado:

**Nivel 4: Eventos irreales en el pasado**

(65)  *Si me **hubieras llamado** antes, **habría ido** al entierro de tu padre.*

También es posible indicar una situación imposible en el pasado con consecuencias en el presente. En este caso, se usa el pretérito pluscuamperfecto en la prótasis y el condicional simple en la apódosis:

(66)  **Evento irreal en el pasado, resultado irreal en el presente**

*Si yo **hubiera nacido** en México, **hablaría** español perfectamente.*

Aunque se usan mucho las condicionales irreales del tercer y del cuarto nivel, hay cierta inestabilidad en el uso del condicional y del condicional perfecto en la apódosis. Se encuentra, por ejemplo, el uso del pluscuamperfecto de subjuntivo en vez del condicional perfecto, como se puede ver al comparar el uso normativo y la variante en los siguientes ejemplos:

(67)  a.  ***Habría sido** mejor si no **hubieras ido** a su casa.*

b.  ****Hubiera sido** mejor si no **hubieras ido** a su casa.*

En el español antiguo, también se usaba mucho el imperfecto de subjuntivo en vez del condicional simple. Otra vez, compararemos el uso normativo con esta variante de la lengua antigua:

(68)  a.  *Si **supiera** esto, no lo **haría**.*

  b.  *\*\*Si **supiera** esto, no lo **hiciera**.*

También se encuentra a veces en la lengua moderna el uso del imperfecto de indicativo en vez del condicional, pero tampoco es muy aceptable este uso:

(69)  a.  *Si **tuviera** el tiempo, lo **haría**.*

  b.  *\*\*Si **tuviera** el tiempo, lo **hacía**.*

Entonces, podemos concluir que las oraciones hipotéticas nos indican claramente que el tiempo verbal no corresponde siempre a la referencia temporal y que se pueden combinar el tiempo y el modo para indicar varios niveles de realidad.

Pregunta 16

## 8.5 Perspectiva sincrónica y diacrónica: La creación de nuevas formas analíticas y sintéticas en el futuro y en el condicional

En este capítulo vimos que el uso de los tiempos verbales es muy fluido y que existe mucha variación en la lengua moderna. Para demostrar cómo puede cambiar drásticamente el uso de las formas verbales, vamos a examinar la creación de dos nuevas formas verbales que no existían en el latín clásico. En el caso del futuro, la nueva creación sustituyó a otra forma verbal que existía en la lengua, mientras que el caso del condicional representa la creación de un tiempo verbal que no existía en la lengua.

En latín, existía una FORMA SINTÉTICA para el futuro de indicativo, que consistía en una sola palabra con morfemas para indicar tiempo y persona:

**Futuro sintético**

*amabo*

*amabis*

*amabit*

*amabimus*

*amabitis*

*amabunt*

Figura 8.4  Futuro sintético en el latín clásico.

| Infinitivo + *habere* |
|---|
| *amare habeo* |
| *amare habes* |
| *amare habet* |
| *amare habemus* |
| *amare habetis* |
| *amare habent* |

Figura 8.5   Futuro analítico en el latín vulgar.

En el latín vulgar, empezó a usarse una FORMA ANALÍTICA de varias palabras que comenzó a competir con la forma sintética. Como vimos en 7.4.1, esta estructura consistía en el infinitivo del verbo principal más el verbo auxiliar *habere*, que indicaba obligación, de la misma manera que *tener que* + infinitivo indica la obligación en el español moderno.

Ya que el sentido de obligación también implica futuro, el uso frecuente de esta estructura analítica resultó en la pérdida del sentido de obligación y el mantenimiento del sentido temporal del futuro. Además, la estructura analítica se redujo fonética y morfológicamente, hasta que llegó a ser una nueva forma sintética.

Las nuevas formas sintéticas reemplazaron a las formas sintéticas antiguas. Lo interesante de este proceso de GRAMATICALIZACIÓN es que parece ser un ciclo que continúa hasta el presente, como podemos ver en el cuadro de la Figura 8.6. En el español moderno, la estructura analítica *ir + a +* infinitivo compite con la forma sintética (*amaré*) y también hay indicios de que la está reemplazando. Aunque la forma sintética no ha desaparecido del español moderno, su uso es muy limitado y se usa mucho más la estructura analítica *va a amar* (véase 8.1).

| Forma analítica en el latín | Forma analítica en el español antiguo | Forma sintética en el español moderno | Forma analítica en el español moderno |
|---|---|---|---|
| *amare habeo* | *amar he* | *amaré* | *voy a amar* |
| *amare habes* | *amar has* | *amarás* | *vas a amar* |
| *amare habet* | *amar ha* | *amará* | *va a amar* |
| *amare habemus* | *amar hemos* | *amaremos* | *vamos a amar* |
| *amare habetis* | *amar heis* | *amaréis* | *vais a amar* |
| *amare habent* | *amar han* | *amarán* | *van a amar* |

Figura 8.6   Evolución de formas analíticas y sintéticas del futuro.

| Forma analítica en el latín | Forma analítica en el español antiguo | Forma sintética en el español moderno | Forma analítica en el español moderno |
|---|---|---|---|
| amare habebam | amar habia | amaría | iba a amar |
| amare habebas | amar habias | amarías | ibas a amar |
| amare habebat | amar habia | amaría | iba a amar |
| amare habebamus | amar habiamos | amaríamos | íbamos a amar |
| amare habebatis | amar habiais | amaríais | íbais a amar |
| amare habebant | amar habian | amarían | iban a amar |

Figura 8.7   Evolución de las formas analíticas y sintéticas del condicional.

A diferencia del futuro, el condicional no existía en el latín. La forma sintética que existe en el español moderno es una innovación que apareció en el latín vulgar, siguiendo la misma estructura analítica que se siguió para crear el futuro analítico, excepto que evolucionó a partir del imperfecto del verbo auxiliar *habere* en vez del presente. Aunque se sigue usando el condicional para indicar el tiempo y el modo (véase 8.1), para muchos de los usos es posible sustituirlo por la estructura analítica *ir + a +* infinitivo, usando el imperfecto de *ir* en vez del presente. Entonces, aunque la aparición del condicional en el latín fue una innovación creada a base del futuro analítico con *habere*, parece que está pasando por el mismo proceso de gramaticalización que el futuro, como podemos ver en el cuadro de la Figura 8.7.

En estos dos ejemplos podemos ver cómo la lengua sigue inventando nuevas formas analíticas y nuevos usos y cómo estas formas se reducen y compiten en un ciclo continuo que se llama la gramaticalización. En el Capítulo 9, estudiaremos otros casos de estructuras analíticas que existen en el español moderno.

Pregunta 17

## Preguntas

1. ¿Qué distinciones podemos hacer en el verbo?

2. ¿Cómo se relacionan los usos del futuro y del condicional?

3. Dé ejemplos de oraciones en las que exista una diferencia entre tiempo verbal y referencia temporal.

4. Describa los usos temporales y modales del futuro sintético e incluya la referencia temporal de cada uno.

5. Describa los usos temporales y modales del condicional sintético e incluya la referencia temporal de cada uno.

6. ¿Cuándo se usa el futuro de subjuntivo en la lengua moderna?

7. Describa los usos temporales del presente e incluya la referencia temporal de cada uno.

8. Describa los usos del subjuntivo dentro de las cláusulas subordinadas nominales y dé ejemplos de cada uso, comparándolos con el indicativo.

9. Describa los usos del subjuntivo dentro de las cláusulas subordinadas adjetivales y dé ejemplos de cada uso, comparándolos con el indicativo.

10. Describa los usos del subjuntivo dentro de las cláusulas subordinadas adverbiales y dé ejemplos de cada uso, comparándolos con el indicativo.

11. Busque ejemplos del subjuntivo en el periódico o en Internet. Explique el tipo de cláusula subordinada, el uso del subjuntivo y el tiempo verbal, según la secuencia de tiempos.

12. ¿Qué relación hay entre el subjuntivo y el imperativo y por qué existe esta relación?

13. Describa las formas verbales que existen en el tiempo pasado y sus usos. Incluya la referencia temporal de cada uso.

14. Describa lo que es la secuencia de tiempos y dé ejemplos de los límites que existen en la combinación de una cláusula independiente con una cláusula subordinada.

15. Lea la siguiente narración. Explique por qué se ha usado el pretérito perfecto simple o el preterito imperfecto en cada caso:

*Yo tenía 35 años cuando estalló el transbordador espacial Challenger y recuerdo exactamente lo que hacía cuando oí las noticias. Aquella mañana estaba trabajando pero decidí prender la televisión porque quería ver el despegue del transbordador. Yo no solía ver estos despegues porque ya eran rutinarios, pero este vuelo era especial porque uno de los tripulantes, Christa McAuliffe, era una maestra de secundaria y yo sabía que mis hijos iban a verlo en la escuela. Entraron varias personas en mi oficina para verlo también y cuando anunciaron lo que había sucedido, nadie pudo creerlo. Decidí volver a casa porque sabía que mis hijos habían visto el estallido y quería estar con ellos. Fue un día muy triste y lo recordé vívidamente cuando estalló el transbordador Columbia este año.*

16. Describa y dé ejemplos de los cuatro niveles de realidad en las frases condicionales. ¿Qué variación ha existido y sigue existiendo en las condicionales?

17. Explique el proceso de gramaticalización del futuro y del condicional en el español.

# 9

# Las perífrasis verbales y los verbos auxiliares

## 9.0 Introducción

En los capítulos anteriores, examinamos la morfología y el uso de las formas verbales simples. Estas formas simples se consideran formas sintéticas porque toda la morfología que indica tiempo (pasado, presente, futuro), aspecto (pretérito, imperfecto), modo (indicativo, subjuntivo), persona (primera, segunda, tercera) y número (singular o plural) se encuentra dentro de la palabra. En este capítulo, vamos a estudiar los tiempos y las estructuras principales que usan perífrasis verbales o formas analíticas que consisten generalmente en un verbo auxiliar y un verbo principal en su forma no personal (infinitivo, participio, gerundio). Además de su uso como verbo auxiliar, vamos a analizar las otras funciones que tienen estos verbos, que pueden ser copulativos como *ser* y *estar*, verbos de posesión y obligación como *haber* y *tener*, o verbos de movimiento como *ir, andar, seguir* y *venir*.

En el estudio de las perífrasis verbales hay varias preguntas que debemos considerar porque las respuestas demuestran la importancia de estas formas analíticas dentro de la evolución de la lengua. Algunas de las preguntas son: ¿Qué aportan a la lengua que no aportan las formas simples? ¿Puede funcionar la lengua sin ellas? ¿Contribuyen con algún uso esencial? ¿Cuál es el origen de estas formas? ¿Es posible usar el verbo auxiliar con todos los verbos? ¿Existe la posibilidad de que estas formas reemplacen a otras formas sintéticas ya existentes en la lengua?

Para responder a estas preguntas, debemos tener en cuenta que las formas sintéticas, las que incluyen toda la morfología en una sola palabra, tienen su origen en las formas analíticas, o sea, en estructuras de más de una palabra. Como ya vimos en el caso del futuro y del condicional (véase 8.5), las formas analíticas tienen el potencial de convertirse en formas sintéticas por un proceso que se llama gramaticalización. En este proceso, los hablantes crean nuevas formas analíticas, combinando las formas léxicas ya existentes en la lengua. Al principio, estas estructuras tienen un uso muy limitado porque mantienen el significado léxico de cada elemento. Con el tiempo, los elementos individuales empiezan a perder su sentido léxico para funcionar como morfemas gramaticales. En el caso de las perífrasis verbales, veremos algunos casos en que el significado léxico del verbo auxiliar no permite su uso con ciertos verbos, pero estas restricciones pueden desaparecer si el verbo auxiliar pierde su sentido léxico.

## 9.1  Los tiempos progresivos

Los tiempos progresivos se forman con el verbo auxiliar *estar* más el participio presente. Igual que los morfemas de los tiempos simples, el verbo auxiliar indica no sólo la persona y el número del sujeto, sino también el tiempo, el aspecto y el modo de la acción verbal. Su función principal es la de indicar la continuación de una acción. De esta manera, duplica una de las funciones del imperfecto, la de indicar el medio de la acción en el pasado. Por eso se puede usar la forma simple o la forma progresiva del imperfecto para describir la continuación de una acción en el pasado:

(1)  a.  *Cuando llegaron los invitados, yo* **preparaba** *la cena.*

b.  *Cuando llegaron los invitados, yo* **estaba preparando** *la cena.*

Los tiempos progresivos extienden el concepto de duración a otros tiempos verbales, en los que no existe un contraste aspectual. En cualquier tiempo verbal, se puede usar la forma progresiva para enfatizar la duración de una acción, aun en el pretérito progresivo, que implica una acción durativa acabada en el pasado:

(2)  **Estuve bailando** *por tres horas en la fiesta.*

Los usos del futuro progresivo se basan en los usos del futuro simple (véase 8.1). Puede indicar el medio de la acción en el futuro que puede ser interrumpida por otra acción, de la misma manera que el imperfecto indica el medio de la acción en el pasado:

(3)  *Cuando lleguen los invitados, yo* **estaré preparando** *la cena.*

El futuro progresivo también puede combinar este sentido de continuidad con la implicación de probabilidad en el momento presente, igual que ocurre en el futuro simple:

(4)  *Mi padre no contesta el teléfono.* **Estará durmiendo.**

De la misma manera que el condicional simple puede indicar el futuro desde la perspectiva del pasado (véase 8.1), el condicional progresivo puede indicar la duración en el futuro del pasado:

(5)   *Yo creía que **estarían durmiendo** cuando llegáramos.*

Así como el condicional simple se usa para indicar la probabilidad en el pasado, se puede usar el condicional progresivo para expresar la probabilidad y la duración en el pasado:

(6)   *Mi padre no contestó el teléfono anoche. **Estaría durmiendo.***

Podemos decir, entonces, que la perífrasis progresiva extiende la diferencia de aspecto, entre una acción perfecta e imperfecta, a otros tiempos además del pasado. Sin embargo, en el tiempo presente el uso de la forma progresiva no se diferencia necesariamente de la forma simple. El presente simple se usa mucho para indicar el medio de la acción y no hay siempre una diferencia entre, por ejemplo, la pregunta *¿Qué haces?* y *¿Qué estás haciendo?* A pesar de esto, los angloparlantes tienen la tendencia a usar mucho más el presente progresivo porque en inglés no se usa la forma simple para indicar el medio de una acción en el presente.

Otra tendencia en inglés, que resulta en un error en español, es el uso del presente progresivo para indicar el futuro. En español se usa mucho el presente simple para referirse al futuro, pero nunca se usa una forma progresiva. Si comparamos la expresión del futuro en inglés y español, notaremos el uso frecuente del progresivo para expresar el futuro en inglés, mientras que en español se usa el presente simple o el futuro:

(7)   a.   *We **are leaving** for Japan in two weeks.*

b.   ***Salimos/Saldremos** para Japón en dos semanas.*

También es muy frecuente en inglés usar la estructura analítica *to be + going to* + infinitivo para indicar el futuro, mientras que en español se usa otra forma analítica, *ir a* + infinitivo. Comparemos las siguientes frases en inglés y en español:

(8)   a.   *We **are going** to leave for Japan in two weeks.*

b.   ***Vamos** a salir para Japón en dos semanas.*

El contraste entre estas dos estructuras analíticas del tiempo futuro demuestra el uso más frecuente del presente progresivo en inglés, aun dentro de otra estructura analítica, y el uso más extenso del presente simple en español.

Dado que los tiempos progresivos enfatizan la continuación de una acción, es poco frecuente encontrar otros verbos de estado funcionando como verbo principal en esta forma perifrástica. Por ejemplo, aunque en inglés podemos combinar el verbo auxiliar *to be* con el gerundio *being*, casi no se usa el verbo auxiliar *estar* con los gerundios de *ser* y *estar* en español:

(9)  a.  *You are being bad.*

  b.  ***Estás siendo malo.*

Tampoco se encuentra mucho el verbo auxiliar *estar* con otros verbos de estado, como estos verbos que indican un estado mental o emocional:

(10)  a.  ***Estoy sabiendo.*

  b.  ***Estoy queriendo.*

  c.  ***Estoy pudiendo.*

  d.  ***No me está importando.*

*- de estado mental o emocional*
*- parar, sentar, acostar*

Sin embargo, si se usan estos verbos en la forma progresiva, el verbo de estado pasa a ser un verbo de acción:

(11)  a.  **Estoy teniendo** *muchos problemas con esta tarea.*

  b.  *Sé que* **estoy siendo** *egoísta, pero me disculpo.*

  c.  **Estoy conociendo** *Argentina através de su gente.*

  d.  *No me* **está gustando** *nada el matiz que están tomando las cosas.*

En la oración 11a, el verbo *tener* en el progresivo no implica el estado de ser dueño de los problemas, sino que enfatiza la acción de tratar de hacer la tarea. En la oración 11b, el verbo *ser* en el progresivo no describe la personalidad de la persona sino cómo se está comportando en ese momento. En la oración 11c, el verbo *conocer* en el progresivo indica la acción inicial de conocer algo por primera vez. En la oración 11d, la forma progresiva del verbo *gustar* no implica un estado sino una reacción emocional a un cambio de estado. El cambio de sentido de estos verbos es muy similar al cambio de significado que ocurre cuando se usan los verbos de estado en el pretérito en vez de en el imperfecto (véase 8.3). Por eso, está claro que los tiempos progresivos no indican el tiempo sino el aspecto de la acción.

Hay otros verbos de estado como *parar*, *sentar* y *acostar* que tampoco se usan en progresivo porque el estado indica la posición del cuerpo y no la acción. Por ejemplo, si el propósito es describir la postura de la persona, no se puede describir así:

(12)  a.  **Está parando.*

  b.  **Está sentando.*

  c.  **Está acostando.*

En cambio, se usa el participio para indicar estos estados:

(13) a. *Está parado.*

b. *Está sentado.*

c. *Está acostado.*

También se puede usar la forma reflexiva para cambiar el sentido e indicar la acción o el proceso:

(14) a. *Se está parando.*

b. *Se está sentando.*

c. *Se está acostando.*

Otro grupo de verbos que no se usan mucho en la forma progresiva son los VERBOS NO-DURATIVOS, aquellos que nombran acciones que se cumplen instantáneamente. En verbos como *romper, caer, chocar,* es difícil imaginar la duración de la acción que implica el progresivo, a menos que haya algún tipo de repetición de la acción. Por ejemplo, como la acción no tiene duración, es poco probable que alguien diga:

(15) *\*\*El niño **está rompiendo** la ventana.*

Sin embargo, se podría decir:

(16) *El niño **está rompiendo** todas las ventanas del edificio.*

En este caso el niño está en el proceso de romper; por eso, esta acción sí tiene duración. También se podría decir:

(17) *Se le **está rompiendo** la muñeca por llevarla arrastrando.*

En este caso el verbo *romper* tiene duración.

Bajo este grupo de verbos no-durativos hay que mencionar los verbos de movimiento como *ir, venir, volver, entrar* porque tampoco se usan mucho en el progresivo. La razón es, una vez más, que no hay necesidad de describir el proceso de estas acciones, aunque es posible en algunos casos:

(18) *Se **están yendo** los pájaros porque llegó el invierno.*

Aunque normalmente no se describe la acción de *irse* con duración, en este ejemplo se hace referencia al período de tiempo en el que se marchan los pájaros y no una acción instantánea. Lo que no se puede hacer en español es usar el progresivo para describir una acción que va a empezar en el futuro, aunque en inglés se usa el progresivo del verbo *go* con mucha frecuencia:

(19) *I am going to school tomorrow.*

Estos casos de verbos que no se usan generalmente en los tiempos progresivos demuestran que el significado léxico de *estar* todavía impide la extensión de los tiempos progresivos a todos los verbos de la lengua.

Además del verbo auxiliar *estar*, hay otros verbos auxiliares que se pueden usar con el gerundio para formar estructuras progresivas, especialmente los verbos de movimiento como *andar, ir, venir, salir, continuar* y *seguir*, pero estos verbos son limitados también por su significado léxico y no pueden combinarse con todos los verbos. A veces, estos auxiliares se combinan con verbos que no usan el verbo auxiliar *estar*. Por ejemplo, el gerundio de *ser* se combina con el verbo auxiliar *seguir* en vez de *estar* en estos ejemplos:

(20) a. **Sigo siendo** *partidario de la paz.*

   b. **Sigo siendo** *el rey.*

El significado léxico del verbo auxiliar no sólo limita los verbos con que se puede combinar, sino que también afecta el significado de la perífrasis. Por ejemplo, los verbos auxiliares *seguir* y *continuar* añaden un elemento de continuación a la forma progresiva, extendiendo la duración hacia el futuro:

No personal

(21) *Mi esposo* **sigue trabajando** *para esta compañía.*

También se usan los verbos de movimiento *ir, venir* y *andar* como auxiliares de las formas progresivas. Igual que los auxiliares anteriores, estos verbos están limitados por su significado léxico. El verbo *ir*, por su sentido de movimiento hacia algo, tiende a describir los procesos en que avanza o crece la acción o el estado. También implica, como en el caso de *seguir*, una duración que cubre el pasado, el presente y el futuro:

(22) *Los estudiantes* **van adquiriendo** *la lengua poco a poco.*

En esta oración, entendemos que no se habla sólo del presente porque el verbo auxiliar *ir* hace hincapié en el progreso de la acción desde el pasado hacia el futuro.

De la misma manera que el verbo auxiliar *ir* pone énfasis en el futuro, o adónde va uno, el verbo auxiliar *venir* puede enfatizar el pasado, o de dónde viene uno. Por ejemplo, en la siguiente oración se enfatiza la duración de la acción desde el pasado hasta el presente y el verbo auxiliar *viene* implica una relación entre el pasado y el presente (véase 9.3).

(23) **Viene advirtiéndome** *desde hace meses que había un problema.*

El verbo auxiliar *venir* también puede mantener su sentido original de moverse desde un lugar hacia uno:

(24) *De la sierra morena...* **viene bajando** *un par de ojitos negros...*

El otro verbo de movimiento que funciona como verbo auxiliar es *andar*. Su significado léxico, que implica movimiento sin dirección, también afecta su uso con el gerundio. Enfatiza el presente, igual que el verbo auxiliar *estar:*

(25)  **Ando buscando** *a mi hijo.*

Además, implica movimiento en la acción y, por eso, no se usa con acciones que no indican movimiento:

(26)  *\*Ando durmiendo.*

A pesar de las diferencias de significado entre los verbos auxiliares, el gerundio del verbo principal funciona siempre como un adverbio, modificando al verbo auxiliar. Sin embargo, hay casos en los que se usa el gerundio sin verbo auxiliar, como en esta frase:

(27)  *Al pasear por el parque, vi a los niños* **jugando.**

A primera vista, parece que el gerundio modifica al sustantivo *los niños*, pero los gerundios son adverbios y no pueden modificar al sustantivo. Lo que tenemos aquí es un caso de verbo auxiliar tácito, o sea, que no se expresa pero que está sobreentendido:

(28)  *Yo paseaba por el parque y vi a los niños que* **estaban jugando.**

Para concluir, debemos preguntarnos si los tiempos progresivos son necesarios en la comunicación, como lo son los tiempos simples descritos en el capítulo anterior. Entre los tiempos que indican pasado, no hay mucha diferencia entre el imperfecto simple (*buscaba*) y el imperfecto progresivo (*estaba buscando*) porque el imperfecto simple ya indica duración. Además, así como se usa el pretérito progresivo (*estuvo buscando*) en el pasado y el presente progresivo (*está buscando*) en el presente, también se pueden usar las formas simples (*buscó* y *busca*) si no se quiere enfatizar tanto la duración. Los únicos conceptos que no se pueden expresar con los tiempos simples son el futuro progresivo (*estará buscando*) y el condicional progresivo (*estaría buscando*). El uso de estas perífrasis para expresar probabilidad y duración en el presente y en el pasado es único porque las formas simples tendrían otro significado. Comparemos por ejemplo los siguientes verbos simples y progresivos:

(29)  a.  *Duerme.*

       b.  *Está durmiendo.*

       c.  *Dormirá.*

       d.  *Estará durmiendo.*

Aunque hay cierta diferencia entre el uso del presente simple en 29a y del presente progresivo en 29b, si se añade un adverbio para modificar la acción, las dos formas pueden expresar la duración en el presente. En cambio, no son intercambiables el futuro simple en 29c y el futuro progresivo en 29d porque el futuro progresivo representa la duración en el futuro mientras que el futuro simple representa el inicio de la acción:

(30)  a.  *Cuando sus padres lleguen, el niño **estará durmiendo**.*

b.  *Cuando sus padres lleguen, el niño **dormirá**.*

Además, sólo el futuro progresivo puede representar la duración en el presente con el matiz de probabilidad:

(31)  *Tu padre no ha llegado todavía. **Estará trabajando**.*

Entonces, aunque los tiempos progresivos enfatizan más que las formas simples el aspecto continuo de una acción, no son esenciales ni en el pasado ni en el presente, porque las formas simples pueden cumplir la misma función. En cambio, se pueden usar las formas progresivas para expresar la duración en el futuro o en el futuro del pasado (el condicional) o para expresar la duración y la probabilidad en el presente o en el pasado, y este matiz no existe en las formas simples.

Preguntas 1 a 3

## 9.2 Los tiempos perfectos compuestos y la relación secuencial

A diferencia de los tiempos progresivos simples, los tiempos perfectos han evolucionado tanto que casi se los puede considerar formas verbales simples. Estudiaremos la evolución de las perífrasis verbales en 9.6, considerando aquí algunas de las características que diferencian los tiempos perfectos de otras perífrasis verbales. Una de las características de los tiempos compuestos es que es casi imposible separar el verbo auxiliar *haber* del participio. Sin embargo, esta separación es posible en los tiempos progresivos, como podemos ver en estos ejemplos en los que se ha interpuesto un sujeto o un adverbio:

(32)  a.  *\*Han **ellos** comido todo el postre.*

b.  *Están **ellos** comiendo todo el postre.*

(33)  a.  *\*Han **siempre** buscado gangas en el mercado.*

b.  *Están **siempre** buscando gangas en el mercado.*

Otra característica es que la posición de los pronombres átonos ya no varía en los tiempos perfectos y se colocan siempre antes del verbo, igual que en los tiempos simples. En cambio, las otras perífrasis verbales permiten la colocación de pronombres átonos antes del verbo auxiliar o después del gerundio o del infinitivo (véase 5.2.5). Comparemos la posición del pronombre átono en los siguientes ejemplos:

(34)  a. **Lo** *han comido.*

b. **Lo** *están comiendo.* o *Están comiéndo***lo.**

c. **Lo** *tienen que comer.* o *Tienen que comer***lo.**

Entonces, aunque está formado de dos palabras, la perífrasis verbal *haber* + participio se comporta como si fuera una sola palabra. Debemos notar también que el verbo auxiliar *haber,* a diferencia de otros verbos auxiliares, ya no tiene significado léxico independiente y funciona más como un morfema gramatical que indica tiempo, modo, aspecto y persona.

Los tiempos perfectos, más que cualquier otro tiempo verbal, se relacionan con el concepto de tiempo relativo. En estos tiempos, es necesario concentrarse en dos momentos de la línea temporal, uno anterior al otro. Si los dos eventos ocurren en el pasado, se usa el pluscuamperfecto para el primer evento:

(35)  *Yo ya* **había terminado** *la tarea cuando llegaron mis amigos.*

En este ejemplo, lo que ocurrió primero fue la acción de terminar la tarea, y luego se produjo la llegada de los amigos. Lo mismo ocurre con dos eventos relacionados en el futuro, como podemos ver en el uso del futuro perfecto:

(36)  *Yo ya* **habré terminado** *la tarea cuando lleguen mis amigos.*

No se sabe si van a llegar o no los amigos, y por eso se usa el modo subjuntivo en *llegar.* Sin embargo, el orden de los eventos está claro, y la terminación de la tarea tiene que ocurrir antes de la llegada de los amigos. En el presente, es más difícil ver la relación temporal entre dos eventos porque cubre más de un tiempo verbal. Es decir, cuando se usa el pluscuamperfecto, las dos acciones ocurren en el pasado, y cuando se usa el futuro perfecto, las dos acciones ocurren en el futuro. Por otro lado, cuando se usa el pretérito perfecto compuesto (*he terminado*), la acción perfecta ocurre o por lo menos empieza en el pasado, mientras que el otro punto de referencia es el presente. Por eso se usa el término *present perfect* en inglés, y en español también lo llaman *antepresente* porque estos términos describen mejor su relación temporal con el presente.

De todos los tiempos perfectos, el pretérito perfecto compuesto (*he terminado*) es el más usado, pero también es el más difícil de describir. Dado que esa forma indica los eventos del pasado y que su aspecto es perfecto y no imperfecto, vamos a comparar sus usos con los del pretérito simple (*terminé*). En esta descripción, debemos prestar atención al significado de los verbos con que se combina el verbo auxiliar *haber.*

Una diferencia importante existe entre las ACCIONES TERMINATIVAS y las NO TER-MINATIVAS. Los verbos terminativos son los que indican una acción terminada o una meta cumplida. Tanto en el pretérito perfecto compuesto como en el pretérito simple, estos verbos indican una acción cumplida en el pasado:

(37) a. ***Ha ido*** *al trabajo.*

   b. ***Fue*** *al trabajo.*

(38) a. ***He escrito*** *una carta a mi abuela.*

   b. ***Escribí*** *una carta a mi abuela.*

(39) a. ***Han comprado*** *mucha comida.*

   b. ***Compraron*** *mucha comida.*

(40) a. ***Se ha muerto*** *su esposa.*

   b. ***Se murió*** *su esposa.*

(41) a. ***¿Has leído*** *el periódico?*

   b. ***¿Leíste*** *el periódico?*

(42) a. ***Hemos visto*** *esta película.*

   b. ***Vimos*** *esta película.*

Entonces, ¿hay una diferencia entre estos dos tiempos verbales o significan lo mismo? Sin más contexto, es difícil identificar la diferencia, pero vamos a ver que se usa el pretérito perfecto compuesto cuando el propósito es conectar el evento del pasado con el presente.

Se puede usar el pretérito perfecto compuesto para indicar que los resultados del evento del pasado siguen en el presente. Por ejemplo, la oración 37a, ***Ha ido*** *al trabajo,* implica que la persona está ahora, en este momento, en su trabajo, mientras que el pretérito simple se usaría si no hay este enlace con el presente, como en ***Fue*** *al trabajo ayer* o ***Fue*** *al tra-bajo en coche al* trabajo. También se usa el pretérito perfecto compuesto si el evento es muy reciente y se sienten todavía las consecuencias en el presente. En los ejemplos 38 y 39 hay poca diferencia entre la oración a, ***He escrito*** *una carta a mi abuela,* y la oración *b,* ***Escribí una carta a mi abuela*** o entre la oración a, ***Han comprado*** *mucha comida,* y la oración *b,* ***Compraron mucha comida.*** La única manera de justificar el uso del pretérito perfecto compuesto en vez del pretérito simple es que se usa la forma compuesta para eventos recientes, aunque, en realidad, es imposible definir exactamente lo que es un evento reciente. A veces, cuando un evento afecta mucho a una persona, se puede usar la forma compuesta aun cuando haya pasado mucho tiempo. Como en la oración 40a, ***Se ha muerto su esposa,*** las consecuencias pueden persistir por mucho tiempo y, de esta manera, se usa el pretérito perfecto compuesto para denotar que la persona todavía está afectada por el evento sucedido en el pasado.

Otra posibilidad para el uso del pretérito perfecto compuesto en algunos verbos es que el evento haya sucedido en un período de tiempo que incluye el presente. En el caso de la oración 41a, *¿Has leído el periódico?*, se podría añadir un adverbio de tiempo como *hoy, esta mañana, ya,* etcétera, para indicar que el presente forma parte de ese período de tiempo y, por eso, se usa el pretérito perfecto compuesto. Sin embargo, aun cuando se usen adverbios de tiempo en ambas formas, existe variación en el uso del pretérito perfecto compuesto y el pretérito simple. En América, se usa mucho más la forma simple aun cuando el adverbio incluya el presente (oración a), mientras que en España se usa la forma compuesta (oración b):

(43)  a.  *¿Leíste el periódico hoy?*

b.  *¿Has leído el periódico hoy?*

Además, en España se usa la forma compuesta en expresiones en las que el adverbio claramente separa lo que ocurrió del presente (oración a), algo que nunca ocurre en América (oración b):

(44)  a.  *He hecho la tarea ayer.*

b.  *Hice la tarea ayer.*

Esta variación dialectal representa una expansión del uso de la forma compuesta en el español de España y una reducción de su uso en el español de América (véase 9.5).

El uso del pretérito perfecto compuesto para describir los eventos sucedidos dentro de un período de tiempo que incluye el presente no se limita a períodos de tiempo breves como *hoy, esta mañana,* etcétera, sino que puede extenderse a períodos más largos, como *esta semana, este año,* etcétera. A veces, el período de tiempo no se define, pero el contexto implica que el período incluye todo el pasado, hasta el presente. Veamos este ejemplo:

(45)  *Hemos visto esta película.*

En esta oración, la acción ha ocurrido en algún momento del pasado, pero el período en que ocurrió se extiende desde el presente hacia un pasado indefinido. Indica que el evento ha ocurrido en algún momento del pasado, pero no importa cuándo. Aun si ha ocurrido más de una vez, se usa el pretérito perfecto compuesto cuando el período incluye el presente, como en esta oración:

(46)  *Hemos visto esta película cinco veces.*

Además de incluir el pasado y el presente, este uso del pretérito perfecto compuesto también sugiere la posibilidad de que la acción suceda otra vez en el futuro. En cambio, cuando se usa el pretérito simple se puede incluir algún adverbio de tiempo como *ayer, la semana pasada, cuando estuvimos en*

*California, cinco veces,* etcétera, para indicar cuándo ocurrió el evento. Por eso, el pretérito simple desconecta el evento del presente y cierra la posibilidad de que ocurra la acción otra vez en el futuro:

(47) ***Vimos*** *esta película.*

Volviendo a la diferencia entre acciones terminativas y no terminativas, vamos a examinar ahora el uso de los verbos no terminativos en el pretérito perfecto compuesto. Los eventos no terminativos son las acciones y los estados que perduran y no tienen meta ni conclusión. En el pretérito perfecto compuesto, estos verbos indican una acción o un estado que empezó en el pasado y sigue hasta el presente, mientras que el pretérito simple separa estos eventos del presente. Vamos a comparar de nuevo los dos tiempos verbales en las siguientes oraciones:

(48) a. ***He vivido*** *aquí desde enero.*

b. ***Viví*** *aquí por cinco años.*

(49) a. ***Ha estado*** *enfermo por una semana.*

b. ***Estuvo*** *enfermo por una semana.*

(50) a. ***He conocido*** *a Ana por diez años.*

b. ***Conocí*** *a Ana hace diez años.*

(51) a. ***He trabajado*** *aquí por dos meses.*

b. ***Trabajé*** *aquí por dos meses.*

En el pretérito perfecto compuesto (ejemplos a), todos los eventos o estados empiezan en el pasado y continúan en el presente. El pretérito, por otro lado, separa el evento o el estado del presente (ejemplos b).

A diferencia del pretérito perfecto compuesto, el uso de las otras formas perfectas compuestas es mucho más simple. Como se mencionó antes, el PLUS-CUAMPERFECTO, que se forma con el imperfecto del verbo auxiliar *haber* más el participio, describe un evento que ocurrió en el pasado antes que otro evento en el pasado. Para entender mejor esta relación temporal, vamos a comparar dos eventos del pasado:

(52) a. *Yo terminé la tarea a las cinco de la tarde.*

b. *Mis amigos llegaron a mi casa a las cinco y media.*

Si estos dos eventos no tienen ninguna relación, se los puede dejar tal como están. Por otro lado, si se usa el pluscuamperfecto para el primer evento, implica que hay alguna relación entre los dos eventos:

(53) *Yo **había terminado** la tarea cuando **llegaron** mis amigos.*

El estudio del contexto nos ayuda a decidir cuál de las estructuras se debe usar. Por ejemplo, se puede usar el pluscuamperfecto para indicar que la tarea se terminó antes de que vinieran los amigos. Sin embargo, se puede usar también una cláusula subordinada adverbial y evitar el uso del pluscuamperfecto:

(54)   *Terminé la tarea antes de que llegaran mis amigos.*

A nivel semántico, se mantiene la relación temporal entre los dos eventos sin usar una forma compuesta. Éste es otro caso que sugiere que los tiempos perfectos compuestos no son esenciales en la lengua porque hay otra manera de expresar los conceptos semánticos indicados.

Además del pretérito perfecto compuesto y del pluscuamperfecto, hay otras formas perfectas compuestas, pero se usan mucho menos. El antepretérito o pretérito anterior (*hube terminado*) casi ha desaparecido de la lengua moderna. Igual que el pluscuamperfecto, indica la relación temporal entre dos eventos en el pasado, pero implica además que el primer evento ocurrió inmediatamente antes que el segundo. Por eso, se encuentra en cláusulas adverbiales que empiezan con expresiones como *apenas, en cuanto, luego que,* etcétera. Sin embargo, se usa generalmente el pretérito simple para dos eventos que ocurrieron consecutivamente en el pasado, porque el adverbio indica la relación instantánea entre los dos eventos (véase 8.3) y no existe ningún caso en el que el pretérito no pueda reemplazar al antepretérito:

(55)   *En cuanto* **hube terminado / terminé** *la carta me fui de la casa.*

El FUTURO PERFECTO (*habré terminado*) todavía existe en la lengua moderna, pero su uso no es muy frecuente porque no hace falta hablar de dos eventos en el futuro y relacionarlos temporalmente:

(56)   ***Habré terminado*** *la tarea cuando* **lleguen** *mis amigos.*

Además, se puede evitar fácilmente esta estructura utilizando una cláusula adverbial de tiempo:

(57)   *Terminaré la tarea antes de que lleguen mis amigos.*

A nivel semántico, no hay diferencia de significado entre las dos maneras de expresar esta relación temporal y el uso de las formas simples es mucho más común.

Finalmente, tenemos el CONDICIONAL PERFECTO (*habría terminado*). Al igual que el condicional simple (véase 8.1), el condicional perfecto describe un evento futuro con relación a un momento en el pasado. Por ejemplo, podemos cambiar el uso del futuro perfecto al del condicional perfecto si cambia el enfoque del presente al pasado:

(58)   a.  ***Habré terminado*** *la tarea cuando lleguen mis amigos.*

       b.  *Yo creía que* **habría terminado** *la tarea para cuando* **llegaran** *mis amigos.*

El uso de la forma compuesta *habría terminado* indica también que esta acción es anterior a la otra acción *llegaran*. La diferencia entre el futuro perfecto y el condicional perfecto es que el primero indica el futuro desde el punto de vista del presente, mientras que el segundo indica el futuro desde el punto de vista del pasado. Otro uso más común del condicional perfecto se presenta en la apódosis de las oraciones condicionales, donde se usa para expresar la irrealidad en el pasado (véase 8.3).

Igual que el verbo auxiliar *estar* de los tiempos progresivos, el verbo auxiliar *haber* de los tiempos perfectos también compite con otros verbos que se combinan con el participio para indicar una acción perfecta o completa. El verbo más común es *tener*, que tiene el mismo significado de posesión que tenía *haber* originalmente (véase 9.5). Sin embargo, el uso de *tener* con el participio es mucho más limitado y sigue manteniendo su significado léxico. La expresión *tengo entendido que* es muy común, pero este ejemplo no refleja la diferencia básica entre los verbos *haber* y *tener* en español. En la perífrasis *haber* + participio, el participio siempre aparece en su forma neutra, terminando en *-ado/-ido*. Por otro lado, en la perífrasis *tener* + participio, el participio concuerda con el sustantivo que modifica:

(59) a. *He preparado las tortillas.*

     b. *Tengo preparadas las tortillas.*

Esta diferencia es muy importante para entender cuánto ha evolucionado la perífrasis con *haber*. Otros verbos como *llevar* y *traer* también pueden actuar como auxiliares y combinarse con el participio, pero tienen tantas limitaciones como *tener* y se usan mucho menos.

En resumen, la característica principal de los tiempos perfectos con *haber* es la capacidad de expresar anterioridad. Aunque las perífrasis verbales son muy comunes en español, la diferencia entre éstas y las formas simples del verbo es muy sutil. Es siempre posible no expresar la anterioridad o hacerlo de otra manera. Por lo tanto, estas formas verbales no son esenciales y su uso actual no siempre ha existido en el español (véase 9.5).

Preguntas 4 a 5

## 9.3 Los tiempos perfectos progresivos

Los tiempos perfectos progresivos combinan el verbo auxiliar *haber* con el participio de *estar* y el gerundio del verbo principal como en *haber estado trabajando*. Estas perífrasis combinan la anterioridad de los tiempos perfectos con la duración de los tiempos progresivos. De esta manera, describen un evento que empieza antes de otro momento y continúa hasta ese momento.

El pretérito perfecto progresivo (*he estado trabajando*) indica que la acción empezó en el pasado y sigue hasta el presente. Volviendo a las acciones terminativas que vimos en 9.2, vemos que el pretérito perfecto progresivo convierte estas acciones terminativas en acciones durativas:

(60) a. *He escrito* una carta a mi abuela.

b. *He estado escribiendo* una carta a mi abuela.

(61) a. *¿Has leído* el periódico?

b. *¿Has estado leyendo* el periódico?

De esta manera, el pretérito perfecto progresivo *he estado viviendo* tiene el mismo significado que el pretérito perfecto compuesto *he vivido* de los verbos no terminativos (véase 9.2):

(62) a. *He vivido* aquí por cinco años.

b. *He estado viviendo* aquí por cinco años.

Como podemos notar en estas dos oraciones, hay poca diferencia entre el significado de las dos perífrasis, porque el pretérito perfecto *he vivido* ya indica la duración desde el pasado hasta el presente. Sin embargo, se puede decir que el pretérito perfecto progresivo *he estado viviendo* enfatiza aún más la duración de esta acción no terminativa.

El pluscuamperfecto progresivo *había estado trabajando* combina claramente la anterioridad y la duración de la acción. Indica no sólo que la acción empezó antes de otro evento en el pasado, sino que también continuaba cuando la otra acción ocurrió:

(63) *Había estado trabajando* cinco horas cuando cerraron la biblioteca.

En este ejemplo podemos ver cómo se combina la duración de la forma progresiva *estaba trabajando* con la anterioridad de la forma perfecta *había trabajado*.

Aunque en teoría existen perífrasis verbales en todos los tiempos, modos y aspectos que existen en las formas simples, algunos tienen muy poco uso y sentido en la lengua. Por ejemplo, no se usa mucho lo que sería el antepretérito progresivo *hube estado trabajando,* ni el futuro perfecto progresivo *habré estado trabajando,* ni el condicional perfecto progresivo *habría estado trabajando.*

Pregunta 6

## 9.4 Otras estructuras analíticas

Además de las perífrasis verbales que hemos estudiado hasta ahora, existen infinidad de combinaciones que sirven para expresar diversas acciones. Una de las perífrasis más comunes es la estructura *ir a* + infinitivo para indicar el futuro. Vimos en 8.5 que el futuro analítico (*va a hablar*) ha reemplazado en gran parte al futuro sintético (*hablará*), que empezó como una estructura analítica que combinaba el infinitivo con el verbo auxiliar *haber*. La voz pasiva también se expresa con una estructura analítica que combina el verbo auxiliar *ser* con el participio y esta forma analítica también reemplazó a una forma sintética del latín (véase 9.6.2).

Hay algunas estructuras analíticas que indican el comienzo de una acción. Por ejemplo, se usa el verbo auxiliar *echar* con verbos de movimiento para formar perífrasis como *echar a correr*. También se usa la forma reflexiva del mismo verbo auxiliar con otros infinitivos para indicar el comienzo de una acción como *echarse a reír, echarse a llorar*, etcétera. Hay verbos de movimiento que se usan como auxiliares de estructuras que también indican el comienzo de una acción como *venir a* + infinitivo y *llegar a* + infinitivo.

Existen perífrasis que expresan obligación como *tener que* + infinitivo, *haber de* + infinitivo, *deber* + infinitivo, etcétera. Vimos en 8.5 que el futuro sintético (*hablará*) tuvo su origen en una forma analítica que indicaba obligación con el verbo *haber*.

Hay otras perífrasis que podrían competir con tiempos verbales que ya existen. Por ejemplo, así como el pretérito perfecto compuesto puede indicar una acción reciente en el pasado (véase 9.3), de la misma manera se puede usar la estructura analítica *acabar de* + infinitivo para referirse a acciones en el pasado reciente:

(64) **Acaba de llegar** *a casa.*

También, así como vimos en 8.3 que uno de los usos del imperfecto es indicar el aspecto habitual de una acción en el pasado, se puede usar la estructura *soler* + infinitivo para indicar el aspecto habitual no sólo en el pasado sino también en el presente:

(65) a. **Suele correr** *todos los días.*

    b. **Solía correr** *todos los días.*

Podemos ver, entonces, que existen en la lengua varias perífrasis verbales que podrían ser la base de una nueva forma sintética. Si bien el proceso es largo y no se puede predecir cuál de estas estructuras se convertirá en una estructura sintética, existen ciertas tendencias como la de convertir las perífrasis de obligación o de movimiento en formas sintéticas del futuro. El estudio de la evolución de las formas verbales provee muchos casos de la conversión de una estructura analítica en una forma sintética (véase 9.6).

## 9.5 Otros usos de los verbos auxiliares

La comparación de los verbos, en su función de verbos auxiliares, con otras funciones que pueden asumir puede revelar ciertas características que indiquen en qué circunstancias un verbo funciona como verbo auxiliar. En esta sección, vamos a ampliar la descripción de los verbos copulativos *ser* y *estar* que empezamos anteriormente (véase 4.5) y examinaremos otros usos no auxiliares de los verbos *ser, estar* y *haber*, verbos muy comunes que tienen muy poco peso léxico.

*Ser* y *estar* son los dos verbos copulativos más usados en el español, y las diferencias entre los dos se aplican también a su uso como verbos auxiliares. Aunque para unir dos sustantivos (el del sujeto y el del atributo) sólo se usa el verbo *ser,* para adjetivos o adverbios se puede usar cualquiera de los dos. Como verbo auxiliar, el verbo *estar* se combina con el gerundio, que funciona como adverbio de modo al describir una condición. De la misma manera, el verbo copulativo *estar* se usa con adverbios o con sintagmas preposicionales adverbiales de condición que indican modo o lugar:

(66)  a. *El niño está **durmiendo**.*

b. *Estoy **bien**.*

c. *Mis padres están **de viaje**.*

d. *Caracas está **en Venezuela**.*

En los casos donde el sintagma adverbial describe el tiempo o el lugar en que ocurre un evento, se usa el verbo copulativo *ser* porque no describen una condición:

(67)  a. *La presentación será **a las cinco**.*

b. *El concierto es **en el anfiteatro**.*

También se usa *ser* para indicar origen, posesión o composición porque tampoco representan una condición:

(68)  a. *Soy **de Bogotá**.*

b. *Este carro es **de Pablo**.*

c. *La casa es **de madera**.*

En el caso de los adjetivos, no se puede explicar de una manera simple las diferencias que existen entre *ser* y *estar,* pero es útil para nuestro estudio comparar la voz pasiva con *ser,* que representa una acción pasiva y no un estado (ejemplo a), con el verbo copulativo *estar,* que describe una condición que es el resultado de una acción (ejemplo b):

(69)  a. *La ventana **fue rota**.*

  b. *La ventana **está rota**.*

Aparte de su uso como verbo auxiliar de los tiempos perfectos, el verbo *haber* tiene una función muy limitada y específica como verbo de existencia, y su conjugación también se limita a la tercera persona singular porque no tiene ningún sujeto. Además, sólo se usa con un objeto directo no específico (ejemplos a, b):

(70)  a. ***Había** treinta personas en la reunión.*

  b. ***Hay** muchos libros en mi oficina.*

  c. **Hay los libros en mi oficina.*

Ya que no se puede usar *haber* con un objeto directo específico (ejemplo c), hay que usar el verbo copulativo *estar*:

(71)  *Los libros **están** en mi oficina.*

Como veremos en la próxima sección, el significado original de *haber* es muy parecido al significado de *tener* y sus usos como verbo auxiliar también son muy parecidos.

Preguntas 7 a 8

## 9.6 Perspectiva diacrónica y sincrónica: La creación de nuevas formas analíticas

En este capítulo, hemos estudiado el uso de varias perífrasis verbales del español. Mencionamos al principio del capítulo que las formas analíticas tienen el potencial de convertirse en formas sintéticas por el proceso de gramaticalización y vimos un ejemplo de este proceso en el Capítulo 8. En esta sección, vamos a examinar dos casos en los que la forma sintética verbal del latín fue reemplazada por una nueva estructura analítica. El primer caso es el de los tiempos perfectos compuestos que usan el verbo auxiliar *haber* más el participio no concordante. El segundo caso es el de la voz pasiva que usa el verbo auxiliar *ser* más el participio concordante. La evolución histórica de estas estructuras demuestra la capacidad y la tendencia de la lengua a crear nuevas formas verbales.

### 9.6.1 La evolución de los tiempos perfectos

En el latín vulgar, no existía una distinción entre el pretérito simple y el pretérito perfecto compuesto. Sólo había una manera de expresar estos eventos y un solo tiempo verbal cubría los dos significados. Al mismo tiempo, se creó una nueva estructura para expresar acciones que todavía tenían consecuencias en el presente. Esta estructura usaba el verbo latín *habere,* que en aquel entonces tenía el significado de posesión como el verbo actual *tener.* También usaba un participio que funcionaba como adjetivo, modificando al objeto poseído. Entonces, empezaron a aparecer expresiones analíticas como *He las cartas escritas.* El significado léxico del verbo *habere* era muy importante porque limitaba el uso de esta estructura a verbos transitivos que tenían un objeto directo que podía ser poseído. Los verbos intransitivos, que no tenían ningún objeto, no aparecían con el verbo auxiliar *habere* porque no tenían sentido estructuras como *ha ido, ha llegado,* etcétera, mientras que el verbo auxiliar indicaba la posesión. La solución a esta limitación era la creación de otro verbo auxiliar para los verbos intransitivos, entonces empezaron a aparecer casos de *ser* como verbo auxiliar en expresiones como *es ido, es llegado,* etcétera.

El proceso de gramaticalización provocó los siguientes cambios en la forma analítica del español antiguo:

a. El verbo auxiliar *haber* perdió su significado léxico de posesión y empezó a funcionar sólo como indicador de anterioridad.

b. El participio dejó de funcionar como adjetivo que modificaba al objeto poseído, para pasar a ser el verbo principal de la oración. Como consecuencia, desapareció la concordancia entre el participio y el objeto modificado.

c. Se eliminó el sistema binario de verbos auxiliares *haber/ser* y se generalizó *haber* como el verbo auxiliar de los tiempos compuestos en español.

Así, la oración *He las cartas escritas* se convirtió en *He escrito las cartas.*

La creación de esa nueva forma analítica resultó en un contraste entre tiempos verbales que no había existido antes en la lengua. A partir de allí, se podría distinguir entre el pretérito simple y el pretérito perfecto compuesto. Esta diferencia, como ya hemos visto, no siempre es clara, por lo que existe mucha variación en el uso de estas formas. En América existe la tendencia a usar más el pretérito simple mientras que en España se usa mucho más el pretérito perfecto compuesto. Como ya indicamos en 9.2, se usa mucho el pretérito perfecto compuesto aun cuando el uso de un adverbio temporal indique que no hay ninguna relación entre el evento y el presente:

(72)  ***Hemos trabajado*** *mucho la semana pasada.*

Esto mismo se ha producido en el francés y en el italiano, donde el pretérito perfecto compuesto ha reemplazado al pretérito simple en la lengua hablada. Sin embargo, a diferencia de lo que ocurre en el español, tanto el francés como el italiano mantienen una diferencia entre los dos verbos auxiliares *avoir/avere* (haber) y *être/essere* (ser).

La evolución que esta perífrasis ha sufrido, tanto en el español como en otras lenguas románicas, sugiere que el pretérito perfecto compuesto en algún momento podría reemplazar completamente al pretérito simple en el español de España. Si la historia de la lengua nos ha enseñado algo, es que este ciclo de eventos continúa con la creación de nuevas formas analíticas que se reducen a formas sintéticas, sólo para después crear más formas analíticas. Entonces, si el pretérito perfecto compuesto empezara a funcionar como pretérito simple también, surgiría probablemente una nueva forma analítica para llenar el espacio vacío del pretérito perfecto compuesto. Incluso, es muy posible que esta nueva estructura ya exista en la lengua en la forma de *tener* + participio.

En inglés, también podemos encontrar muchas de las características de la gramaticalización de los tiempos perfectos. Por ejemplo, la reducción fonética del verbo auxiliar es notable en las contracciones del pronombre y del verbo auxiliar como *I've* en vez de *I have*, *you'd* en vez de *you had* y *he's* en vez de *he has*. También, es común la interpretación errónea del verbo auxiliar y el uso de la preposición *of* en vez de *have:*

(73)  a.  *I should've gone.*

      b.  *\*I should of gone.*

(74)  a.  *You could've helped.*

      b.  *\*You could of helped.*

## 9.6.2 La evolución de la voz pasiva

A diferencia de los tiempos perfectos, donde se creó una distinción que no existía en la lengua, es difícil entender la aparición de las formas pasivas analíticas porque ya existían en el latín y este cambio causó muchos ajustes en el sistema verbal de la voz pasiva. En los tres tiempos imperfectos del latín, las formas sintéticas de la voz pasiva del verbo *amare* (amar) eran el presente *amatur*, el pretérito imperfecto *amabatur* y el futuro *amabitur*. Por otra parte, los tres tiempos perfectos tenían una forma analítica formada por el verbo auxiliar *ser* más el participio: el pretérito perfecto *amatus est*, el pretérito pluscuamperfecto *amatus erat* y el futuro perfecto *amatus erit*. Estas tres formas analíticas se cambiaron de formas perfectas a formas imperfectas, dejando un vacío en los tiempos perfectos que fue llenado por estructuras analíticas compuestas por el verbo auxiliar *haber* más el participio *sido* antes del otro verbo auxiliar. El cuadro de la Figura 9.1 resume los cambios que ocurrieron en el latín vulgar.

| voz pasiva | latín | español |
|---|---|---|
| pretérito presente | *amatur* | *amado es* |
| imperfecto | *amabatur* | *amado era* |
| futuro | *amabitur* | *amado será* |
| pretérito perfecto | *amatus est* | *ha sido amado* |
| pluscuamperfecto | *amatus erat* | *había sido amado* |
| futuro perfecto | *amatus erit* | *habrá sido amado* |

Figura 9.1   Voz pasiva en el latín y en el español.

Entonces, a veces la forma analítica ya existe en la lengua, pero su uso puede cambiar y estos cambios afectan también a otras formas dentro del sistema verbal.

Preguntas 9 a 10

## Preguntas

1. Lea las siguientes oraciones en inglés, decida si se puede usar o no la forma progresiva en español y explique por qué.

   a.   *I'm studying for a test that I have tomorrow.*
   b.   *You are being very selfish.*
   c.   *We are going to the store. Are you coming?*
   d.   *I am feeling much better now.*
   e.   *I am having some friends over.*
   f.   *When are you leaving for Spain?*

2. Escriba oraciones usando las formas progresivas de cada tiempo verbal y explique por qué se puede usar la forma progresiva.

3. Describa y dé ejemplos de otros verbos, además de *estar*, que puedan funcionar como verbo auxiliar de los tiempos progresivos.

4. Escriba oraciones que incluyan los siguientes verbos en pretérito perfecto compuesto. Explique en cada oración en qué contexto usaría esta forma verbal.

   a. *llegar*
   b. *estudiar*
   c. *desaparecer*
   d. *estar*
   e. *leer*
   f. *asesinar*
   g. *vivir*

5. Escriba una oración con cada uno de los tiempos perfectos y explique por qué se usa la forma compuesta.

6. Escriba oraciones en los diferentes tiempos perfectos progresivos y explique o traduzca al inglés su significado.

7. Además de los verbos auxiliares más comunes, ¿qué otros verbos se usan como auxiliares?

8. Compare el uso léxico con el uso auxiliar de algunos verbos en español.

9. Describa el proceso de gramaticalización que ha ocurrido en los tiempos perfectos.

10. Describa los cambios que ocurrieron en las estructuras de la voz pasiva en el latín.

# Bibliografía temática

Los libros citados en esta bibliografía están organizados en varias áreas para facilitar al estudiante la búsqueda de textos sobre un tema específico. Las áreas son las siguientes:

La dialectología y el bilingüismo
Los diccionarios y la etimología
La fonética, la fonología y la ortografía
La historia del español y la gramaticalización
El latín y las lenguas románicas
La lingüística aplicada y la adquisición del español
La lingüística hispánica
La morfología y la morfosintaxis
Las preposiciones
Los pronombres
La semántica y la pragmática
*Ser* y *estar*
La sintaxis y la gramática
La sociolingüística
El sustantivo y sus modificadores
Las universales de la lengua y la tipología
Los verbos

El estudiante que quiera expandir sus conocimientos sobre lingüística hispánica, lingüística románica o lingüística en general puede consultar las siguientes revistas:

*Hispania*
*Hispanic Linguistics*
*Hispanic Review*
*Language*
*Lingua*
*Linguistics*
*Modern Philology*
*Nueva revista de filología hispánica*
*Revista de filología española*
*Romance Philology*
*Studies in Language*
*Zeitshrift für romanische Philologie*

## La dialectología y el bilingüismo

Alvár, Manuel. 1996. *Manual de dialectología hispánica: el español de España*. Barcelona: Ariel.

Alvár, Manuel. 1996. *Manual de dialectología hispánica: el español de América*. Barcelona: Ariel.

Fontanella de Weinberg, María Beatriz. 1995. *El español de América*, 3ª ed. Madrid: MAPFRE.

Lipski, John M. 2002. *Español de América*, traducido por Silvia Iglesias Recuero. Madrid: Cátedra.

Lipski, John M. y Ana Roca, eds. 1993. *Spanish in the United States*. Studies in Anthropological Linguistics 6. New York: Mouton de Gruyter.

Lozano, Emilio. 1971. *El español de hoy, lengua en ebullición*. Madrid: Gredos.

Moreno de Alba, José G. 1988. *El español de América*. México: Fondo de Cultura Económica.

Penny, Ralph. 2000. *Variation and Change in Spanish*. Cambridge: Cambridge University Press.

Pountain, Christopher J. 2003. *Exploring the Spanish Language*. New York: Oxford.

Quesada Pacheco, Miguel Ángel. 2000. *El español de América*. Cártago, Costa Rica: Editorial Tecnológica de Costa Rica.

Stavans, Ilan. 2003. *Spanglish: The Making of a New American Language*. New York: Rayo.

Zamora Munné, J. C. y J. Guitart. 1982. *Dialectología hispanoamericana*. Salamanca: Almar.

Zamora Vicente, Alonso. 1967. *Dialectología española*, 2ª ed. Madrid: Gredos.

Vaquero de Ramírez, María. 1996. *El español de América II: Morfosintaxis y léxico*. Madrid: Arco Libros.

## Los diccionarios y la etimología

Corominas, Joan y José A. Pascual. 1980–1991. *Diccionario crítico etimológico castellano e hispánico*, 6 vols. Madrid: Gredos.

Domingo, Ricardo, et al., eds. 1996. *El pequeño Larousse ilustrado 1997*. México: Larousse.

Moliner, María. 1998. *Diccionario del uso del español*, 2ª ed. Madrid: Gredos.

Real Academia Española. 2001. *Diccionario de la lengua española*, 22ª ed. Madrid: Espasa.

## La fonética, la fonología y la ortografía

Alarcos Llorach, Emilio. 1965. *Fonología española.* Madrid: Gredos.

Barrutia, Richard y Armin Schwegler. 1994. *Fonética y fonología españolas: Teoría y práctica,* 2ª ed. New York: Wiley.

Carratalá, Fernando. 1997. *Manual de ortografía española. Acentuación, léxico y ortografía.* Madrid: Castalia.

Dalbor, John B. 1997. *Spanish pronunciation: Theory and Practice,* 3ª ed. Fort Worth: Harcourt Brace.

Navarro Tomás, T. 1974. *Manual de entonación española.* Madrid: Labor.

Navarro Tomás, T. 1970. *Manual de pronunciación española,* 15ª ed. Madrid: CSIC.

Teschner, Richard. 1996. *Camino oral: Fonética, fonología y práctica de los sonidos del español.* New York: McGraw-Hill.

Real Academia Española. 1999. *Ortografía de la lengua española.* Madrid: Real Academia Española/Espasa.

## La historia del español y la gramaticalización

Alonso, Martín. 1962. *Evolución sintáctica del español: Sintaxis histórica del español desde el iberorromano hasta nuestros días.* Madrid: Aguilar.

Burunat, Julio y Silvia Burunat. 1999. *El español y su evolución.* New Orleans: University Press of the South.

Bybee, Joan L. 1994. *The Evolution of Grammar: Tense, Aspect, and Modality in the Languages of the World.* Chicago: University of Chicago Press.

Cano Aguilar, Rafael. 1992. *El español a través de los tiempos,* 2ª ed. Madrid: Arco.

Entwistle, William J. 1962. *The Spanish Language, Together with Portuguese, Catalan and Basque,* 2ª ed. London: Faber y Faber.

Gimeno Menéndez, Francisco. 1995. *Sociolingüística histórica: Siglos X–XII.* Madrid: Visor Libros.

Heine, Bernd. 1993. *Auxiliaries: Cognitive Forces and Grammaticalization.* New York: Oxford University Press.

Klausenburger, Jèurgen. 2000. *Grammaticalization: Studies in Latin and Romance Morphosyntax.* Philadelphia: John Benjamins.

Lapesa, Rafael. 1981. *Historia de la lengua española,* 9ª ed. Madrid: Gredos.

Lathrop, Thomas. 1986. *The Evolution of Spanish.* Delaware: Juan de la Cuesta.

Lloyd, Paul M. 1987. *From Latin to Spanish.* Philadelphia: American Philosophical Society.

Menéndez Pidal, Ramón. 1964. *Orígenes del español: Estado lingüístico de la península ibérica hasta el siglo XI,* 5ª ed. Madrid: Espasa-Calpe.

Menéndez Pidal, Ramón. 1958. *Manual de gramática histórica española,* 10ª ed. Madrid: Espasa Calpe.

Penny, Ralph. 2002. *A History of the Spanish Language,* 2ª ed. New York: Cambridge University Press.

Pountain, Christopher J. 2001. *A History of the Spanish Language through Texts.* London: Routledge.

Resnick, Melvyn. 1981. *Introducción a la historia de la lengua española.* Washington, DC: Georgetown University Press.

Rini, Joel. 1999. *Exploring the Role of Morphology in the Evolution of Spanish.* Philadelphia: John Benjamins.

Squartini, Mario. 1998. *Verbal Periphrases in Romance: Aspect, Actionality and Gramaticalización.* New York: Mouton de Gruyter.

## El latín y las lenguas románicas

Canfield, D. Lincoln. 1975. *Introduction to Romance Linguistics.* Carbondale: Southern Illinois University Press.

Corominas, Joan. 1972. *Tópica hespérica. Estudios sobre los antiguos dialectos, el substrato y la toponimia,* 2 vols. Madrid: Gredos.

Elcock, W. D. 1960. *The Romance Languages.* London: Farber & Farber.

Harris, Martin y Nigel Vincent. 1988. *The Romance Languages.* New York: Oxford University Press.

Iordan, Iorgu y María Manoliu. 1972. *Manual de lingüística románica; revisión, reelaboración parcial y notas por Manuel Alvar,* 2 vols. Madrid: Gredos.

Lausberg, Heinrich. 1966. *Lingüística románica,* traducida por J. Pérez Riesco y E. Pascual Rodríguez, 2 vols. Madrid: Gredos.

Posner, Rebecca. 1966. *The Romance Languages: A Linguistic Introduction.* New York: Anchor Books.

Wheelock, Frederic M. 1963. *Latin: An Introductory Course Based on Ancient Authors,* 3ª ed. New York: Barnes & Noble.

## La lingüística aplicada y la adquisición del español

Braidi, Susan. 1999. *The Acquisition of Second Language Syntax.* New York: Arnold.

Bull, William. 1965. *Spanish for Teachers: Applied Linguistics.* New York: Ronald Press.

Johnson, Marysia. 2004. *A Philosophy of Second Language Acquisition.* New Haven: Yale University Press.

Koike, Dale y Carol Klee. 2002. *Lingüística aplicada: Adquisición del español como segunda lengua.* New York: Wiley.

Lafford, Barbara A. y Rafael Salaberry. 2003. *Spanish Second Language Acquisition: State of the Science.* Washington DC: Georgetown University Press.

Mitchell, Rosamond. 2004. *Second Language Learning Theories*, 2ª ed. New York: Arnold.

Omaggio Hadley, Alice. 2001. *Teaching Language in Context*, 3ª ed. Boston: Heinle.

## La lingüística hispánica

Azevedo, Milton M. 1992. *Introducción a la lingüística aplicada*. Upper Saddle River, New Jersey: Prentice Hall.

Hualde, José Ignacio, Antxon Olarrea y Anna María Escobar. 2001. *Introducción a la lingüística hispánica*. New York: Cambridge University Press.

Whitley, M. Stanley. 2002. *Spanish/English Contrasts*, 2a ed. Washington DC: Georgetown University Press.

## La morfología y la morfosintaxis

Álvarez García, Manuel. 1979. *Léxico-génesis en español: Los morfemas facultativos*. Sevilla: Secretariado de Publicaciones de la Universidad de Sevilla.

Criado de Val, Manuel. 1961. *Síntesis de morfología española*, 2ª ed. Madrid: C.S.I.C.

Devney, Dorothy. 1993. *Guide to Spanish Suffixes*. Chicago: Passport Books.

Lang, Mervyn. 1990. *Spanish Word Formation: Productive Derivational Morphology in the Modern Lexis*. New York: Routledge.

Lloyd, Paul M. 1968. *Verb-Complement Compounds in Spanish*. Tübingen: Niemeyer.

Luquet, Gilles. 2000. *Regards sur le signifiant: Études de morphosyntaxe espagnole*. Paris: Presses de la Sorbonne Nouvelle.

Nañez Fernández, Emilio. 1973. *La lengua que hablamos. Creación y sistema*. Santander: Gonzalo Bedia.

Rini, Joel. 1999. *Exploring the Role of Morphology in the Evolution of Spanish*. Current Issues in Linguistic Theory 179. Philadelphia: John Benjamins.

Scavnicky, Gary A. 1987. *Innovaciones sufijales en el español centroamericano*. Newark, Delaware: Juan de la Cuesta.

Varela Ortega, Soledad. 1992. *Fundamentos de morfología*. Madrid: Ed. Síntesis.

## Las preposiciones

López, María Luisa. 1970. *Problemas y métodos en el análisis de preposiciones*. Madrid: Gredos.

Lunn, Patricia V. 1987. *The Semantics of "Por" and "Para."* Bloomington, Indiana: Indiana University Linguistics Club.

Nañez Fernández, Emilio. 1995. *Diccionario de construcciones sintácticas del español. Preposiciones*. Madrid: Universidad Autónoma de Madrid.

Nañez Fernández, Emilio. 1990. *Uso de las preposiciones*. Madrid: Sociedad General Española de Librería.

## Los pronombres

Carricaburo, Norma. 1997. *Las fórmulas de tratamiento en el español actual*. Madrid: Arco.

García, Erica. 1975. *The Role of Theory in Linguistic Analisis: The Spanish Pronoun System*. North Holland Linguistics Series 19. New York: American Elsevier.

Luján, Marta. 1979. *Clitic Promotion and Mood in Spanish Verbal Complements*. Bloomington, Indiana: Indiana University Linguistics Club.

Marcos Marín, Francisco. 1978. *Estudios sobre el pronombre*. Madrid: Gredos.

Martín Zorraquino y María Antonia. 1979. *Las construcciones pronominales en español: Paradigma y desviaciones*. Madrid: Gredos.

Molina Redondo, J. A. de. 1974. *Usos de "se": Cuestiones sintácticas y léxicas*. Madrid: Sociedad General Española de Librería.

Moreira Rodríguez, Antonia y John Butt. 1996. *"Se de matización" and the Semantics of Spanish Pronominal Verbs*. London: King's College.

Rini, Joel. 1992. *Motives for Linguistic Change in the Formation of the Spanish Object Pronouns*. Newark, Delaware: Juan de la Cuesta.

Rona, José Pedro. 1967. *Geografía y morfología del "voseo."* Porto Alegre, Brasil: Pontifícia Universidade Católica do Rio Grande do Sul.

Rosengren, Per. 1974. *Presencia y ausencia de los pronombres personales sujetos en español moderno*. Stockholm: Almqvist & Wiksell.

## La semántica y la pragmática

Chierchia, Gennaro y Sally McConnell-Ginet. 2000. *Meaning and Grammar: An Introduction to Semantics*. Cambridge, MA: MIT Press.

Gutiérrez-Rexach, Javier. 2002. *From Words to Discourse: Trends in Spanish Semantics and Pragmatics*. Boston: Elsevier.

Gutiérrez-Rexach, Javier y Luis Silva-Villar, eds. 2001. *Current Issues in Spanish Syntax and Semantics*. New York: Mouton de Gruyter.

King, Larry D. 1992. *The Semantic Structure of Spanish: Meaning and Grammatical Form*. Philadelphia: John Benjamins.

Treviño, Esthela, y José Lema. 1999. *Semantic Issues in Romance Syntax*. Philadelphia: John Benjamins.

Wonder, John Paul. 2000. *How Spanish Works: A Pragmatic Analysis*. Indiana: Wyndham Hall Press.

## *Ser y estar*

Falk, Johan. 1979. *"Ser" y "estar" con atributos adjetivales*. Uppsala: Acta Universitatis Upsaliensis.

Molina Redondo, J. A. de. 1987. *Usos de "ser" y "estar"*. Madrid: Sociedad General Española de Librería.

Navas Ruiz, Ricardo. 1977. *Ser y estar: Estudio sobre el sistema atributivo del español.* Salamanca: Almar.

Navas Ruiz, Ricardo y Victoria Jaén. 1989. *Ser y estar: La voz pasiva,* 2ª ed. Salamanca: Publicaciones del Colegio de España.

Porroche Ballesteros, M. 1988. *"Ser," "estar" y verbos de cambio.* Madrid: Arco.

Vaño-Cerda, Aníbal. 1982. *"Ser" y "estar" + adjetivos.* Tubingen: Narr.

## La sintaxis y la gramática

Alarcos Llorach, Emilio. 1994. *Gramática de la lengua española.* Real Academia Española-Colección Nebrija y Bello. Madrid: Espasa Calpe.

Batchelor, R. E. y C. J. Pountain. 1992. *Using Spanish: A Guide to Contemporary Usage.* Cambridge: Cambridge University Press.

Bello, Andrés. 1958. *Gramática de la lengua castellana,* revisada y ampliada por Rufino Cuervo, 5ª ed. Buenos Aires: Sopena.

Benito Mozas, Antonio. 1994. *Ejercicios de sintaxis.* Madrid: EDAF.

Bosque, Ignacio y Violeta Demonte. eds. 1999. *Gramática descriptiva de la lengua española,* 3 vols. Madrid: Espasa-Calpe.

Bradley, Peter T. e Ian Mackenzie. 2004. *Spanish. An Essential Grammar.* New York: Routledge.

Butt, John W. y Carmen Benjamin. 2000. *A New Reference Grammar of Modern Spanish,* 3ª ed. Chicago: McGraw-Hill.

Campos, Héctor. 1993. *De la oración simple a la oración compuesta: Curso superior de gramática española.* Washington DC: Georgetown University Press.

DeMello, George. 1999. *Español contemporáneo,* 3ª ed. New York: University Press of America.

Gili y Gaya, Samuel. 1955. *Curso superior de sintaxis española,* 5ª ed. Barcelona: SPES.

Gutierrez, Araus y María Luz. 1978. *Las estructuras sintácticas del español actual.* Madrid: Sociedad General Española de Librería.

Gutierrez Ordóñez, Salvador. 1997. *La oración y sus funciones.* Madrid: Arco Libros.

Hadlich, Roger. 1971. *Gramática transformativa del español.* Madrid: Gredos.

Halliday, M. A. K. 2002. *On Grammar.* New York: Continuum.

Hernández Alonso, César. 1970. *Sintaxis española.* Vallodolid.

Hernanz, María Luisa y José María Brucart. 1987. *La sintaxis.* Barcelona: Editorial Crítica.

Kany, Charles E. 1951. *American Spanish Syntax,* 2ª ed. Chicago: University of Chicago Press.

King, Larry D. y Margarita Suñer. 2004. *Gramática española: Teoría y práctica,* 2a ed. Chicago: McGraw-Hill.

Mackenzie, Ian. 2001. *A Linguistic Introduction to Spanish.* München: Lincom Europa.

Ramsey, Marathon M. 1956. *A Textbook of Modern Spanish,* revisado por Robert K. Spaulding. Chicago: Holt, Rinehart and Winston.

Real Academia Española. 1973. *Esbozo de una nueva gramática de la lengua española.* Madrid: Espasa-Calpe.

Real Academia Española. 1931. *Gramática de la lengua española.* Madrid: Espasa-Calpe.

Seco, Manuel. 1998. *Diccionario de dudas y dificultades de la lengua española,* 10ª ed. Madrid: Espasa.

Solé, Yolanda y Carlos Solé. 1977. *Modern Spanish Syntax: A Study in Contrast.* Lexington, MA: D. C. Heath.

Stewart, Miranda. 1999. *The Spanish Language Today.* London: Routledge.

Stockwell, Robert, Donald Bowen y John Martin. 1965. *The Grammatical Structures of English and Spanish.* Chicago: University of Chicago Press.

Teschner, Richard. 2000. *CUBRE. Curso breve de gramática española,* 3ª ed. Chicago: McGraw-Hill.

Zagona, Karen. 2002. *The Syntax of Spanish.* Cambridge: Cambridge University Press.

## La sociolingüística

García Marcos, Francisco. 1999. *Fundamentos críticos de sociolingüística.* Almería, España: Universidad de Almería.

López Morales, Humberto. 1997. *Sociolingüística,* 3ª ed. Madrid: Gredos.

Mar-Molinero, Clare. 1997. *The Spanish-Speaking World. A Practical Introduction to Sociolinguistic issues.* London: Routledge.

Morena Fernández, Francisco. 1998. *Principios de sociolingüística y sociología del lenguaje.* Barcelona: Ariel.

Silva-Corvalán, Carmen. 2001. *Sociolingüística y pragmática del español.* Washington DC: Georgetown University Press.

Silva-Corvalán, Carmen. 1989. *Sociolingüística: Teoría y análisis.* Madrid: Alhambra.

## El sustantivo y sus modificadores

Bosque, Ignacio. 1996. *El sustantivo sin determinación.* Madrid: Visor.

Iannucci, James E. 1952. *Lexical Number in Spanish Nouns with Reference to their English Equivalents.* Philadelphia: University of Pennsylvania.

Luján, Marta. 1980. *Sintaxis y semántica del adjetivo.* Madrid: Cátedra.

## Las universales de la lengua y la tipología

Comrie, Bernard. 1981. *Language Universals and Linguistic Typology*. Chicago: University of Chicago Press.

Croft, William. 1990. *Typology and Universals*. New York: Cambridge University Press.

Greenberg, Joseph H. 1980. *Language Universals*. The Hague: Mouton.

Lehmann, Winfred. 1978. *Syntactic Typology: Studies in the Phenomenology of Language*. Austin: University of Texas Press.

Whaley, Lindsay. 1997. *Introduction to Typology: The Unity and Diversity of Language*. Thousand Oaks, CA: Sage.

## Los verbos

Borrego, J., J. G. Asencio y E. Prieto. 1986. *El subjuntivo: Valores y usos*. Madrid: Sociedad General Española de Librería.

Bosque, Ignacio. 1990a. *Indicativo y subjuntivo*. Madrid: Taurus Universitaria.

Bosque, Ignacio. 1990b. *Tiempo y aspecto en español*. Madrid: Cátedra.

Comrie, Bernard. 1986. *Tense*. Cambridge: Cambridge University Press.

Criado de Val, Manuel. 1969. *El verbo español*. Madrid: Sociedad Anónima Española de Traductores y Autores.

Fält, Gunnar. 1972. *Tres problemas de concordancia verbal en el español moderno*. Uppsala: Acta Universitatis Upsaliensis 9.

Molho, Mauricio. 1975. *Sistemática del verbo español (aspectos, modos, tiempos)*, 2 vols. Madrid: Gredos.

Rallides, Charles. 1971. *The Tense Aspect System of the Spanish Verb as Used in Cultivated Bogotá Spanish*. The Hague: Mouton.

Roca Pons, José. 1958. *Estudios sobre perífrasis verbales del español. Revista de filología española*, Anejo 67. Madrid: Sucesores de Rivadeneyra.

# Glosario

A PERSONAL  Introduce el objeto directo del verbo cuando es una persona o cosa personificada.

ABLATIVO  Caso de la declinación nominal que expresa relaciones diversas del sustantivo con el verbo.

ACCIÓN NO TERMINATIVA  Acción que no indica una terminación.

ACCIÓN TERMINATIVA  Acción que indica una terminación o una meta cumplida.

ACENTO PROSÓDICO  Elevación de la voz en la sílaba tónica de una palabra.

ACUSATIVO  Caso de la declinación nominal que expresa el objeto directo del verbo.

ADICIÓN  Transformación que describe el paso sintáctico de añadir un elemento a la estructura subyacente para llegar a la estructura de la superficie.

ADJETIVO  Modificador del sustantivo; núcleo del sintagma adjetival.

ADJETIVACIÓN  Uso del sustantivo como adjetivo invariable que modifica a otro sustantivo.

ADJETIVO CALIFICATIVO  Modificador del sustantivo que sirve para calificar o limitar al nombre.

ADJETIVO CUANTITATIVO  Véase **cuantificador.**

ADJETIVO DESCRIPTIVO  Véase **adjetivo calificativo.**

ADJETIVO DETERMINATIVO  Véase **determinante.**

ADJETIVO LIMITATIVO  Véase **adjetivo calificativo.**

ADJETIVO PRONOMINAL  Véase **proadjetivo.**

ADVERBIALIZACIÓN  Uso del adjetivo como adverbio invariable que modifica a un verbo.

ADVERBIO  Modificador del verbo; núcleo del sintagma adverbial.

ADVERBIO DE AFIRMACIÓN  Adverbio que funciona como adyacente oracional, modificando a la oración completa y afirmando la acción del verbo.

ADVERBIO DE DUDA  Adverbio que funciona como adyacente oracional, modificando a la oración completa e indicando duda sobre la acción del verbo.

ADVERBIO DE LUGAR  Adverbio que indica la posición o lugar de una acción; contesta preguntas como *¿dónde?* y *¿adónde?*

ADVERBIO DE MODO  Adverbio que indica la manera en que se hace una acción; contesta la pregunta *¿cómo?*

ADVERBIO DE NEGACIÓN  Adverbio que funciona como adyacente oracional, modificando a la oración completa y negando la acción del verbo.

ADVERBIO DE TIEMPO  Adverbio que indica la duración o el momento en que se lleva a cabo una acción; contesta las preguntas *¿cuándo?* y *¿por cuánto tiempo?*

ADVERBIO DERIVADO  Adverbio que se forma combinando un adjetivo en su forma femenina singular más el morfema *-mente.*

ADVERBIO PRONOMINAL  Véase **proadverbio.**

ADYACENTE CIRCUNSTANCIAL  Adverbio o sintagma preposicional que modifica al verbo.

ADYACENTE ORACIONAL  Adverbio o sintagma preposicional que modifica a la oración completa.

AFIJO  Morfema que se coloca al principio o al final de una palabra para modificar su sentido y/o su función sintáctica.

AFIJO PRODUCTIVO  Morfema que sigue usándose en la lengua para crear nuevas palabras.

AGENTE  Sujeto de una frase activa que ejecuta la acción del verbo.

ALOMORFO Cada una de las variantes de un morfema.

ANALÍTICA Dícese de la estructura formada por más de una palabra que cumple una única función, en oposición a una forma sintética.

ANTECEDENTE Nombre o pronombre al que se refiere el pronombre relativo.

ANTECOPRETÉRITO Véase **pretérito pluscuamperfecto.** Término de la nomenclatura de los tiempos verbales de Andrés Bello.

ANTEFUTURO Véase **futuro perfecto.** Término de la nomenclatura de los tiempos verbales de Andrés Bello.

ANTEPOSPRETÉRITO Véase **condicional perfecto.** Término de la nomenclatura de los tiempos verbales de Andrés Bello.

ANTEPRESENTE Véase **pretérito perfecto compuesto.** Término de la nomenclatura de los tiempos verbales de Andrés Bello.

ANTEPRETÉRITO Véase **pretérito anterior.** Término de la nomenclatura de los tiempos verbales de Andrés Bello.

ANTERIORIDAD Precedencia temporal de un evento con respecto a otro que es la base de los tiempos perfectos compuestos.

APOCOPAR Hacer uso del apócope.

APÓCOPE Supresión de una vocal o de una sílaba al final de una palabra.

APÓDOSIS Dentro de las oraciones hipotéticas, la cláusula principal que indica el resultado verdadero o imaginario. Se combina con la prótasis.

ARGUMENTO DEL VERBO Sustantivo que tiene relación directa con el verbo.

ARTÍCULO DEFINIDO Determinante que sirve para individualizar al sustantivo modificado.

ARTÍCULO INDEFINIDO Determinante que sirve para modificar a un sustantivo no específico.

ASPECTO Categoría verbal que indica la duración, el inicio o la terminación de una acción o un estado.

ASPECTO DURATIVO Representación de la duración del proceso indicado por el verbo.

ASPECTO INICIATIVO Representación del inicio del proceso indicado por el verbo.

ASPECTO TERMINATIVO Representación de la terminación del proceso indicado por el verbo.

ÁTONA No acentuada.

ÁTRIBUTO Palabra o frase que aparece después de un verbo copulativo y equivale al sujeto.

CALCO Construcción traducida literalmente de una lengua a otra.

CAMBIO DE FORMA Transformación que describe el paso sintáctico de cambiar la forma de un elemento en la estructura subyacente para llegar a la estructura de la superficie.

CASO Sistema morfológico que marca a los sustantivos y pronombres para indicar su función sintáctica con relación al verbo de la oración.

CERRAZÓN VOCÁLICA Subida de las vocales abiertas (*e, a, o,*) a vocales cerradas (*i, u*).

CLASE ABIERTA Clase a la que pertenecen palabras como los sustantivos, adjetivos, verbos y adjetivos que tienen un número infinito de elementos.

CLASE CERRADA Clase a la que pertenecen palabras como los determinantes, cuantificadores, pronombres, intensificadores, preposiciones, conjunciones y verbos auxiliares que tienen un número finito de elementos.

CLÁUSULA ADJETIVAL En las oraciones complejas, la cláusula subordinada que sirve como adjetivo que modifica al sustantivo que la precede. Véase también **cláusula relativa restrictiva** y **cláusula relativa no restrictiva.**

CLÁUSULA ADVERBIAL En las oraciones complejas, la cláusula subordinada que sirve como adverbio que modifica al verbo de la cláusula principal.

CLÁUSULA COORDINADA En las oraciones complejas, cláusula independiente que se combina con otra(s) cláusula(s) independiente(s).

CLÁUSULA INDEPENDIENTE Véase **cláusula principal.**

CLÁUSULA NOMINAL En las oraciones complejas, la cláusula subordinada que sirve como sustantivo dentro de la cláusula principal.

CLÁUSULA PRINCIPAL En las oraciones complejas, cláusula independiente que puede estar sola, sin otra cláusula.

CLÁUSULA RELATIVA  Cláusula subordinada adjetival introducida por un pronombre relativo.

CLÁUSULA RELATIVA NO RESTRICTIVA  Cláusula subordinada adjetival que añade información incidental sobre el antecedente, sin delimitarlo más, porque ya es específico.

CLÁUSULA RELATIVA RESTRICTIVA  Cláusula subordinada adjetival que sirve para delimitar o identificar al antecedente no específico.

CLÁUSULA SUBORDINADA  Cláusula dependiente que siempre está ligada a una cláusula principal.

CLÁUSULA SUBORDINADA ADJETIVAL  Véase **Cláusula adjetival.**

CLÁUSULA SUBORDINADA ADVERBIAL  Véase **Cláusula adverbial.**

CLÁUSULA SUBORDINADA NOMINAL  Véase **Cláusula nominal.**

COGNADO  Palabra que tiene el mismo significado y una pronunciación similar en dos lenguas diferentes.

COMPARATIVA DE DESIGUALDAD  Construcción que expresa una cualidad superior o inferior entre sustantivos, adjetivos, adverbios y verbos.

COMPARATIVA DE IGUALDAD  Construcción que expresa una cualidad igual entre sustantivos, adjetivos, adverbios y verbos.

COMPLEMENTO CIRCUNSTANCIAL  Sintagma adverbial o preposicional que añade más información sobre la acción del verbo.

CONCORDANCIA  Relación de género y número entre el sustantivo y el adjetivo que lo modifica, o relación de persona y número entre el verbo y el sujeto que le corresponde.

CONDICIONAL  Tiempo verbal simple: *viviría*.

CONDICIONAL DE PROBABILIDAD  Uso del condicional para indicar probabilidad en el pasado.

CONDICIONAL PERFECTO  Perífrasis verbal formada por el verbo auxiliar *haber* en el condicional más el participio del verbo principal: *habría vivido*.

CONDICIONAL PERFECTO PROGRESIVO  Perífrasis verbal que se forma con el verbo auxiliar *haber* en el condicional, el participio del verbo *estar* y el gerundio del verbo principal: *habría estado viviendo*.

CONDICIONAL PROGRESIVO  Perífrasis verbal formada por el verbo auxiliar *estar* en el condicional más el gerundio del verbo principal: *estaría viviendo*.

CONJUNCIÓN  Partícula invariable que une dos o más palabras, sintagmas u oraciones.

CONJUNCIÓN CORRELATIVA  Conjunción de coordinación que consiste en dos palabras separadas.

CONJUNCIÓN DE COORDINACIÓN  Conjunción que conecta dos cláusulas independientes.

CONJUNCIÓN DE SUBORDINACIÓN  Conjunción que conecta una cláusula independiente con una cláusula subordinada.

CONJUNCIÓN SIMPLE  Conjunción que consiste en una sola palabra.

CONSONANTE SORDA  Véase **sorda.**

CONSTRUCCIÓN PARTITIVA  Expresión invariable que modifica a los sustantivos para indicar cantidad.

COORDINACIÓN  Combinación de dos o más cláusulas independientes en la misma oración.

COPRETÉRITO  Véase **pretérito imperfecto.** Término de la nomenclatura de los tiempos verbales de Andrés Bello.

CORREFERENTE  Dícese de dos pronombres personales que en una oración se refieren a la misma persona.

CUANTIFICADOR  Modificador antepuesto al sustantivo para indicar cantidad.

DATIVO  Caso de la declinación nominal que expresa el objeto indirecto del verbo.

DECLINACIONES  Patrones morfológicos que siguen los sustantivos, los pronombres y los adjetivos en lenguas que usan morfemas para indicar género, número y caso.

DEIXIS  Sistema de referencias a la distancia física, temporal o sicológica, definida por su relación con los interlocutores. Véase **demostrativos.**

DEMOSTRATIVOS  Determinantes que sirven para indicar la distancia física, temporal o sicológica entre los interlocutores y el sustantivo modificado.

DESPERSONIFICACIÓN  Resultado de quitarle a una persona las características propias de una persona.

DETERMINANTE Modificador antepuesto al sustantivo para indicar a qué nombre se está refiriendo y concordar con éste en género y número.

DETRANSITIVACIÓN El resultado de la conversión de un verbo transitivo en un verbo intransitivo.

DIACRÓNICO Dícese de los fenómenos que ocurren a lo largo del tiempo. La lingüística diacrónica, en oposición a la lingüística sincrónica, examina la evolución de las lenguas a través del tiempo.

DIAGRAMA ARBÓREO Gráfico que representa las relaciones entre las diferentes partes de una oración.

DIPTONGACIÓN Proceso por el cual una vocal se convierte en un diptongo.

DIPTONGO Combinación de dos vocales diferentes (una vocal fuerte y una débil) que se pronuncian en una sola sílaba.

DISTRIBUCIÓN COMPLEMENTARIA Descripción de las condiciones bajo las cuales se usan los sonidos o las letras de una lengua.

DOBLETE Par de palabras que tienen el mismo origen etimológico, pero exhiben formas diferentes a causa de la evolución que cada una ha experimentado.

DUPLICATIVO Dícese de una forma que tiene la misma función gramatical que otra forma en la oración. Véase también **redundante.**

## E

ENCLÍTICO Dícese de los pronombres átonos que exhiben una fusión casi completa con la palabra que les precede.

ENLACE Modo de pronunciación que resulta en la unión del último sonido de una palabra con el sonido inicial de la palabra que le sigue.

ENTONACIÓN Línea melódica de una oración.

ESTRUCTURA SUBYACENTE Estructura sintáctica de una oración antes de que pase por las transformaciones que la convierten en la estructura sintáctica de la superficie.

ETIMOLOGÍA Estudio del origen de las palabras en una lengua.

EXTRANJERISMO Palabra prestada en una lengua que proviene de otra lengua.

FLEXIÓN Morfema gramatical al final de una palabra que indica categorías gramaticales como tiempo, persona, género, número, etcétera.

FORMA ANALÍTICA Véase analítica.

FORMA FINITA Forma conjugada del verbo que indica tiempo, aspecto, modo, persona y **número.** Véase también **forma personal.**

FORMA INFINITA Véase **forma no personal.**

FORMA NO MARCADA Véase **no marcada.**

FORMA NO PERSONAL Forma no conjugada del verbo: infinitivo, participio y gerundio. También llamada forma infinita.

FORMA PERSONAL Forma del verbo que indica tiempo, aspecto, modo, persona y número. También llamada forma finita.

FORMA SINTÉTICA Véase **sintética.**

FUTURO Tiempo verbal o referencia temporal que se refiere a un momento después del presente, en oposición al presente y al pasado.

FUTURO ANALÍTICO Perífrasis verbal que combina el presente de *ir* más la preposición *a* y el infinitivo: *va a vivir.*

FUTURO DE PROBABILIDAD Uso del futuro sintético para indicar probabilidad en el presente.

FUTURO DE SUBJUNTIVO Tiempo verbal simple: *viviere.*

FUTURO PERFECTO Perífrasis verbal compuesto/formada por el verbo auxiliar *haber* en el futuro más el participio del verbo principal: *habrá vivido.*

FUTURO PERFECTO PROGRESIVO Perífrasis verbal que se forma con el verbo auxiliar *haber* en el futuro, el participio del verbo *estar* y el gerundio del verbo principal: *habrá estado viviendo.*

FUTURO PROGRESIVO Perífrasis verbal que se forma con el verbo auxiliar *estar* en el futuro más el gerundio del verbo principal: *estará viviendo.*

FUTURO SINTÉTICO Tiempo verbal simple: *vivirá.*

GÉNERO  Característica de los sustantivos y pronombres: masculino, femenino, neutro.

GÉNERO ARTIFICIAL  Característica gramatical de los sustantivos inanimados que los divide en masculinos, femeninos (y neutros en algunas lenguas), según una clasificación arbitraria.

GÉNERO EPICENO  Dícese de los sustantivos animados que usan una sola forma para los dos sexos.

GÉNERO METONÍMICO  Dícese de los miembros de un grupo de sustantivos inanimados que adquieren el género subyacente del sustantivo implicado en el total.

GÉNERO NATURAL  Característica de los sustantivos animados que los divide en masculinos y femeninos.

GENITIVO  Caso de la declinación nominal que indica pertenencia, posesión o materia de que algo está hecho.

GERUNDIO  Forma no personal del verbo: *viviendo.*

GRAMATICALIZACIÓN  Proceso diacrónico en el que una forma léxica adquiere una función gramatical.

IMPERATIVO  Modo verbal que expresa un mandato.

INDICATIVO  Modo verbal que expresa la realidad de una acción verbal.

INDOEUROPEO  Lengua de la cual ha derivado la mayoría de las lenguas habladas en Europa y Asia, como las lenguas románicas.

INFINITIVO  Forma no personal del verbo: *vivir.*

INTENSIFICADOR  Sub-categoría de los adverbios; modificador de adjetivos y adverbios.

INTERROGATIVA CONFIRMATIVA  Pregunta que pide una respuesta de *sí* o *no.* También llamada total.

INTERROGATIVA INDIRECTA  Interrogativa informativa que se encuentra dentro de una oración compleja.

INTERROGATIVA INFORMATIVA  Pregunta que pide información específica a través del uso de pronombres interrogativos. También llamada parcial.

INTERROGATIVA PARCIAL  Véase **interrogativa informativa.**

INTERROGATIVA TOTAL  Véase **interrogativa confirmativa.**

JERARQUÍA PERSONAL  Organización de los pronombres personales de sujeto que indica qué personas predominan cuando se combinan unas con otras.

LAÍSMO  Uso dialectal de los pronombres femeninos de objeto directo *la, las,* con función de objeto indirecto, en vez de los pronombres *le, les.*

LATÍN VULGAR  En oposición al latín clásico escrito; latín popular o hablado que dio lugar a las diferentes lenguas románicas dentro del Imperio romano.

LEÍSMO  Uso dialectal de los pronombres de objeto indirecto *le, les,* con función de objeto directo, en vez de los pronombres *lo, los.*

LENGUA ANALÍTICA  Lengua caracterizada por muchas perífrasis en vez de formas sintéticas.

LENGUA GERMÁNICA  Una de las ramas de la familia **indoeuropea** de la que surgieron lenguas como el inglés, el alemán, el neerlandés y las lenguas escandinavas.

LENGUA ROMÁNICA  Una de las ramas de la familia **indoeuropea;** lengua derivada del latín vulgar como el español, el portugués, el catalán, el francés, el italiano y el rumano.

LENGUA SINTÉTICA  Lengua caracterizada por el uso de muchos morfemas gramaticales en vez de formas analíticas.

LÉXICO  Conjunto de palabras de una lengua; dícese de los morfemas y palabras que transmiten un significado, en oposición a los que tienen una función gramatical.

LOÍSMO  Uso dialectal de los pronombres masculinos de objeto directo *lo, los,* con función de objeto indirecto, en vez de los pronombres *le, les.*

MANDATO AFIRMATIVO Forma verbal del imperativo, dirigida a la segunda persona singular (*tú, vos, usted*), la segunda persona plural (*ustedes, vosotros*) o la primera persona plural (*nosotros, nosotras*). Indica el deseo por parte del hablante que el/los oyente(s) cumpla(n) con la acción indicada.

MANDATO FORMAL Forma verbal del imperativo, dirigida a la segunda persona formal singular (*usted*) y plural (*ustedes*).

MANDATO INFORMAL Forma verbal del imperativo, dirigida a la segunda persona informal singular (*tú, vos*) y plural (*vosotros*).

MANDATO NEGATIVO Forma verbal del imperativo, dirigida a la segunda persona singular (*tú, vos, usted*), la segunda persona plural (*ustedes, vosotros*) o la primera persona plural (*nosotros, nosotras*). Indica el deseo por parte del hablante que el/los oyente(s) no haga(n) la acción indicada.

MARCADA Dícese de la palabra que indica, a través del uso de morfemas gramaticales, características como número, género, persona, tiempo, etcétera, que la distinguen de otros miembros de un paradigma.

MÉTODO COMPARATIVO Técnica de comparar lenguas vivas con el propósito de recrear la lengua de origen común a todas.

MODIFICADOR Elemento que determina a otro elemento para que sea más específico o mejor definido.

MODO Categoría gramatical del sistema verbal que indica la manera en la que se presenta la acción verbal. Los modos del español son el indicativo, el subjuntivo, el imperativo y el potencial.

MODO INDICATIVO Una de las categorías gramaticales del sistema verbal que indica la realidad de un evento.

MODO SUBJUNTIVO Una de las categorías gramaticales del sistema verbal que indica la irrealidad de un evento.

MORFEMA El más pequeño elemento significativo de una palabra.

MORFEMA GRAMATICAL Morfema que proporciona información gramatical al verbo, adjetivo o sustantivo.

MORFEMA LÉXICO Morfema que afecta al significado de la palabra, como la raíz de una palabra, los prefijos y los sufijos no gramaticales.

MORFEMA PRODUCTIVO Morfema que se usa en la lengua moderna para crear nuevas palabras.

MORFEMA VERBAL Morfema gramatical que indica el tiempo, modo, aspecto, persona o número del verbo conjugado.

MORFOLOGÍA Estudio de la estructura de las palabras.

MORFOLOGÍA VERBAL Estudio de los morfemas y alomorfos que se usan para formar los paradigmas de los verbos conjugados.

MOVIMIENTO Transformación que describe el paso sintáctico de mover un elemento de una posición a otra en la estructura subyacente para llegar a la estructura de la superficie.

NO MARCADA Dícese de una palabra que no usa ningún morfema gramatical porque se considera la forma más común y más básica de un paradigma.

NO PARADIGMÁTICA Dícese de palabras que no forman parte de un paradigma con flexiones.

NOMBRE COMÚN Véase **sustantivo común.**

NOMBRE PROPIO Véase **sustantivo propio.**

NOMINALIZACIÓN Transformación que convierte un adjetivo en un nombre; el resultado de este proceso es un adjetivo sustantivado o un adjetivo que se usa como nombre.

NOMINATIVO Caso de la declinación nominal que expresa el sujeto del verbo.

NÚMERO Categoría gramatical que marca la diferencia entre singular y plural, o entre singular, dual y plural.

OBJETO DIRECTO Complemento nominal de un verbo transitivo o complemento nominal primario de un verbo bitransitivo.

OBJETO INDIRECTO Complemento nominal de un verbo transitivo o intransitivo que expresa el destinatario o beneficiario de la acción.

OBJETO PREPOSICIONAL Complemento nominal que aparece después de una preposición.

OCLUSIVA Sonido consonántico producido por el cierre momentáneo de los órganos articulatorios: /p/, /b/, /t/, /d/, /k/, /g/.

ORACIÓN ATRIBUTIVA Oración que tiene un verbo copulativo.

ORACIÓN COMPLEJA Oración que consiste en dos o más cláusulas, ya sean independientes o subordinadas.

ORACIÓN COMPUESTA Véase **oración compleja.**

ORACIÓN CONDICIONAL Véase **oración hipotética.**

ORACIÓN DECLARATIVA AFIRMATIVA Oración que afirma cierta información.

ORACIÓN DECLARATIVA NEGATIVA Oración que niega cierta información.

ORACIÓN EXCLAMATIVA Oración que refleja la emoción o el juicio del hablante.

ORACIÓN HIPOTÉTICA Combinación de dos cláusulas, una que indica una condición (prótasis) y otra un resultado verdadero o imaginario (apódosis).

ORACIÓN INTERROGATIVA Oración que pide una respuesta al oyente.

ORACIÓN SIMPLE Conjunto de elementos lingüísticos que forma una unidad sintáctica completa e independiente y que contiene un solo sujeto y un solo verbo conjugado.

P

PACIENTE Persona u objeto sobre el que recae la acción, como el objeto directo en la voz activa o el sujeto en la voz pasiva.

PALABRA AGUDA Palabra en la que la última sílaba es tónica o acentuada: *encantador.*

PALABRA COMPUESTA Palabra formada por la unión de dos o más palabras simples. Ejemplo: *parabrisas.*

PALABRA ESDRÚJULA Palabra en la que la antepenúltima sílaba es tónica o acentuada: *angélico.*

PALABRA GRAVE Véase **palabra llana.**

PALABRA LLANA Palabra en la que la penúltima sílaba es tónica o acentuada: *respeto.*

PALABRA MONOSILÁBICA Palabra que consiste en una sola sílaba: *sol.*

PALABRA POLISILÁBICA Palabra formada por dos o más sílabas: *luna.*

PALATAL Dícese de los sonidos que se articulan con el contacto entre la lengua y el paladar: /y/, /ñ/, /č/.

PARADIGMA Conjunto de formas de una palabra que sirven de patrón para indicar los morfemas gramaticales de otros verbos, pronombres, sustantivos, etcétera.

PARADIGMÁTICA Dícese de la flexión que forma parte de un paradigma.

PAR HOMOFÓNICO Dos palabras que tienen la misma pronunciación pero significado diferente.

PARTICIPIO Forma no personal del verbo: *vivido.*

PASADO Tiempo verbal o referencia temporal que se refiere a un tiempo antes del presente, en oposición al presente y al futuro.

PASIVA REFLEJA Forma verbal que usa el pronombre átono *se* para indicar que la acción es sufrida por el sujeto.

PERÍFRASIS En el sistema verbal, combinación de un verbo auxiliar con una forma no personal de otro verbo.

PERSONA Categoría gramatical que marca la diferencia entre primera, segunda y tercera persona en los paradigmas verbales y pronominales.

PERSONIFICACIÓN Resultado de atribuirle a un animal, un objeto animado o un concepto abstracto las características propias de una persona.

PLUSCUAMPERFECTO Véase **pretérito pluscuamperfecto.**

POSESIVO ÁTONO Determinante que expresa la posesión o pertenencia del sustantivo modificado. Las formas átonas *mi, tu, su*... se anteponen a los nombres.

POSESIVO TÓNICO Determinante que enfatiza la posesión o pertenencia para contrastarla o compararla. Las formas tónicas *mío, tuyo, suyo,* etcétera, se posponen a los nombres y se combinan con el artículo definido antepuesto al nombre.

POSPRETÉRITO Véase **condicional.** Término de la nomenclatura de los tiempos verbales de Andrés Bello.

POTENCIAL Véase **condicional.** Modo verbal que expresa la posibilidad de una acción verbal en el presente, pasado o futuro.

POTENCIAL PERFECTO Veáse **condicional perfecto.**

POTENCIAL PROGRESIVO Véase **condicional progresivo.**

PREDICADO ADJETIVAL Adjetivo que sigue al verbo copulativo.

PREDICADO NOMINAL Sustantivo que sigue al verbo copulativo.

PREDICADO Parte de la oración que consiste en el verbo, sus modificadores y sus complementos.

PREFIJO Morfema que se antepone a la raíz de una palabra.

PREGUNTA ECO Interrogativa que repite información ya conocida, con una entonación ascendente, para confirmar lo dicho.

PREGUNTA PARCIAL Pregunta encabezada por un pronombre interrogativo.

PREPOSICIÓN Partícula que establece una relación entre un sintagma nominal y el resto de la oración.

PREPOSICIÓN COMPUESTA Preposición que consiste en más de una palabra: *antes de, a lo largo de.*

PREPOSICIÓN SIMPLE Preposición que consiste en una sola palabra: *para, con.*

PRESENTE Tiempo verbal o referencia temporal que se refiere al momento en que se habla, en oposición al pasado y al futuro.

PRESENTE DE ANTICIPACIÓN Uso del presente simple para indicar un evento en el futuro.

PRESENTE DE INDICATIVO Tiempo verbal simple: *vive.*

PRESENTE DE SUBJUNTIVO Tiempo verbal simple: *viva.*

PRESENTE HABITUAL Uso del presente simple para indicar un evento en el presente extendido, el cual empieza en el pasado y sigue hacia el futuro.

PRESENTE HISTÓRICO Uso del presente simple para indicar un evento en el pasado.

PRESENTE NÓMICO Uso del presente simple para describir un hecho general que no tiene ni principio en el pasado ni fin en el futuro.

PRESENTE PROGRESIVO Perífrasis verbal que se forma con el verbo auxiliar *estar* en presente más el gerundio del verbo principal: *está viviendo.*

PRÉSTAMO Palabra que una lengua toma de otra lengua.

PRETÉRITO Véase **pretérito perfecto simple.**

PRETÉRITO ANTERIOR PROGRESIVO Perífrasis verbal que se forma con el verbo auxiliar *haber* en pretérito y el participio del verbo *estar* más el gerundio del verbo principal: *hubo estado viviendo.*

PRETÉRITO ANTERIOR Perífrasis verbal formada por el verbo auxiliar *haber* en pretérito más el participio del verbo principal: *hubo vivido.*

PRETÉRITO FUERTE Formas del pretérito simple que siguen el patrón de una raíz diferente y un cambio de acentuación en la primera y tercera persona singular: *tener/tuve, poner/puse, querer/quise.*

PRETÉRITO IMPERFECTO Tiempo verbal simple: *vivía.*

PRETÉRITO IMPERFECTO DE SUBJUNTIVO Tiempo verbal simple: *viviera.*

PRETÉRITO IMPERFECTO PROGRESIVO Perífrasis verbal que se forma con el verbo *estar* en pretérito imperfecto más el gerundio del verbo principal: *estaba viviendo.*

PRETÉRITO PERFECTO Véase **pretérito perfecto compuesto.**

PRETÉRITO PERFECTO COMPUESTO Perífrasis verbal formada por el verbo auxiliar *haber* en presente más el participio del verbo principal: *ha vivido.*

PRETÉRITO PERFECTO PROGRESIVO Perífrasis verbal que se forma con el verbo auxiliar *haber* en el presente, el participio del verbo *estar* más el gerundio del verbo principal: *ha estado viviendo.*

PRETÉRITO PERFECTO SIMPLE Tiempo verbal simple: *vivió.*

PRETÉRITO PLUSCUAMPERFECTO PROGRESIVO Perífrasis verbal que se forma con el verbo auxiliar *haber* en el imperfecto, el participio del verbo *estar* más el gerundio del verbo principal: *había estado viviendo.*

PRETÉRITO PLUSCUAMPERFECTO Perífrasis verbal formada por el verbo auxiliar *haber* en el imperfecto más el participio del verbo principal: *había vivido.*

PRETÉRITO PROGRESIVO Perífrasis verbal que se forma con el verbo auxiliar *estar* en el pretérito más el gerundio del verbo principal: *estuvo viviendo.*

PRIMERA CONJUGACIÓN Grupo de verbos cuyo infinitivo termina en -*ar* y cuyos miembros siguen el mismo patrón de terminaciones verbales en todos los tiempos, en oposición a la segunda y tercera conjugaciones.

PRIMERA PERSONA En el paradigma de pronombres personales y de verbos, la persona que indica al hablante o a los hablantes: *yo, nosotros.*

PROADJETIVO Término que se usa en este texto para referirse a los pronombres interrogativos o exclamativos que mantienen la función de un adjetivo.

PROADVERBIO Término que se usa en este texto para referirse a los pronombres interrogativos o exclamativos que mantienen la función de un adverbio.

PROATRIBUTO Término que se usa en este texto para referirse a los pronombres interrogativos o exclamativos que mantienen la función de un atributo.

PROCLÍTICO Dícese de los pronombres átonos que se colocan antes del verbo.

PRODUCTIVO Véase **morfema productivo.**

PRONOMBRE Elemento que reemplaza al sustantivo (o nombre) o al sintagma nominal.

PRONOMBRE ÁTONO Pronombre personal que no puede aparecer sin el verbo: *se, nos, lo.*

PRONOMBRE CLÍTICO Véase **pronombre átono.**

PRONOMBRE DE OBJETO DIRECTO Pronombre personal átono que reemplaza al complemento directo del verbo: *me, te, lo, la, nos, os, los, las.*

PRONOMBRE DE OBJETO INDIRECTO Pronombre personal átono que reemplaza o duplica al complemento indirecto del verbo: *me, te, le, nos, os, les.*

PRONOMBRE DE OBJETO PREPOSICIONAL Pronombre personal tónico que sigue a una preposición: *mí, ti, vos, él, ella, usted, nosotros, nosotras, vosotros, vosotras, ellos, ellas, ustedes.*

PRONOMBRE DE SUJETO Pronombre personal tónico que representa al sujeto: *yo, tú, vos, él, ella, usted, nosotros, nosotras, vosotros, vosotras, ellos, ellas, ustedes.*

PRONOMBRE EXCLAMATIVO Pronombre que se usa en una oración exclamativa: *¡qué!, ¡cómo!, ¡cuánto!*

PRONOMBRE INDEFINIDO Pronombre que no hace referencia a ninguna persona ni cosa definida: *alguien, nada.*

PRONOMBRE INTERROGATIVO Pronombre que se usa en una interrogativa informativa: *¿qué?, ¿dónde?, ¿por qué?*

PRONOMBRES PERSONALES Pronombres que hacen referencia a una persona. Incluyen los pronombres de sujeto, de objeto directo, de objeto indirecto, de objeto preposicional y los reflexivos.

PRONOMBRES POSESIVOS Pronombres que son el resultado de la pronominalización de los adjetivos posesivos tónicos.

PRONOMBRE PREPOSICIONAL Véase **pronombre de objeto preposicional.**

PRONOMBRE REFLEXIVO Pronombre que se usa con los verbos pronominales: *me, se, os,* etcétera.

PRONOMBRE RELATIVO Pronombre que se usa como sujeto de las cláusulas relativas: *que, quien, el cual.*

PRONOMBRE TÓNICO Pronombre personal que puede aparecer sin el verbo: *yo, ti.*

PRONOMINALIZACIÓN Transformación de un determinante en un pronombre.

PRÓTASIS Dentro de las oraciones hipotéticas, la cláusula subordinada que empieza con *si* e indica una condición. Se combina con la apódosis.

PROTO-ROMANCE Lengua reconstruida en base a las lenguas románicas para identificar las características originales de todas ellas.

QUESUISMO Uso dialectal del pronombre relativo *que su* en vez del pronombre relativo *cuyo.*

RAÍZ Morfema léxico que contiene el significado principal de una palabra.

REFERENCIA TEMPORAL Tiempo verdadero en el que ocurre un evento, el cual no siempre corresponde al tiempo verbal.

REDUNDANTE  Véase **duplicativo.**

REFERENTE  Sustantivo al que hace referencia un pronombre.

REGULARIZACIÓN  Proceso diacrónico por el que formas irregulares menos usadas son reemplazadas por formas regulares.

## S

SE FALSO  Uso del pronombre *se* en vez de *le, les* cuando se combinan con *lo, los, la,* o *las.*

SE IMPERSONAL  Forma pronominal del verbo que sólo aparece en tercera persona singular y que expresa una acción sin ningún sujeto específico.

SECUENCIA DE TIEMPOS  Reglas que rigen el uso de los tiempos verbales en las oraciones complejas con un verbo en la cláusula principal y otro verbo en la cláusula subordinada.

SEGUNDA CONJUGACIÓN  Grupo de verbos cuyo infinitivo termina en *-er* y cuyos miembros siguen el mismo patrón de terminaciones verbales en todos los tiempos, en oposición a la primera y tercera conjugaciones.

SEGUNDA PERSONA  En el paradigma de pronombres personales y de verbos, la persona que indica al oyente o a los oyentes: *tú, vos, usted, vosotros, ustedes.*

SEMIVOCAL  Vocal débil que se combina con una vocal fuerte en los diptongos.

SÍLABA ÁTONA  Sílaba de una palabra que no lleva la acentuación primaria, en oposición a la sílaba tónica.

SÍLABA TÓNICA  Sílaba de una palabra que lleva la acentuación primaria, en oposición a la sílaba átona.

SINCRETISMO  Dícese de los casos en los que una forma desempeña más de una función gramatical.

SINCRÓNICA  Dícese de los fenómenos que ocurren en las variantes de una lengua en un momento dado de su evolución. La lingüística sincrónica, en oposición a la lingüística diacrónica, examina las variaciones que existen en una lengua hoy día.

SINTAGMA  Unidad sintáctica de una oración.

SINTAGMA ADJETIVAL  Unidad sintáctica que tiene la función de un adjetivo.

SINTAGMA ADVERBIAL  Unidad sintáctica que tiene la función de un adverbio.

SINTAGMA NOMINAL  Unidad sintáctica que tiene la función de un sustantivo.

SINTAGMA PREPOSICIONAL  Unidad sintáctica que empieza con una preposición seguida de un sintagma nominal y funciona o como adjetivo o como adverbio.

SINTAGMA VERBAL  Unidad sintáctica que tiene la función de un verbo.

SINTÉTICA  Dícese de la palabra que contiene uno o más morfemas gramaticales, en oposición a una forma analítica.

SONORO  Dícese de los sonidos que se pronuncian con la vibración de las cuerdas vocales.

SORDO  Dícese de los sonidos que se pronuncian sin la vibración de las cuerdas vocales.

SUBIDA  Proceso por el que los pronombres átonos cambian de enclíticos, colocados después del verbo infinito, a proclíticos, colocados antes del verbo conjugado.

SUBJUNTIVO  Modo verbal que expresa la irrealidad de una acción verbal.

SUBORDINACIÓN  Relación entre una cláusula principal y su cláusula subordinada.

SUFIJO  Morfema que se pospone a la raíz de una palabra.

SUJETO  Sintagma nominal que concuerda con el verbo de la oración o de la cláusula.

SUJETO EXPLÍCITO  Véase **sujeto expreso.**

SUJETO EXPRESO  Sintagma nominal que se menciona en la oración, en oposición al sujeto tácito.

SUJETO IMPLÍCITO  Véase **sujeto tácito.**

SUJETO INEXISTENTE  En los verbos unipersonales, la falta total del sujeto en la oración.

SUJETO TÁCITO  Sintagma nominal suprimido en la oración cuando su identidad es sobreentendida.

SUPERFICIE  Estructura sintáctica de una oración después de pasar por las transformaciones que afectan la estructura subyacente original.

SUSTANTIVACIÓN  Véase **nominalización.**

SUSTANTIVO Nombre que designa a seres, objetos, lugares y conceptos abstractos; núcleo del sintagma nominal.

SUSTANTIVO COLECTIVO Sustantivo singular que representa a un grupo de entidades.

SUSTANTIVO COMÚN Sustantivo que designa una cosa, un ser o un lugar no específico, en oposición al sustantivo propio.

SUSTANTIVO CONTABLE Sustantivo que se puede contar, en oposición al sustantivo no contable.

SUSTANTIVO NO CONTABLE Sustantivo que no se puede contar, en oposición al sustantivo contable.

SUSTANTIVO PARTITIVO Uso de un sustantivo no contable para referirse sólo a una parte del total.

SUSTANTIVO PROPIO Sustantivo que designa una cosa, un ser o un lugar específico y único, en oposición al sustantivo común.

SUSTITUCIÓN Transformación que describe el paso sintáctico de reemplazar a un elemento de la estructura subyacente por otro elemento en la estructura de la superficie.

## T

TERCERA CONJUGACIÓN Grupo de verbos cuyo infinitivo termina en -ir y cuyos miembros siguen el mismo patrón de terminaciones verbales en todos los tiempos, en oposición a la primera y segunda conjugaciones.

TERCERA PERSONA En el paradigma de pronombres personales y de verbos, la persona que indica a los demás, aparte del hablante y del oyente: él, ella, ellos, ellas.

TIEMPO Categoría verbal que indica el momento en el que ocurre un evento, sea pasado, presente o futuro.

TIEMPO PERFECTO Véase **tiempo perfecto compuesto.**

TIEMPO PERFECTO COMPUESTO Perífrasis verbal que combina el verbo auxiliar haber con el participio del verbo principal.

TIEMPO PERFECTO PROGRESIVO Perífrasis verbal que se forma al combinar el verbo auxiliar haber con el participio de estar y el gerundio del verbo principal.

TIEMPO PERIFRÁSTICO Véase **perífrasis verbal.**

TIEMPO PROGRESIVO Perífrasis verbal que combina el verbo auxiliar estar con el gerundio.

TIEMPO SIMPLE Tiempos verbales sintéticos que usan la morfología verbal para indicar tiempo, modo, aspecto, persona y número.

TÓNICO Acentuado.

TRANSFORMACIÓN Cambio sintáctico de la estructura subyacente por otro elemento en la estructura de la superficie.

TRATAMIENTO Manera en la que se expresa la intimidad, la formalidad, la cortesía o el respeto hacia otra persona en la segunda persona.

VELAR Dícese del sonido que se articula con el contacto entre la lengua y el velo: /k/, /g/.

VERBO Clase de palabra que funciona como núcleo de la oración.

VERBO AUXILIAR Verbo que se une con otro verbo en su forma no personal; su morfología verbal indica el tiempo, el modo, el aspecto, la persona y el número del tiempo verbal.

VERBO BITRANSITIVO Verbo que requiere dos complementos, (objeto directo y objeto indirecto): mandar, dar.

VERBO COPULATIVO Verbo que sirve de enlace entre el sujeto y el predicado: ser, estar, parecer.

VERBO DE EXISTENCIA Verbo unipersonal, sin sujeto, que expresa la existencia de algo indefinido: haber.

VERBO DE RÉGIMEN Verbo que requiere una preposición, seguida de un objeto preposicional que funciona como complemento del verbo: quejarse de, soñar con.

VERBO DEL TIPO *GUSTARLE* Verbo que requiere un sujeto y un objeto indirecto, el cual indica la persona afectada: molestar, fascinar.

VERBO DURATIVO Verbo cuya acción implica duración: caminar, escribir, hablar:

VERBO INCOATIVO Verbo que indica el inicio de una acción o un estado.

VERBO INTRANSITIVO Verbo que tiene un sujeto pero no admite ningún complemento.

VERBO NO DURATIVO Verbo cuya acción se cumple instantáneamente: *romper, caer, chocar.*

VERBO PRONOMINAL Verbo que mantiene correferencia entre el sujeto y el pronombre reflexivo.

VERBO RECÍPROCO Verbo que denota intercambio de acción entre dos o más personas.

VERBO REFLEXIVO Verbo cuya acción recae en el sujeto, que también es el agente de la acción.

VERBO TRANSITIVO Verbo que requiere un complemento, el objeto directo.

VERBO UNIPERSONAL Verbo sin sujeto que expresa eventos de la naturaleza relacionados con el tiempo o el clima.

VOCAL ANTERIOR Vocal abierta /e/ y vocal cerrada /i/.

VOCAL FUERTE Vocal abierta /e/, /a/, /o/.

VOCAL PALATAL Véase **vocal posterior.**

VOCAL POSTERIOR Vocal abierta /o/ y vocal cerrada /u/.

VOCAL TEMÁTICA Morfema verbal que indica si el verbo corresponde a la primera, segunda o tercera conjugación.

VOCAL TÓNICA Vocal acentuada de una palabra.

VOCALES DÉBILES Vocales cerradas /i/ y /u/.

VOSEO Uso del pronombre *vos* y sus formas verbales en lugar de *tú* para la segunda persona singular informal.

VOZ Categoría verbal que indica si el sujeto es el agente o el paciente de la acción.

VOZ ACTIVA Forma verbal que indica que la acción es realizada por el sujeto.

VOZ PASIVA Forma verbal que indica que el sujeto recibe la acción en vez de realizarla.

VOZ PASIVA CON *SER* Perífrasis verbal que usa el verbo auxiliar *ser* más el participio concordante para indicar que la acción es sufrida por el sujeto.

YUXTAPOSICIÓN Acción de poner dos palabras juntas, sin ninguna conjunción para conectarlas.

# Clave de respuestas

## Capítulo 1

**1.**

¿Recuerdas <u>aquella</u> (determinante-demostrativo) vez cuando tú y yo fuimos al (a+ <u>el</u>-determinante-artículo definido) supermercado para comprar comida para <u>nuestra</u> (determinante-posesivo) <u>primera</u> (cuantificador) fiesta? Sólo teníamos <u>doce</u> (cuantificador) años así que fuimos caminando, pero compramos <u>tantas</u> (cuantificador) cosas que no pudimos llevar <u>todas</u> (cuantificador) <u>las</u> (determinante-artículo definido) bolsas hasta <u>tu</u> (determinante-posesivo) casa y tuvimos que tomar <u>un</u> (determinante-artículo indefinido) taxi, que nos costó <u>mucho</u> (cuantificador) dinero. Aprendimos de <u>esa</u> (determinante-demostrativo) experiencia y <u>la</u> (determinante-artículo definido) siguiente vez que hicimos <u>una</u> (determinante-artículo indefinido) fiesta en <u>mi</u> (determinante-posesivo) casa, les pedimos <u>más</u> (cuantificador) ayuda a <u>mis</u> (determinante-posesivo) padres.

Los dos tipos de modificadores se encuentran antes del sustantivo que modifican. El determinante ayuda a identificar al sustantivo, mientras que el cuantificador indica la cantidad del sustantivo. En muchos casos, tanto el determinante como el cuantificador modifican al mismo sustantivo, y en estos casos el determinante casi siempre va primero (con la excepción del cuantificador *todo*).

**2.**

    a. <u>Yo</u> (opcional) <u>le</u> (obligatorio) di a <u>ella</u> (opcional) tu número de teléfono.
    b. A <u>mí</u> (opcional) <u>me</u> (obligatorio) encanta vuestra casa.
    c. <u>Tú</u> (opcional) vas a queda<u>rte</u> (obligatorio) en mi casa con <u>ella</u> (obligatorio).
    d. <u>Ellos</u> (opcional) hablaron con <u>vosotros</u> (obligatorio) sobre su situación.
    e. <u>Nosotros</u> (opcional) <u>lo</u> (obligatorio) llamamos anoche para ver si <u>él</u> (opcional) había llegado.

**3.**

    a. Pronombres interrogativos:
       *¿Con <u>quién</u> vas a la fiesta?*
       *No sé <u>cuándo</u> va a regresar.*
    b. Pronombres exclamativos:
       *¡<u>Cómo</u> me duele la cabeza!*
       *¡Qué mala eres!*
    c. Pronombres relativos:
       *Mis abuelos, <u>quienes</u> viven ahora en Chicago, nacieron en Alemania.*
       *La razón por <u>la cual</u> no fuimos fue que se enfermó mi hijo.*

d. Pronombres indefinidos:

*No encontré a <u>nadie</u> en la oficina.*

*¿Buscas <u>algo</u> por aquí?*

**4.**

*Es <u>sumamente</u> importante que entiendan estos conceptos.*

*Habla <u>bastante</u> bien.*

Mientras que los adverbios modifican al verbo, los intensificadores modifican al adjetivo o al adverbio.

**5.**

Preposiciones simples: *<u>en</u> la clase, <u>de</u> mi padre, <u>con</u> mi hijo, <u>para</u> ustedes*

Preposiciones compuestas: *<u>antes de</u> la clase, <u>por parte de</u> mi padre, <u>al lado de</u> mi hijo, <u>en vez de</u> ustedes.*

Después de la preposición siempre aparece un sustantivo o un pronombre.

**6.**

*No me gusta la playa <u>pero</u> me encanta nadar.*

*No vamos a salir <u>hasta que</u> salgan de su viaje.*

**7.**

Verbo auxiliar + infinitivo: *<u>Suelo</u> estudiar por la noche.*

Verbo auxiliar + participio: *<u>Han</u> mejorado mucho.*

Verbo auxiliar + gerundio: *<u>Estamos</u> trabajando.*

**8.**

Las cuatro clases abiertas son los sustantivos, los adjetivos, los verbos y los adverbios. Las clases abiertas están integradas por un número infinito de elementos y están cargadas de significado semántico. Las clases cerradas constituyen un número finito de palabras que tienen función gramatical y poco significado léxico.

**9.**

| **Jabberwocky** | **El Jabberwocky** |
|---|---|
| 'Twas <u>brillig</u>, and the <u>slithy</u> <u>toves</u> | Era la <u>asarvesperia</u> y los <u>flexilimosos</u> <u>toves</u> |
| Did <u>gyre</u> and <u>gimble</u> in the <u>wabe</u>; | giroscopiaban <u>taledrando</u> en el <u>vade</u>; |
| All <u>mimsy</u> were the <u>borogoves</u>, | <u>debilmiseros</u> estaban los <u>borogoves</u>; |
| And the <u>mome</u> <u>raths</u> <u>outgrabe</u>... | <u>bramatchisilban</u> los <u>verdilechos</u> <u>parde</u>... |

Todas las palabras inventadas corresponden a clases abiertas porque los elementos de las clases cerradas sirven para conectar los elementos léxicos de las clases abiertas e identificar las funciones sintácticas de estas palabras inventadas. Por eso, se han traducido los elementos de las clases cerradas al español, mientras que se han inventado palabras en español para los elementos de las clases abiertas. También se ha mantenido la morfología de las clases abiertas para ayudar en su identificación.

*asarvesperia*-sustantivo, modificado por el artículo definido

*flexilimosos*-adjetivo, morfema adjetival *-oso*, concordancia con *toves*

*toves*-sustantivo plural, modificado por el artículo definido y el adjetivo

*giroscopiaban*-verbo principal, morfema verbal -*aban*, concordancia con el sujeto *toves*

*taledrando*-morfema de gerundio -*ando*, adverbio que modifica el verbo *giroscopiaban*

*vade*-sustantivo, modificado por el artículo definido, parte del sintagma preposicional

*debilmiseros*-adjetivo, predicado adjetival del verbo *estaban*, concordancia con *borogoves*

*borogoves*-sustantivo, modificado por el artículo definido

*bramatchisilban*-verbo, morfema verbal -*aban*, concordancia con el sujeto *verdilechos*

*verdilechos*-sustantivo, modificado por el artículo definido

*parde*-¿adverbio? No hay concordancia con el sustantivo *verdilechos*.

## 10.

Un sintagma es una frase, un grupo de palabras que tiene la misma función sintáctica que uno de los elementos de las clases abiertas. O sea, el sintagma nominal tiene la misma función que el sustantivo, el sintagma adjetival la misma que el adjetivo, el sintagma verbal la misma que el verbo y el sintagma adverbial la misma que el adverbio. También existen sintagmas preposicionales que consisten en una preposición más un sustantivo, pero funcionan como adverbios o como adjetivos.

## 11.

Sustantivos comunes: *perro, empleado, teatro, ciudad, universidad*

El sustantivo común se aplica a todos los integrantes de una misma clase y no a un sustantivo específico. Generalmente requiere un modificador para que sea más específico: el perro de ellos, un empleado inteligente, el nuevo teatro, esta ciudad, nuestra universidad

Sustantivos propios: *Sultán, José Martínez, Teatro Odeón, Chicago, Universidad Autónoma de México*

El sustantivo propio sirve para distinguir a un integrante específico de una clase. Es específico por lo que, generalmente, no necesita un modificador para que sea más específico.

Esta distinción es útil para explicar el uso de los adjetivos que modifican al sustantivo.

## 12.

Sustantivos contables: *pluma, cuaderno, libro*

Son los sustantivos que se pueden contar.

Sustantivos no contables: *agua, tiempo, arroz*

Es imposible contar estos sustantivos.

Esta distinción es útil para explicar el uso de los determinantes con el sustantivo. Los sustantivos contables necesitan normalmente algún determinante como parte del sintagma nominal, mientras que los sustantivos no contables generalmente aparecen solos, sin ningún determinante como modificador.

## 13.

*mi primera clase*

*mi* (determinante-opcional), *primera* (cuantificador-opcional), *clase* (sustantivo, núcleo del sintagma nominal-único elemento obligatorio)

*la mujer más bella del mundo*

*la* (determinante-opcional), (mujer-sustantivo, núcleo del sintagma nominal-único elemento obligatorio), *más bella del mundo* (sintagma adjetival-opcional)

## 14.

*tan difícil*
*tan* (intensificador-opcional), *difícil* (adjetivo, núcleo del sintagma adjetival-obligatorio)
*más bella del mundo*
*más* (intensificador-opcional), *bella* (adjetivo, núcleo del sintagma adjetival-obligatorio), *del mundo* (sintagma preposicional adverbial-opcional)
El sintagma adjetival se encuentra siempre dentro de un sintagma nominal porque modifica al sustantivo.

## 15.

El infinitivo puede funcionar como sustantivo: *Prohibido fumar.*
El gerundio puede funcionar como adverbio: *Salió corriendo.*
El participio puede funcionar como adjetivo: *Las camas están hechas.*

## 16.

*Compró un regalo muy especial ayer.*
*compró* (verbo, núcleo del sintagma verbal-obligatorio), *un regalo muy especial* (sintagma nominal-opcional), *muy especial* (sintagma adjetival-opcional), ayer (adverbio-opcional)
*Pueden correr muy rápido.*
*pueden* (verbo auxiliar-opcional), *correr* (verbo principal, núcleo del sintagma verbal-obligatorio), *muy rápido* (sintagma adverbial-opcional)

## 17.

*casi siempre*
*casi* (intensificador-opcional), *siempre* (adverbio-obligatorio)
*bastante lejos*
*bastante* (intensificador-opcional), *lejos* (adverbio-obligatorio)
Los sintagmas adverbiales se encuentran dentro de los sintagmas verbales, porque siempre modifican al verbo.

## 18.

*La esposa de mi amigo trabaja todos los fines de semana.*
sujeto-*la esposa de mi amigo* (núcleo-*esposa*)
predicado-*trabaja todos los fines de semana* (núcleo-*trabaja*)
*Volvimos a casa muy tarde.*
sujeto tácito-*nosotros*
predicado-*volvimos a casa muy tarde* (núcleo-*volvimos*)

19.

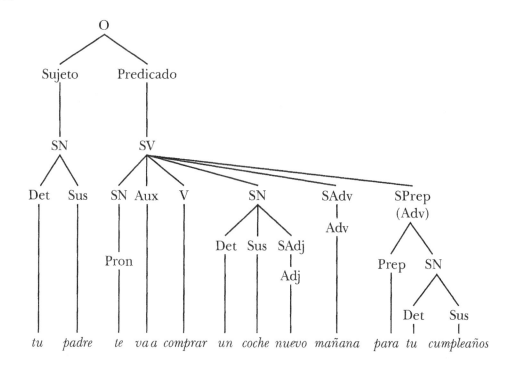

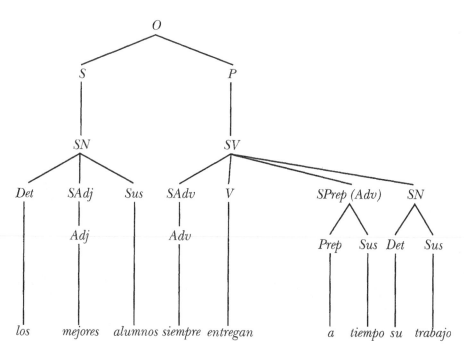

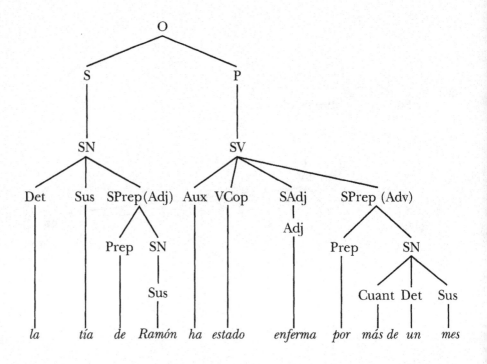

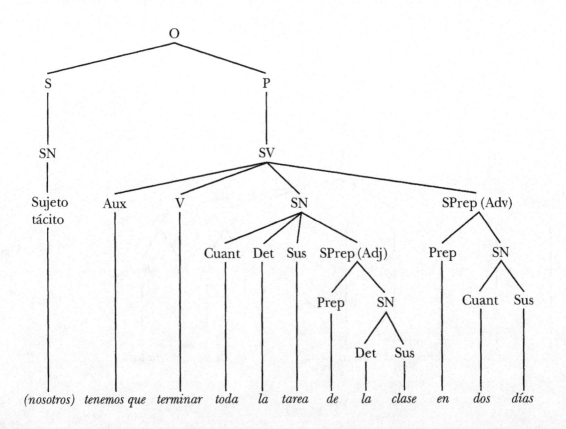

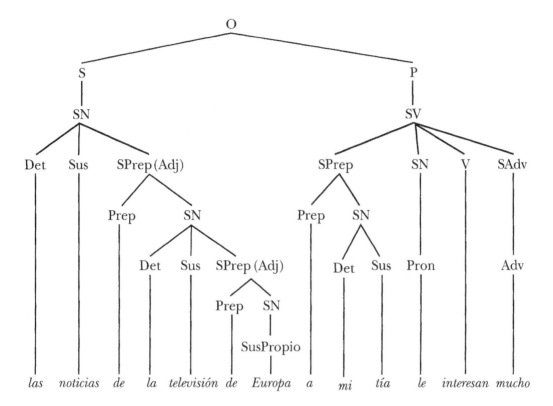

**20.**

Las principales lenguas románicas son el italiano, el francés, el catalán, el español, el portugués y el rumano, y todas son el resultado de la ruptura del latín vulgar en varios dialectos. Una comparación del léxico de estas lenguas confirma que son lenguas hermanas, porque la mayoría de las palabras deriva del vocabulario del latín.

**21.**

En la evolución del latín a las lenguas románicas, hubo muchos cambios en las clases abiertas y en las cerradas y estos cambios resultaron en varias lenguas con estructuras y léxico diferentes. Es más fácil ver la relación entre las lenguas románicas y el latín en las clases abiertas, porque las palabras todavía son similares.

En la variación dialectal del español, es más notable la variación de las clases abiertas que de las cerradas. Esto es así porque es necesario mantener los mismos elementos de las clases cerradas para que las personas que hablan dialectos diferentes puedan seguir comunicándose. En dialectos diferentes, las clases cerradas permanecen más estables porque un cambio en estas clases afectaría la estructura de la lengua.

## Capítulo 2

**1.**

    a. *tú*-sujeto tácito (morfología verbal)
    b. *yo*-sujeto tácito (morfología verbal)
    c. sujeto inexistente (verbo unipersonal)

    d. *el frío*-sujeto expreso

    e. *el frío*-sujeto tácito y verbo tácito (contexto)

    f. *tú*-sujeto tácito (morfología verbal)

    g. sujeto inexistente (verbo *haber*)

    h. *que*-sujeto expreso (pronombre relativo-sujeto de la cláusula relativa)

    i. *esto*-sujeto tácito (concepto abstracto y neutro)

    j. *mucho dinero*-sujeto expreso

    k. *esto*-sujeto tácito (el contexto, verbo del tipo *gustar*)

    l. *pagar*-sujeto expreso (verbo del tipo *gustar*)

    m. *tú*-sujeto expreso (enfatizado)

    n. *yo*-sujeto tácito y verbo tácito-copulativo *estar* (contexto)

    o. sujeto inexistente (verbo *haber*)

    p. sujeto inexistente (verbo unipersonal)

    q. sujeto inexistente (verbo *haber*)

    r. *tú*-sujeto tácito (morfología verbal)

    s. *tú*-sujeto tácito (morfología verbal)

    t. *Rosa*-sujeto tácito (contexto y morfología verbal)

    u. *sus padres*-sujeto tácito (contexto y morfología verbal)

    v. *sus padres*-sujeto tácito y verbo tácito-viven (contexto)

2.

    a. *Vosotros y vuestros amigos no <u>tenéis</u> que esperarnos.*
       Predomina la segunda persona sobre la tercera.

    b. *La primera persona que llegó a clase <u>fui</u> yo.*
       Predomina la primera persona sobre la tercera. *Yo* es el sujeto y la primera persona es el atributo.

    c. *Vosotros y nosotros <u>salimos</u> a la misma hora.*
       Predomina la primera persona sobre la segunda.

    d. *La mayor parte de los jóvenes de este país <u>ha / han</u> experimentado con drogas.*
       El verbo debe concordar con *la mayor parte* en la tercera persona singular porque *de los jóvenes* es un sintagma preposicional que funciona como adjetivo que modifica a *la mayor parte*. Sin embargo, es común encontrar la forma plural del verbo, concordando con *los jóvenes* por cercanía.

    e. *Tú y yo <u>tenemos</u> el mismo coche.*
       Predomina la primera persona sobre la segunda.

    f. *Los americanos <u>somos / sois / son</u> muy introvertidos.*
       A pesar de que *los americanos* es un sustantivo de tercera persona plural, puede admitir verbos conjugados en primera, segunda o tercera persona según se interprete al hablante y al oyente como integrantes o ajenos al grupo *los americanos*. *Somos* indica que el hablante es también americano, así que la combinación de tercera y primera persona (el hablante) resulta en primera persona plural (y puede incluir o excluir al oyente o a los oyentes). *Sois* indica que el oyente o los oyentes *son* americanos, pero excluye al hablante. Acá la combinación de segunda (el oyente o los oyentes) y tercera persona resulta en segunda persona plural. *Son* indica la tercera persona plural porque excluye tanto al hablante como al oyente.

    g. *Rolando y yo <u>fuimos</u> al baile anoche.*
       Predomina la primera persona sobre la tercera.

    h. *El culpable <u>eres</u> tú.*
       Predomina la segunda persona sobre la tercera. *Tú* es el sujeto y *el culpable* es el atributo.

i. *Mucha gente vino a la manifestación, pero no <u>causó / causaron</u> ningún problema.*

Ya que el sujeto de la cláusula principal es *gente* (sustantivo colectivo), debe conjugarse en la forma singular el verbo *causar*, igual que el verbo *venir*. Sin embargo, debido a que denota un concepto plural, a veces se conjuga el verbo de la segunda cláusula en plural, por estar lejos del sujeto.

j. *Los que más han aprendido en esta clase <u>somos</u> nosotros.*

Predomina la primera persona sobre la tercera separación. *Nosotros* es el sujeto y *los que más han aprendido* es el atributo.

k. *Tanto la administración como el profesorado <u>tienen</u> que buscar una solución.*

En estructuras del tipo *tanto ... como, ni ... ni*, el verbo debe ir en plural.

l. *Lo que más me confunde en esta clase <u>son</u> los pronombres.*

Normalmente, en las oraciones atributivas predomina el sustantivo plural sobre el sustantivo singular. El sintagma nominal *los pronombres* es el sujeto y el sintagma nominal *lo que más me confunde en esta clase* es el atributo.

m. *La llegada y salida de tantos vuelos <u>resulta</u> en mucha congestión.*

Aunque lo normal sería usar la forma plural del verbo porque es un sujeto formado por dos sustantivos unidos por una conjunción coordinante, aquí se presenta el sujeto *la llegada y salida de tantos vuelos* como un solo concepto; por eso el verbo aparece en singular.

n. *Hola Carina. <u>Soy</u> yo, Mónica.*

Predomina la primera persona sobre la tercera persona. En este caso, el atributo es inexistente y el sujeto es el pronombre *yo*.

o. *Ni tú ni yo <u>podemos</u> resolver todos los problemas que tiene.*

En la estructura *ni ... ni* el verbo debe ir en plural. Además, predomina la primera persona sobre la segunda.

p. *Tú y Carlos <u>comieron / comisteis</u> todo el postre.*

Predomina la segunda persona sobre la tercera. Si se hace concordar con la forma correspondiente al pronombre *ustedes*, entonces el verbo es *comieron* en lugar de *comisteis* que corresponde a *vosotros*.

q. *Ni Felipe ni Jorge <u>tienen</u> la tarea.*

El verbo debe ir en plural en la estructura *ni ... ni*.

r. *Mis padres y yo <u>hablamos</u> por teléfono todos los días.*

Predomina la primera persona sobre la tercera.

**3.**

a. *Le di a Rogelio <u>una foto de mi familia</u>.*

El verbo *dar* es bitransitivo y requiere un objeto directo y un objeto indirecto. OD: *una foto de mi familia*. OI: *Rogelio*. El OD es típicamente -humano y recibe la acción del verbo directamente.

b. *Me cae muy bien el hermano de Lupe.*

No hay objeto directo. El sujeto es *el hermano de Lupe* y concuerda con el verbo. *Me* es un objeto indirecto que aparece siempre con los verbos del tipo *gustar*.

c. *Visité a <u>mis primos</u> en Guadalajara.*

El OD +humano es *mis primos* y necesita la *a* personal, mientras que el sujeto tácito es la primera persona singular *yo*, según la morfología verbal.

d. *¿Vendieron <u>el coche</u> sus padres?*

Aunque hay dos sintagmas nominales después del verbo, el sujeto +humano *sus padres* concuerda con el verbo *vender* y el OD -humano *el coche* recibe la acción del verbo transitivo directamente.

e. *¿Has conocido al <u>nuevo profesor de historia</u>?*

El OD + humano es *el nuevo profesor de historia,* y requiere la *a* personal, mientras que el sujeto tácito es la segunda persona singular *tú,* según la morfología verbal.

f. *Pasó la ambulancia a <u>los carros</u>.*

El OD es el sintagma nominal *los carros* y queda marcado por la introducción de la *a* personal que sirve para distinguirlo del sujeto *la ambulancia* que, es -humano en lugar de + humano como suele ser.

g. *Hay <u>mucha gente</u> en la calle.*

El OD es *mucha gente* porque se trata de un verbo impersonal que no tiene sujeto.

h. *¿Has visto a <u>alguien de la clase</u> hoy?*

El OD es *alguien de la clase* y está introducido por la *a* personal, que suele estar delante de los pronombres indefinidos *alguien* o *nadie* cuando tienen función de OD, aunque no se refieren a personas específicas. El sujeto tácito es la segunda persona singular *tú,* según la morfología verbal.

i. *Quiero <u>una enfermera que tenga más experiencia</u>.*

El OD es *una enfermera que tenga más experiencia.* Aunque es una persona, la *a* personal no está presente porque no es una persona específica y por eso ocurre la despersonificación.

j. *Le escribió a su abuela la semana pasada.*

Aunque *escribir* es un verbo bitransitivo que tiene un objecto directo y uno indirecto, no hay un OD expreso porque la cosa escrita (la carta) está implícita, y el OI es *su abuela.*

k. *Vino Luis a la fiesta.*

*Venir* es un verbo intransitivo y no hay ni OD ni OI.

l. *¿Cuántos <u>hijos</u> tienes?*

El OD + humano es el sustantivo *hijos,* pero generalmente no se usa la *a* personal con el verbo *tener,* especialmente cuando el OD no es específico, por la despersonificación.

m. *Quiero mucho a <u>mi perro</u>.*

El OD -humano es *mi perro* y se utiliza la *a* personal porque hay personificación del animal.

n. *Llegamos a casa a las diez de la noche.*

El verbo *llegar* es intransitivo y no hay ni OD ni OI.

o. *<u>Me</u> visitó mi novio durante las vacaciones.*

Aunque el orden no es SVO, el sujeto es el sintagma nominal *mi novio,* y concuerda con el verbo *visitar.* El OD es el pronombre de primera persona singular *me,* pero no se usa la *a* personal antes de los pronombres átonos.

p. *Lávate <u>las manos</u> por favor.*

El verbo *lavar* es transitivo y requiere un OD. El OD -humano es el sintagma nominal *las manos,* pero también hay un pronombre reflexivo de primera persona singular *te* que indica el poseedor de *las manos.*

4.

a. *El joven rompió las ventanas.* >
   *Las ventanas fueron rotas por el joven.*
   En la oración activa, *el joven* es el sujeto y *las ventanas* es el objeto directo.
   En la oración pasiva, *el joven* es el objeto preposicional y *las ventanas* es el sujeto.

b. *Mi padre construyó nuestra casa en 1972.* >

*Nuestra casa fue construida por mi padre en 1972.*

En la oración activa, *mi padre* es el sujeto y *nuestra casa* es el objeto directo.

En la oración pasiva, *mi padre* es el objeto preposicional y *nuestra casa* es el sujeto.

c. *Destruyeron los edificios en menos de una hora.* >

*Los edificios fueron destruidos en menos de una hora.*

En la oración activa, el sujeto tácito es de tercera persona plural, pero no se menciona porque no importa quiénes construyeran los edificios. El objeto directo es *los edificios*. En la oración pasiva, el sujeto es *los edificios* y no hay objeto preposicional que indique el agente de la acción porque esta información no es importante para el mensaje.

d. *Inscribieron al niño en un colegio privado.* >

*El niño fue inscrito en un colegio privado.*

En la oración activa, el sujeto tácito es de tercera persona plural, pero no se menciona porque el contexto sería suficiente para identificar al agente de la acción. El objeto directo es *el niño*, y se usa la *a* personal para marcar el objeto directo +humano y específico. En la oración pasiva, *el niño* es el sujeto y no hay objeto preposicional para indicar el agente de la acción.

5.

a. *Yo no veo a nadie en este cuarto.*

Siempre se usa la *a* personal antes del pronombre indefinido *nadie* cuando funciona como objeto directo.

b. *Hay tres personas en la sala de espera.*

Nunca se usa la *a* personal con el verbo *haber* para marcar un objeto directo +humano.

c. *No conozco esta parte de la ciudad.*

No se usa la *a* personal porque el objeto directo es -humano.

d. *Pasó la motocicleta al carro.*

Aunque el objeto directo es -humano, se usa la *a* personal para marcar al objeto directo y distinguirlo del sujeto -humano.

e. *Le quiero presentar mi hermano a mi mejor amiga.*

Aunque el objeto directo *mi hermano* es +humano, no se usa la *a* personal porque está la preposición *a* más el objeto indirecto +humano *mi mejor amiga*, y sería imposible distinguir entre los dos objetos +humanos.

f. *Marcos sustituyó a Pablo como líder del comité.*

Se usa la *a* personal antes del objeto directo +humano *Pablo* para distinguirlo del sujeto +humano *Marcos*.

g. *Necesito una enfermera que sepa hablar español.*

No se usa la *a* personal antes del objeto directo +humano *una enfermera* porque el hablante no tiene en mente una persona específica, así que es un ejemplo de despersonificación.

h. *Los miembros del comité sustituyeron (a) Pablo por Marcos.*

Se usa la *a* personal para marcar el objeto directo +humano *Pablo*. Si no se usa, es un caso de despersonificación.

i. *Echo de menos (a) mi viejo coche.*

No se usa la *a* personal porque el objeto directo *mi viejo coche* es -humano, pero si se usa, es un caso de personificación, porque se considera el coche como si fuera una persona.

    j. *Tienen (a) mi hija en el hospital porque quieren observarla por un día.*

El verbo transitivo *tener* toma un objeto directo y, aunque generalmente no se usa la *a* personal con este verbo, a veces se usa antes del objeto directo +humano para darle más especificidad.

**6.**

    a. *Le di a Marisa el anillo de su abuela.*

El OI del verbo bitransitivo *dar* es *Marisa*, porque recibe indirectamente la acción del verbo. Es precedido por la preposición *a* y duplicado por el pronombre de objeto indirecto *le*.

    b. *¿Te sacó el diente el dentista?*

El OI es el pronombre *te*, porque es el poseedor del objeto directo diente y por eso es afectado por la acción del verbo *sacar*. En inglés no se usa el OI sino el adjetivo posesivo para indicar quién es la persona afectada: *Did the dentist take out your tooth?*

    c. *Le cae bien Manuel a Virginia.*

El OI es *Virginia* porque verbos como *caer* siempre tienen un sujeto y un objeto indirecto. El OI es precedido por la preposición *a* y duplicado por el pronombre *le*.

    d. *Ángeles no está en clase hoy porque se le murió su tío.*

El OI es el pronombre *le* porque indica que el sujeto *Ángeles* ha sido afectado por el evento de la acción.

    e. *Mi novio me va a presentar a sus padres este fin de semana.*

El OD es el sintagma nominal *sus padres*, precedido por la a personal, y el OI es el pronombre *me*.

    f. *Al hijo de Luisa le robaron el coche.*

El OI del verbo *robar* es *el hijo de Luisa* y está precedido por la preposición *a* y duplicado por el pronombre *le*. Es el OI porque es su coche y ha sido afectado por el evento.

    g. *No pude enseñar anoche, así que mi colega me dictó la clase.*

El OI del verbo *dictar* es el pronombre *me*, e indica que la persona ha sido afectada por el evento o está involucrada en la acción.

    h. *Le quiero presentar mis hermanos a mi compañera de cuarto.*

El OI del verbo *presentar* es *mi compañera de cuarto*, precedido por la preposición *a* y duplicado por el pronombre *le*. Ya que el verbo presentar tiene OD y OI +humanos, el OD pierde la *a* personal para no confundirla con la preposición *a* que introduce al OI.

    i. *¿Me has comido toda la sopa?*

El OI es el pronombre *me*, porque indica que la persona ha sido afectada por el evento o está involucrada en la acción.

    j. *Los dueños les quitaron a los empleados la mitad de su trabajo.*

El OI del verbo *quitar* es el sintagma nominal *los empleados,* precedido por la preposición *a* y duplicado por el pronombre *les*.

    k. *He sacado a mis hijos de este colegio.*

No hay OI en esta oración. El sintagma nominal *mis hijos* es el OD +humano, precedido por la *a* personal.

    l. *Mis hijos me vinieron con una lista de demandas.*

El verbo *venir* es intransitivo y no acepta un objeto directo. El OI es el pronombre *me*, e indica que la persona ha sido afectada por el evento o está involucrada en la acción.

**7.**

Preposiciones simples:

*Juan es de España.*

*El vaso está en la mesa.*

Preposiciones complejas del tipo preposición + sustantivo + preposición:

*Prefiero nadar en lugar de jugar al fútbol.*

*En vez de ver televisión, debes estudiar más.*

Preposiciones complejas del tipo adverbio + preposición:

*Encontrarás la pelota debajo del sofá.*

*Después de terminar la tarea, puedes lavar los platos.*

**8.**

a. *Llegamos a las cinco de la tarde.*

   *a las cinco:* preposición *a* + sintagma nominal > sintagma preposicional

b. *Voy a ver a mi primo.*

   *voy a:* verbo de régimen *ir* + *a*

   *a mi primo: a* personal

c. *A Susana le molesta viajar al extranjero.*

   *a Susana: a* + objeto indirecto

   *al extranjero:* preposición *a* + sintagma nominal > sintagma preposicional

d. *Les compramos a Uds. unos dulces.*

   *a Uds.: a* + objeto indirecto

e. *Sólo conozco a las personas que asisten a clase.*

   *a las personas: a* personal

   *a clase:* verbo de régimen *asistir* + *a*

**9.**

a. *La ventana de la cocina da al jardín.*

   *al jardín:* sintagma preposicional adverbial

b. *Me puse a trabajar a las diez de la noche.*

   *ponerse a:* verbo de régimen

c. *Mi hermano se negó a ayudarme.*

   *negarse a:* verbo de régimen

d. *Subimos al séptimo piso del edificio.*

   *al séptimo piso:* sintagma preposicional adverbial

e. *Acaban de llegar de Venezuela.*

   *acabar de:* verbo de régimen

f. *Se pusieron de rodillas en la iglesia.*

   *de rodillas:* sintagma preposicional adverbial

g. *Me arrepiento mucho de no haberle ayudado.*

   *arrepentirse de:* verbo de régimen

h. *Corrieron del edificio cuando sonó la alarma.*

   *del edificio:* sintagma preposicional adverbial

i. *Todos mis amigos se van a burlar de mí.*

   *burlarse de:* verbo de régimen

j. *Se quejan mucho de la comida en la cafetería.*

   *quejarse de:* verbo de régimen

k. *Te vas a morir de risa cuando te diga lo que pasó.*

*de risa:* sintagma preposicional adverbial

l. *Hice la tarea con prisa porque quería ir al cine.*

*con prisa:* sintagma preposicional adverbial

m. *Me enojé mucho con mi hijo porque me mintió.*

*enojarse con:* verbo de régimen

n. *Estás acabando con mi paciencia.*

*acabar con:* verbo de régimen

o. *El plato se sirve con arroz y frijoles.*

*con arroz y frijoles:* sintagma preposicional adverbial

p. *Quiero ir contigo a la biblioteca.*

*contigo:* sintagma preposicional adverbial

q. *Soñé con mi abuelo anoche.*

*soñar con:* verbo de régimen

r. *Fíjate bien en las señales.*

*fijarse en:* verbo de régimen

s. *He vivido en California toda mi vida.*

*en California:* sintagma preposicional adverbial

t. *Tardé mucho tiempo en llegar al trabajo.*

*tardar en:* verbo de régimen

**10.**

a. *Baño a mi hija todos los días a la misma hora.*

Dos argumentos: sujeto tácito = *yo*, objeto directo = *mi hija;* verbo transitivo

b. *Me falta tiempo para terminar todo mi trabajo.*

Dos argumentos: sujeto = *tiempo*, objeto indirecto = *me;* verbo del tipo *gustarle*

c. *Tengo que afeitarme.*

Dos argumentos: sujeto tácito = *yo*, objeto reflexivo correferente = *me;* verbo reflexivo

d. *La ciudad se fundó en 1500.*

Un argumento: sujeto pasivo = *la ciudad;* pasiva refleja con *se*

e. *Se lavó las manos después de tocar al gato.*

Tres argumentos: sujeto tácito = *él/ella*, objeto reflexivo correferente = *se*, objeto directo = *las manos;* verbo reflexivo + OD

f. *Se nos acabó la leche.*

Dos argumentos: sujeto = *la leche*, objeto indirecto = *nos;* pasiva refleja con *se* + OI involucrado

g. *Nuestra casa fue construida en 1927.*

Un argumento: sujeto pasivo = *nuestra casa;* voz pasiva con *ser*

h. *Les di el dinero a mis padres.*

Tres argumentos: sujeto tácito = *yo*, objeto directo = *el dinero*, objeto indirecto = *les* (duplicado por *a mis padres*); verbo bitransitivo

i. *Se divorció de su esposo después de un solo año de matrimonio.*

Dos argumentos: sujeto tácito = *ella*, objeto del verbo de régimen = *su esposo;* verbo de régimen

j. *No se sabe lo que pasó con los demás pueblos.*

Ningún argumento. El *se* impersonal no tiene sujeto ni objeto.

k. *Mis hijos me limpiaron la casa para mi cumpleaños.*

Tres argumentos: sujeto = *mis hijos,* objeto directo = *la casa,* objeto indirecto = *me;* verbo transitivo + objeto indirecto involucrado

l. *Hay muchos estudiantes en la clase.*

Un argumento: objeto directo = *muchos estudiantes,* no hay sujeto; verbo de existencia

m. *Va a nevar mañana.*

Ningún argumento: No hay ni sujeto ni objeto; verbo unipersonal

n. *Fuimos al parque ayer.*

Un argumento: sujeto tácito = *nosotros;* verbo intransitivo

o. *Mi madre es profesora de biología.*

Dos argumentos: sujeto = *mi madre,* atributo = *profesora de biología;* verbo copulativo

## 11.

El sujeto en español puede ocupar cualquier posición respecto al verbo y al objeto (SVO, VSO, VOS), de la misma forma en que ocurría en latín, ya que los verbos son los que indican el sujeto con su morfología. Sin embargo, el orden no marcado en español es SVO o VO, mientras que el orden más común en latín era SOV u OV.

Este cambio de orden tuvo varias consecuencias en el orden de otros elementos en la oración. Por ejemplo, en latín se marcaba la función del sustantivo mediante los casos, o sea, la morfología que tenía el sustantivo, mientras que en el español actual la función del sustantivo se marca generalmente mediante preposiciones que preceden al sustantivo. Otra diferencia es que los verbos auxiliares en español preceden al verbo principal, mientras que los verbos auxiliares en latín podían estar después del verbo.

## Capítulo 3

## 1.

Las lenguas que han contribuido con morfemas léxicos para la formación de palabras en español son el griego, el latín y el árabe.

Morfemas del griego:

*biblio-* (libro)-*bibliografía, bibliotecólogo*

*-metro* (medida)-*decímetro, perímetro*

Morfemas del latín:

*equi-* (igual)-*equilibrio, equidistante*

*omni-* (todo)-*omnipotente, omnívoro*

Morfemas del árabe:

*a-* o *al-* (artículo definido)-*ajedrez, alfajor, ajimez, alfajía, alcoba, alcohol*

Los dobletes existen porque un significado que se expresó primero con una raíz o afijo evolucionó y sufrió cambios fonológicos, mientras que después se incorporó otra raíz o afijo para expresar el mismo significado, de origen más culto. Esto hizo que convivan en la lengua raíces o afijos que tienen una misma etimología pero formas diferentes como *padre* y *patriarca,* que provienen de *patri-; lleno* y *pleno,* que provienen de *pleni-;* y *huevo* y *óvulo,* que provienen de *ov-.*

**2.**

| verbo | sustantivo | adjetivo | adverbio |
|---|---|---|---|
| explicar | *explicación* | explicable | inexplicablemente |
| *mirar* | mirada | mirado | |
| reservar | *reserva* | reservado | reservadamente |
| actualizar | actualidad | *actual* | actualmente |
| *mejorar* | mejoramiento | mejorable | mejor |
| adelantar | adelantamiento | adelantado | *adelante* |
| anochecer | *noche* | nocturno | anoche |
| verificar | verdad | verdadero | *verdaderamente* |
| atrasar | *atraso* | atrasado | atrás |
| malear | maldad | maldito | *mal* |

**3.**

*o* vs. *ue:*

<u>nu</u><u>e</u>*ve:* La raíz *nuev* es un alomorfo de la raíz *nov* (*noveno, noventa*).

<u>m</u><u>o</u>*rtal:* La raíz *mort* (*mortandad, mortífero*) puede variar en *muert* (*muerte, muerto*) o en *mor* (*moribundo*).

<u>mu</u><u>e</u>*ble:* La raíz *mueb* es una variante de *mob* (*mobiliario, moblaje*).

<u>f</u><u>o</u>*rzar:* La raíz *forz* puede variar en *fuerz* (*fuerza, fuerte*).

*e* vs. *ie:*

<u>si</u><u>e</u>*te:* La raíz *siet* es una variante de *set* (*setenta*) y de *sept* (*séptimo, septuagésimo*).

<u>s</u><u>e</u>*ntir:* El verbo cambia su raíz en *sient* en ciertas formas (*siento, sientas, siente*).

<u>v</u><u>e</u>*jez:* La raíz varía en *viej* (*viejo*).

<u>di</u><u>e</u>*nte:* La raíz es un alomorfo de *dent* (*dental, dentista*).

*t-, d-, r-* vs. *s-:*

<u>r</u><u>e</u>*vertir:* La raíz puede variar en *vers* (*reverso*) o en *viert* (*revierte*).

<u>con</u><u>v</u>*ertir:* La raíz puede variar en *vers* (*converso*) o en *viert* (*convierta*).

<u>acc</u><u>e</u>*der:* La raíz *acced* es una variante de *acces* (*acceso*).

<u>r</u><u>e</u>*curso:* La raíz puede variar en *curr* (*recurrir*).

**4.**

*vivo*

  verbo-primera persona singular del presente de indicativo:
  ***Vivo** en Los Ángeles.*
  adjetivo masculino singular:
  *Él está **vivo**.*

*habla*

  verbo-tercera persona singular del presente de indicativo:
  *Ella **habla** bien.*
  sustantivo femenino singular:
  *Es difícil entender el **habla** de algunos países.*

*cuentas*

    verbo-segunda persona singular del presente de indicativo:
    *Cuentas con tu hijo.*
    sustantivo masculino plural:
    *Me ocupo de las **cuentas** de la casa.*

*corte*

    verbo-primera o tercera persona singular del presente de subjuntivo:
    *Ella quiere que le **corte** el pelo.*
    sustantivo masculino singular:
    *Se hizo un **corte** en la mano.*
    sustantivo femenino singular:
    *Se decidió el caso en la **corte**.*

*ama*

    verbo-tercera persona singular del presente de indicativo:
    *El niño **ama** a su abuelito.*
    sustantivo femenino singular:
    *El **ama** vieja cuida bien al niño.*

## 5.

*al-*    sustantivos de origen árabe: *alcohol, alcachofa, alcalde, almohada*
*ante-*  sustantivo: *antecámara*
    adjetivo: *antedicho*
    verbo: *anteponer*
    adverbio: *antenoche*
*anti-*  sustantivos: *anticuerpo, antihéroe*
    adjetivos: *antiadherente, antipedagógico*
*archi-* sustantivo: *archidiácono*
    adjetivo: *archiconocido*
*auto-*  sustantivo: *autohipnosis*
    adjetivo: *autónomo*
    verbo: *automatizar*
*con-*   sustantivo: *concurso*
    adjetivo: *concatenado*
    verbo: *conservar*
*contra-* adjetivos: *contradictorio, contraproducente*
    verbo: *contravenir*
*des-*   sustantivo: *destrucción*
    adjetivo: *desunido*
    verbo: *desdecirse*
*en-*    adjetivos: *enterizo, endiablado, encubierto*
    verbo: *encasillar*
*in-*    sustantivo: *inmersión*
    adjetivo: *intacto*
    verbo: *invertir*
*inter-*  sustantivo: *internación*
    adjetivo: *interplanetario*
    verbo: *interponer*

| mal- | sustantivo: *malformación* |
| | adjetivo: *malogrado* |
| | verbo: *maldecir* |
| multi- | sustantivo: *multitud* |
| | adjetivo: *múltiple* |
| | verbo: *multiplicar* |
| pos- | sustantivo: *postergación* |
| | adjetivo: *posgraduado* |
| | verbo: *posponer* |
| pre- | sustantivo: *presumario* |
| | adjetivo: *preparatorio* |
| | verbo: *preparar* |
| re- | sustantivo: *reencarnación* |
| | adjetivo: *redistribuido* |
| | verbo: *revisar* |
| sobre- | adjetivo: *sobresaliente* |
| | verbo: *sobreponerse* |
| trans- | sustantivo: *transeúnte, tránsito* |
| | verbo: *transpirar* |

## 6.

Verbo + sustantivo > sustantivo masculino:
*el rompecabezas, el guardabosque, el picaflor, el pelagatos, el cortaúñas, el lustrabotas, el rompecorazones, el cascanueces, el escarbadientes, el quitamanchas, el chupatintas*
Sustantivo + adjetivo > adjetivo:
*patizambo, ojinegro, ojituerto, cariacontecido, cabizbajo, manirroto*
Sustantivo + adverbio > adverbio:
*boca abajo, calle abajo*

## 7.

El género natural permite distinguir entre los seres animados del sexo masculino y los del sexo femenino. Algunos ejemplos son: *chico/chica, muchacho/ muchacha, león/ leona.*
El género artificial se usa de manera arbitraria para marcar los sustantivos inanimados, sin ninguna lógica. Algunos ejemplos son: *el sol, la luna, el césped, la hierba, el vaso, la taza.*
Los sustantivos de género epiceno usan una sola forma para los dos sexos, y este uso, como el género artificial, también es arbitrario. Algunos ejemplos son: *la persona, el ángel.*

## 8.

el género natural:
*el abogado/la abogada, el mono/la mona, el caballo/la yegua, el carnero/la oveja, el macho/la cabra, el jabalí/la jabalina, el ganso/la gansa, el tigre/la tigresa, el gato/la gata, el perro/la perra, el oso/la osa, el león/la leona*
género artificial masculino:
*el monstruo, el canguro, el cocodrilo, el pájaro, el elefante, el ratón, el pez, el venado, el hipopótamo, el tiburón*
género artificial femenino:
*la víctima, la serpiente, la mosca, la ardilla, la araña, la rata, la jirafa, la zebra, la perdiz, la tortuga*

**9.**

- Dos formas completamente diferentes: *el hombre/la mujer, el toro/la vaca.*
- Dos formas con la misma raíz pero con sufijos diferentes: *el príncipe/la princesa, el conde/la condesa, el poeta/la poetisa, el gallo/la gallina.*
- Dos formas con el sufijo masculino *-o* o *-e* y el femenino *-a: el viudo/la viuda, el novio/la novia, el monje/la monja.*
- Dos formas con la forma masculina terminada en consonante y la forma masculina en *-a: el bailarín/la bailarina, el asesor/la asesora, el huésped/la huéspeda, el campeón/la campeona, el senador/la senadora, el holgazán/la holgazana, el español/la española.*
- Una sola forma con cambio de determinante para indicar el sexo de la persona: *el/la piloto, el/la soldado, el/la testigo, el/la colega, el/la comunista, el/la joven, el/la adolescente, el/la amante, el/la intérprete, el/la líder, el/la miembro, el/la idiota.*

**10.**

En español, existe actualmente la tendencia a no aceptar el género masculino como género epiceno para generalizar sobre hombres y mujeres. Por el contrario, se busca subrayar el género femenino mediante el morfema *-a* o el determinante *la*. Puesto que aún no se ha establecido una norma, los criterios se alternan para un mismo sustantivo. En unos casos, existen dos variantes en *-o* y *-a* para los sustantivos femeninos: *la abogada/la abogado, la médico/la médica, la ministro/la ministra.* Aun más común es la alternancia entre dos variantes en *-e* y *-a: la jefa/la jefe, la presidenta/la presidente, la servienta/la serviente, la dependienta/la dependiente.* El cambio de *-e* en *-a* no coincide con el criterio que se aplica a otros sustantivos que tienen la misma terminación como *estudiante,* cuyo género varía mediante el uso del artículo *el* o *la*. El sustantivo *modista,* originalmente aplicado sólo a mujeres, comparte el morfema *-ista* con otros sustantivos que distinguen el género mediante el artículo (*el/la alpinista*). Sin embargo, al interpretarse la *-a* como morfema femenino, se estableció el uso del morfema *-o* como masculino: *el modisto.*

En inglés, en cambio, se busca actualmente la eliminación de las referencias a género natural en los sustantivos que designan personas: *chair* o *chairperson* en lugar de *chairman, mailcarrier* en vez de *mailman, firefighter* en vez de *fireman, police officer* en vez de *policeman.*

**11.**

| Sufijos masculinos | Ejemplos | Excepciones | Sufijos femeninos | Ejemplos | Excepciones |
|---|---|---|---|---|---|
| *-o* | *el vino* | *la mano* | | | |
| *-ma, -pa* | *el problema, el mapa* | *la cama, la milpa* | *-a, -ía, -cia, -eza* | *la onda, la biología, la farmacia, la belleza* | *el panda* |
| *-e, -é, -í, -ú* | *el bate, el mensaje* | *la leche, la clase* | *-ie, -umbre* | *la serie, la muchedumbre* | *el pie* |
| *-ín, -én, -an, -ón, -ún* | *el renglón, el pan, el andén, el colorín, el atún* | *la sartén* | *-ción, -sión, -azón* | *la situación, la decisión, la razón* | *el corazón, el tazón* |
| *-s* | *el gas, el rompecabezas* | *la tos* | *-itis, -isis* | *la crisis, la apendicitis, la dosis* | *el cutis, el análisis* |
| *-az, -oz, -uz* | *el disfraz, el arroz, el avestruz* | *la paz, la voz, la cruz* | *-ez* | *la sencillez* | *el pez* |

| Sufijos masculinos | Ejemplos | Excepciones | Sufijos femeninos | Ejemplos | Excepciones |
|---|---|---|---|---|---|
| Otras consonantes (-l, -r, -t, -m, -x, -y, -j) | el pañal, el bar, el carnet, el boom, el fax, el buey, el reloj | la cal, la flor, la ley | -d, -dad, -tud | la red, la bondad, la solitud | el alud |

## 12.

El género metonímico es cuando el nombre propio de un objeto inanimado tiene el mismo género que el sustantivo común que lo comprende. Los siguientes nombres propios son masculinos porque el sustantivo común que los comprende es masculino: *el Pó* – el río; *el Pacífico* – el océano; *el Volkswagen* – el coche; *el Concorde* – el avión; *el rojo* – el color; *el ocho* – el número; *el lunes* – el día

Los siguientes sustantivos son femeninos porque el sustantivo común que los comprende es femenino: *Las Azores* – la isla; *la hache* – la letra; *la Panamericana* – la ruta; *la número uno* – la pregunta.

Además, el género metonímico distingue algunos árboles y su fruta, siendo por lo general el árbol masculino y la fruta femenina: *el naranjo – la naranja, el manzano – la manzana, el peral – la pera*. Sin embargo, hay algunas excepciones como *la higuera* y *el higo*.

## 13.

Los sustantivos femeninos que empiezan en /á-/ tónica usan el artículo masculino singular *el* para no perder la pronunciación de la primera sílaba de la palabra por el enlace. Algunos ejemplos son: *el águila, el agua, un hacha*.

## 14.

La última letra del sustantivo en singular y, en algunos casos, la acentuación de la última sílaba determinan qué morfema plural es el adecuado.

Se utiliza el morfema *-s* para pluralizar sustantivos terminados en *-a, -e* u *-o* átonas y, dado que la mayoría de los sustantivos terminan en estas vocales átonas en español, el morfema *-s* es el más común: *la dama / las damas, la parte / las partes, el escritorio / los escritorios*. También se utiliza este morfema para pluralizar los escasos sustantivos terminados en *-i* o *-u* átonas: *el espíritu / los espíritus, la tribu / las tribus, el taxi / los taxis*.

Cuando la última sílaba termina en vocal tónica *-á, -é, -ó*, el morfema *-s* también forma el plural: *la mamá / las mamás, el puntapié / los puntapiés, el dominó / los dominós*.

Si la *-í* o la *-ú* son tónicas, el morfema de plural oscila entre *-s* y *-es*: *el zulú / los zulúes, el menú / los menús, el esquí / los esquís / los esquíes, el maniquí / los maniquíes, el ají / los ajíes, el champú / los champúes / los champús, el ñandú / los ñandúes*.

Los sustantivos terminados en consonante utilizan el plural agregando *-es*: *el germen / los gérmenes, el automóvil / los automóviles, el mártir / los mártires, el pez / los peces, la habilidad / las habilidades*. Cuando la última consonante es la *-s* y la sílaba es tónica, se agrega *-es*: *el libanés / los libaneses, el interés / los intereses, el país / los países*. Si la última sílaba es átona y termina en *s*, el morfema es *–Ø*: el sustantivo no varía y el plural se marca mediante el artículo: *la dosis / las dosis, la efemérides / las efemérides, la caries / las caries, el lunes / los lunes*. Las palabras compuestas mediante un verbo y un sustantivo plural, que resultan en sustantivo, también marcan el plural sólo mediante el artículo: *el cumpleaños / los cumpleaños, el portamonedas / los portamonedas, el mondadientes / los mondadientes*.

## 15.

Existe variación en el uso de los morfemas plurales en palabras que terminan en -*í* o -*ú*, porque no es una terminación típica en español. Por ejemplo, *los esquís* o *los esquíes*, *los champús* o *los champúes*.

## 16.

Muchos sustantivos no contables en inglés son contables en español, como:

| | |
|---|---|
| chalk (a piece of chalk) | la tiza / las tizas |
| news (a piece of news) | la noticia / las noticias |
| furniture (a piece of furniture) | el mueble / los muebles |

Los sustantivos no contables en español suelen tener una forma paralela contable (*café* / *un café*), mientras que en inglés suelen añadir un cuantificador (*a cup of coffee*).

Los sustantivos colectivos son sustantivos que, estando en singular, se refieren a un grupo. Si bien existen tanto en inglés como en español, no hay una correspondencia exacta. Por ejemplo, mientras que *familia* y *family* son singulares en español y en inglés, *gente* es singular en español y *people* es plural en inglés.

## 17.

La morfología nominal en latín indicaba cinco declinaciones o patrones del sustantivo. Dentro de estas declinaciones, se distinguía entre los géneros femenino, masculino y neutro. La morfología marcaba también el número singular o plural e indicaba además el caso del sustantivo o la función gramatical del sustantivo dentro de la oración. En el sistema nominal del latín había muchos casos de sincretismo, donde el mismo morfema desempeñaba más de una función gramatical. Algunos ejemplos de este sincretismo son:

- la primera declinación usaba el mismo morfema -*ae* para la forma plural del nominativo y para la forma singular del genitivo y del dativo.
- la segunda declinación usaba el morfema -*i* para marcar la forma singular del genitivo y se usaba el mismo morfema en la tercera declinación para marcar la forma singular del dativo.
- la segunda declinación usaba el mismo morfema -*o* para marcar el singular del dativo y del ablativo.

## 18.

Como consecuencia de la eliminación de los casos del latín, fue necesaria una mayor rigidez en el orden del sujeto y de los objetos del verbo, se empezó a usar la *a* personal para distinguir el objeto directo humano del sujeto y se comenzaron a utilizar con más frecuencia las preposiciones para indicar la función del sustantivo dentro de la oración.

Las declinaciones que permanecen en el español sólo distinguen el género. Junto con el sistema de casos, desapareció el género neutro y sólo quedaron dos declinaciones: una para el género masculino y otra para el género femenino.

## Capítulo 4

## 1.

a. -*Yesterday I met a woman that went to your high school. -Did the woman know me?*

*una mujer* vs. *la mujer.* Primera vez, nueva información, artículo indefinido. Después, información conocida, artículo definido

b. *What time is it? -It's six o'clock and the movie starts at 7:00.*

*Son las seis, a las siete.* Con la hora se usa el artículo definido

c. *My sister is a teacher and her students say that she is an excellent teacher.*

*es maestra, es una maestra excelente.* Sin artículo después de *ser*, con artículo cuando se describe el sustantivo.

d. *She earns a thousand dollars a week, but she wants another job so that she can make more money.*

*mil dólares, otro trabajo.* A diferencia del inglés, sin artículo indefinido.

e. *I don't like to work on Saturdays, but I have to work at night on March 16.*

*los sábados, por la noche, el 16 de marzo.* Se usa el artículo definido con días, fechas en vez de la preposición on

f. *Do you mind if I take off my shoes? My feet are killing me.*

*los zapatos, los pies.* En español no se usa el posesivo con la ropa o las partes del cuerpo, especialmente si hay un pronombre reflexivo que indica el poseedor.

g. *Children learn about violence by watching television.*

*Los niños, la violencia, mirando televisión.* Para referirse a todos en el grupo, conceptos abstractos. Sin embargo, después de ciertos verbos se puede eliminar el artículo: *mirando televisión.*

h. *President Bush was elected in 2000. Vice-President Cheney is older than him.*

*El presidente Bush, El vice-president Cheney.* Con nombres propios se usa el artículo definido.

i. *Where do the Woodwards live? They live downtown, on Water Street, but Mr Woodward travels a lot.*

*los Woodward, el centro, la calle Water, el señor Woodward.* Con nombres propios, cosas únicas, se usa el artículo definido.

j. *Do you have a car? -Yes, I have my parents' car.*

*coche.* Es una condición, no importa el número. *el coche de mis padres.* Es un coche específico.

k. *Students say that Spanish is an easy language. I like to speak Spanish, but this Spanish book is very difficult to read.*

*el español, hablar español, libro de español.* Lenguas-concepto abstracto, pero se elimina el artículo definido después de preposición y de ciertos verbos.

**2.**

En español, los demostrativos pueden mostrar tres niveles de distancia (física, temporal o psicológica). Corresponden a los adverbios de lugar *aquí/acá* (cerca del hablante), *ahí* (lejos del hablante y cerca del oyente) y *allí/allá* (lejos del hablante y lejos del oyente). Estos niveles también corresponden a la primera, segunda y tercera persona en los pronombres personales y en los posesivos.

**3.**

Los posesivos pueden ser tónicos (*mío, tuyo, suyo, nuestro, vuestro,* etcétera) o átonos (*mi, tu, su,* etcétera). Los tónicos enfatizan más al poseedor para comparar o aclarar. Los tónicos se colocan después del sustantivo y se combinan con otro determinante (*la casa suya*) mientras que los átonos se colocan antes del sustantivo y no se combinan con otro determinante (*su casa*). En su morfología, los posesivos tónicos expresan el género y el número del objeto poseído (*la hermana mía, los libros tuyos*). Los posesivos átonos de primera, segunda y tercera persona del singular y de la tercera persona del plural concuerdan en número con el objeto poseído, pero no en género (*mi hermana, sus abuelos*). Los posesivos átonos de primera y segunda persona del plural tienen exactamente la misma forma que los posesivos tónicos, por lo cual expresan género y número (*nuestros vecinos, vuestra madre*).

La concordancia de género que existe en español entre el posesivo y el objeto poseído no existe en inglés. Por otro lado, la distinción léxica entre el poseedor *his/her* y el poseedor *their* no existe en español, donde el posesivo *su* puede indicar *de él, de ella, de usted, de ellos, de ellas o de ustedes*. El angloparlante tiende a confundir el número del objeto poseído con el número del poseedor en la tercera persona. O sea, puede que exista una confusión entre *su* y *sus*, con *su* representando *his/her* y *sus* representando *their*. Se ven errores del tipo *\*su cuadernos* para expresar *his/her notebooks* y *\*sus cuaderno* para expresar *their notebook*.

## 4.

Hay cuantificadores que modifican a los sustantivos no contables (*mucha agua*) y a los contables plurales (*muchos libros*), pero no a los sustantivos contables singulares (*\*mucho libro.*)

Hay cuantificadores que modifican a los sustantivos contables singulares (*otro libro*) y a los contables plurales (*otros libros*), pero no a los sustantivos no contables (*\*otra agua*) a menos que represente algo contable (*otro vaso de agua*).

Hay cuantificadores que modifican solamente a los sustantivos no contables (*un poco de agua*).

Hay cuantificadores que modifican solamente a los sustantivos contables plurales (*varios libros*).

Hay cuantificadores que modifican solamente a los sustantivos contables singulares (*cada libro*).

## 5.

En general, no se puede usar más de un determinante para modificar a un sustantivo:

> *\*un el libro*
>
> *\*mis estos libros*

Además, algunos cuantificadores no admiten la combinación con un determinante ni con otro cuantificador:

> *\*esa alguna persona*
>
> *\*los ambos hermanos*
>
> *\*un otro hombre*

Algunos cuantificadores pueden combinarse con otro cuantificador y los dos se colocan casi siempre antes del sustantivo:

> *muchas otras personas*
>
> *tantas otras personas*
>
> *otras veinte personas*

Cuando se combina el cuantificador *más/menos* con otro cuantificador, éste va después del sustantivo y no antes:

> *tres lecciones más*

También es posible usar un determinante junto a algunos cuantificadores y el determinante casi siempre va primero:

> *las otras personas*
>
> *estas dos personas*

Algunos cuantificadores requieren el uso de un determinante:

> *los demás días*

Hay un solo caso donde el cuantificador se coloca antes del determinante:

> *toda mi vida*
>
> *todos los días*

La posibilidad de combinar los cuantificadores entre sí o con un determinante depende del significado de estos modificadores y no de reglas sintácticas.

**6.**

La morfología adjetival puede reflejar concordancia de género y número con el sustantivo que modifica. Hay dos grupos de adjetivos:

    a. Los adjetivos con dos formas no distinguen entre el género masculino y femenino. Marcan solamente el número singular y plural. Generalmente terminan en -*e* o en una consonante. Usan el morfema plural -*s* después de lasvocales y -*es* después de las consonantes: *sorprendente / sorprendentes, fiel / fieles.*

    b. Los adjetivos con cuatro formas marcan el género (masculino o femenino) y el número (singular o plural) en dos patrones diferentes. En el primer patrón, la forma masculina termina en -*o*, la femenina en -*a* y la plural en -*os* o -*as* (*negro, negra, negros, negras*). En el segundo patrón, los morfemas son diferentes en las formas masculinas: la forma masculina singular termina en consonante y la forma masculina plural termina en -*es* en vez de -*os.* (*portugués, portuguesa, portugueses, portuguesas*).

    La existencia de dos patrones diferentes para los adjetivos que terminan en consonante tiene que ver con el significado léxico del adjetivo. A diferencia de los adjetivos con dos formas, los que tienen cuatro generalmente describen a las personas y tienen que ver con la nacionalidad, la religión u otro grupo socio-político.

**7.**

Normalmente, el apócope sólo ocurre en la forma masculina singular del modificador:

Determinante: *un piso* vs. *el piso uno*

Cuantificador: *el primer puesto* vs. ***Enrique I (primero)***

Adjetivo: *un **buen** día* vs. *un día **bueno***

Los adjetivos *grande* y *cien* son neutros y no tienen una forma masculina y otra femenina, por lo que se apocopan también en la forma femenina antes del sustantivo:

*la **gran** oportunidad.*

**8.**

Los modificadores antepuestos son los determinantes, los cuantificadores y los adjetivos afectivos. Los modificadores que generalmente se posponen son los adjetivos descriptivos y los adjetivos que indican nacionalidad, asociación religiosa, filosofía política, estado social, términos científicos o técnicos, color, materia o tamaño.

El adjetivo pospuesto sirve para limitar al sustantivo, facilitando así la identificación del referente. El adjetivo antepuesto sirve para añadir información no restrictiva. Por ejemplo, *los lindos niños* indica que todos los niños del grupo son lindos, mientras que *los niños lindos* limita al grupo de todos los niños e indica que algunos son lindos mientras que otros no lo son.

**9.**

    a. *Vendieron la vieja casa.*      *Vendieron una casa vieja.*
        La casa anterior-cuantificador     Edad de la casa.

    b. *Hablan puro español.*           *Hablan un español puro.*
        Sólo español-cuantificador      Tipo de español vs. español corrupto

    c. *Chicago es una gran ciudad.*    *Chicago es una ciudad grande.*
        Opinión sujetiva sobre la ciudad   Tamaño de la ciudad

d. *El pobre niño ha perdido su juguete.*     *El niño pobre no tiene juguetes.*
   Opinión sujetiva-misericordia           Estado social del niño.

Otros ejemplos:

> *intención cierta* (adjetivo descriptivo), *cierta expresión* (cuantificador)
> *un ciudadano rico* (adjetivo descriptivo), *un rico postre* (adjetivo afectivo)

## 10.

| | | |
|---|---|---|
| *el hombre guatemalteco* | > | *el guatemalteco* |
| *las mujeres católicas* | > | *las católicas* |
| *los guantes azules* | > | *los azules* |
| *la camisa nueva* | > | *la nueva* |

## 11.

La adjetivación es el proceso mediante el cual un sustantivo asume la función de adjetivo. En inglés, es difícil reconocerlo porque el sustantivo adjetivado aparece antes del sustantivo como si fuera un adjetivo: *gold watch, apple juice, Spanish book, coffee mug, book shelf,* etcétera. Sin embargo, hay casos donde el sustantivo se coloca después del sustantivo. En la forma plural de estos casos se puede ver que el segundo sustantivo funciona como adjetivo porque no indica la pluralidad:

     *attorney general*        *attorneys general*        no *\*attorney generals*

En español, se usa mucho menos el sustantivo adjetivado y siempre se nota en la forma plural que es un sustantivo porque no concuerda con el sustantivo al que modifica:

| | | |
|---|---|---|
| *mother tongue* | *la lengua madre* | *las lenguas madre* |
| *deadline* | *la fecha límite* | *las fechas límite* |

En vez de adjetivizar, en el español existen otras maneras de modificar al sustantivo. En algunos casos, existe un sustantivo con el mismo significado que el doble sustantivo en inglés: *bookcase* vs. *estantería*.

En otros casos, se usa un adjetivo verdadero en vez de un sustantivo para modificar al sustantivo: *back bone* vs. *espina dorsal*.

También se usa mucho un sintagma preposicional que funciona como adjetivo: *sleeping bag* vs. *saco de dormir*.

## 12.

Ejemplos del sintagma preposicional que funciona como adjetivo:

> *el hombre de ojos azules* (descripción)
> *el arte de la edad media* (origen)
> *el restaurante de mi padre* (posesión)
> *una taza para té* (función)
> *ropa de invierno* (tipo)
> *pulsera de plata* (material)

## 13.

El adverbio indica lugar (*¿dónde? -aquí, abajo, detrás*), tiempo (*¿cuándo? -ahora, mañana, antes*) o manera (*¿cómo? -rápidamente, bien, mal*) en que se realiza una acción. También puede indicar dirección (*¿a dónde? -a casa*), cantidad (*¿cuánto? -demasiado*) y otros conceptos que modifican al verbo. El adverbio de modo o manera es el más extendido de todas las funciones. Algunos adverbios son simples: *bien, mal, así, pronto* y otros compuestos, formados por un adjetivo en su forma femenina más la terminación *-mente: tardíamente, peligrosamente, discretamente*. También son adverbios las palabras de negación, duda y afirmación: *no, tampoco, tal vez, quizá, acaso, sí*.

Cuando el adverbio modifica sólo al verbo, como adyacente circunstancial, se encuentra generalmente inmediatamente después del verbo o al final de la oración:

> *Me siento **muy mal**.*
>
> *Contesté **automáticamente** sin pensar en lo que decía.*
>
> *Ha terminado la semana **felizmente**.*
>
> *Llegué a casa **primero**.*

Cuando el adverbio modifica a toda la oración, como adyacente oracional, es común encontrarlo al principio de la oración y puede cambiar completamente el significado de la oración:

> ***Felizmente**, ha terminado la semana.*
>
> ***Primero**, llegué a casa.*

## 14.

Sintagma preposicional como adverbio de modo:

> *Cayó **de bruces**.*
>
> *Trabaja **sin ganas**.*
>
> *Hablan **con mucho respeto**.*
>
> *Salió **con prisa**.*

Sintagma preposicional como adverbio de lugar o dirección:

> *Duermen **bajo techo**.*
>
> *Iremos **a la playa**.*
>
> *Leo **en el jardín**.*
>
> *Llegó **a casa**.*

Sintagma preposicional como adverbio de tiempo:

> *Salieron **de noche**.*
>
> *Trabaja **desde las cuatro**.*
>
> *Llegarás **en tres días**.*
>
> *Llegó **a tiempo**.*

## 15.

*Me llama <u>con frecuencia</u>.*

El sintagma preposicional funciona como adverbio de tiempo, modificando al verbo *llama*:

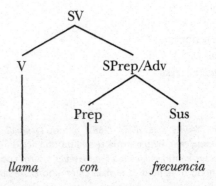

*Este suéter está hecho <u>a mano</u>.*
El sintagma preposicional funciona como adverbio de modo, modificando al verbo/participio *hecho*:

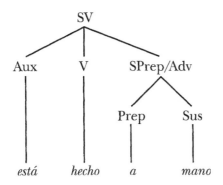

*Lo hizo <u>a propósito</u>.*
El sintagma preposicional funciona como adverbio de modo, modificando al verbo *hizo*:

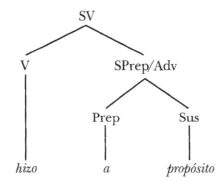

*Hay comida <u>de sobra</u>.*
El sintagma preposicional funciona como adjetivo, modificando al sustantivo *comida*:

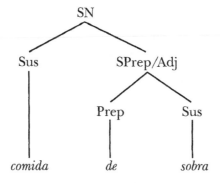

*Viven todavía <u>a la antigua</u>.*

El sintagma preposicional funciona como adverbio de modo, modificando al verbo *viven*:

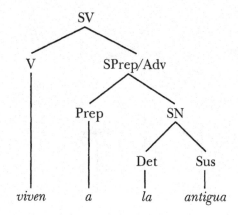

*No tengo una bolsa <u>de dormir</u>.*

El sintagma preposicional funciona como adjetivo que indica tipo, modificando al sustantivo *bolsa* (el infinitivo *dormir* funciona como sustantivo):

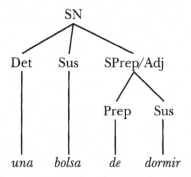

*¿Compraste una botella <u>de vino</u>?*

El sintagma preposicional funciona como adjetivo que indica tipo, modificando al sustantivo *botella*:

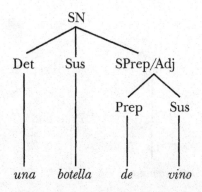

*Hemos llegado <u>hasta aquí</u>.*

El sintagma preposicional funciona como adverbio de lugar, modificando al verbo *llegado* (*aquí* funciona como sustantivo):

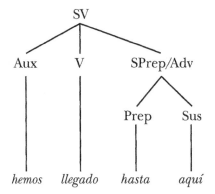

*Viajé <u>fuera del país</u> <u>por unos días</u>.*

El primer sintagma preposicional funciona como adverbio de lugar y el segundo sintagma preposicional funciona como adverbio de tiempo. Los dos modifican al verbo *viajé*:

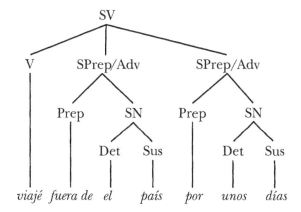

*Encontramos unas monedas <u>de plata</u>.*

El sintagma preposicional funciona como adjetivo que indica tipo, modificando al sustantivo *monedas*:

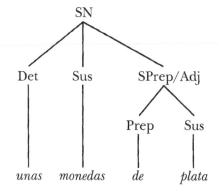

### 16.

Sintagmas adjetivales con un intensificador:

*casi listo, sumamente virtuoso, completamente desconcertada, totalmente indispensables, íntimamente contrariado, absolutamente irrealizable, algo extravagante, medio triste, poco cortés, demasiado amable, muy activa, bastante correctos, más recto.*

No admiten un intensificador los siguientes determinantes del sustantivo: artículos *(\*muy el, \*bastante los, \*demasiado una)* y demostrativos *(\*sumamente este, \*totalmente aquellas, \*poco esto)*. A veces, se usan los posesivos precedidos por un intensificador: *Esto es muy tuyo* (característico de ti), *Esto no es más mío que tuyo.*

Aunque algunos cuantificadores permiten el uso de un intensificador *(absolutamente todos los estudiantes, muy poco interés, absolutamente ningún día)*, la mayoría no admite un intensificador *(\*bastante cierta persona, \*muy ambos coches, \*medio cada mes)*.

### 17.

Adverbios de tiempo: *mucho antes, casi nunca, un poco tarde*
Adverbios de lugar: *más cerca, tan lejos, bastante cerca*
Adverbios de modo: *tan fácilmente, bastante rápido*

No se usan intensificadores con adverbios que no indican intensidad *(hoy, mañana, esta semana, aquí, bastante, completamente, suficientemente, casi, enteramente)*.

### 18.

Muchos adverbios de modo también pueden funcionar como intensificadores y cuantificadores:

Verbo + adverbio: *trabaja bastante, corre más, comí demasiado*
Intensificador + adjetivo: *bastante fácil, más grande, demasiado pobres*
Intensificador + adverbio: *bastante tarde, más lejos, demasiado pronto*
Cuantificador + sustantivo: *bastantes libros, más personas, demasiada tarea*

Tanto el adverbio como el intensificador son invariables, mientras que el cuantificador concuerda en género y número con el sustantivo al que modifica (con la excepción de los cuantificadores *más/menos*). El adverbio modifica al verbo y generalmente aparece después del verbo, mientras que el intensificador modifica al adjetivo o al adverbio y, generalmente, se ubica antes de estos elementos.

### 19.

    a. *Es difícil entender estos conceptos abstractos.* >
       *Estos conceptos abstractos son difíciles de entender.*
    b. *Es imposible visualizar las descripciones de moléculas tridimensionales.* >
       *Las descripciones de moléculas tridimensionales son imposibles de visualizar.*
    c. *No es fácil improvisar los discursos públicos.* >
       *Los discursos públicos no son fáciles de improvisar.*

En la primera versión se enfatiza más el verbo. En la conversión se enfatiza más el sujeto.

### 20.

*Muy* es un intensificador que modifica a un adjetivo *(muy reciente)* o a un adverbio *(muy graciosamente)*.

*Mucho* es un adverbio que modifica al verbo *(se divierten mucho)*, pero a veces funciona como intensificador *(muchos antes)*.

Los adverbios que admiten la expresión de diferentes niveles pueden ser precedidos por el intensificador *muy*, pero el adverbio *mucho* no puede ser precedido por el intensificador *muy*, por lo cual se utiliza el sufijo *-ísimo* para expresar el superlativo: *Me gusta muchísimo.* (en lugar de *\*Me gusta muy mucho*). Además, la modificación de los comparativos *antes, después, mejor, peor, más, menos, mayor, menor* requiere el intensificador *mucho* en lugar de *muy*:

verbo + adverbio-*mucho*:

*Trabaja mucho.*

intensificador-*mucho* + adverbio:

*Se siente mucho peor hoy.*

intensificador-*mucho* + adjetivo:

*Tiene un niño mucho menor.*

intensificador-*mucho* + intensificador:

*Está mucho más delgada que antes.*

**21.**

| | |
|---|---|
| Como adverbio del verbo: | *Los niños **caminaron más/menos** que sus padres.* |
| Como cuantificador del sustantivo: | *Mis hijos tienen **más/menos juguetes** que sus primos.* |
| Como intensificador del adjetivo: | *Los estudiantes están **más/menos preparados** que antes.* |
| Como intensificador del adverbio: | *Los hombres corren **más/menos rápido** que las mujeres.* |

**22.**

| | |
|---|---|
| Como adverbio del verbo: | *Se alarmó **tanto** como nosotros.* |
| Como cuantificador del sustantivo: | *Debe haber **tantos** asientos como espectadores.* |
| Como intensificador del adjetivo: | *Es un día **tan** esplendoroso como el sábado pasado.* |
| Como intensificador del adverbio: | *Trabaja **tan** efectivamente como ustedes.* |

**23.**

a. *Tú tienes <u>menos deberes que</u> yo.* (comparativa de desigualdad; cuantificador invariable *menos* modifica al sustantivo masculino plural *deberes*)

b. *Ahora vivo <u>más cerca de tu casa que</u> antes.* (comparativa de desigualdad; intensificador invariable *más* modifica el adverbio *cerca*)

c. *Las mujeres son <u>tan inteligentes como</u> los hombres.* (comparativa de igualdad; intensificador invariable *tan* modifica al adjetivo femenino plural *inteligentes*)

d. *Violeta está <u>más enferma de</u> lo que creíamos anoche.* (comparativa de desigualdad; intensificador invariable *más* modifica al adjetivo femenino singular *enferma*; se usa *de* en vez de *que* porque va antes de una frase que indica cantidad)

e. *Se sentía <u>tan enfermo que</u> tuvo que ir al hospital.* (no es una comparativa; intensificador invariable *tan* modifica el adjetivo *enfermo*, conjunción *que* introduce la cláusula subordinada)

f. *Mi hijo ha leído <u>más de</u> seis novelas este año.* (no es una comparativa; el intensificador *más de* modifica al cuantificador *seis*)

g. *Monica es <u>la menor de</u> todas las hermanas.* (superlativa; nominalización del adjetivo: *la herman menor* > *la menor*; forma irregular *menor* en vez de *más* + *joven*; preposición *de* antes de la totalidad)

h. *Elena viaja mucho más que su esposo.* (comparativa de desigualdad; intensificador *mucho,* en vez de *muy,* modifica a *más;* adverbio invariable *más* modifica al verbo *viaja*)

i. *Hay tanta pobreza aquí como en otras ciudades.* (comparativa de igualdad, cuantificador *tanta* modifica al sustantivo *pobreza*)

j. *Tengo que estudiar antes del examen.* (no es una comparativa; preposición *antes de* + sustantivo *examen* > sintagma adverbial de tiempo)

k. *Escribí tanto que me duele la mano.* (no es una comparativa; adverbio invariable *tanto* modifica a *escribí,* conjunción *que* introduce la cláusula subordinada)

l. *Ella tiene muchos más problemas de los que ha mencionado.* (comparativa de desigualdad; doble cuantificador: *muchos*-cuantificador variable que modifica a *problemas, más*-cuantificador invariable que modifica a *problemas,* preposición *de* + más cantidad)

m. *Este autor ha escrito más que cinco personas.* (comparativa de desigualdad; adverbio invariable *más* modifica al verbo *ha escrito*)

n. *Terminé el examen antes que los otros estudiantes.* (comparativa de desigualdad, adverbio invariable *antes* modifica al verbo *terminé* e implica *más temprano*)

o. *El Señor Díaz es el maestro más interesante de toda la escuela.* (superlativo; sintagma nominal + el intensificador invariable *más* que modifica al adjetivo *interesante; de* antes de la totalidad)

p. *En Colombia hay tanto crimen que el turismo ha disminuido.* (no es una comparativa; cuantificador variable *tanto* modifica al sustantivo *crimen,* conjunción *que* + la cláusula subordinada)

q. *Estos jóvenes hablan español tan rápido como sus padres.* (comparativa de igualdad, intensificador invariable *tan* modifica al adverbio *rápido*)

r. *Tú tienes mucha más paciencia que yo.* (comparativa de desigualdad; doble cuantificador: cuantificador variable *mucha* modifica al sustantivo *paciencia,* cuantificador invariable *más* modifica al sustantivo *paciencia*)

s. *Nosotros estudiamos tanto como ustedes.* (comparativa de igualdad; adverbio *tanto* modifica al verbo *estudiamos*)

t. *En el examen salió mucho peor de lo que esperaba.* (comparativa de desigualdad; intensificador *mucho,* en vez de *muy,* modifica al adverbio comparativo irregular *peor* en vez de *mal;* preposición *de* antes de la cantidad)

## 24.

Con sustantivos, sólo se usa el verbo *ser: Es maestro, Somos gemelos.*

Para los adjetivos, hay que diferenciar entre características inherentes con *ser* y las descripciones no permanentes con *estar: Es simpático, Está cansado.* Además, se usa *estar* + adjetivo para indicar un cambio de estado: *Está muerto, Está casado.*

Para los adverbios, se usa el verbo *ser* para indicar tiempo: *Son las tres, Es tarde.* Se usa *estar* para referirse a la posición de un objeto, sea o no permanente: *Estamos en casa, Lima está en Perú.* Se usa *ser* para referirse al lugar en que ocurre algún evento: *La clase es en el primer piso, El concierto es en el centro.*

## 25.

Los artículos definidos del español se basan en los demostrativos más lejanos *ille, illa, illud, illos* e *illas* del latín. El hueco que dejó este cambio resultó en la aparición de la forma analítica *ecce* + *ille* que luego se redujo a *aquel.* El demostrativo más cercano *hic* fue reemplazado por el demostrativo intermedio *iste* que pasó a ser *este.* El modificador *ipse* (*mismo*) cambió de significado y pasó a ser el demostrativo intermedio *ese.*

## 26.

En latín, no existían formas átonas y tónicas entre los posesivos. En las formas de primera, segunda y tercera persona singular, los posesivos átonos del español tienen su origen en los posesivos masculinos y neutros del latín, y los posesivos tónicos se basan en los posesivos femeninos.

## 27.

Las terminaciones de los adjetivos de la primera y de la segunda declinación se convirtieron en el género femenino y masculino de los adjetivos de cuatro formas en español (*rojo, roja, rojos, rojas*). Los adjetivos de la tercera declinación resultaron en los adjetivos sin género de sólo dos formas (*verde, verdes*).

## 28.

En latín, se usaba una comparativa sintética, añadiendo el morfema *-ior* al adjetivo. La estructura analítica del español se basa en la combinación del intensificador *más/menos* con el adjetivo.

Las formas comparativas del español que terminan en *-or* conservan la forma sintética del latín que terminaba en *-ior: mejor, peor, mayor, menor.*

## Capítulo 5

## 1.

Los pronombres de sujeto nos ayudan a distinguir la persona (primera, segunda, tercera), el número (singular, plural), el género (masculino, femenino; excepto en primera y en segunda persona singular), la formalidad del tratamiento (segunda persona formal, informal) y el caso (función del sustantivo-sujeto vs. objeto).

## 2.

El pronombre de sujeto no es obligatorio porque la morfología verbal expresa la persona, el número y la forma de tratamiento. Cuando se usa, tiene varias funciones:
- Enfatizar el sujeto:
  *Tú no debes hablarme así.*
- Contrastar diferentes sujetos:
  *Nosotros no nos ofendemos, pero ellos sí.*
- Eliminar la ambigüedad de persona en algunos tiempos verbales:
  *Yo / Él llamaba.*
- Marcar el género:
  *Vosotros/Vosotras vinisteis.*
- Como pronombre autónomo, sin ningún verbo, para contestar preguntas:
  *¿Quién quiere ir al cine? -Yo.*

## 3.

Los pronombres preposicionales son pronombres personales tónicos que tienen varias funciones.
- Después de cualquier preposición o después de la *a* personal, forma parte del sintagma preposicional que indica una relación con otros elementos de la oración:
  *Salí con ella.*
  *Conoció a ellos en el colegio.*

- Después de la preposición *a*, enfatiza el pronombre de objeto indirecto:
  *Me mandó **a mí** veinte mensajes por correo electrónico.*
- Después de la preposición *a*, contrasta diferentes personas:
  ***A nosotros** nos mandaron los resultados, pero **a ellos** no se los mandaron.*
- Después de la preposición *a*, aclara la identidad del objeto indirecto:
  *¿**A ellas** les interesa el esquí acuático?*
- Como pronombre autónomo, sin ningún verbo, contesta preguntas:
  *¿A quién le enviaste la carta? — **A ti**.*

### 4.

Los pronombres átonos tienen la misma forma en todas las personas excepto la tercera persona. Se usan *me, te, nos, os* para los tres pronombres átonos de primera y de segunda persona, pero hay diferentes formas para la tercera persona (singular y plural) de los pronombres de objeto directo *(lo, la, los, las)*, de los pronombres de objeto indirecto *(le, les)* y del pronombre reflexivo *(se)*.

### 5.

Tanto los pronombres de objeto directo como los de objeto indirecto sirven para evitar la redundancia porque sustituyen al sintagma nominal ya conocido:

*Invitaron a Laura a la fiesta. Pasaron a buscar**la** en auto.*

*Ella **le** compró un regalo a su amigo Antonio. Al llegar a la fiesta, **le** dijo: "Feliz cumpleaños."*

Sin embargo, el pronombre de objeto indirecto puede ser redundante cuando se duplica al utilizar la preposición *a* y un pronombre tónico o un sustantivo. En estos casos, el pronombre átono es duplicativo pero obligatorio, mientras que el pronombre tónico es opcional y se usa para aclarar o enfatizar:

***Les** dije (**a ellos**) que no quería participar.*

***Le** mandé (**a mi hermano**) un regalo de cumpleaños.*

*A **mí** me gusta andar en bicicleta.*

Para el objeto directo, no existe esta duplicación, a menos que aparezca el sintagma nominal antes del verbo (OVS):

*Este **libro lo** escribí yo.*

### 6.

En los usos paradigmáticos del pronombre reflexivo, los verbos exhiben formas diferentes para la primera, la segunda y la tercera persona tanto en singular como en plural:

- Acción reflexiva verdadera:
  ***Se** peinó.*
  ***Me** vi en el espejo.*
- Verbo reflexivo + objeto directo:
  ***Me** cepillo los dientes. [a mí misma]*
  ***Os** lastimasteis los codos. [a vosotros mismos]*
- Acción con consumo completo del objeto directo:
  ***Te** leíste toda la colección.*
  ***Se** bebió toda la botella de agua mineral.*
- Acción reflexiva con agente externo:
  ***Se** sacó una muela.*
  ***Nos** vacunaremos mañana.*

- Acción recíproca:

  *Los vecinos **se** saludan.*

  ***Nos** peleamos continuamente.*
- Verbo pronominal detransitivado:

  ***Me** levanté temprano.* vs. *Levanté la mesa.*

  ***Se** sentía mal.* vs. *Sentía los efectos de la droga.*
- Verbo intransitivo con cambio de sentido:

  ***Me** voy de paseo.* vs. *Voy al campo.*

  ***Nos** dormimos enseguida.* vs. *Dormimos ocho horas.*
- Acción incoativa:

  *¿Por qué **te** pones triste ahora?*

  *Yo **me** aburro fácilmente.*
- Verbo pronominal inherente:

  *Nadie **se** percató de esto.*

  *Aténga**se** a las consecuencias.*

## 7.

Los usos no paradigmáticos del pronombre reflexivo son los usos en los que el verbo sólo exhibe el pronombre reflexivo de tercera persona *se*:

- Objeto indirecto *le, les > se*:

  *Le entregué las cartas a la secretaria. > **Se las** entregué a la secretaria.*

  *Les voy a comprar el auto a mis padres. > **Se lo** voy a comprar.*
- Pasiva refleja con *se*:

  ***Se** vendió la casa de la esquina.*

  ***Se** destiñeron las cortinas.*
- Pasiva refleja con *se* + objeto indirecto involucrado:

  *¿**Se** te perdió el libro?*

  ***Se** les cayeron los papeles.*
- *Se* impersonal:

  *Aquí no **se** corre.*

  ***Se** comenta que este terreno ha aumentado su valor.*

## 8.

a. *Mi padre se va a operar la semana que viene.*
   - Acción reflexiva con agente externo
b. *Se me ocurrió otra posibilidad.*
   - Pasiva refleja con *se* + objeto indirecto
c. *Marina se lo dijo a su hermana.*
   - Objeto indirecto *le, les > se*
d. *Me arrepiento mucho de no haberme casado contigo.*
   - Verbo pronominal inherente
   - Verbo pronominal inherente
e. *Lávate las manos antes de desayunarte.*
   - Acción reflexiva + objeto directo
   - Verbo pronominal inherente
f. *Mi esposo y yo nos casamos en el año 2000.*
   - Acción recíproca

g. *No se sabe cuándo se van a marchar.*
   - *Se* impersonal
   - Verbo intransitivo con cambio de sentido
h. *Mi tío se conoce toda la ciudad.*
   - Acción con consumo completo del objeto directo
i. *Se ha vuelto muy antipático.*
   - Acción incoativa
j. *Me gusta ducharme antes de acostarme.*
   - Acción reflexiva verdadera
   - Verbo pronominal detransitivado
k. *¿Te comiste todo el postre?*
   - Acción con consumo completo del objeto directo
l. *Se volvió hacia él.*
   - Verbo intransitivo con cambio de sentido
m. *Me dormí a las nueve de la noche y me desperté a las cinco de la mañana.*
   - Verbo pronominal detransitivado
   - Verbo pronominal detransitivado
n. *Gracias por el libro. Me lo leí en un solo día.*
   - Acción con consumo completo del objeto directo
o. *Vístete rápido, ya tenemos que irnos.*
   - Acción reflexiva verdadera
   - Verbo intransitivo con cambio de sentido
p. *Mis padres se van a enojar si les pido más dinero.*
   - Acción incoativa
q. *¿Te has dado cuenta que sólo nos quedan seis semanas de clase?*
   - Verbo pronominal inherente
r. *Cuando se cayó mi abuela, se le rompió la cadera y todavía se resiente de la caída.*
   - Verbo pronominal detransitivado
   - Pasiva refleja con *se* + objeto indirecto
   - Verbo pronominal inherente
s. *Se destruyeron muchas casas durante la tormenta.*
   - Pasiva refleja con *se*
t. *Si no se come bien, se enferma.*
   - *Se* impersonal
   - *Se* impersonal y acción incoativa

**9.**

Los pronombres átonos casi siempre ocupan una posición anterior al verbo conjugado, como proclíticos:

*La encontré.*

*Nos lo dirán.*

*Me habla fuerte.*

En las oraciones imperativo-afirmativas, estos pronombres ocupan una posición posterior al verbo y se denominan enclíticos:

*Alcánzamelos.*

*Márchense.*

También son enclíticos con el infinitivo y el gerundio:

*Lo dijo para tranquilizarlo.*

*Engañándolas no lograrás nada.*

Sin embargo, si el infinitivo o el gerundio forman parte de una perífrasis verbal, el pronombre puede ser enclítico o proclítico:

*Puedo explicártelo.*   o   ***Te lo*** *puedo explicar.*

**10.**

Una de las reglas que describe el orden de los pronombres átonos es (*se*-2-1-3):

| *se* | > | 2ª persona | > | 1ª persona | > | 3ª persona |
|------|---|------------|---|------------|---|------------|
| | | *te, os* | | *me, nos* | | *le, les, lo, los, la, las* |

La otra regla es (RID):

Pronombre reflexivo > pronombre de OI > pronombre de OD

En la mayoría de los casos las dos reglas se aplican:

***Se me*** *ha acabado la paciencia.*

***Te lo*** *dije.*

Sin embargo, es más fácil aplicar la regla *se*-2-1-3 porque el hablante no tiene que pensar en las funciones sintácticas de cada pronombre, especialmente cuando los dos pronombres son de la primera y segunda persona, donde no se distingue entre las funciones de objeto directo, objeto indirecto y pronombre reflexivo:

¿***Te me*** *comiste toda la pizza?*

***Se nos la*** *dio después del espectáculo.*

**11.**

Los pronombres tónicos sirven de sujeto y objeto preposicional; los átonos cumplen la función de objeto directo, indirecto y reflexivo. Es importante distinguir entre los dos tipos de pronombres porque están sujetos a reglas sintácticas diferentes. En general, los pronombres tónicos tienen un uso más libre, mientras que los átonos están regidos por más reglas:

-Los tónicos son opcionales y se usan para enfatizar, contrastar o evitar la ambigüedad.

-La posición de los pronombres tónicos es flexible, pero la de los pronombres átonos es rígida.

-Los pronombres tónicos son autónomos y pueden constituir una oración sin el verbo.

-Si un pronombre tónico y un átono tienen el mismo referente, sólo el pronombre átono es obligatorio, pero se usa con frecuencia el pronombre tónico duplicativo.

**12.**

pronombres posesivos: *lo suyo, las mías*

pronombres demostrativos: *éste, eso, aquéllas*

pronombres interrogativos y exclamativos: *qué, cómo, dónde*

pronombres relativos: *que, las que, quienes, el cual*

pronombres indefinidos: *alguien, nada*

**13.**

| | |
|---|---|
| a. *¿Cómo te va?* | proadverbio |
| b. *¿Cuál es tu apellido?* | pronombre-atributo |
| c. *¿Con quién fuiste al cine?* | pronombre-objeto preposicional |
| d. *¿Cuántos hijos tienes?* | proadjetivo |
| e. *¿Qué clases vas a tomar?* | proadjetivo |
| f. *¿A quién conociste en la fiesta?* | pronombre-objeto directo |
| g. *¿Quién tiene coche?* | pronombre-sujeto |
| h. *¿A quién le diste la tarea?* | pronombre-objeto indirecto |
| i. *¿Dónde vives?* | proadverbio |
| j. *¿Cómo es tu hijo?* | proatributo |

## 14.

*Quisiera saber **dónde** puse las llaves.*

*Aún no nos han informado **cuándo** se realizará la excursión.*

*Se sorprendieron de ver **cuánto** había crecido el árbol.*

*Ella ignora **cómo** se produjo el incendio.*

*Dígame **quién** es el responsable.*

*No me dijo de **quién** era eso.*

*Muéstrenle al oficial **dónde** ocurrió el accidente.*

*No entiendo **por qué** no me ha llamado.*

## 15.

| | | |
|---|---|---|
| a. | *¡Qué guapo eres!* | intensificador |
| b. | *¡Cómo habla este hombre!* | adverbio |
| c. | *¡Mira cuántos hijos tiene!* | adjetivo |
| d. | *¡Qué lento caminas!* | intensificador |
| e. | *¡Qué niño tan inteligente!* | adjetivo |

## 16.

a. *El hombre con quien me case tendrá que ser paciente.*
Objeto preposicional

b. *Busco la librería donde compré estos libros.*
Adverbio

c. *Mi abuelita, a quien quería muchísimo, se murió el año pasado.*
Objeto directo

d. *Los que no fueron a clase perdieron mucho material.*
Sujeto

e. *El vestido que compraste te queda un poco apretado.*
Objeto directo

f. *Voy a hablar con el policía a quien le di tu dirección.*
Objeto indirecto

g. *He visto la película de la que hablas, pero no recuerdo cómo termina.*
Objeto preposicional

h. *Salí a comer con la mujer que te dio esta información.*
Sujeto

i. *Nadie sabe lo que le ha pasado al empleado a quien le diste los cheques.*
Sujeto, Objeto indirecto

j. *Me explicó la razón por la cual no había asistido a clase.*
Objeto preposicional

## 17.

Un vestigio del sistema de casos que ha sobrevivido en el sistema pronominal del español es la distinción entre los pronombres tónicos y los pronombres átonos, que es básicamente una distinción entre el caso nominativo y el caso acusativo.

Además, en la tercera persona de los pronombres átonos, se distingue todavía entre objeto directo *lo, la, los, las* (acusativo) y objeto indirecto *le, les* (dativo).

## 18.

El leísmo es el uso del pronombre de objeto indirecto *le* para designar al objeto directo humano singular que se da en el centro y el norte de España y algunas partes de América. Su uso para reemplazar al pronombre de objeto directo masculino y singular ha sido aceptado por la RAE:

*Le invité a comer.*     en vez de     *Lo invité a comer.*

El laísmo tiene menos difusión y consiste en el uso del pronombre de objeto directo *la* para sustituir al pronombre indirecto:

*La supliqué que no se enojara.*     en vez de     *Le supliqué que no se enojara.*

El loísmo tampoco tiene mucha difusión y es el uso del pronombre de objeto directo *lo* cuando corresponde al pronombre de objeto indirecto:

*Lo comuniqué las buenas nuevas.*     en vez de     *Le comuniqué las buenas nuevas.*

Esta confusión entre los pronombres de objeto directo e indirecto refleja la evolución continua del sistema pronominal, hacia una estructura uniforme donde sólo existe un grupo de pronombres tónicos para el sujeto y objeto preposicional y otro grupo de pronombres átonos para el objeto directo, indirecto y reflexivo (lo cual ya existe en la primera y segunda personas).

## 19.

*Vos*-pronombre informal de segunda persona singular

*Vosotros*-pronombre informal de segunda persona plural

*Vos* es la forma original que extendió su significado de segunda persona plural a segunda persona singular formal. Para distinguir entre *vos* singular y *vos* plural, se añadió *otros*. Además, la forma singular perdió su formalidad y empezó a competir con *tú*. Como consecuencia, se creó un nuevo pronombre formal *usted*, de *vuestra merced* y la forma analógica *ustedes*. En España, desapareció completamente el *vos* singular y se mantuvo en la segunda persona singular informal el pronombre *tú*. Llegaron a América los dos pronombres y por eso, se encuentra *tú* en unas partes, *vos* en otras y una combinación de los dos en otras.

En España, se mantuvo el pronombre informal de segunda persona plural *vosotros/vosotras* al lado del pronombre formal *ustedes*. En América, desapareció la forma de *vosotros* y se usa el pronombre *ustedes* como pronombre formal e informal.

## Capítulo 6

### 1.

a. Transformación de una oración afirmativa a una negativa:

*Mis amigos van a estudiar para el examen.* (oración afirmativa)

- Adición del adverbio de negación antes del verbo:

*Mis amigos **no** van a estudiar para el examen.* (oración negativa)

b. Transformación de una afirmativa a una interrogativa confirmativa:

*Los empleados fueron a la conferencia.* (oración afirmativa)

- Movimiento del sujeto después del verbo o al final de la oración (VS):

*¿Fueron **los empleados** a la conferencia?* o

*¿Fueron a la conferencia **los empleados**?* (interrogativa confirmativa)

c. Transformación de una oración afirmativa a una interrogativa informativa con pronombre interrogativo que tiene función de sujeto:

***Algunas personas** compraron esa casa.* (oración afirmativa)

- Reemplazo del sujeto:

*¿**Quiénes** compraron esa casa?* (interrogativa informativa)

d. Transformación de una oración afirmativa a una interrogativa informativa con pronombre interrogativo que tiene función de objeto directo:

*Tus hijos van a hacer **algo** este verano.* (oración afirmativa)

- Reemplazo del objeto directo:

  *¿Tus hijos van a hacer **qué** este verano?*

- Movimiento del pronombre interrogativo al principio de la pregunta:

  *¿**Qué** tus hijos van a hacer este verano?*

- Movimiento del sujeto a después del verbo principal (VS):

  *¿**Qué** van a hacer **tus hijos** este verano?* (interrogativa informativa)

e. Transformación de una oración afirmativa a una interrogativa informativa con un pronombre interrogativo que funciona como adverbio:

*El avión sale **ya**.* (oración afirmativa)

- Reemplazo del adverbio:

  *¿El avión sale **cuándo**?*

- Movimiento del pronombre interrogativo al principio de la pregunta:

  *¿**Cuándo** el avión sale?*

- Movimiento del sujeto (VS):

  *¿**Cuándo** sale **el avion**?* (interrogativa informativa)

f. Transformación de una oración afirmativa a una exclamativa con un pronombre que funciona como adverbio:

*La criatura ha crecido **mucho**.* (oración afirmativa)

- Reemplazo del adverbio:

  *La criatura ha crecido **cuánto**.*

- Movimiento del pronombre exclamativo:

  *¡**Cuánto** la criatura ha crecido!*

- Movimiento del sujeto (VS):

  *¡**Cuánto** ha crecido **la criatura**!*

g. Transformación de una oración afirmativa a una exclamativa con un pronombre que funciona como intensificador:

*La comida está **muy** rica.* ( oración afirmativa)

- Reemplazo del intensificador:

  *La comida está **qué** rica*

- Movimiento del intensificador y del adjetivo:

  *¡**Qué rica** la comida está!*

- Movimiento del sujeto (VS):

  *¡**Qué rica** está **la comida**!* (exclamativa)

## 2.

Cláusula subordinada nominal con función de

Sujeto: *No me importa **que ustedes hagan esto**.*

Objeto directo: *Quiero **que ustedes hagan esto**.*

Objeto indirecto: *Le doy el dinero **a quien sea**.*

Objeto preposicional: *Confío **en que ustedes hagan esto**.*

## 3.

a. *La mujer **que** compró mi carro es de Venezuela.*

Cláusula restrictiva

b. *Llamé a los estudiantes* **que** *no habían ido a clase por más de una semana.*
Cláusula restrictiva

c. *El presidente,* **cuya** *hija estaba muy enferma, volvió a la capital.*
Cláusula no restrictiva

d. *Los padres* **a quienes / a los que / a los cuales** *les gusta escuchar a sus hijos tienen una buena relación con ellos.*
Cláusula restrictiva

e. *La oficina* **en que / en la que / en la cual** *yo trabajaba era muy pequeña.*
Cláusula restrictiva

f. *Tu mamá,* **con quien / con la que / con la cual** *hablé por más de una hora, es muy simpática.*
Cláusula no restrictiva

**4.**

a. Cláusula independiente: *No va a tomar clases este verano*
   Cláusula independiente: *piensa trabajar y ahorrar dinero*

b. Cláusula independiente: *Quería*
   Cl. subordinada nominal: *que vinieran a verme*
   Cláusula independiente: *no tienen tiempo para viajar ahora*

c. Cláusula independiente: *Me dijeron*
   Cl. subordinada nominal: *que hay un autobús*
   Cl. subordinada adjetival: *que va directamente a su casa*
   Cl. subordinada adjetival: *que está en el centro de la ciudad*

d. Cláusula independiente: *Voy a tomar el tren para visitarlos*
   Cl. subordinada adverbial: *antes de que empiecen las clases*

e. Cláusula adverbial: *Aunque trabaja mucho*
   Cláusula independiente: *no creo*
   Cl. subordinada nominal: *que gane suficiente dinero para mantener a su familia.*

**5.**

a. dos oraciones independientes:
*Hice los deberes* **y** *luego di un paseo por el parque.*
*No vi la televisión* **ni** *escuché la radio.*
*No estudia mucho,* **pero** *saca buenas notas.*

b. oración independiente + cláusula subordinada nominal:
*Yo quiero* **que** *me ayudes a pintar la casa.*
*Me preocupa* **que** *estés trabajando tanto.*
*Este estudiante se queja de* **que** *no tiene tiempo libre.*

c. oración independiente + cláusula subordinada adjetival-relativa restrictiva
*Los alumnos* **que** *estudian ingeniería generalmente sacan buenas notas en matemáticas.*
*La alumna* **a quien** *le encanta bailar toma un curso de ballet.*
*Este muchacho va a una escuela* **en la cual** *hay dos gimnasios.*

d. oración independiente + cláusula subordinada adjetival-relativa no restrictiva
*El líder de la pandilla,* **de quien** *todos tenían miedo, era un muchacho fuerte.*
*La profesora de inglés,* **la que** *dicta cursos de filosofía también, es una persona polifacética.*
*La presidenta de la compañía,* **a la cual** *conocí ayer, es una persona dinámica.*

e. oración independiente + cláusula subordinada adverbial

   *Mis amigos saldrán **tan pronto como** lleguen sus padres a casa.*

   *Yo comeré **cuando** la comida esté lista.*

   *Yo asistiré solo al concierto **a menos que** quieras acompañarme.*

**6.**

a. *Mi mejor amiga vive ahora en el apartamento donde yo viví por cinco años.*

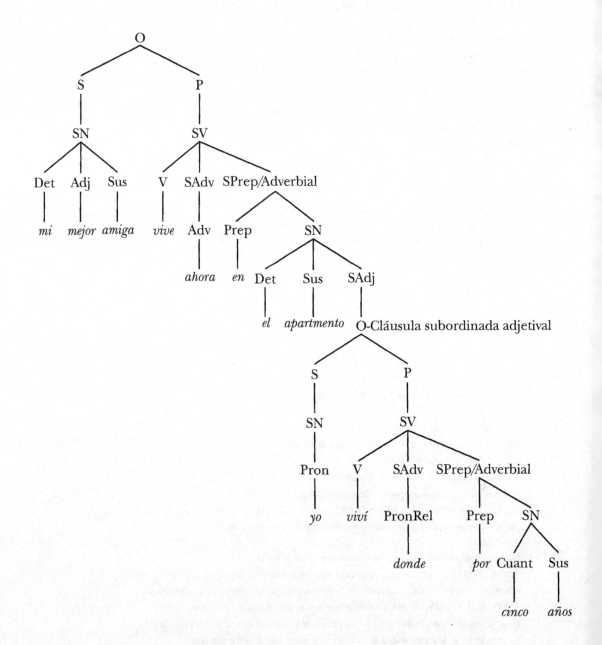

b.  *Los señores que compraron nuestra casa viven en California.*

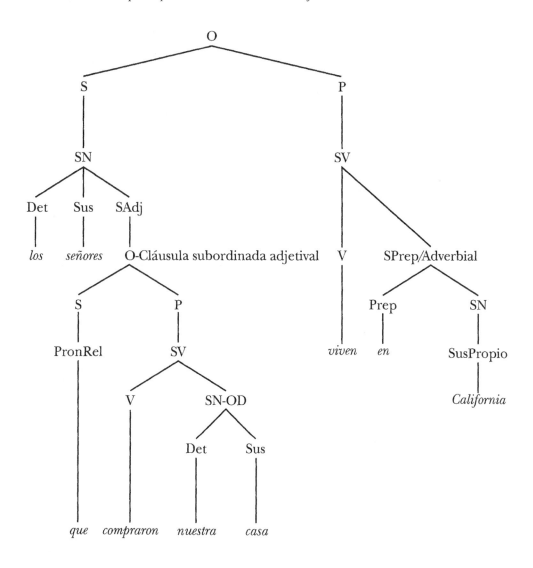

c. *El profesor nos dijo que entregáramos la tarea antes del día del examen.*

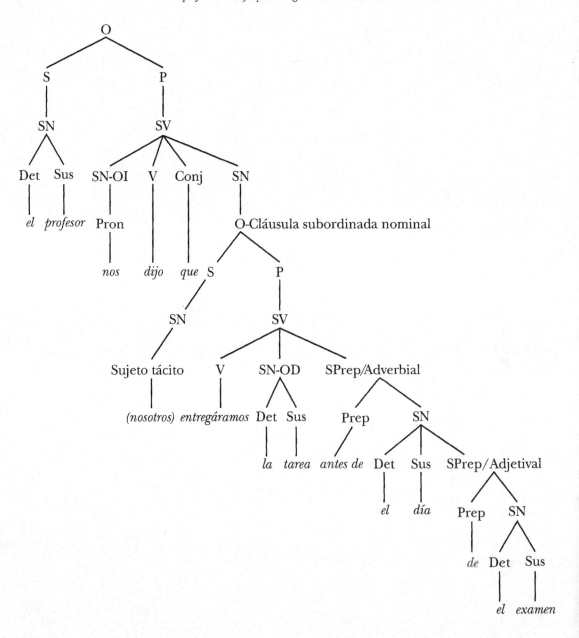

d. *Le voy a regalar mi libro favorito a Marco a menos que ya lo tenga.*

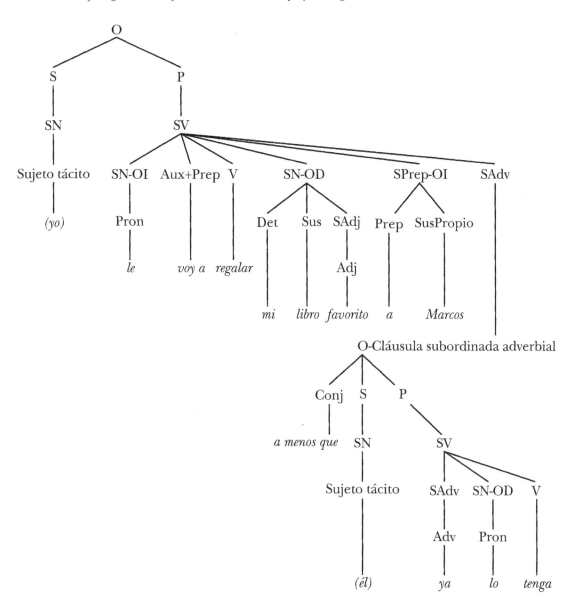

**7.**

De "Mi buen amor" (Gloria Estefan):
*Hay amores que su llama sigue viva.*
El pronombre relativo debe ser *cuya*.

## Capítulo 7

**1.**

| Formas no personales del verbo | infinitivo *amar, comer, vivir* | | gerundio *amando, comiendo, viviendo* | | participio *amado, comido, vivido* |
|---|---|---|---|---|---|
| Tiempos simples: Modo indicativo | presente *ama, come, vive* | pretérito imperfecto o copretérito *amaba, comía, vivía* | pretérito perfecto simple *amó, comió, vivió* | futuro *amará, comerá, vivirá* | condicional, modo potencial o pospretérito *amaría, comería, viviría* |
| Tiempos simples: Modo subjuntivo | presente *ame, coma, viva* | pretérito imperfecto *amara / amase, comiera / comiese, viviera / viviese* | XXXXX | futuro *amare, comiere, viviere* | XXXXX |
| Tiempos progresivos: Modo indicativo | presente progresivo *está + amando, comiendo, viviendo* | imperfecto progresivo *estaba + amando, comiendo, viviendo* | pretérito progresivo *estuvo + amando, comiendo, viviendo* | futuro progresivo *estará + amando, comiendo, viviendo* | condicional progresivo *estaría + amando, comiendo, viviendo* |
| Tiempos progresivos: Modo subjuntivo | presente progresivo *esté + amando, comiendo, viviendo* | imperfecto progresivo *estuviera / estuviese + amando, comiendo, viviendo* | XXXXX | XXXXX | XXXXX |
| Tiempos perfectos: Modo indicativo | pretérito perfecto compuesto o antepresente *ha + amado, comido, vivido* | pretérito pluscuamperfecto *había + amado, comido, vivido* | pretérito anterior o antepretérito *hubo + amado, comido, vivido* | futuro perfecto o antefuturo *habrá + amado, comido, vivido* | condicional perfecto o modo potencial perfecto o antepospretérito *habría + amado, comido, vivido* |
| Tiempos perfectos: Modo subjuntivo | pretérito perfecto compuesto *haya + amado, comido, vivido* | pretérito pluscuamperfecto *hubiera / hubiese + amado, comido, vivido* | XXXXX | futuro perfecto o antefuturo *hubiere + amado, comido, vivido* | XXXXX |

| Tiempos perfectos progresivos: Modo indicativo | pretérito perfecto progresivo *ha + estado + amando, comiendo, viviendo* | pretérito pluscuam-perfecto progresivo *había + estado + amando, comiendo, viviendo* | pretérito anterior progresivo *hubo + estado + amando, comiendo, viviendo* | futuro perfecto progresivo *habrá + estado + amando, comiendo, viviendo* | condicional perfecto progresivo *habría + estado + amando, comiendo, viviendo* |
|---|---|---|---|---|---|
| Tiempos perfectos progresivos : Modo subjuntivo | pretérito perfecto progresivo *haya + estado + amando, comiendo, viviendo* | pretérito pluscuam-perfecto progresivo *hubiera / hubiese + estado + amando, comiendo, viviendo* | XXXXX | XXXXX | XXXXX |

2.

a. participio

b. pretérito imperfecto de indicativo (copretérito)

c. presente de indicativo

d. condicional (pospretérito, modo potencial)

e. gerundio

f. pretérito imperfecto de subjuntivo

g. pretérito perfecto compuesto de indicativo (antepresente)

h. pretérito perfecto compuesto de subjuntivo

i. pretérito pluscuamperfecto de subjuntivo

j. pretérito anterior de indicativo

k. futuro perfecto (antefuturo)

l. condicional perfecto (ante-pospretérito, modo potencial perfecto)

m. pretérito pluscuamperfecto de indicativo

n. presente progresivo de subjuntivo

o. pretérito imperfecto progresivo de indicativo

p. futuro de indicativo

q. pretérito anterior progresivo

r. pretérito imperfecto progresivo de subjuntivo

s. futuro de subjuntivo

t. pretérito perfecto progresivo de subjuntivo

u. pretérito progresivo

v. pretérito perfecto simple de indicativo

w. futuro progresivo

x. condicional progresivo (modo potencial progresivo)

h. hayas visto

ff. había estado bailando

u. estuviste viviendo

b. tenías

m. habíamos vendido

l. habríamos escrito

t. hayan estado nadando

x. estaría haciendo

cc. habrá estado caminando

a. preparado

r. estuvieras leyendo

aa. habrían estado viviendo

g. hemos leído

f. supieran

n. estén estudiando

e. explicando

k. habrás visto

s. hablare

y. hubiera estado cocinando

p. escribiré

o. estaba comiendo

c. hablo

q. hubo estado haciendo

dd. estudiar

y. pretérito pluscuamperfecto
progresivo de subjuntivo

v. bailaste

z. presente progresivo de indicativo

j. hubo oído

aa. condicional perfecto progresivo
(modo potencial perfecto progresivo)

i. hubiera tenido

bb. presente de subjuntivo

d. comprarías

cc. futuro perfecto progresivo

z. estoy muriendo

dd. infinitivo

bb. comamos

ee. pretérito perfecto progresivo
de indicativo

w. estará durmiendo

ff. pretérito pluscuamperfecto progresivo
de indicativo

ee. he estado buscando

**3.**

El infinitivo, además de combinarse con mucho verbos auxiliares *(tengo que ir, va a estudiar, deben salir, necesitas dormir)*, puede funcionar como sustantivo:

> *Es importante estudiar.*
>
> *Fumar no es saludable.*

El gerundio, además de combinarse con el verbo auxiliar *estar* y otros verbos auxiliares *(está durmiendo, sigo estudiando, andan buscando)*, funciona como adverbio:

> *Salió de la clase hablando con sus amigos.*

El participio, además de combinarse con el verbo auxiliar *haber (he ido, habían salido, habría sido)*, funciona como adjetivo y concuerda con el sustantivo modificado:

> *Compró unas camisas hechas en México.*

**4.**

Los verbos pueden tener hasta cuatro morfemas:
La raíz lleva el sentido léxico del verbo y puede haber más de un alomorfo:

> *dormimos, duermen, durmiendo*
>
> *tengo, tienes, tenían, tendrá*

La vocal temática indica a qué conjugación pertenece el verbo:

> *juegan*-primera conjugación
>
> *volver*-segunda conjugación
>
> *decidimos*-tercera conjugación

No siempre es posible distinguir entre la vocal temática de la segunda y de la tercera conjugación:

> *tienen* (segunda conjugación), *viven* (tercera conjugación)

Tiempo, aspecto y modo (TAM): Es casi imposible separar estas funciones en tres morfemas distintos. Con frecuencia, tampoco es fácil separar estas funciones de los otros morfemas gramaticales:

*comían*-pretérito imperfecto de indicativo-segunda conjugación

*irás*-futuro de indicativo

*viniera*-pretérito imperfecto de subjuntivo

Los morfemas que indican persona y número a veces se combinan con otros. La falta de un morfema en la tercera persona singular indica que es la forma no marcada:

> *cantas*-segunda persona singular informal
>
> *caminábamos*-primera persona plural
>
> *bailarán*-tercera persona plural
>
> *dice*-tercera persona singular (sin morfema)

**5.**

a. *venderán*

vend:  raíz

e:  vocal temática-segunda conjugación

rá:  TAM-futuro

n:  persona y número-tercera persona plural

b. *compraste*

compr:  raíz

a:  vocal temática-primera conjugación

ste:  TAM-pretérito; persona y número-segunda persona singular informal

c. *escribimos*

escrib:  raíz

i:  vocal temática-tercera conjugación; TAM-presente o pretérito de indicativo

mos:  persona y número-primera persona plural

d. *lea*

le:  raíz

a:  vocal temática (opuesta)-segunda conjugación; TAM-presente de subjuntivo

X:  persona y número-tercera persona singular (forma no marcada sin morfema)

e. *había perdido*

perd:  raíz

i:  vocal temática-tercera conjugación

había:  TAM-pretérito pluscuamperfecto de indicativo

-do:  TAM-perfecto

X:  persona y número-tercera persona singular (forma no marcada sin morfema)

**6.**

a. *recuerdan*

Cambio de vocal en la sílaba tónica de la raíz. Vocal *o* > diptongo *ue*.

Tercera persona plural, presente de indicativo.

b. *pierdes*

Cambio de vocal en la sílaba tónica de la raíz. Vocal *e* > diptongo *ie*.

Segunda persona singular informal, presente de indicativo.

c. *prefiero*

Cambio de vocal en la sílaba tónica de la raíz. Vocal *e* > diptongo *ie*.

Primera persona singular, presente de indicativo.

d. *mintió*

Cambio de vocal en la raíz antes de /y/. Vocal media *e* sube a vocal alta *i*.

Tercera persona singular, pretérito de indicativo.

e. *durmiendo*

Cambio de vocal en la raíz antes de /y/. Vocal media *o* sube a vocal alta *u*.

Gerundio.

f. *repite*

Cambio de vocal en la sílaba tónica de la raíz. Vocal media *e* sube a vocal alta *i*.

Tercera persona singular, presente de indicativo.

g. *vuelvan*
Cambio de vocal en la sílaba tónica de la raíz. Vocal *o* > diptongo *ue*.
Tercera persona plural, presente de subjuntivo.

h. *pidieron*
Cambio de vocal en la raíz antes de /y/. Vocal media *e* sube a vocal alta *i*.
Tercera persona plural, pretérito de indicativo.

i. *sintamos*
Cambio de vocal en la raíz antes de /á/. Vocal media *e* sube a vocal alta *i*.
Primera persona plural, presente de subjuntivo.

j. *tengo*
Adición de la consonante velar sonora /g/ en la raíz.
Primera persona singular, presente de indicativo.

k. *oiga*
Adición de la consonante velar sonora /g/ en la raíz.
Primera o tercera persona singular, presente de subjuntivo.

l. *digamos*
Adición de la consonante velar sonora /g/ en la raíz.
Primera persona plural, presente de subjuntivo.

m. *obedezco*
Adición de la consonante velar sorda /k/ en la raíz.
Primera persona singular, presente de indicativo.

n. *traduzco*
Adición de la consonante velar sorda /k/ en la raíz.
Primera persona singular, presente de indicativo.

ñ. *tuve*
Cambio de raíz (vocal y consonante *ten* > *tuv*). Cambio de sílaba tónica.
Primera persona singular, pretérito de indicativo.

o. *tradujo*
Cambio de raíz (consonante *duc* > *duj*). Cambio de sílaba tónica.
Tercera persona singular, pretérito de indicativo.

p. *supiste*
Cambio de raíz (vocal y consonante *sab* > *sup*).
Segunda persona singular, pretérito de indicativo.

q. *pusimos*
Cambio de raíz (vocal y consonante *pon* > *pus*).
Primera persona plural, pretérito de indicativo.

r. *dijiste*
Cambio de raíz (vocal y consonante *dec* > *dij*).
Segunda persona singular, pretérito de indicativo.

s. *pondré*
Eliminación de la vocal temática /e/ y adición de la consonante /d/.
Primera persona singular, futuro de indicativo.

t. *habría*
Eliminación de la vocal temática.
Primera o tercera persona singular de condicional.

u. *dirás*
Eliminación de la vocal y de la consonante de la raíz.
Segunda persona singular, futuro de indicativo.

v.  *saldremos*

Eliminación de la vocal temática /i/ y adición de la consonante /d/.

Primera persona plural, futuro de indicativo.

**7.**

a.  Adición de la consonante velar /g/ a la raíz en verbos como *tener, venir, oír,* etcétera. Ocurre en la primera persona del indicativo y en todas las personas del subjuntivo: *tengo, tenga, tengas, tengamos, tengáis, tengan.*

b.  Cambio en la sílaba tónica de /e/ a /ie/ en el presente de indicativo y subjuntivo: *pienso, peinsas, piensa, piensan, piense, pienses, piensen.*

c.  Cambio en la sílaba tónica de /e/ a /i/ en el presente de indicativo y subjuntivo: *pido, pides, pide, piden, pida, pidas, pidan;* además, antes de /á/ o /y/, también sube la /e/ a /i/: *pidamos, pidáis, pidiendo, pidió, pidieron, pidiera,* etcétera.

d.  Cambio en la sílaba tónica de /o/ a /ue/ en el presente de indicativo y subjuntivo: *duermo, duermes, duerme, duermen, duerma, duermas, duerman.*

e.  Cambio de raíz en la tercera persona plural del pretérito. Se mantiene en todas las personas del imperfecto de subjuntivo: *condujeron, condujera, condujeras, condujéramos, condujerais, condujeran.*

f.  Subida de la vocal *e* a *i* antes de /y/ o /á/. Se produce en el gerundio, en la primera y en la segunda persona plural del presente de subjuntivo, en la tercera persona singular y plural del pretérito de indicativo y en todas las personas del imperfecto de subjuntivo: *sintiendo, sintamos, sintáis, sintió, sintieron, sintiera, sintieras, sintiéramos, sintierais, sintieran.*

g.  Subida de la vocal *o* a *u* antes de /y/ o /á/. Se produce en el gerundio, en la primera y en la segunda persona plural del presente de subjuntivo, en la tercera persona singular y plural del pretérito de indicativo y en todas las personas del imperfecto de subjuntivo: *durmiendo, durmamos, durmáis, durmió, durmieron, durmiera, durmieras, durmiéramos, durmierais, durmieran.*

**8.**

El origen del futuro es la combinación del infinitivo + el presente de indicativo de *haber.*

*cantar* + *he, has, ha, hemos, habéis, han* >

*cantaré, cantarás, cantará, cantaremos, cantaréis, cantarán*

El origen del condicional es la combinación del infinitivo + el pretérito imperfecto de indicativo de *haber.*

*cantar* + *había, habías, había, habíamos, habíais, habían* >

*cantaría, cantarías, cantaría, cantaríamos, cantaríais, cantarían*

Todos los verbos que son irregulares en el futuro también son irregulares en el condicional, porque se basan en la misma estructura analítica de infinitivo+*haber.*

**9.**

*tener*

- Adición de la consonante velar /g/ a la raíz *ten-* en la primera persona singular del presente de indicativo y en todas las personas del presente de subjuntivo. (*tengo, tenga...*)

- Cambio de raíz en la sílaba tónica *e* > *ie* en el presente de indicativo. (*tiene, tienes...*)

- Cambio de raíz (vocal y consonante *ten* > *tuv*) en el pretérito (*tuviste, tuvimos...* ) y cambio de la sílaba tónica en la primera y en la tercera persona singular. (*tuve, tuvo*)

- Eliminación de la vocal temática /e/ y la adición de la consonante /d/ en el futuro y en el condicional. (*tendré, tendría*)

*decir*
- Cambio de la consonante /θ/ o /s/ en *dec-* a /g/ velar en la raíz *dig-* en la primera persona singular de presente de indicativo y en todas las personas del presente de subjuntivo. (*digo, diga...*)
- Cambio de raíz en la sílaba tónica *e > i* en el presente de indicativo y de subjuntivo. (*dice, digan...*)
- Cambio de raíz (vocal y consonante *dec > dij*) en el pretérito de indicativo y en el imperfecto de subjuntivo (*dijiste, dijera...*) y cambio de la sílaba tónica en la primera y en la tercera persona singular del pretérito. (*dijo, dije*)
- Eliminación de la vocal y consonante de la raíz (*decir- > dir-*) en el futuro y en el condicional. (*dirá, diría*)
- Cambio de raíz antes de /y/ (/e/ sube a /i/) en el gerundio. (*diciendo*)
- Participio con cambio de raíz (/e/ sube a /i/) y con el alomorfo *-cho* en vez de *-do* (*dicho*)

*traducir*
- Adición de la consonante /k/ a la raíz de la primera persona singular del presente de indicativo y en todas las personas del presente de subjuntivo. (*traduzco, traduzca...*)
- Cambio de raíz (*traduc > traduj*) en todas las personas del pretérito de indicativo y del pretérito imperfecto de subjuntivo. (*tradujo, tradujera...*)

## Capítulo 8

**1.**

| | |
|---|---|
| Tiempo: | pasado, presente, futuro |
| Modo: | indicativo, subjuntivo (en el pasado y en el presente) |
| Aspecto: | pretérito, imperfecto (en el pasado) |
| Voz: | activa, pasiva |
| Persona y número: | primera, segunda, tercera; singular, plural |
| Relación temporal: | tiempos perfectos (anterioridad), pospretérito |
| Duración (progresividad): | tiempos progresivos |

**2.**

El futuro sucede después del presente y el condicional después del pasado:

> *Creo que vendrá.*
> *Creía que vendría.*

También se usa el futuro para la probabilidad en el presente y el condicional para la probabilidad en el pasado:

> *Serán las doce.*
> *Serían las doce cuando llegaron.*

**3.**

*¿A qué hora terminas tus clases mañana?*
Tiempo verbal: presente    Referencia temporal: futuro

*¿Dónde estarán mis llaves?*
Tiempo verbal: futuro    Referencia temporal: presente

*Quisiera hablar con ustedes.*
Tiempo verbal: pasado    Referencia temporal: presente

**4.**

Cuando el futuro sintético indica acciones o eventos en el futuro, se lo puede reemplazar con el futuro analítico *va a* + infinitivo:

> *Mis padres **comprarán** una casa más pequeña.*
>
> *Mis padres **van a comprar** una casa más pequeña.*

En este caso, el tiempo verbal (futuro) corresponde a la referencia temporal (futuro). Por otro lado, el futuro sintético tiene un uso modal que indica la probabilidad. En este caso, la referencia temporal es presente aunque el tiempo verbal es futuro:

> *¿Dónde **estarán** los chicos?*

**5.**

El condicional sintético tiene un uso temporal que indica acciones en el futuro del pasado (el pospretérito) o eventos que ocurren después de un momento en el pasado. En su uso temporal, se lo puede reemplazar con el condicional analítico *iba a* + infinitivo:

> *Mis padres me dijeron que **comprarían** una casa más pequeña.*
>
> *Mis padres me dijeron que **iban a comprar** una casa más pequeña.*

En este caso, el tiempo verbal (pospretérito) corresponde a la referencia temporal (pospretérito).

Igual que el futuro sintético, el condicional sintético tiene un uso modal de probabilidad que indica la conjetura en el pasado:

> ***Tendría** unos veinte años cuando se fue al campo.*

La referencia temporal es el pasado en este caso pero el tiempo verbal es el pospretérito.

Otro uso modal del condicional expresa cortesía:

> *¿Me **alcanzarías** la sal?*
>
> *¿**Podría** usted alcanzarme la sal?*
>
> ***Querría** pedirles un favor.*

La referencia temporal en estos casos es el presente.

El condicional tiene un uso modal muy importante en las oraciones hipotéticas; por eso se lo puede considerar tambien un modo al que llamamos potencial (véase pregunta 17).

**6.**

En la lengua moderna se usa el futuro de subjuntivo (*supiere, notare, fuere, tuviere*) en el lenguaje jurídico, en documentos oficiales y en algunos refranes comunes. También se encuentra en textos medievales y otros textos antiguos como la Biblia.

**7.**

Su uso con referencia temporal en el presente no es el más frecuente y se puede sustituir por el presente progresivo cuando describe una acción que está pasando en el presente:

> *¿De qué hablas?*
>
> *¿De qué estás hablando?*

El presente habitual se extiende al pasado y al futuro y se refiere generalmente a acciones o estados que son hábitos:

> *Duerme muy poco.*
>
> *Se comporta muy bien.*
>
> *Protesta siempre.*
>
> *Es inteligente.*

A veces, existe un sintagma adverbial que establece un momento en el pasado que indica que la acción empezó en el pasado, continúa en el presente y quizás siga en el futuro:

> *Duerme muy poco desde que nació su hijo.*

El presente nómico expresa acciones generales que no tienen principio en el pasado ni fin en el futuro:

> *La tierra es redonda.*
>
> *El cielo es azul.*

En todos estos casos, la referencia temporal es el presente, aunque a veces es un presente extendido.

También existe el presente histórico, cuando el presente tiene una referencia temporal en el pasado:

> *Dante nace en Florencia en 1265.*

En la lengua hablada, es común que la narración empiece en pasado y de repente pase al presente:

> *Todos estaban conversando, entonces se me acerca y me dice...*

El presente de anticipación es muy común y su referencia temporal es el futuro:

> *Te llamo esta noche.*
>
> *Mañana no hay clases.*

Un uso temporal del presente de subjuntivo existe en oraciones subordinadas porque el tiempo verbal presente tiene una referencia temporal en el futuro:

> *Cuando lleguen, no nos van a ver.*

Otro uso modal del presente es el de oraciones interrogativas para pedir permiso:

> *¿Lo hago pasar?*
>
> *¿Te ayudo?*

### 8.

El subjuntivo dentro de las cláusulas subordinadas nominales se usa para indicar la reacción de la cláusula principal a la información de la cláusula subordinada. Una reacción común es de deseo:

*Quiero que **compres** un litro de leche.*

*No quiero que **compres** un litro de leche.*

Otra reacción común que requiere subjuntivo es la influencia, pero hay que compararla con la simple transmisión de información:

*Les dije que **viajaran** a Lima.* (subjuntivo-recomendación)

*Tomás dice que **viajan** a Lima cada año.* (indicativo-información)

La opinión es otra reacción que requiere subjuntivo:

*No nos gusta que **te vistas** así.* (subjuntivo)

*Pienso que siempre **te vistes** así.* (indicativo)

La duda y la negación también resultan en el uso del subjuntivo:

*Dudo que **sepas** bailar merengue.* (subjuntivo)

*No hay duda que **sabes** bailar merengue.* (indicativo)

*No creo que **llueva** ahora.* (subjuntivo)

*Creo que **llueve** ahora.* (indicativo)

### 9.

Las cláusulas subordinadas adjetivales tienen función de adjetivo y están introducidas por un pronombre relativo: *que, el cual, quien, cuyo,* etcétera. Se coloca inmediatamente después de un sintagma nominal que es el antecedente al cual el pronombre hace referencia. La distinción del modo subjuntivo y del indicativo se hace en los planos de existencia o inexistencia. Cuando el antecedente es indefinido o inexistente, el verbo de la cláusula subordinada adjetival debe estar en subjuntivo:

*Quiero comer algo que **tenga** nueces y pasas.*

*No hay nadie que **viva** en este apartamento.*

*¿Me das un lápiz que no **sea** muy corto?*

Si el antecedente pasa a ser existente o definido, se utiliza el modo indicativo:

*Quiero comer ese postre que **tiene** nueces y pasas.*

*Hay muchas personas que **viven** en este apartamento.*

*¿Me das ese lápiz que no **es** muy corto?*

## 10.

El subjuntivo se usa dentro de las cláusulas subordinadas adverbiales para indicar funciones adverbiales como propósito, causa y consecuencia, posibilidad, condiciones y excepciones, y el futuro incompleto.

Propósito:

*Te doy un libro de recetas **para que aprendas** a cocinar.* (subjuntivo)

*Te doy un libro de recetas **porque estás aprendiendo** a cocinar.* (indicativo)

Causa y consecuencia:

*No escucho la radio **sólo porque tú lo digas.*** (subjuntivo)

*No escucho la radio **puesto que tú me dices** que no hay programas interesantes.* (indicativo)

Posibilidad:

***En caso de que tengas** tiempo libre, llámame.* (subjuntivo)

*Abrígate bien **por si hace frío.*** (indicativo)

Condiciones y excepciones:

*Están dispuestos a ir de vacaciones a la montaña **con tal de que** se cure la abuela.* (subjuntivo)

*Él sacó una buena nota en el examen, **sólo que no puso** su nombre en la primera hoja.* (indicativo)

Tiempo (futuro incompleto):

*Voy a salir de casa **cuando haya** sol.* (subjuntivo)

*Siempre salgo de casa **cuando hay** sol.* (indicativo)

## 11.

a. *En las páginas de Internet amenaza a quienes las apoyen...*
   Cláusula subordinada adjetival: personas indefinidas

b. *Pidió a los estudiantes que se opongan a su celebración...*
   Cláusula subordinada nominal: influencia

c. *Tal vez sea sólo juego sucio preelectoral...*
   Cláusula independiente: posibilidad

d. *Es importante que los ciudadanos voten...*
   Cláusula subordinada nominal: opinión

## 12.

En varios casos se usa el modo subjuntivo para el imperativo:

-para mandatos afirmativos y negativos de segunda persona formal:

*Pase por aquí.*

*Miren aquello.*

*No me dé su boleto.*

*No se vayan.*

-para mandatos negativos de segunda persona informal:

*No lo digas.*

*Nunca os arrepintáis.*

-para mandatos de primera persona plural:

>*Salgamos ya.*

En estos casos, se usa el subjuntivo en una oración independiente como imperativo. En realidad, se suprime el verbo de volición *querer:*

>*Quiero que no lo digas.*
>
>*Quiero que no os arrepintáis.*
>
>*Quiero que pase por aquí.*

## 13.

Se usa el pretérito perfecto simple para eventos que ocurrieron en el pasado y son eventos perfectos o completos con una referencia temporal en el pasado:

>***Fui*** *al mercado.*
>
>***Vivimos*** *aquí por mucho años.*

Se usa el pretérito imperfecto para eventos habituales con una referencia temporal en el pasado:

>***Iba*** *al mercado cada sábado.*

También se usa para acciones durativas en el pasado donde la acción es imperfecta o incompleta y la referencia temporal es el pasado:

>***Iba*** *a clase cuando lo vi.*
>
>*Me dijo que* ***tenía*** *que estudiar.*

Se usa el pretérito imperfecto de indicativo y de subjuntivo para indicar cortesía. En estos casos, la referencia temporal es el presente:

>***Quería*** *hablar con ustedes.*
>
>***Quisiera*** *hablar con ustedes.*

Se usa el pretérito imperfecto de subjuntivo en la cláusula subordinada cuando el verbo de la cláusula independiente también ocurre en el pasado:

>*Le dije que* ***fuera*** *al mercado.*

## 14.

Hay una relación entre el tiempo del verbo principal y el tiempo del verbo subordinado. Si la oración principal tiene una referencia temporal de presente o de futuro (mediante el presente, el pretérito perfecto compuesto, el futuro o el imperativo), la subordinada tendrá referencia temporal de presente o de futuro (mediante el presente de indicativo, el presente de subjuntivo o el pretérito perfecto compuesto). Si la oración principal tiene referencia de pasado (mediante el pretérito perfecto simple, el pretérito imperfecto, el pretérito pluscuamperfecto o el condicional), la subordinada tendrá referencia temporal de pasado (mediante el pretérito perfecto simple, el imperfecto del indicativo o el imperfecto del subjuntivo).

Para los verbos de volición, de emoción y de deseo, la secuencia de tiempos determina qué tiempo verbal se puede usar en la oración subordinada nominal porque no se puede influir en los eventos del pasado desde el presente o desde el futuro.

Referencia temporal: presente – presente/futuro: *Les pido que se decidan.*

Referencia temporal: pasado – pasado: *Les pedí que se decidieran.*

Las oraciones principales que expresan duda o certeza no siguen siempre la secuencia de tiempos porque se puede expresar duda o certeza en el presente sobre un evento en el presente, en el futuro o en el pasado:

Referencia temporal: presente – presente/futuro:

>*Piensa que los frutales brotan.*
>
>*Duda que los frutales broten.*

Referencia temporal: presente – pasado

>*Piensa que los frutales han brotado / brotaron.*

>*Duda que los frutales hayan brotado / brotaran.*

Sin embargo, si el verbo principal está en pasado, el subordinado también debe estar en pasado porque no se puede expresar la duda ni la certeza en el pasado sobre un evento en el presente:

Referencia temporal: pasado – pasado

>*Pensaba que los frutales habían brotado / brotaban.*

>*Dudaba que los frutales hubieran brotado / brotaran.*

La referencia temporal del condicional es el pasado y por eso se usa con otros tiempos verbales del pasado:

>*Pensaba que los frutales brotarían.*

## 15.

*Yo* **tenía** (imperfecto: indica un estado durativo que sirve como transfondo para un evento que ocurre dentro de este tiempo durativo) *35 años cuando* **estalló** (pretérito: verbo de acción no durativo; avanza la historia) *el transbordador espacial Challenger y recuerdo exactamente lo que* **hacía** (imperfecto: indica un estado durativo que sirve como transfondo para un evento que ocurre dentro de este tiempo durativo) *cuando* **oí** (pretérito: verbo de acción no durativo que interrumpe la acción durativa y avanza la historia) *las noticias. Aquella mañana* **estaba trabajando** (imperfecto progresivo: aspecto durativo que sirve como transfondo) *pero* **decidí** (verbo de acción no durativo) *prender la televisión porque* **quería** (imperfecto: estado, no indica acción) *ver el despegue del transbordador. Yo no* **solía** (imperfecto: acciones habituales en el pasado) *ver estos despegues porque ya* **eran** (imperfecto: estado durativo-descripción) *rutinarios, pero este vuelo* **era** (imperfecto: estado durativo-descripción) *especial porque uno de los tripulantes, Christa McAuliffe,* **era** (imperfecto: estado durativo-descripción) *una maestra de secundaria y yo* **sabía** (imperfecto: estado durativo, no indica acción) *que mis hijos* **iban a verlo** (imperfecto: intención de hacer algo) *en la escuela.* **Entraron** (pretérito: aspecto iniciativo) *varias personas en mi oficina para verlo también y cuando* **anunciaron** (pretérito: verbo de acción no durativo, avanza la historia) *lo que* **había sucedido** (pretérito pluscuamperfecto: anterioridad-más pasado que "anunciaron"), *nadie* **pudo** (pretérito: verbo de estado convertido en acción-no lo aceptaron) *creerlo. Decidí volver a casa porque* **sabía** (imperfecto: verbo de estado) *que mis hijos* **habían visto** (pretérito pluscuamperfecto: anterioridad-más pasado que "sabía") *el estallido y* **quería** (imperfecto: estado, no indica acción) *estar con ellos.* **Fue** (pretérito: aspecto terminativo) *un día muy triste y lo* **recordé** (pretérito: aspecto iniciativo) *vívidamente cuando* **estalló** (pretérito: aspecto terminativo) *el transbordador Columbia este año.*

## 16.

El primer nivel indica eventos reales que han ocurrido en el pasado:

>*Si tenía tiempo, venía a visitarme cada año.*

>*Si disponía de tiempo, daba un paseo por el parque cada semana.*

El segundo nivel indica eventos posibles en el presente o en el futuro:

>*Si ésa es tu opinión, no debes asistir a la reunión.*

>*Si ésa es tu opinión, no asistas a la reunión.*

>*Si dejas de estudiar, no sacarás buenas notas.*

El tercer nivel indica la improbabilidad o la imposibilidad en el presente o en el futuro:

>*Si supieras lo que hice hoy, no lo creerías.*

>*Si pudiera hablar mejor el portugués, viviría en Brasil.*

El cuarto nivel indica la imposibilidad en el pasado:

> *Si hubiéramos salido a tiempo, habríamos tomado el autobús.*

También puede indicar una situación imposible en el pasado con consecuencias en el presente:

> *Si vos hubieras vivido en el Japón, hablarías mejor el japonés.*

Sin embargo, sigue existiendo cierta inestabilidad en el uso del condicional o del condicional perfecto en la apódosis:

> *Si tuviera más dinero, \*\* comprara / compraría una bicicleta.*

> *Si no hubieras cerrado las ventanas de la casa, \*\* hubiera / habría sido peor.*

## 17.

En el proceso de la gramaticalización, las formas analíticas reemplazan a formas sintéticas más antiguas y estas formas analíticas empiezan a reducirse morfológica y fonológicamente hasta llegar a ser formas sintéticas nuevas. Este proceso se produjo en el latín cuando la estructura analítica infinitivo + *habere* empezó a competir con el futuro sintético del latín. En español, esta estructura analítica se hizo una forma sintética *(hablaré, hablaría)* y, en el español moderno, hay una nueva estructura analítica *ir + a* + infinitivo que compite con el futuro y el condicional sintético.

## Capítulo 9

### 1.

a. *I'm studying for a test that I have tomorrow.*

Es posible, aunque también puede usarse el presente:

*Estoy estudiando para una prueba que tengo mañana.*        o

*Estudio para una prueba que tengo mañana.*

b. *You are being very selfish.*

No se puede usar la forma progresiva aquí porque el verbo *ser* es un verbo de estado y la función de la forma progresiva es indicar la continuación de una acción. Se usa, en cambio, el presente: *Eres muy egoísta.*

c. *We are going to the store. Are you coming?*

No se usa mucho la forma progresiva con los verbos de movimiento *ir* y *venir*, a veces porque implican una acción en el futuro, y nunca se usa el progresivo en español para indicar el futuro. Hay que usar el presente simple: *Vamos a la tienda. ¿Vienes?*

d. *I am feeling much better now.*

No se puede usar el progresivo porque no es una acción sino un estado. Se puede usar el presente simple para indicar que el bienestar ya está logrado: *Me siento mucho mejor ahora.*

e. *I am having some friends over.*

No se usa la forma progresiva para referirse al futuro en español, así que se usa el futuro: *Recibiré a unos amigos en casa.*

f. *When are you leaving for Spain?*

En lugar de esta forma progresiva de presente, en español se usa o el presente simple o la forma analítica *ir a* + infinitivo para indicar el futuro:

*¿Cuándo sales para España?*

*¿Cuándo vas a salir para España?*

**2.**

    a.  Presente progresivo-acción durativa en el presente:
        *Estoy bailando salsa ahora.*

    b.  Imperfecto progresivo-acción durativa en el pasado:
        *Estábamos cantando una canción cuando llegó mi hermano.*

    c.  Pretérito progresivo-acción durativa pero acabada en el pasado:
        *Estuve durmiendo por cuatro horas.*

    d.  Futuro progresivo-acción durativa, en medio de una acción en el futuro:
        *Cuando llegue Pedro, estaré limpiando la cocina.*

    e.  Futuro progresivo-probabilidad en el presente:
        *Tu hermana no me escribe. ¿Estará pasándolo bien en México?*

**3.**

Además del verbo auxiliar *estar*, se pueden usar otros verbos auxiliares para indicar duración:

        *Está estudiando español.* (Indica duración.)

        *Sigue estudiando español.* (Indica duración y continuación desde el pasado.)

        *Viene diciendo que no quiere participar.* (Indica duración y continuación desde el pasado.)

        *Anda buscando a su hijo.* (Indica duración y continuación desde el pasado y movimiento.)

**4.**

    a.  *Has llegado justo a tiempo.*
        Es una acción reciente, con consecuencias en el presente (todavía está allí). En cambio, *Llegaste justo a tiempo* puede referirse a una acción más distante en el pasado, sin connección con el presente.

    b.  *Estamos muy bien preparados porque hemos estudiado mucho.*
        Se sienten los efectos de la acción de *estudiar* en el presente.

    c.  *Las joyas han desaparecido del cofre.*
        La acción es reciente y hay consecuencias en el presente, no están las joyas. En *Las joyas desaparecieron del cofre* la acción es más lejana.

    d.  *El doctor ha estado muy ocupado.*
        El estado empieza en el pasado y sigue hasta el presente.

    e.  *Todos hemos leído el capítulo número nueve.*
        La acción es reciente y hay consecuencias en el presente porque recordamos lo que hemos leído.

    f.  *Han asesinado al político.*
        La acción es reciente y todavía se sienten las consecuencias en el presente.

    g.  *Ellos han vivido en el exterior.*
        Es una acción antepresente porque ocurrió en algún período antes del presente, pero no se indica ni cuándo ni por cuánto tiempo.

**5.**

Pretérito pluscuamperfecto:

        *Vos ya* **habías cortado** *el césped cuando llegaron tus amigos.*

        Si dos eventos ocurren en el pasado, se usa el pluscuamperfecto para el primer evento.

Futuro perfecto o antefuturo:

> *Vos ya **habrás** limpiado la casa para cuando llegue tu hermana.*

Si dos eventos ocurren en el futuro, se usa el futuro perfecto para el primer evento.

Condicional perfecto o antepospretérito:

> *Pensabas que **habrías terminado** el proyecto para cuando llegara tu jefe.*

Si dos eventos ocurren en el pasado, se usa el condicional perfecto para el primer evento.

**6.**

a. *El alumno **ha estado estudiando** su proyecto.*

Esta oración tiene el mismo valor que:

*El alumno **ha estudiado** su proyecto.*

El pretérito perfecto compuesto y el pretérito perfecto compuesto progresivo expresan que los efectos de la acción se proyectan hasta el presente. El progresivo compuesto enfatiza más la duración.

b. *El alumno **había estado estudiando** su proyecto cuando se le perdieron los papeles.*

En esta oración se expresa la duración del pretérito imperfecto (*estaba estudiando*) y, además, la anterioridad de una acción con respecto a la otra, lo cual se puede expresar con el pretérito pluscuamperfecto (*había estudiado*).

c. *El alumno **habría estado estudiando** su proyecto si no hubiera tenido que trabajar.*

Aquí se expresa la duración y la relación de la acción con otra que la condiciona. Puede sustituirse por:

*El alumno **habría estudiado** intensamente su proyecto si no **hubiera tenido** que trabajar.*

**7.**

Otros verbos que también se usan como auxiliares incluyen:

- *echar (echar a correr, echar a perder, echarse a reír, echarse a llorar)*
- *venir (venir a ver, venir a ser, venir a sacar, venir a preguntar)*
- *llegar (llegar a ser)*
- *tener que (tener que estudiar, tener que dormir)*
- *haber de (haber de salir, haber de trabajar)*
- *deber (deber estudiar, deber trabajar)*
- *acabar de (acabar de salir, acabar de despertarse)*
- *acabar por (acabar por venir)*
- *soler (soler correr, soler llover)*

**8.**

Los verbos auxiliares tienen un significado gramatical (por eso puede decirse que actúan como morfemas) y dejan de lado el significado léxico que queda expresado en el verbo principal de la perífrasis.

El verbo *haber* en su función de auxiliar se conjuga en todas las personas del singular y del plural. Cuando se usa como verbo léxico, es más o menos equivalente a *existir* y sólo se puede conjugar en tercera persona singular; carece de sujeto y tiene siempre un objeto directo:

> *Hubo varias denuncias.*
>
> *Había una gran demostración.*

Los verbos *ser* y *estar* en su uso léxico son verbos copulativos; sirven para unir un sujeto con un atributo y su peso léxico es muy débil. El atributo puede consistir en un sustantivo o un adjetivo:

> *Este vehículo es **un automóvil**.*
>
> *Este vehículo es **nuevo**.*
>
> *El dueño de este vehículo está **contento de haberlo adquirido**.*

Pueden usarse con un adverbio:

> *Este vehículo no está **bien**.*

También se usan con sintagmas adverbiales que expresen origen, posesión o composición:

> *Este vehículo no es **de origen alemán**.*
>
> *Este vehículo es **de mi vecino**.*
>
> *Este vehículo es **de vidrio**.*

Como verbo auxiliar, se puede usar el verbo *estar* con un gerundio. En ese caso, el gerundio tiene todo el peso léxico, mientras que el auxiliar expresa persona, número, tiempo y modo:

> *El auto **está marchando** muy bien.*

También puede usarse con participios de la misma manera que se usa el verbo *ser*:

> *El auto **está despintado**.*
>
> *El auto **será pintado**.*

La diferencia en el uso de uno u otro verbo es que con *estar*, el participio expresa una condición, mientras que con *ser*, el participio forma la voz pasiva en lugar de expresar un estado.

## 9.

Los tiempos perfectos compuestos se formaron a partir de la estructura analítica *habere* + participio. El verbo auxiliar *habere* mantenía su significado de posesión y el participio concordaba con el objeto en la posesión del hablante:

> *He los libros terminados.*

Con el tiempo, el verbo auxiliar *habere* perdió su significado de posesión al comenzar a funcionar solamente como indicador de anterioridad. *Tener* quedó como verbo de posesión.

El participio dejó de funcionar como adjetivo que modificaba el objeto poseído y comenzó a funcionar como el verbo principal de la frase. El resultado fue la desaparición de la concordancia entre el participio y el objeto modificado.

El uso de *haber* se extendió y se generalizó como verbo auxiliar de todos los verbos, transitivos e intransitivos.

## 10.

En el latín, los tiempos simples de la voz pasiva consistían en una forma sintética:

presente *amatur*

imperfecto *amabatur*

futuro *amabitur*

En la voz pasiva, los tiempos perfectos utilizaban el verbo auxiliar *ser* y un participio:

    a.  pretérito perfecto compuesto *amatus est*

    b.  pluscuamperfecto *amatus erat*

    c.  futuro perfecto *amatus erit*

En el español, los tiempos perfectos pasaron a tener las funciones de los tiempos simples:

    a.  presente *es amado*

    b.  imperfecto *era amado*

    c.  futuro *será amado*

Entonces, se crearon nuevas formas analíticas para los tiempos perfectos:

    a.  pretérito perfecto compuesto *ha sido amado*

    b.  pluscuamperfecto *había sido amado*

    c.  futuro perfecto *habrá sido amado*

# Índice temático